Die Partnerschaftsgesellschaft mit beschränkter Berufshaftung

Schriften zum Gesellschafts-, Bilanz- und Unternehmensteuerrecht

Herausgegeben von Barbara Grunewald und Joachim Hennrichs

Band 18

Zur Qualitätssicherung und Peer Review der vorliegenden Publikation

Die Qualität der in dieser Reihe erscheinenden Arbeiten wird vor der Publikation durch den Herausgeber der Reihe geprüft.

Notes on the quality assurance and peer review of this publication

Prior to publication, the quality of the work published in this series is reviewed by the editor of the series.

Isabel Kristin Fischer

Die Partnerschaftsgesellschaft mit beschränkter Berufshaftung

Rechtliche Einordnung und Haftungsverfassung unter Berücksichtigung der englischen LLP

PL ACADEMIC RESEARCH

Bibliografische Information der Deutschen Nationalbibliothek
Die Deutsche Nationalbibliothek verzeichnet diese Publikation
in der Deutschen Nationalbibliografie; detaillierte bibliografische
Daten sind im Internet über http://dnb.d-nb.de abrufbar.

Zugl.: Augsburg, Univ., Diss., 2015

D 384
ISSN 1867-500X
ISBN 978-3-631-66647-0 (Print)
E-ISBN 978-3-653-06103-1 (E-Book)
DOI 10.3726/978-3-653-06103-1

PL Academic Research ist ein Imprint der Peter Lang GmbH.

Peter Lang – Frankfurt am Main · Bern · Bruxelles · New York ·
Oxford · Warszawa · Wien

Diese Publikation wurde begutachtet.

www.peterlang.com

Meinen Eltern

Vorwort

Vor einigen Jahren hat der Deutsche Anwaltverein und die Bundesrechtsanwaltskammer zur Initiative „Law – Made in Germany“ aufgerufen. Die Initiative hat sich zum Ziel gesetzt, den Export deutschen Rechts zu fördern und gleichzeitig die Abwanderung hiesiger Zusammenschlüsse in ausländische Organisationsformen zu verhindern.[1] In Zusammenhang mit der Entwicklung, dass vor allem anwaltliche Zusammenschlüsse sich zunehmend der englischen Limited Liabiliy Partnership (LLP) bedienen, rief die Initaitive zur Geburtsstunde der Partnerschaftsgesellschaft mit beschränkter Berufshaftung (PartG mbB) als deutsches Konkurrenzrechtsform auf. 2013 wurde die PartG mbB in das deutsche Gesellschaftsrecht eingeführt. Gegenstand der vorliegenden Untersuchung bildet die Frage, ob der deutsche Gesetzgeber die Ziele der Initiative „Law – Made in Germany“ erfolgreich umsetzen konnte.

Die vorliegende Arbeit wurde von der juristischen Fakultät der Universität Augsburg im Sommersemester 2015 als Dissertation angenommen. Rechtsprechung und Literatur konnten bis Juli 2015 berücksichtigt werden.

Für die Erstellung der Gutachten bedanke ich mich bei *Frau Prof. Dr. Benecke* und *Herrn Prof. Dr. Becker.*

Mein besonderer Dank gilt *Frau Prof. Dr. Grunewald* und *Herrn Prof. Dr. Hennrichs* für die Aufnahme der Arbeit in die Schriftenreihe.

Von ganzem Herzen danke ich meinen Eltern, *Maria-Anna und Wolfgang Fischer,* die mich unermüdlich und großzügig während der vielen Jahre meiner akademischen Ausbildung in all meinen Entscheidungen unterstützt und gefördert haben. Ihnen ist die Arbeit gewidmet.

Danken möchte ich auch ganz besonders *Alexandra Miller* und *Regine Pätzel* für ihre große Hilfe, die sie mir durch das zeitintensive und mühsame Korrekturlesen bzw. Formatieren des Manuskripts geleistet haben.

Augsburg, im Juli 2015 *Isabel Kristin Fischer*

1 Vgl. *Hellwig,* NJW 2011, 1557, 1558.

Inhaltsverzeichnis

Abkürzungsverzeichnis

a.A.	andere Ansicht
Abs.	Absatz
AcP	Archiv für die civilistische Praxis
a.E.	am Ende
a.F.	alte Fassung
AG	Aktiengesellschaft
AGB	Allgemeine Geschäftsbedingungen
AktG	Aktiengesetz
allg.	allgemein
Anh.	Anhang
Anm.	Anmerkung
AnwBl.	Anwaltsblatt
ArchIngG M-V	Architekten und Ingenieurgesetz Mecklenburg-Vorpommern
ArchtG-LSA	Architektengesetz des Landes Sachsen-Anhalt
Art.	Artikel
Az.	Aktenzeichen
BauKaG NRW	Baukammerngesetz Nordrhein-Westfalen
BayOLG	Bayerisches Oberlandesgericht
BB	Betriebsberater
BeckOK	Beck'scher Onlinekommentar
Bd.	Band
Begr.	Begründer, Begründung
BGB	Bürgerliches Gesetzbuch
BGBl.	Bundesgesetzblatt
BGH	Bundesgerichtshof
BGHZ	Entscheidungssammlung des Bundesgerichtshofs in Zivilsachen
BR	Bundesrat
BRAK	Bundesrechtsanwaltskammer
BRAK-Mitt.	Bundesrechtsanwaltskammer Mitteilungen
BRAO	Bundesrechtsanwaltsordnung
BR-Drucks.	Bundesratsdrucksachen
BremArchG	Bremisches Architektengesetz
BremIngG	Bremisches Ingenieursgesetz
BR-PlPr.	Bundesrat Plenarprotokoll
BT	Bundestag
BT-Drucks.	Bundestagsdrucksache
BT-PlPr.	Bundestag Plenarprotokoll
bzw.	beziehungsweise
DAV	Deutscher Anwaltsverein

DB	Der Betrieb
ders.	derselbe, dieselben
d.h.	das heißt
DAV	Deutscher Anwaltverein
DM	Deutsche Mark
DNOtZ	Deutsche Notar-Zeitschrift
DStR	Deutsches Steuerrecht
DVO BauKaG NRW	Verordnung zur Durchführung des Baukammerngesetzes Nordrhein-Westfalen
DZWIR	Deutsche Zeitschrift für Wirtschafts- und Insolvenzrecht
eG	eingetragene Genossenschaft
EGBGB	Einführungsgesetz zum Bürgerlichen Gesetzbuch
Einf.	Einführung
Einl.	Einleitung
EuGH	Europäischer Gerichtshof
EuInsVO	Europäische Insolvenzverordnung
EUR	Euro
EuZW	Europäische Zeitschrift für Wirtschaftsrecht
e.V.	eingetragener Verein
EWiR	Entscheidungen zum Wirtschaftsrecht
f.	folgende(-r)
ff.	folgende
Fn.	Fußnote
FS	Festschrift
GbR	Gesellschaft bürgerlichen Rechts
GenG	Genossenschaftsgesetz
GesetzesE	Gesetzesentwurf
GesR	Gesellschaftsrecht
GmbH	Gesellschaft mit beschränkter Haftung
GmbHG	Gesetz betreffend die Gesellschaft mit beschränkter Haftung
GmbHR	GmbH-Rundschau
GWR	Gesellschafts- und Wirtschaftsrecht
Hdb.	Handbuch
HFR	Humboldt Forum Recht
HGB	Handelsgesetzbuch
Hk	Handkommentar
HK	Heidelberger Kommentar
h.M.	herrschende Meinung
HmbArchtG	Hamburgisches Architektengesetz
HrefG	Handelsrechtreformgesetz
hrsg.	herausgegeben
HS	Halbsatz
insbes.	insbesondere
InsO	Insolvenzordnung

i.S.d.	im Sinne des
iVm	in Verbindung mit
Jura	Juristische Ausbildung
JuS	Juristische Schulung
JZ	Juristenzeitung
KG	Kommanditgesellschaft
KGaA	Kommanditgesellschaft auf Aktien
LG	Landgericht
LLP	Limited Liability Partnership
MDR	Monatszeitschrift für Deutsches Recht
MoMIG	Gesetz zur Modernisierung des GmbH-Rechts und zur Bekämpfung von Missbräuchen
MünchKomm	Münchener Kommentar
mwN	mit weiteren Nachweisen
NArchtG	Niedersächsisches Architektengesetz
n.F.	neue Fassung
NIngG	Niedersächsisches Ingenieursgesetz
NJ	Neue Justiz
NJW	Neue Juristische Wochenzeitschrift
NJW-RR	Neue Juristische Wochenzeitschrift Rechtsprechungsreport
NK	Nomos Kommentar
NOtBZ	Zeitschrift für die notarielle Beratungs- und Beurkundungspraxis
Nr.	Nummer
NZG	Neue Zeitschrift für Gesellschaftsrecht
NZI	Neue Zeitschrift für Insolvenzrecht
NZM	Neue Zeitschrift für Miet-und Wohnungsrecht
OHG	Offene Handelsgesellschaft
OLG	Oberlandesgericht
PartG	Partnerschaftsgesellschaft
PartGG	Partnerschaftsgesellschaftsgesetz
PartG mbB	Partnerschaftsgesellschaft mit beschränkter Berufshaftung
PatO	Patentanwaltsordnung
PWW	Prütting/Wegen/Weinreich Kommentar zum Bürgerlichen Gesetzbuch
Phi	Produkthaftpflicht international
PRV	Partnerschaftsregisterverordnung
RA	Rechtsausschuss
RefE	Referentenentwurf
RegE	Regierungsentwurf
RIW	Recht der internationalen Wirtschaft
Rn.	Randnummer
RNotZ	Rheinische Notar-Zeitschrift
S.	Seite, Satz

SächsArchG	Sächsisches Architektengesetz
SBeil.	Sonderbeilage
s.o.	siehe oben
sog.	sogenannte(-r)
StB	Der Steuerberater
StBW	Steuerberater Woche
Stenograf. Bericht	Stenografischer Bericht
StGB	Strafgesetzbuch
u.	und
u. a.	und andere, unter anderem
UmwG	Umwandlungsgsetz
Urt.	Urteil
v.	von, vom
VersR	Versicherungsrecht
Vgl.	Vergleiche
VO	Verordnung
VO HaftpflVers ArchtG-LSA	Verordnung über die Haftplfichtversicherung bei Partnerschaftsgesellschaften des Landes Sachsen-Anhalt
VVG	Versicherungsvertragsgesetz
WM	Wertpapier Mitteilungen Zeitschrift für Wirtschafts- und Bankrecht
Wpg	Die Wirtschaftsprüfung
WPO	Wirtschaftsprüferordnung
ZAP	Zeitschrift für die anwaltliche Praxis
ZfBR	Zeitschrift für deutsches und internationales Bau- und Vergaberecht
ZGR	Zeitschrift für Unternehmens- und Gesellschaftsrecht
ZHR	Zeitschrift für das gesamte Handels- und Wirtschaftsrecht
ZInsO	Zeitschrift für das gesamte Insolvenzrecht
ZIP	Zeitschrift für Wirtschaftsrecht
ZPO	Zivilprozessordnung
ZRP	Zeitschrift für Rechtspolitik
ZVglRWiss	Zeitschrift für Vergleichende Rechtswissenschaft

Einleitung

A. Die Berufsausübung des Rechtsanwaltes im Wandel der Zeit

Die Tätigkeit des Rechtsanwaltes hat im Laufe der Zeit einen Wandel erfahren. Der Rechtsanwalt übte früher seinen Beruf üblicherweise in einer Einzelpraxis aus. Bis Anfang des 20. Jahrhunderts wurde die gemeinsame Berufsausübung von Rechtsanwälten kritisch gesehen. Das Berufsbild des Rechtsanwaltes stand seit jeher unter dem Leitbild der freien Advokatur. Mit der „Freiheit der Advokatur" wurde ursprünglich die Forderung nach einer von staatlicher Kontrolle losgelösten Berufsausübung im Sinne einer institutionellen Freiheit verstanden.[2] In seiner weiteren Entwicklung wurde das Verständnis der freien Advokatur durch die Vorstellung einer unabhängigen, eigenverantwortlichen und durch persönliche Fähigkeiten geprägten Erbringung der beruflichen Tätigkeit weiter spezifiziert.[3] Mit diesem Verständnis der freien anwaltlichen Tätigkeit vermochte die Ausübung des Berufes in einer Sozietät kaum vereinbar sein. So wurde befürchtet, dass eine gemeinsame Berufsausübung mehrerer Rechtsanwälte nur zur Steigerung der anwaltlichen Leistung in quantitativer Hinsicht führe, wobei aber gerade die Qualität der anwaltlichen Tätigkeit eine Einbuße erfahre.[4] Vor allem der Zusammenarbeit in anwaltlichen Großbetrieben wurde eine „geschäftsmäßige Routine" und „mechanische Betriebsamkeit" zugeschrieben, hinter der die selbständige und persönliche Ausübung des Berufes zurückgedrängt werden würde.[5]

Dieses Misstrauen gegenüber der gemeinschaftlichen Berufsausübung wurde nicht nur durch den aufkommenden Ruf nach Spezialkenntnissen des Rechtsanwaltes aufgeweicht, sondern auch durch die grundsätzliche Billigung anwaltlicher Zusammenarbeit durch die höchstrichterliche Rechtsprechung Anfang der 1960er Jahre.[6] Mit der Möglichkeit des Zusammenschlusses stellte sich zugleich die Frage nach der geeigneten Rechtsform. Berufsrechtliche Vorschriften zur Zusammenarbeit fanden sich damals in den sog. Standesregeln. Diese normierten in den §§ 28, 29 die gemeinschaftliche Berufsausübung von Rechtsanwälten in einer Sozietät.[7] Unter einer Sozietät verstand man seinerzeit nur den Zusammenschluss in einer GbR.[8]

---

2 *Redeker,* NJW 1987, 2610.
3 Vgl. *Schott,* BRAK-Mitt. 2001, 204, 205.
4 *Zuck,* in: Lingenberg/Hummel/Zuck/Eich, Anwaltliches Standesrecht, § 28 Rn. 3.
5 *Feuchtwanger,* Die freien Berufe, 291.
6 Vgl. *Römermann/Spönemann,* NZG 1998, 15 mwN.
7 Vgl. hierzu *Zuck,* in: Lingenberg/Hummel/Zuck/Eich, Anwaltliches Standesrecht, § 28 und § 29.
8 Vgl. *Zuck,* in: Lingenberg/Hummel/Zuck/Eich, Anwaltliches Standesrecht, § 28 Rn. 16.

Charakteristisch für die GbR als Personengesellschaft ist die persönliche Verbundenheit der Gesellschafter und die mit der personalistischen Struktur einhergehende persönliche Haftung der Gesellschafter. Diese Rechtsform erschien zunächst für die Zusammenarbeit der Rechtsanwälte geeignet, da der Zusammenschluss stets in einer örtlichen Sozietät erfolgte und die persönliche Leistungserbringung sowie die persönliche Verbürgung selbstverständlich mit der Anwaltstätigkeit verbunden waren.

Mit der Entscheidung des EuGH aus dem Jahr 1988 begann im Hinblick auf die Ortsbezogenheit der Zusammenschlüsse eine Wendung: Durch das Urteil des EuGH war es nunmehr Rechtsanwälten aus der Europäischen Gemeinschaft möglich, vor inländischen Gerichten aufzutreten.[9] Die inländischen Rechtsanwälte sahen sich in ihrer Berufsausübung im Gegensatz zu ihren Kollegen aus dem EG-Ausland dahingehend beschränkt, dass die Vertretung in Zivilsachen nur im Landgerichtsbezirk der Zulassung möglich war.[10] Um diesen Nachteil auszugleichen, bildeten sich Sozietäten aus Rechtsanwälten, die sich über den örtlichen Landgerichtsbezirk hinaus zusammenschlossen.[11] Die Zulässigkeit des Zusammenschlusses in einer überörtlichen Sozietät wurde im weiteren Verlauf vom BGH ausdrücklich bestätigt.[12]

Die Zusammenarbeit von Rechtsanwälten in überregionalen Berufsausübungsgemeinschaften wurde auch vor der Frage nach einer noch größeren Spezialisierung und Fachkenntnis des einzelnen Rechtsanwaltes immer populärer. Mit der steigenden Zahl der Rechtsanwälte innerhalb eines Zusammenschlusses bildete sich zunehmend das Bedürfnis nach einer Haftungsbeschränkung heraus. Die GbR mit der persönlichen Haftung aller Gesellschafter kann dem Bedürfnis nach einer gesetzlichen Beschränkung der Haftung nicht gerecht werden.

Eine Flucht in die Handelsgesellschaften bleibt den Freiberuflern verwehrt, da nach §§ 105 Abs. 1 HGB, 161 Abs. 1 HGB der Unternehmenszweck die Führung eines Handelsgewerbes sein muss. Den Rechtsanwälten blieb daher zunächst nur die Möglichkeit sich weiterhin in der Rechtsform der GbR zusammenzuschließen und eine Haftungsbeschränkung mittels individualvertraglicher Vereinbarung herbeizuführen.

Diese in der Praxis kaum zufriedenstellende Lösung erfuhr 1994 eine entscheidende Wendung. Mit seinem Beschluss vom 24.11.1994 erklärte das Bayerische Oberste Landesgericht[13] den Zusammenschluss von Rechtsanwälten in einer GmbH für zulässig. Mit dieser Entscheidung war der Anschauungswandel der anwaltlichen Berufsausübung vollzogen. Die Tätigkeit des Rechtsanwaltes, die durch die persönliche Leistungserbringung und persönliche Haftung jahrhundertelang geprägt war, war nun auch in einer kapitalistisch strukturierten Rechtsform möglich.

---

9 EuGH NJW 1988, 887.

10 *Hartung*, in: Henssler/Prütting, BRAO, § 59a Rn. 4.

11 *Hartung*, in: Henssler/Prütting, BRAO, § 59a Rn. 4.

12 BGHZ 108, 290.

13 BayObLGZ 1994, 353.

Der Fortschritt des deutschen Gesellschaftsrechts ging 1995[14] mit der Einführung der Partnerschaftsgesellschaft noch einen weiteren Schritt. Mit Schaffung einer Rechtsform speziell für Angehörige Freier Berufe entwickelte der deutsche Gesetzgeber das Gesellschaftsrecht in eine neue Richtung. Nunmehr war es Rechtsanwälten möglich, sich in einer eigenen Rechtsform für Angehörige Freier Berufe zu organisieren, die den Vorteil einer Haftungskonzentration auf den bearbeitenden Rechtsanwalt mit sich brachte.

Bereits kurze Zeit später wurde die Weiterentwicklung des Gesellschaftsrechts wieder eingebremst. Mit seiner Entscheidung aus dem Jahr 1999 erteilte der BGH[15] der Rechtsform der GbR mit beschränkter Haftung eine Absage. Mehr als ein Jahrzehnt später wurde auch die GmbH & Co. KG den Rechtsanwälten ausdrücklich als Organisationsform versagt.[16]

Die zwischenzeitlich eingetretene Spezialisierung und Internationalisierung der einzelnen Anwaltskanzleien führte dazu, dass in den letzten Jahren der Trend zu immer größeren Kanzleien zu beobachten war. Auch der Zusammenschluss von mehreren hunderten Anwälten in einer Berufsausübungsgemeinschaft an verschiedenen Standorten ist keine Seltenheit mehr. Die anwaltliche Tätigkeit hat sich gerade in diesen sog. Großkanzleien dahingehend geändert, dass nicht mehr ein einzelner Rechtsanwalt das Mandat von Anfang bis Ende betreut, sondern in verschiedenen Teams einzelne Bereiche des Mandats entsprechend der Spezialisierung bearbeitet werden.

Dieser Wandel in der Berufsausübung stellt das Gesellschaftsrecht vor eine neue Herausforderung. In all denjenigen Kanzleien, in denen Aufträge arbeitsteilig bearbeitet werden, kann der einzelne Rechtsanwalt den Beitrag seines Kollegen in der Praxis kaum überblicken oder gar inhaltlich kontrollieren.[17] Bei der Wahl der geeigneten Rechtsform stehen daher vorwiegend die Möglichkeit der Haftungsbeschränkung sowie eine generell praktikable Organisationsform als entscheidende Kriterien im Vordergrund. Das deutsche Gesellschaftsrecht stellt zwei Gesellschaftstypen mit unterschiedlicher Konzeption zur Verfügung: Zum einen die Personengesellschaften mit der persönlichen Haftung mindestens eines Gesellschafters und zum anderen die Kapitalgesellschaften mit umfassender Haftungsbeschränkung, aber der Pflicht zur Körperschafts- und Gewerbesteuer. Die Berufsausübungsgemeinschaften müssen damit entweder die persönliche Haftung in Kauf nehmen oder aber die Nachteile der Kapitalgesellschaft hinnehmen.

Der englische Gesetzgeber scheint diese Problematik erkannt zu haben. Er bietet mit der Limited Liability Partnership (LLP) den Freiberuflern eine Rechtsform an, die den Bedürfnissen der modernen Berufsausübung von Freiberuflern nach einer

---

14 Inkrafttreten des PartGG am 01.07.1995, BGBl. 1995, Teil I Nr. 48, 1744 ff.

15 BGHZ 142, 315.

16 BGH ZIP 2011, 1664.

17 RegE zur Einf. einer PartG mbB, BT-Drucks. 17/10487, 1.

effizienten Haftungsbeschränkung bei gleichzeitiger Ausgestaltung als Personengesellschaft gerecht zu werden scheint.

Durch die Rechtsprechung des EuGH zur Niederlassungsfreiheit[18] können sich auch deutsche Kanzleien nunmehr der englischen Rechtsform der LLP bedienen. In der Vergangenheit führte dies dazu, dass immer mehr inländische Kanzleien die LLP als Organisationsform wählten. Auch bei alteingesessenen deutschen Kanzleien ist eine Abwanderung in die englische Organisationsform zu beobachten.[19] Das englische Gesellschaftsrecht scheint mit der LLP eine bedürfnisgerechte Rechtsform geschaffen zu haben. Den Vorzügen der englischen LLP konnte das deutsche Gesellschaftsrecht offensichtlich mit seinem numerus clausus der hiesigen Rechtsformen nicht aufwarten. Die eigens für Freiberufler geschaffene Partnerschaftsgesellschaft mit ihrer besonderen Haftungsverfassung wurde gerade von größeren Zusammenschlüssen als impraktikabel kritisiert.[20] Der deutsche Gesetzgeber sah sich nunmehr im Zugzwang diesem Trend durch die Schaffung einer vergleichbaren inländischen Gesellschaftsform entgegenzutreten.

Am 19.07.2013[21] lieferte er mit Einführung der Partnerschaftsgesellschaft mit beschränkter Berufshaftung (PartG mbB) die deutsche Antwort auf die englische LLP. Mit der PartG mbB schuf der Gesetzgeber auf Grundlage der bisherigen Partnerschaftsgesellschaft ein völlig neues Haftungskonzept, speziell ausgerichtet an den Bedürfnissen der Freien Berufe. Dabei setzte sich der Gesetzgeber das Ziel ein deutsches Konkurrenzmodell zur LLP zu schaffen und die Flucht ins englische Gesellschaftsrecht zu stoppen.[22]

Die Resonanz auf die Einführung der PartG mbB zeigt, dass sich die neue Rechtsformvariante großer Beliebtheit erfreut. Bereits Ende 2013 und damit ein halbes Jahr nach Inkrafttreten des geänderten PartGG, waren 361 PartG mbB ins Partnerschaftsregister eingetragen.[23] Hiervon waren 41 % mit Beteiligung von Rechtsanwälten.[24] Am 31.12.14 war die Anzahl der eingetragenen PartG mbB bereits auf 1655 gestiegen.[25] Ein halbes Jahr später, ist die Anzahl der PartG mbB zum Stichtag 30.06.2015 weiter auf 2138 gewachsen.[26] Die PartG mbB ist bisher auf Erfolgskurs.

18 Siehe hierzu Kapitel 5 B. II. 1. b).
19 Vgl. *Hellwig*, NJW 2011, 1557, 1558.
20 Begr. RegE zur Einf. einer PartG mbB, BT-Drucks., 11.
21 Tag des Inkrafttretens des Gesetzes zur Einf. der PartG mbB, BGBl. 2013 Teil I Nr. 38, 2386.
22 Vgl. Begr. RegE zur Einf. einer PartG mbB, BT-Drucks. 17/10487, 11.
23 *Lieder/Hoffmann*, NZG 2014, 127.
24 *Lieder/Hoffmann*, NZG 2014, 127, 128.
25 Partnerschaftsregister, https://www.partnerschaftsregister.de, abgerufen am 31.12.14.
26 Partnerschaftsregister, https://www.partnerschaftsregister.de, abgerufen am 30.06.15.

Demgegenüber waren Ende 2013 57 LLP im Partnerschaftsregister eingetragen.[27] Am 31.12.14 lassen sich 76 Eintragungen dem Partnerschaftsregister entnehmen.[28] Zum Stichtag 30.06.2015 ist die Anzahl der einegtragenen LLPs konstant bei 76 geblieben.[29] Die Eintragungspflicht der LLP ins deutsche Partnerschaftsregister ist jedoch umstritten, so dass sich die exakte Anzahl der tatsächlich bestehenden LLP mit Verwaltungssitz in Deutschland hieraus nicht zweifelsfrei bestimmen lässt.[30]

B. Ziel der Arbeit und Gang der Untersuchung

Ziel der Arbeit ist es, vor dem Hintergrund der gewandelten Berufsausübung, zu untersuchen, ob es dem deutschen Gesetzgeber gelungen ist, mit der PartG mbB eine systemgerechte Rechtsform zu schaffen, die unter Wahrung der Gläubigerinteressen speziell den Bedürfnissen von Rechtsanwälten in größeren Zusammenschlüssen nach einer effizienten Haftungsbeschränkung gerecht wird und damit eine echte Konkurrenz zur englischen LLP darstellt. Dabei ist unter anderem die Frage zu klären, inwieweit die herkömmliche Partnerschaftsgesellschaft bereits die Anforderungen an eine effektive und praxistaugliche Haftungsbeschränkung erfüllt.

Im ersten Kapitel ist hierfür zunächst auf die Entstehungsgeschichte der Partnerschaftsgesellschaft einzugehen. Das zweite Kapitel befasst sich mit der Frage nach der rechtlichen Qualifikation der PartG mbB und ihrer Einordnung in das System des Gesellschaftsrechts. Im dritten Kapitel ist die Haftungsverfassung der herkömmlichen Partnerschaftsgesellschaft zu erörtern. Schwerpunkt der Arbeit bildet im vierten Kapitel die Untersuchung der Haftungsverfassung der PartG mbB. Anschließend ist im fünften Kapitel auf die Haftungsverfassung der englischen LLP einzugehen. Abschluss der Untersuchung bildet der Vergleich zwischen den Partnerschaftsgesellschaften und der LLP.

27 *Lieder/Hoffmann,* NZG 2014, 127, 130.
28 Partnerschaftsregister, https://www.partnerschaftsregister.de, abgerufen am 31.12.14.
29 Partnerschaftsregister, https://www.partnerschaftsregister.de, abgerufen am 30.06.15.
30 *Lieder/Hoffmann,* NZG 2014, 127, 130.

Kapitel 1: Entwicklung des Partnerschaftsgesellschaftsrechts

A. Entstehungsgeschichte der herkömmlichen Partnerschaftsgesellschaft

I. Erste Initiativen zur Schaffung eines Partnerschaftsgesellschaftsgesetzes

Die Geschichte der Partnerschaftsgesellschaft (PartG) reicht bis in das Jahr 1956 zurück.[31] Das Institut der Wirtschaftsprüfer in Deutschland e.V. regte bereits zu diesem Zeitpunkt beim Bundesministerium an, eine neue Gesellschaftsform speziell für Angehörige Freier Berufe zu schaffen.[32] Die Anregung wurde aber mangels Interesse von Seiten der Verbände Freier Berufe nicht weiter verfolgt.[33]

Ende der 1960er Jahre lebte die Diskussion über die Einführung einer Rechtsform speziell für Angehörige Freier Berufe wieder auf, als in Frankreich das Gesetz über Gesellschaften zur freien Berufsausübung verabschiedet wurde.[34] Hintergrund war unter anderem die Erkenntnis, dass das deutsche Gesellschaftsrecht keine Rechtsform zur Verfügung stellte, die den Bedürfnissen der Freiberufler ausreichend Rechnung trug.[35] Die Gesellschaft bürgerlichen Rechts war bis zur Anerkennung ihrer Rechtsfähigkeit im Jahr 2001[36] aufgrund ihrer fehlenden rechtlichen Verselbständigung nicht für den Zusammenschluss zur gemeinsamen Berufsausübung geeignet.[37] Ferner macht die fehlende Möglichkeit der Haftungsbeschränkung die Gesellschaft bürgerlichen Rechts wenig attraktiv.[38]

Die Wirtschaftsprüferkammer und das Institut der Wirtschaftsprüfer in Deutschland e.V. erarbeiteten in einem Ausschuss ein Konzept für ein Partnerschaftsgesellschaftsgesetz,[39] das wesentlich auf dem zuvor erarbeiteten Entwurf von *Volmer*[40]

---

31 *Römermann,* in: Michalski/Römermann, PartGG, Einf. Rn. 1.

32 *Römermann,* in: Michalski/Römermann, PartGG, Einf. Rn. 1; *Thümmel,* WPg 1971, 399.

33 *Schäfer,* in: Ulmer/Schäfer, GbR und PartG, vor § 1 PartGG Rn. 1; *Thümmel,* WPg 1971, 399.

34 Vgl. *Henssler,* PartGG, Einf. Rn. 1; vgl. zur französischen Rechtsform ausführlich *Schwenter-Lipp,* Die französische Zivilrechtsgesellschaft der Freiberufler, 49 ff.

35 Vgl. *Henssler,* PartGG, Einf. Rn. 1.

36 BGHZ 146, 341.

37 *Henssler,* PartGG, Einf. Rn. 1; *Bösert,* ZAP 1994 Fach 15, 137, 138 f.; vgl. auch *Volmer,* StB 1967, 25.

38 Vgl. *Bösert,* ZAP 1994, Fach 15, 137, 139; *ders.,* DStR 1993, 1332.

39 *Römermann,* in: Michalski/Römermann, PartGG, Einf. Rn. 4.

40 *Volmer,* StB 1967, 25 ff.; kritisch hierzu *Oppenhoff,* AnwBl. 1967, 267, 274.

aufbaute. Auf Grundlage dieses Konzepts wurde anschließend durch den Bundesverband Freier Berufe ein Gesetzesentwurf erarbeitet, der sodann der Mittelstandsvereinigung der CDU/CSU weitergeleitet wurde.[41]

II. Gesetzesentwurf von 1971

1971 wurde dann von Abgeordneten der CDU/CSU-Fraktion des Deutschen Bundestages ein Regelungsvorschlag in den Bundestag eingebracht.[42] Der Entwurf für die Partnerschaftsgesellschaft orientierte sich an der OHG, gestaltete die neue Rechtsform für Freiberufler aber als juristische Person aus.[43] Steuerrechtlich sollte die Partnerschaftsgesellschaft aber als Personengesellschaft behandelt werden. Vorgesehen war ferner eine Haftungsbegrenzung für jeden Schadensfall in Höhe von 500.000 DM.[44] Damit war eine Pflicht zum Abschluss einer Haftpflichtversicherung verbunden.[45] Der Entwurf wurde in erster Lesung im Deutschen Bundestag behandelt und anschließend positiv vom Rechtsausschuss bewertet.[46] Die Auflösung des 6. Deutschen Bundestages beendete aber dann das weitere Gesetzgebungsverfahren.[47]

III. Gesetzesentwurf von 1975/1976

1975 wurde ein zweiter Entwurf des Partnerschaftsgesellschaftsgesetzes in den Bundestag eingebracht.[48] Wie im Entwurf von 1971 sollte die Partnerschaft als juristische Person ausgestaltet sein.[49] Der neue Entwurf sah die Möglichkeit eines interprofessionellen Zusammenschlusses vor.[50] Die Partnerschaftsgesellschaft sollte verpflichtet sein, eine Berufshaftpflichtversicherung mit einer durch die jeweiligen Berufskammern vorgegebenen Mindestversicherungshöhe abzuschließen.[51] Für den Fall einer fahrlässigen Schadensverursachung bei beruflicher Tätigkeit sollte nur bis zur Höhe dieser Versicherungssumme gehaftet werden.[52] Für Schäden, die nicht aus einem Fehler bei der Berufsausübung resultierten, sollte hingegen eine

---

41 *Von Bockelberg,* StB 1971, 65 f.
42 *Schäfer,* in: MünchKomm BGB, Bd. 5, vor § 1 PartGG Rn. 2; *Wehrheim/Wirtz,* Die Partnerschaftsgesellschaft, 18.
43 *Beckmann,* Der freie Beruf 1992, 19 f.
44 *Thümmel,* WPg 1971, 399, 400.
45 *Schäfer,* in: MünchKomm BGB, Bd. 5, vor § 1 PartGG Rn. 2.
46 *Beckmann,* in: FS Kleinert, 210, 211.
47 *Wehrheim/Wirtz,* Die Partnerschaftsgesellschaft, 19.
48 GesetzesE PartGG, BT-Drucks. 7/4089, 1 ff.
49 Begr. GesetzesE PartGG, BT-Drucks. 7/4089, 8.
50 *Wehrheim/Wirtz,* Die Partnerschaftsgesellschaft, 19.
51 *Henssler,* JZ 1992, 697, 701.
52 *Wehrheim/Wirtz,* Die Partnerschaftsgesellschaft, 19; *Beckmann,* in: FS Kleinert, 210, 211.

unbeschränkte Haftung bestehen.[53] Die generelle Haftungsbeschränkung auf eine Summe von 500.000 DM, wie sie noch der Entwurf von 1971 vorsah, wurde aufgegeben.[54] Weiterhin vorgesehen war die Option, eine Haftungskonzentration einzelner Partner durch schriftliche Vereinbarung herbeizuführen.[55] Nachdem der Entwurf in erster Lesung vom Bundestag beraten wurde, wurde er an den Rechtsausschuss überwiesen, welcher einige Änderungen ausarbeitete.[56] Zum einen wurde die Organisationsform der Partnerschaft als juristische Person aufgegeben.[57] Stattdessen sollte die Partnerschaft nun als besondere Form der BGB-Gesellschaft ausgestaltet sein[58] und damit keine Rechtsfähigkeit besitzen. Den Bedürfnissen der Angehörigen Freier Berufe sollte dadurch gerecht werden, dass die Gesellschaft neben der Führung eines eigenen Namens in das Partnerschaftsregister eingetragen werden musste.[59]

Nach dem Gesetzesentwurf sollten die Partner nunmehr den Gläubigern als Gesamtschuldner haften und zwar in voller Höhe mit ihrem Privatvermögen.[60] Damit wurde die im vorgelegten Entwurf enthaltene Haftungsbeschränkung vom Rechtsausschuss mit der Begründung aufgegeben, die Lösung sei im allgemeinen Schuldrecht zu suchen.[61] Ferner brachte der Rechtsausschuss vor, es müsse ein einheitliches Haftungsrisiko für Berufsausübungsgemeinschaften und einzeln tätige Freiberufler bestehen.[62]

Letztlich wurde damit das zentrale Anliegen, welches an die Partnerschaft gestellt wurde, nicht erfüllt.[63] Dennoch wurde der vom Rechtsausschuss modifizierte Entwurf in dritter Lesung vom Bundestag am 01.07.1976 verabschiedet.[64] Der Bundesrat verweigerte jedoch auf Empfehlung des Rechtsausschusses, der nach den erfolgten Änderungen kein Bedürfnis mehr für eine PartG sah,[65] die Zustimmung. Damit war das Gesetzgebungsverfahren gescheitert.

53 *Wehrheim/Wirtz,* Die Partnerschaftsgesellschaft, 19.
54 *Wüst,* JZ 1989, 270, 277.
55 *Wehrheim/Wirtz,* Die Partnerschaftsgesellschaft, 19.
56 *Schäfer,* in: MünchKomm BGB, Bd. 5, vor § 1 PartGG Rn. 3.
57 Antrag des RA zu GesetzesE PartGG, BT-Drucks. 7/5402, 1 f.
58 Vgl. *Wüst,* JZ 1989, 270, 276 f.
59 Vgl. Antrag des RA zu GesetzesE PartGG, BT-Drucks. 7/5402, 4 ff.
60 *Wüst,* JZ 1989, 270, 277.
61 Bericht des RA zu GesetzesE PartGG, BT-Drucks. 7/5413, 2.
62 Bericht des RA zu GesetzesE PartGG, BT-Drucks. 7/5413, 2.
63 *Wüst,* JZ 1989, 270, 277.
64 *Römermann,* in: Michalski/Römermann, PartGG, Einf. Rn. 10; *Henssler,* PartGG, Einf. Rn. 4.
65 *Wüst,* JZ 1989, 270, 277.

IV. Gesetzesentwurf von 1994/1995

Ende der achtziger Jahre lebte die Diskussion um die Einführung einer Partnerschaft wieder auf.[66] Vor dem Hintergrund internationaler Konkurrenz und dem damit einhergehenden Bedürfnis der Freiberufler ihre Wettbewerbsfähigkeit durch größere und vor allem interprofessionelle Zusammenschlüsse zu erhalten, wurde in der Koalitionsvereinbarung der Regierungsparteien CDU/CSU und FDP vom 16.01.1991 das Vorhaben aufgenommen, ein Partnerschaftsgesellschaftsgesetz zu schaffen.[67] Parallel hierzu regte der Bundesverband Freier Berufe beim Bundesministerium für Wirtschaft an, die Einführung einer Rechtsform speziell für Freie Berufe wieder voranzutreiben.[68] Daraufhin folgte eine Sondierung des Bundesministeriums für Wirtschaft zur Ermittlung der Situation und des Bedarfs für die Einführung eines Partnerschaftsgesellschaftsgesetzes.[69] Ziel war es, die Interessen der Angehörigen Freier Berufe herauszuarbeiten um diese bestmöglich bei der Gestaltung der neuen Gesellschaftsform berücksichtigen zu können.[70] Hauptanliegen dieser Berufsgruppen war es durch die Einführung einer neuen Gesellschaftsform die interprofessionelle Zusammenarbeit zu ermöglichen sowie eine Haftungsbeschränkung einzuführen.[71] Gerade bei zunehmender Größe der Berufsausübungsgemeinschaft ist es nur schwer möglich, die Arbeit der anderen Sozietätsmitglieder zu kontrollieren, so dass gerade bei Anwaltsgesellschaften eine gesamtschuldnerische Haftung aller Sozietätsmitglieder als zu weitgehend empfunden wurde.[72] Anfang 1993 legte das Bundesministerium einen Referentenentwurf vor.[73] Nach diesem Entwurf sollte die Partnerschaftsgesellschaft in einigen Aspekten wie Namensrecht, Partei-, Grundbuch- und Konkursfähigkeit sowie Verselbständigung des Rechtsträgers der OHG angenähert werden.[74] Die Gesellschaft war als Personengesellschaft strukturiert und sollte daher weder der Körperschaftssteuer noch der Gewerbesteuer unterliegen.[75] Weiterhin erklärte der Referentenentwurf den interprofessionellen Zusammenschluss unter Vorbehalt der Berufsrechte für zulässig.[76] Die Haftungsregelung wurde neu gestaltet: Neben dem Vermögen der Partnerschaft haften die Partner als

---

66 *Schäfer,* in: Ulmer/Schäfer, GbR und PartG, vor § 1 PartGG Rn. 4.

67 *Beckmann,* in: FS Kleinert, 210, 213; *Henssler,* PartGG, Einf. Rn. 6.

68 *Schäfer,* in: MünchKomm BGB, Bd. 5, vor § 1 PartGG Rn. 4.

69 *Schäfer,* in: Ulmer/Schäfer, GbR und PartG, vor § 1 PartGG Rn. 4; *Beckmann,* in: FS Kleinert, 210, 213.

70 *Römermann,* in: Michalski/Römermann, PartGG, Einf. Rn. 15.

71 *Knoll/Schüppen,* DStR 1995, 608 f.; vgl. auch *Bösert,* ZAP 1994 Fach 15, 137, 145 sowie *Leutheusser-Schnarrenberger,* AnwBl. 1994, 334 f.

72 *Ahlers,* in: FS Rowedder, 1, 11.

73 Text und auszugsweise die Begründung abgedruckt ZIP 1993, 153 ff.

74 *Seibert,* AnwBl. 1993, 155, 156; *von Falkenhausen,* AnwBl. 1993, 479, 480.

75 RefE zur Schaffung einer PartG, abgedruckt ZIP 1993, 153, 154; *Seibert,* AnwBl. 1993, 155 f.

76 RefE zur Schaffung einer PartG, abgedruckt ZIP 1993, 153 f.

Gesamtschuldner persönlich.[77] Erstmalig war die Möglichkeit einer vertraglichen Haftungskonzentration vorgesehen.[78] Danach können Ansprüche aus fehlerhafter Berufsausübung auf den oder die Partner beschränkt werden, die innerhalb der Partnerschaft die berufliche Leistung zu erbringen oder verantwortlich zu leiten oder zu überwachen haben.[79] Die Haftungskonzentration setzte eine Vereinbarung zwischen Partnerschaft und Auftraggeber voraus.[80] Neben diese persönliche Haftung eines oder mehrerer Partner, trat die Haftung der Gesellschaft mit ihrem Gesellschaftsvermögen.[81]

Von Seiten der Wissenschaft wurde kritisiert, dass der Entwurf Gesellschafts- und Berufsrecht zu stark vermische.[82] In einer Stellungnahme des Bundesrates äußerte dieser Bedenken wegen einer weiteren Rechtszersplitterung durch die neue Gesellschaftsform und wegen der Vermischung von Berufs- und Gesellschaftsrecht.[83] Dennoch stimmte die Bundesregierung den Änderungsvorschlägen des Bundesrates nicht zu.[84]

Am 20.07.1993 hat die Bundesregierung den „Entwurf zur Schaffung von Partnerschaftsgesellschaften und zur Änderung anderer Gesetze" beschlossen.[85] Der am Referentenentwurf geübten Kritik wurde dahingehend Rechnung getragen, dass der Regierungsentwurf eine schärfere Trennung zwischen Berufs- und Gesellschaftsrecht vorsah und eine weitgehende Verweisung auf das Recht der OHG enthielt.[86] Die Haftungsbeschränkung, wie sie bereits im Referentenentwurf vorgesehen war, wurde beibehalten.[87] Dieser nur geringfügig modifizierte Regierungsentwurf wurde am 26.05.1994 einstimmig vom Bundestag als PartGG verabschiedet.[88] Der Bundesrat stimmte dem Gesetz am 10.06.1994 mehrheitlich zu.[89] Das Partnerschaftsgesellschaftsgesetz trat in seinen wesentlichen Teilen am 01.07.1995 in Kraft.[90]

---

77 RefE zur Schaffung einer PartG, abgedruckt ZIP 1993, 153, 156.
78 Vgl. hierzu *Carl*, StB 1995, 173, 178 f.
79 RefE zur Schaffung einer PartG, abgedruckt ZIP 1993, 153, 156; kritisch hierzu *Michalski*, ZIP 1993, 1210, 1213 f.; *von Falkenhausen*, AnwBl. 1993, 479, 481.
80 RefE zur Schaffung einer PartG, abgedruckt: ZIP 1993, 153, 156.
81 RefE zur Schaffung einer PartG, abgedruckt: ZIP 1993, 153, 156.
82 *Schmidt*, ZIP 1993, 633, 635; *Schäfer*, in: Ulmer/Schäfer, GbR und PartG, vor § 1 PartGG Rn. 5 mwN.
83 Stellungnahme des BR zu RegE zur Schaffung eines PartGG, BT-Drucks. 12/6152, 25 ff.
84 Vgl. Stellungnahme des BR zu RegE zur Schaffung eines PartGG, BT-Drucks. 12/6152, 28 ff.
85 *Seibert*, ZIP 1993, 1197.
86 Vgl. Begr. RegE zur Schaffung eines PartGG, BT-Drucks. 12/6152, 4 ff.
87 Vgl. RegE zur Schaffung eines PartGG, BT-Drucks. 12/6152, 5.
88 *Schäfer*, in: MünchKomm BGB, Bd. 5, vor § 1 PartGG Rn. 7.
89 *Castan*, Die Partnerschaftsgesellschaft, 46.
90 Mit Ausnahme der Partnerschaftsregisterverordnung, die bereits am 01.05.1995 in Kraft trat, *Schäfer*, in: Ulmer/Schäfer, GbR und PartG, vor § 1 PartGG Rn. 7 f.; vgl.

V. Novelle von 1998

Seit Inkrafttreten am 01.07.1995 wurde das PartGG mehrmals geändert. Zu einer wesentlichen Änderung des PartGG führte die Novelle von 1998[91] als Reaktion auf die v.a. an der vertraglichen Haftungsbeschränkung aufgekommenen Kritik.[92] Die vertragliche Haftungsbeschränkung erwies sich in der Praxis als nicht praktikabel. Das Ziel einer effektiven Haftungsbeschränkung konnte durch die Vorschrift nicht erreicht werden.[93]

Der Gesetzgeber reagierte auf diese Kritik und änderte die Vereinbarungslösung in eine gesetzliche Haftungskonzentration.[94] Diese neue Form der Haftungskonzentration wurde im Schrifttum zunächst einhellig begrüßt.[95]

Aber auch die im Jahr 1998 geänderte Fassung der Haftungskonzentration konnte die Erwartungen nicht erfüllen.[96] Die Haftungskonzentration auf den Handelnden sollte vor dem Hintergrund der Entwicklung zu immer größeren, insbesondere überörtlichen und internationalen Zusammenschlüssen, eine sachgerechte Haftung zur Verfügung stellen und den Partnern der Partnerschaftsgesellschaft die Begrenzung ihrer Haftung ermöglichen.[97] Dieses Ziel konnte durch die Neufassung der Vorschrift offenbar nicht vollständig erreicht werden. Gerade von Rechtsanwälten in größeren Zusammenschlüssen wurde diese Regelung als impraktikabel kritisiert, da diese Partnerschaftsgesellschaften regelmäßig so organisiert sind, dass Aufträge nicht von einem Rechtsanwalt, sondern von Teams ausgeführt werden.[98] Vor allem umfangreiche und komplexe Mandate, die unterschiedliche rechtliche Fachbereiche tangieren, werden innerhalb der Sozietät von verschieden spezialisierten Berufsträgern bearbeitet.

---

zur Entwicklung der Partnerschaftsgesellschaft in der Praxis *Seibert,* GmbHR 1996, R 153.

91 Gesetz zur Änderung des UmwG, des PartGG und anderer Gesetze vom 22.07.1998, BGBl. 1998 Teil I,1878, 1881; *Schäfer,* in: MünchKomm BGB, Bd. 5, vor § 1 PartGG Rn. 10.

92 *Römermann,* in: Michalski/Römermann, PartGG, Einf. Rn. 30; *ders.,* NZG 1998, 675; *Henssler,* ZIP 1997, 1481, 1489; *Michalski,* ZIP 1993, 1210, 1213 f.; *von Falkenhausen,* AnwBl. 1993, 479, 481; *Lenz,* MDR 1994, 741, 745; *Schmidt,* NJW 1995, 1, 6; vgl. auch *Jawansky,* DNotZ 1997, 938, 940 f.; sowie ausführlich zu den offenen Fragen in Zusammenhang mit der vertraglichen Haftungskonzentration *Jawansky,* Haftung und Haftungskonzentration bei der PartG, 45 ff.

93 Vgl. *Römermann,* in: *Michalski/Römermann,* PartGG, Einf. Rn. 30.

94 Vgl. Begr. RegE Änderung des PartGG, BT-Drucksache 13/9820, 21.

95 *Gerlt,* MDR 1998, 259, 263; *Henssler* ZIP 1997, 1481, 1490 f.; *Funke,* AnwBl. 1998, 6, 8 f.; *R*ömermann, GmbHR 1997, 530, 532; *ders.,* NZG 1998, 81, 83; *Seibert,* BRAK-Mitt. 1998, 210, 211; wohl auch *Scharlach/Hoffmann,* WM 2000, 2082, 2084 und 2086.

96 Vgl. Begr. RegE zur Einf. einer PartG mbB, BT-Drucks. 17/10487, 11.

97 Begr. RegE Änderung des PartGG, BT-Drucks. 13/9820, 21.

98 Begr. RegE zur Einf. einer PartG mbB, BT-Drucks. 17/10487, 11.

In diesen Fällen können die mit der Bearbeitung befassten Partner aber die Arbeitsbeiträge ihrer Kollegen weder inhaltlich noch dem Umfang nach vollständig überblicken.[99] Über § 8 Abs. 2 PartGG haftet in einem solchen Fall aber jeder Partner persönlich, auch wenn er die Qualität der Leistung seines Kollegen im Einzelfall vielleicht gar nicht beurteilen kann.[100] Aus diesem Grund wurde die gesetzliche Handelndenhaftung für derartige Zusammenschlüsse in der Vergangenheit als ineffizient beurteilt.

B. Einführung der Partnerschaftsgesellschaft mit beschränkter Berufshaftung

I. Rechtstatsächliche Entwicklungen: Der Trend zur LLP

Diese Kritik am Haftungsregime der Partnerschaftsgesellschaft führte dazu, dass in der Vergangenheit immer mehr Zusammenschlüsse die englische Rechtsform der Limited Liability Partnership (LLP) wählten.[101]

Diese scheint den Angehörigen Freier Berufe eine effiziente Haftungsverfassung zur Verfügung zu stellen. Insbesondere die weitreichende Haftungsbeschränkung der LLP ist wohl der Grund warum sich hierzulande immer mehr Rechtsanwaltssozietäten für die englische Rechtsform entscheiden. Weiterer Vorteil der LLP ist, dass sie steuerlich als Personengesellschaft behandelt wird[102] und daher weder bilanzierungspflichtig ist noch Körperschafts- oder Gewebesteuer zu entrichten hat.[103]

Auch die Tatsache, dass Freiberufler sich nun auch einer GmbH[104] oder AG[105] als Rechtsform bedienen können, kann den Trend hin zur LLP nicht aufhalten. Die deutschen Kapitalgesellschaften bieten durch ihre Haftungsbeschränkung auf das Gesellschaftsvermögen zwar einen effektiven Schutz vor der persönlichen Haftung, jedoch sind diese Rechtsformen wegen der Pflicht zur Bilanzierung sowie der Pflicht zur Gewerbe- und Körperschaftssteuer in der Praxis für Freiberufler unattraktiv.[106] Die englische LLP bietet damit nicht nur die Vorteile der Struktur als Personengesellschaft, sondern weckt zugleich bei den deutschen Gesellschaftern die Hoffnung auf eine weitreichende Haftungsbeschränkung ähnlich der einer Kapitalgesellschaft. Das deutsche Recht stellte indes bislang keine Rechtsform zur Verfügung, welche

---

99 Begr. RegE zur Einf. einer PartG mbB, BT-Drucks. 17/10487, 11; *Hellwig*, AnwBl. 2012, 345.

100 Vgl. *Hellwig*, AnwBl. 2012, 345.

101 Vgl. Begr. RegE zur Einf. einer PartG mbB, BT-Drucks 17/10487, 11; *Hellwig*, NJW 2011, 1557 f.; *Leuernig*, ZIP 2012, 1112, 1113; *Kreße*, NJ 2013, 45, 48; *Dahns*, NJW-Spezial 2012, 190; *Ewer*, AnwBl. 2010, 857.

102 *Hellwig*, NJW 2011, 1557.

103 *Kreße*, NJ 2013, 45, 48.

104 BayObLGZ 1994, 353.

105 BGHZ 161, 376.

106 Vgl. *Römermann*, AnwBl. 2012, 288, 289.

als Personengesellschaft ausgestaltet ist und dennoch eine Haftungsbeschränkung auf das Gesellschaftsvermögen vorsieht.[107]

II. Die PartG mbB als Reaktion des Gesetzgebers

Um eine Abwanderung v.a. deutscher Anwaltskanzleien in die englische LLP zu vermeiden und den Export deutschen Rechts voranzutreiben, hat der Deutsche Anwaltsverein (DAV) in Zusammenarbeit mit der Bundesrechtsanwaltskammer und den Organisationen der übrigen Rechtsberufe die Initiative „Law – Made in Germany" ins Leben gerufen.[108] Im Rahmen dieser Initiative schlug der DAV der Bundesregierung vor, das Haftungsregime der PartG dahingehend zu ändern, dass alternativ neben der herkömmlichen PartG ein fakultatives Modell zur Verfügung stehen soll, welches eine Haftungsbeschränkung auf das Gesellschaftsvermögen vorsieht, wonach die Haftung für Schäden auch für den handelnden Partner auf das Gesellschaftsvermögen beschränkt ist.[109] Korrelat für die Haftungsbeschränkung soll die Pflicht zur Unterhaltung einer angemessenen Berufshaftpflichtversicherung sein.[110]

Am 03.02.2012 veröffentlichte das Bundesministerium der Justiz einen Referentenentwurf zur Einführung der sog. Partnerschaftsgesellschaft mit beschränkter Berufshaftung (PartG mbB).[111] Der Regierungsentwurf folgte am 15.08.2012.[112] Dieser wurde am 27.09.2012 im Bundestag beraten und an den zuständigen Rechtsausschuss verwiesen.[113] Dort fand am 07.11.2012 eine Sachverständigenanhörung statt.[114] Erst am 12.06.2013 gab der Rechtsausschuss die Empfehlung an den Bundestag ab, das Gesetz unter gewissen Modifikationen anzunehmen.[115] Dieser stimmte dem Gesetzesentwurf dann am 13.06.2013 in zweiter und dritter Lesung zu.[116] Anschließend passierte das Gesetz am 05.07.2013 den Bundesrat.[117] Das Gesetz zur Einführung der PartG mbB trat am 19.07.2013 in Kraft.[118]

---

107 *Kreße*, NJ 2013, 45, 48.
108 *Hellwig*, NJW 2011, 1557, 1558.
109 *Hellwig*, NJW 2011, 1557, 1558.
110 *Hellwig*, NJW 2011, 1557, 1558.
111 *Römermann*, NJW 2013, 2305, 2306.
112 RegE zur Einf. einer PartG mbB, BT-Drucks. 17/10487, 1 u. 5.
113 Stenograf. Bericht, BT-PlPr 17/195, 23579.
114 Beschlussempfehlung und Bericht des RA zu RegE zur Einf. einer PartG mbB, BT-Drucks. 17/13944, 15.
115 Beschlussempfehlung und Berichts des RA zu RegE zur Einf. einer PartG mbB, BT-Drucks. 17/13944, 1 ff.
116 Stenograf. Bericht, BT-PlPr 17/246, 31438; *Römermann*, NJW 2013, 2305, 2306.
117 Stenograf. Bericht, BR-PlPr 912, 400; *Römermann*, NJW 2013, 2305, 2306.
118 BGBl. 2013 Teil I Nr. 38, 2386.

Kapitel 2: Rechtliche Einordnung der PartG mbB

A. Rechtliche Qualifikation der PartG mbB

I. Charakteristika der PartG mbB

Die PartG mbB ist in dem neu eingefügten § 8 Abs. 4 PartGG gesetzlich normiert. Kernregelung des neuen Absatzes ist die Haftungsbeschränkung auf das Gesellschaftsvermögen für Schäden aus fehlerhafter Berufsausübung. Der Eintritt der Haftungsbeschränkung setzt gem. § 8 Abs. 4 S. 1 PartGG voraus, dass zu diesem Zweck eine durch Gesetz vorgegebene Berufshaftpflichtversicherung unterhalten wird. Während der Regierungsentwurf[119] ursprünglich die Führung eines entsprechenden Namenszusatzes als konstitutive Voraussetzung der Haftungsbeschränkung vorsah, wurde dieses Erfordernis auf Empfehlung des Rechtsausschusses[120] aufgegeben.

Der Gesetzgeber hat sich somit entschlossen für die PartG mbB kein eigenes Gesetz zu schaffen, sondern deren Rechtsverhältnisse in das bereits bestehende PartGG zu inkorporieren. Hierfür reichte ihm die Einfügung eines einzelnen Absatzes in § 8 PartGG a.F. aus. Aus der systematischen Stellung im Gesetz folgt, dass im Übrigen sämtliche Vorschriften des PartGG auch auf die PartG mbB Anwendung finden. Für das Verhältnis zwischen PartG und PartG mbB ergibt sich daraus folgende Besonderheit:

Die PartG mbB ist bereits dann als PartG zu qualifizieren, wenn sie die Erfordernisse einer herkömmlichen PartG erfüllt.[121] Lediglich für die Herbeiführung der Haftungsbeschränkung muss sie die von § 8 Abs. 4 S. 1 PartGG geforderte und die durch die Berufsgesetze näher ausgestaltete Berufshaftpflichtversicherung unterhalten. Genügt die Gesellschaft im Einzelnen nicht diesen Erfordernissen, handelt es sich bei ihr nicht um eine PartG mbB, sondern automatisch nur um eine herkömmliche PartG. Umgekehrt ist eine bestehende herkömmliche PartG dann als PartG mbB zu qualifizieren, wenn sie die besonderen Voraussetzungen der Haftungsbeschränkung nach § 8 Abs. 4 PartGG erfüllt.[122]

Die Regelungstechnik des Gesetzgebers zeigt, dass die PartG mbB auf der Konzeption der herkömmlichen PartG basiert. Durch ihre besondere Haftungsbeschränkung für berufliche Fehler soll sie zusätzlich den Bedürfnissen der Freiberufler nach einer transparenten und effizienten Haftungsbeschränkung gerecht werden

---

119 RegE zur Einf. einer PartG mbB, BT-Drucks. 17/10487, 7 u. 14.

120 Beschlussempfehlung und Bericht des RA zu RegE zur Einf. einer PartG mbB, BT-Drucks. 17/13944, 15.

121 *Beck*, DZWIR 2012, 447, 448.

122 *Leuering*, NZG 2013, 1001, 1004; vgl. auch *Leitzen*, DNotZ 2013, 596, 597.

ohne dass hierzu eine Kapitalgesellschaft herangezogen werden muss.[123] Vor diesem Hintergrund von der Einführung einer gänzlich neuen Gesellschaftsform[124] zu sprechen, ist zu weit gegriffen. Auch die Bezeichnung als „Sonderform"[125], die mit einem Verweis auf die Unternehmergesellschaft verwendet wurde, weckt ein falsches Verständnis. Die Situation ist eine andere: Die Unternehmergesellschaft ist von vornherein darauf ausgerichtet Rücklagen zu bilden, um das für eine GmbH nötige Stammkapital zu erreichen.[126] Ist dieser Betrag erreicht, so finden auf die Unternehmergesellschaft nur noch die Vorschriften über die GmbH Anwendung, § 5a Abs. 5 GmbHG.

Richtigerweise ist die PartG mbB hingegen eine von zwei möglichen Alternativen innerhalb des PartGG. Sie wurde gleichberechtigt mit der herkömmlichen PartG in das PartGG aufgenommen. Folglich handelt es sich bei der PartG mbB um eine Variante der PartG,[127] die mit dieser auf gleicher Ebene steht.

II. PartG mbB als juristische Person?

1. Unterschiede zwischen der juristischen Person und der Außenpersonengesellschaft nach ihrem ursprünglichen Verständnis

Aufgrund der spezifischen Charakteristika der PartG mbB stellt sich die Frage welche Rechtsnatur dieser neuen Gesellschaftsvariante zukommt.

Die herrschende traditionelle Terminologie geht davon aus, dass das deutsche Rechtssystem drei Arten von Rechtsträgern kennt: Die natürliche Person, die juristische Person und die rechtsfähigen Außenpersonengesellschaften als Gesamthandsgemeinschaft.[128] Im Gesellschaftsrecht besteht zwischen der juristischen Person und der rechtsfähigen Außenpersonengesellschaft nach traditioneller Doktrin eine strikte Trennung: In den beiden Rechtstypen wird ein Gegensatz gesehen, so dass eine Personenvereinigung entweder als juristische Person oder als rechtsfähige

---

123 Vgl. Begr. RegE zur Einf. einer PartG mbB, BT-Drucks. 17/10487, 13 f.

124 So *Henssler,* AnwBl. 2014, 96; *Grunewald,* ZIP 2012, 1115, 1116, die aber in GWR 2013, 393, 394 von einer neuen Variante der PartG ausgeht.

125 *Hirtz,* in: Henssler/Strohn, Gesellschaftsrecht, § 1 PartGG Rn. 1; *Posegga,* DStR 2012, 611, 612, der einen Vergleich zur Unternehmergesellschaft ziehen will.

126 Vgl. § 5a Abs. 3, Abs. 5 GmbHG.

127 So auch die vorherrschende Ansicht OLG Nürnberg, BeckRS 2014, 03712; *Sommer/Treptow,* NJW 2013, 3269; Römermann/Praß, NZG 2012, 601, 606; *Römermann,* NJW 2013, 2305; *Kilian,* AnwBl. 2013, 14; *ders.,* MDR 2013, 1137, 1138; *Kreße,* NJ 2013, 45, 49; *Gladys,* DStR 2013, 2416; *Ruppert,* DStR 2013, 1623, 1624; *Leitzen,* DNotZ 2013, 596, 597; *Wehrheim/Wirtz,* Die Partnerschaftsgesellschaft, 29; *Römermann,* in: Michalski/Römermann, PartGG, § 8 Rn. 79; *Schäfer,* in: MünchKomm BGB, Bd. 5, § 8 PartGG Rn. 41 f.; *Werner,* StBW 2013, 715, 717; *Posegga,* DStR 2012, 611, 612; *Leuering,* NZG 2013, 1001, 1003; *Lieder,* NotBZ 2014, 81.

128 *Schmidt,* Gesellschaftsrecht, 181; *Bitter,* Gesellschaftsrecht, § 1 Rn. 9.

Außenpersonengesellschaft aufzufassen sei.[129] Im Folgenden werden die juristische Person und die rechtsfähige Außenpersonengesellschaft nach der herrschenden Terminologie dargestellt.

a) Juristische Person

Die juristische Person ist ein rechtlich von ihren Mitgliedern verselbständigtes, eigenes Rechtssubjekt.[130] Dies bedeutet, dass die Gesellschaft als solche eine von ihren Mitgliedern unabhängige Organisation ist, die eine eigene Rechtspersönlichkeit besitzt und daher auch nur einen einzigen Gesellschafter haben kann.[131] Die juristische Person besteht somit über den einzelnen Gesellschafter hinaus, d.h. ihre Existenz ist nicht abhängig vom Verbleib des einzelnen Mitglieds in der Gesellschaft.[132] Die juristische Person ist gerade auf einen wechselnden Mitgliederbestand ausgerichtet.[133] Aufgrund der eigenen Rechtspersönlichkeit ist die juristische Person stets von ihren Gesellschaftern zu trennen, sog. Trennungsprinzip.[134] Als eigenständiges Rechtssubjekt ist die juristische Person zudem rechtsfähig und kann in eigenem Namen Rechte und Pflichten begründen.[135] Die Folge der rechtlichen Selbständigkeit ist, dass die juristische Person nicht durch ihre Mitglieder handelt, sondern durch eigene Organe, welche nicht Mitglieder der juristischen Person sein müssen, sog. Fremdorganschaft.[136]

Kennzeichnend für die eigene Rechtspersönlichkeit der juristischen Person und der Trennung zu ihren Mitgliedern ist die Haftungsbeschränkung auf das Gesellschaftsvermögen.[137] Die Mitglieder der juristischen Person haften für die Gesellschaftsverbindlichkeiten grundsätzlich nicht persönlich.[138]

b) Rechtsfähige Außenpersonengesellschaft

Die Außenpersonengesellschaft ist im Gegensatz zur juristischen Person nach ihrem traditionellen Verständnis gerade nicht von ihren Mitgliedern verselbständigt.[139] Die Personengesellschaft als solche zeichnet sich vielmehr durch die Verbundenheit der

---

129 *Raiser,* AcP (194) 1994, 495.
130 *Kübler/Assmann,* Gesellschaftsrecht, 31; *Bitter,* Gesellschaftsrecht, § 1 Rn. 15.
131 *Windbichler,* Gesellschaftsrecht, § 2 Rn. 7.
132 *Eisenhardt,* Gesellschaftsrecht, § 2 Rn. 20c.
133 Vgl. *Ellenberger,* in: Palandt, BGB, § 54 Rn. 1.
134 *Wolf/Neuner,* Allgemeiner Teil des Bürgerlichen Rechts, § 16 Rn. 7.
135 *Bitter,* Gesellschaftsrecht, § 1 Rn. 15; *Kübler/Assmann,* Gesellschaftsrecht, 31 f.
136 *Reuter,* in: MünchKomm BGB, Bd.1, vor § 21 Rn. 7; *Bitter,* Gesellschaftsrecht, § 1 Rn. 19; *Eisenhardt,* Gesellschaftsrecht. § 2 Rn. 20c.
137 *Bitter,* Gesellschaftsrecht, § 1 Rn. 18.
138 *Eisenhardt,* Gesellschaftsrecht, § 2 Rn. 20c.
139 Vgl. *Ulmer,* in: MünchKomm BGB, Bd. 5, vor § 705 Rn. 13.

Gesellschafter untereinander aus.[140] Dies führt dazu, dass der Bestand der Gesellschaft von den Mitgliedern abhängig ist, d. h. die Gesellschaft besteht grundsätzlich nur bei unveränderter Zusammensetzung der Mitglieder fort.[141] Die Personengesellschaft ist somit nicht körperschaftlich strukturiert.[142] Sie handelt nicht durch Organe, sondern durch ihre eigenen Mitglieder: Es gilt der Grundsatz der sog. Selbstorganschaft.[143]

Die Personengesellschaft hat aufgrund der fehlenden Verselbständigung zu ihren Mitgliedern dem Grunde nach keine eigene Rechtspersönlichkeit. Sinn und Zweck einer Außenpersonengesellschaft ist es aber im Gegensatz zur reinen Innengesellschaft, dass sie nach außen hin im Rechtsverkehr tätig wird.[144] Eigene Rechte und Pflichten begründen kann die Außenpersonengesellschaft aber nur dann, wenn ihr durch Gesetz die Rechtsfähigkeit verliehen wird.[145] Im Recht der GbR fehlt eine derartige Regelung, wodurch sich über die Frage zur Rechtsfähigkeit der GbR ein jahrzehntelanger Streit entbrannte.[146] Kernpunkt der Diskussion war, ob die Gesellschaft als solche, d. h. als ihr eigener Rechtsträger im Rechtsverkehr auftreten kann oder ob dies aufgrund der personalistischen Struktur der Personengesellschaft nur durch die gesamthänderische Verbundenheit aller Gesellschafter möglich sein soll.[147] Durch die Grundsatzentscheidung des BGH aus dem Jahre 2001 wurde der Streit zugunsten der Anerkennung der (Teil)Rechtsfähigkeit der GbR gelöst.[148]

Für die OHG, die KG und die PartG ergibt sich die Rechtsfähigkeit unmittelbar aus dem Gesetz.[149] Damit sind nun auch die Außenpersonengesellschaften anerkanntermaßen rechtsfähig und können in eigenem Namen Rechte und Pflichten begründen.

Die Haftung in der Personengesellschaft zeichnet sich traditionell dadurch aus, dass zumindest ein Gesellschafter der persönlichen Haftung ausgesetzt ist.[150] Diese

---

140 *Eisenhardt/Wackerbarth*, Gesellschaftsrecht I, § 2 Rn. 21; vgl. auch *Bitter*, Gesellschaftsrecht, § 1 Rn. 16.

141 *Eisenhardt/Wackerbarth*, Gesellschaftsrecht I, § 2 Rn. 21.

142 *Sprau*, in: Palandt, BGB, § 705 Rn. 4.

143 *Saenger*, Gesellschaftsrecht, § 2 Rn. 14; vgl. auch *Reuter*, in: MünchKomm BGB, Bd. 1, vor § 21 Rn. 7.

144 Vgl. zur Unterscheidung von Innen- und Außengesellschaft: *Kübler/Assmann*, Gesellschaftsrecht, 26.

145 Dies folgt für die OHG aus § 124 Abs. 1 HGB, für die KG aus §§ 124 Abs. 1, 161 Abs. 2 HGB, für die PartG aus § 124 Abs. 1 HGB iVm § 7 Abs. 2 PartGG.

146 Vgl. *Ulmer*, in: MünchKomm BGB, Bd. 5, § 705 Rn. 296 ff.

147 Vgl. hierzu *Schmidt*, Gesellschaftsrecht, 196 ff. sowie *Ulmer*, in: MünchKomm BGB, Bd. 5, § 705 Rn. 296 ff.

148 BGHZ 146, 341.

149 Für die OHG folgt dies aus § 124 Abs. 1 HGB, für die KG aus §§ 124 Abs. 1, 161 Abs. 2 HGB, für die PartG aus § 124 Abs. 1 HGB iVm § 7 Abs. 2 PartGG.

150 Für die GbR folgt dies aus § 128 HGB analog, für die OHG aus § 128 HGB, für die KG aus §§ 128, 161 Abs. 2 HGB, für die herkömmliche PartG aus § 8 Abs. 1, Abs. 2 PartGG.

persönliche Haftung geht auf das ursprüngliche Verständnis von Personengesellschaften zurück, wonach die Gesellschafter in ihrer Verbundenheit agieren und damit gerade keine eigene Rechtspersönlichkeit der Gesellschaft besteht.[151]

2. Annäherung der beiden Rechtsträger nach ihrem heutigen Verständnis

a) Gemeinsamkeiten von juristischer Person und rechtsfähiger Außenpersonengesellschaft

Die juristische Person und die rechtsfähige Außenpersonengesellschaft haben sich nach ihrem heutigen Verständnis im Laufe der Zeit weitgehend angenähert. Durch die Anerkennung der (Teil)Rechtsfähigkeit der GbR[152] und der gesetzlich normierten Rechtsfähigkeit der anderen Außenpersonengesellschaften[153] ist der wesentliche Unterschied beider Rechtstypen aufgehoben. Sowohl die juristische Person als auch die Außenpersonengesellschaften können als solche im Rechtsverkehr auftreten und Rechte und Pflichten begründen. Damit können sie beide gleichermaßen selbstständig im eigenen Namen im Außenverhältnis agieren.

Aber auch die Ausgestaltung des Innenverhältnisses der beiden Rechtsträger hat sich im Laufe der Zeit weiter zueinander hin entwickelt. Nach dem Grundverständnis der beiden Rechtstypen war die juristische Person gerade auf einen Wechsel der Mitglieder ausgelegt, während man für die Personengesellschaften davon ausging, dass der Verband und die einzelnen Gesellschafter untrennbar miteinander verknüpft seien.[154] Aus diesem Grund führte nach der gesetzlichen Regelung in der Vergangenheit insbesondere der Tod oder die Kündigung eines Gesellschafters zur Auflösung der Außenpersonengesellschaft, vgl. § 131 HGB a.F.[155] Die Vorstellung der strikten Verknüpfung der Gesellschaft mit den in ihr verbundenen Gesellschaftern wurde aber im weiteren Verlauf immer weiter aufgeweicht.[156] Nach der neueren Auffassung tritt die „Personenkontinuität" hinter der „Unternehmenskontinuität" zurück.[157] Der HGB-Reformgesetzgeber von 1998 hat die Vorschrift des § 131 HGB dahingehend geändert, dass nun das Regel-Ausnahme-Verhältnis umgedreht wird.[158] Nach heutigem Recht führt der Tod oder die Kündigung eines Gesellschafters einer OHG, KG oder PartG grundsätzlich nur zu dessen Ausscheiden bei Fortbestand der

---

151 Vgl. hierzu die Darstellung bei: *Schmidt*, Gesellschaftsrecht, 196 ff.

152 BGHZ 146, 341.

153 Für die OHG folgt dies aus § 124 Abs. 1 HGB, für die KG aus §§ 124 Abs. 1, 161 Abs. 2 HGB, für die PartG aus § 124 Abs. 1 HGB iVm § 7 Abs. 2 PartGG.

154 Vgl. *Schäfer*, in: Staub, HGB, Bd. 3, § 131 Rn. 2.

155 Vgl. für die OHG *Schäfer*, in: Staub, HGB, Bd. 3, § 131 Rn. 2; für die KG und PartG galt dies wegen der Verweisung in § 161 Abs. 2 bzw. § 9 PartGG entsprechend.

156 Vgl. *Schäfer*, in: Staub, HGB, Bd. 3, § 131 Rn. 2.

157 So ausdrücklich der HGB Reformgesetzgeber Begr. RegE HRefG, BT-Drucks. 13/8444, 41.

158 *Schäfer*, in: Staub, HGB, Bd. 3, § 131 Rn. 2.

Gesellschaft.[159] Bei der GbR dürfte der Fortbestand der Gesellschaft bei Tod oder Kündigung eines Gesellschafters durch Vereinbarung einer sog. Fortsetzungsklausel jedenfalls bei werbenden Gesellschaften gängige Vertragsgestaltungspraxis sein.

Die Rechtsverhältnisse der juristischen Person und der Außenpersonengesellschaft haben sich damit nach ihrem heutigen Verständnis in ihren Kernpunkten weitgehend angenähert.

b) Weitere Annäherung durch Einführung der PartG mbB

Mit der Einführung der neuen PartG mbB scheint nun der letzte Schritt der Annäherung der Rechtstypen von juristischer Peron und Außenpersonengesellschaft gegangen worden zu sein.

Die PartG mbB ist gem. § 124 Abs. 1 HGB iVm § 7 Abs. 2 PartGG eine rechtsfähige Außenpersonengesellschaft. Gleichwohl ist die Haftung der Gesellschaft nach § 8 Abs. 4 S. 1 PartGG für berufliche Fehler auf das Gesellschaftsvermögen beschränkt. Eine persönliche Haftung der Partner für Berufsfehler besteht daneben nicht. In der PartG mbB kann es daher zu der Situation kommen, dass für Verbindlichkeiten der Gesellschaft kein Partner persönlich haftet. Stattdessen werden die Gläubigerinteressen durch den Unterhalt einer spezifischen Berufshaftpflichtversicherung geschützt.[160] Das Haftungskonzept der PartG mbB weicht somit von dem traditionellen Haftungssystem der Außenpersonengesellschaft ab, wonach mindestens ein Gesellschafter der persönlichen Haftung ausgesetzt ist. Bisher ist eine Haftungsbeschränkung auf das Gesellschaftsvermögen nur bei juristischen Personen anerkannt.[161] Die Einführung der Haftungsbeschränkung für berufliche Fehler bei der PartG mbB stellt damit einen weiteren ganz wesentlichen Schritt zur Annäherung[162] der rechtsfähigen Außenpersonengesellschaft an die juristische Person dar.

3. Gleichstellung der rechtsfähigen Außenpersonengesellschaft mit der juristischen Person als letzter Schritt der Annäherung?

Das Verständnis von juristischer Person und Außenpersonengesellschaft hat durch den aufgezeigten Anschauungswandel eine weitreichende Annäherung gefunden. Gerade in wesentlichen Merkmalen wie unter anderem Rechtsfähigkeit oder Bestand des Rechtsträgers besteht nach heutiger Sicht ein weitgehender Gleichlauf zwischen den beiden Rechtstypen. Die Einführung der PartG mbB und der damit verbundenen partiellen Haftungsbeschränkung führt nun auch zu einer strukturellen Annäherung des Haftungsregimes der Außenpersonengesellschaft und der

---

159 OHG: § 131 Abs. 3 S. 1 HGB, KG: § 131 Abs. 3 S. 1 HGB iVm § 161 Abs. 2 HGB, PartG: § 131 Abs. 3 S. 1 HGB iVm § 9 Abs. 1 PartGG.

160 Siehe hierzu Kapitel 4 B. II.

161 *Römermann/ Praß*, NZG 2012, 601, 606.

162 Vgl. auch *Beuthien*, ZRP 2012, 127, der von einer Einebnung des Unterschieds zwischen Personengesellschaft und juristischer Person spricht.

juristischen Person. Dies wirft die Frage auf, ob eine Unterscheidung von juristischer Person und Außenpersonengesellschaft aus heutiger Sicht noch sachgerecht ist.

Der erstmals von *Raiser*[163] bereits Anfang der 1990er Jahre aufgebrachte Ruf nach einer Gleichstellung von rechtsfähiger Außenpersonengesellschaft und juristischer Person im Sinne eines einheitlichen Begriffs der juristischen Person erlangt durch die Einführung der PartG mbB erneut Brisanz.

a) Der Ansatz Raisers

Bereits vor zwei Jahrzehnten und damit noch weit vor der Einführung der PartG mbB hat *Thomas Raiser* dazu aufgefordert, die Unterteilung zwischen rechtsfähiger Personengesellschaft als Gesamthandsgesellschaft und juristischer Person aufzugeben.[164] Stattdessen sollen alle rechtsfähigen Gesellschaften künftig juristische Personen sein.[165] *Raiser* stützt diesen Ansatz darauf, dass ursprünglich neben den strukturellen Unterschieden von juristischer Person und Personengesellschaft der wesentliche Unterschied zwischen den beiden Rechtsträgern seit jeher darin gesehen wurde, dass nur die juristische Person eine eigene Rechtsfähigkeit besitze während bei der Personengesellschaft Rechte und Pflichte nur von den Gesellschaftern in ihrer Verbundenheit begründet werden konnten.[166] Beruhe die Unterscheidung nach allgemeinem Verständnis auf dem Wesensmerkmal der Rechtsfähigkeit, so sei seiner Ansicht nach in der Konsequenz jedwede Verbandsform, welcher das Gesetz nunmehr eine eigene Rechtsfähigkeit verleihe, als juristische Person anzusehen.[167]

Darüber hinaus stellen nach Ansicht *Raisers* alle übrigen strukturellen Unterschiede wie Haftungsverfassung und innere Organisation der Gesellschaft keine sachgerechten Differenzierungsmerkmale dar.[168] Diese vermeintlichen Unterschiede erweisen sich bei näherer Betrachtung als unzulänglich um eine strikte Unterscheidung zwischen juristischer Person und Personengesellschaft zu begründen.[169] Die rechtliche Gliederung von Personenverbänden könne daher nur auf das eindeutige Merkmal der Rechtsfähigkeit gestützt werden.[170] Konsequenterweise müsse dann aber die Unterscheidung von juristischer Person und rechtsfähiger Personengesellschaft aufgegeben werden.[171]

---

163 *Raiser*, AcP (194) 1994, 495 ff.; *ders.*, in: FS Zöllner, 469 ff.
164 *Raiser*, AcP (194) 1994, 495 ff.; *ders.*, in: FS Zöllner, 469, 470.
165 Vgl. *Raiser*, AcP (194) 1994, 495, 504 f.
166 *Raiser*, AcP (194) 1994, 495, 504.
167 *Raiser*, AcP (194) 1994, 495, 504; *ders.*, in: FS Zöllner, 469, 480.
168 Vgl. *Raiser*, AcP (194) 1994, 495, 505 ff.
169 Vgl. *Raiser*, AcP (194) 1994, 495, 510; *ders.*, in: FS Zöllner, 469, 483 ff.
170 *Raiser*, AcP (194) 1994, 495, 510.
171 *Raiser*, AcP (194) 1994, 495, 511 f.

b) *Der Ansatz* Raisers *aus heutiger Sicht*

Der von *Raiser* 1994 vorgebrachte Ansatz fand in der Rechtswissenschaft nur von wenigen Wissenschaftlern Zustimmung.[172] Zur damaligen Zeit normierte § 124 HGB bereits die Rechtsfähigkeit der Handelsgesellschaften. Betroffen von der Frage nach der Gleichstellung der rechtsfähigen Personengesellschaft mit der juristischen Person waren zu diesem Zeitpunkt damit nur die OHG und die KG.[173]

Durch den Verweis des § 7 Abs. 2 PartGG auf § 124 HGB sowie der Anerkennung der Rechtsfähigkeit der GbR durch den BGH im Jahr 2001[174] stellt sich die Frage nach einer Gleichstellung mit der juristischen Person nunmehr für alle Außenpersonengesellschaften.

Raiser ist insoweit zuzustimmen, dass das wesentliche Unterscheidungskriterium der beiden Rechtstypen, nämlich die Rechtsfähigkeit, nach der heutigen Rechtslage nicht mehr besteht. Mit der Einführung der PartG mbB ist eine Variante der PartG geschaffen worden, die eine partielle Haftungsbeschränkung auf das Gesellschaftsvermögen vorsieht und damit ist ein weiteres ursprünglich striktes Unterscheidungsmerkmal zwischen juristischer Person und rechtsfähiger Außenpersonengesellschaft erstmals aufgeweicht worden. Aufgrund dieser zunehmenden Annäherung zwischen Außenpersonengesellschaft und juristischer Person erlangt der Ansatz *Raisers* mit der Einführung der PartG mbB erneut an Bedeutung.

Im Folgenden ist zu untersuchen, ob durch die Einführung der PartG mbB der letzte Schritt der Annäherung zwischen juristischer Person und rechtsfähiger Außenpersonengesellschaft gegangen wurde, so dass im Sinne der von *Raiser* vorgebrachten Theorie nunmehr die Zeit reif ist, um einen einheitlichen Begriff der juristischen Person zu begründen. Hierzu ist zu prüfen, ob weiterhin Strukturunterschiede zwischen juristischer Person und rechtsfähiger Personengesellschaft bestehen und sodann ist unter kritischer Würdigung der Argumentation von *Raiser* zu prüfen, ob die verbleibenden Strukturunterschiede eine Differenzierung zwischen juristischer Person und rechtsfähiger Personengesellschaft außerhalb des Merkmals der Rechtsfähigkeit begründen können.

aa) Verbleibende Strukturunterschiede zwischen juristischer Person und rechtsfähiger Außenpersonengesellschaft

aaa) Fremd- / Selbstorganschaft

Ein wesentlicher, noch bestehender Unterschied zwischen juristischer Person und Personengesellschaft ergibt sich aus dem für die Personengesellschaften geltenden Grundsatz der Selbstorganschaft und den im Gegenzug für die juristische Person geltenden Grundsatz der Fremdorganschaft. Während bei den Personengesellschaften

---

172 *Bälz,* in: FS Zöllner, 35, 62 f.; *Timm,* NJW 1995, 3209, 3210; *Hadding,* in: FS Kraft, 137, 145 f.; tendenziell auch: *Schmidt,* Gesellschaftsrecht, 184 f.

173 Vgl. *Raiser,* AcP (194) 1994, 495, 504.

174 BGHZ 146, 341.

nur die Gesellschafter die organschaftliche Vertretung übernehmen können, kann die Vertretung bei der juristischen Person auch durch einen außenstehenden Nichtgesellschafter erfolgen.[175]

Hiergegen wendet *Raiser*[176] ein, dass die Grundsätze von Selbst- und Fremdorganschaft nicht konsequent eingehalten werden und daher einen generellen Strukturunterschied zwischen juristischer Person und rechtsfähiger Außenpersonengesellschaft nicht begründen können. *Raiser*[177] verweist hier auf die GmbH & Co. KG: diese werde von ihrer Komplementärin, der GmbH, vertreten, bei welcher wiederum der Grundsatz der Fremdorganschaft gelte.

Dieser Einwand vermag nicht zu überzeugen. Es ist zwar zutreffend, dass auch bei juristischen Personen, namentlich der Genossenschaft, nur Genossen zu Vorstandsmitgliedern bestellt werden können[178] und ebenso bei der KGaA nur Komplementäre die Vertretungsfunktion übernehmen können[179] und damit der Grundsatz der Fremdorganschaft nicht zwingend gilt. *Raiser* übersieht hier aber, dass es gerade ureigentümlicher Charakter von Grundsätzen ist, dass diese nicht absolut gelten, sondern eine gewisse Öffnung für andere Gestaltungen offen lassen. Entscheidend für die rechtliche Charakterisierung ist stets, welcher Grundsatz Anwendung findet und gerade nicht, welche Ausnahmen hiervon zugelassen werden. Hier handelt es sich, wie der Begriff schon sagt, lediglich um eine Abweichung von der Regel in begrenzten Einzelfällen.

Soweit *Raiser*[180] mit einem Hinweis auf die GmbH & Co. KG darauf abstellt, dass bei den Personengesellschaften die Selbstorganschaft nicht ohne Ausnahme gelte, weil die KG von ihrer Komplementärin, d.h. der GmbH vertreten wird und bei dieser wiederum der Grundsatz der Fremdorganschaft gelte, muss ihm entgegengehalten werden, dass hier gerade keine Durchbrechung des Grundsatzes der Selbstorganschaft vorliegt. Die KG wird auch bei der GmbH & Co. KG von ihrer Komplementärin vertreten. An der Selbstorganschaft ändert sich aber nichts nur weil die Komplementärin in diesem Fall eine GmbH ist. Die Konsequenz, dass sich die Vertretung in der GmbH wiederum nach den Vorschriften des GmbH-Rechts richtet und daher der Grundsatz der Fremdorganschaft Anwendung findet, stellt keine Durchbrechung des Grundsatzes der Selbstorganschaft bei der KG dar. Die Konstellation bei der GmbH & Co KG führt lediglich dazu, dass die KG unter Umständen in rein tatsächlicher Hinsicht von einem Nichtgesellschafter vertreten wird. Rein rechtlich verbleibt es aber bei der Einhaltung des Grundsatzes der Selbstorganschaft. Für die Beurteilung von Strukturunterschieden kann es nur auf die

---

175 Siehe hierzu: Kapitel 2 A. II. 1.

176 *Raiser*, AcP (194), 1994, 495, 508.

177 *Raiser*, AcP (194), 1994, 495, 508; *ders.* in: FS Zöllner, 469, 485.

178 Vgl. *Raiser*, AcP (194) 1994, 495, 508.

179 *Raiser*, AcP (194) 1994, 495, 508; vgl. allgemein zur Vertretung der KGaA *Bachmann*, in: Spindler/Stilz, AktG, § 278 Rn. 80 ff.

180 *Raiser*, AcP (194), 1994, 495, 508; *ders.* in: FS Zöllner, 469, 485.

rechtliche Sichtweise ankommen, denn gerade diese ist es, die die Struktur einer Gesellschaft kennzeichnet.

bbb) Mehrheits- / Einheitsprinzip

Raiser übersieht gänzlich, dass sich ein Strukturunterschied zwischen juristischer Person und rechtsfähiger Personengesellschaft auch aus der Geltung des Mehrheitsprinzips bei der juristischen Person einerseits und dem Einstimmigkeitsprinzip bei der Personengesellschaft andererseits, ergibt. Sowohl für die AG, GmbH, eG als auch die KGaA[181] gilt für die Beschlussfassung das Mehrheitsprinzip, d. h. Beschlüsse werden mit der Mehrheit der Stimmen gefasst. Im Gegensatz dazu sieht das Gesetz für die GbR, OHG, KG und PartG[182] das Einstimmigkeitsprinzip als gesetzlichen Regelfall vor. Hieran ändert auch die Tatsache nichts, dass das Einstimmigkeitsprinzip durch eine anderweitige Regelung im Gesellschaftsvertrag abbedungen werden kann.[183] Dies eröffnet den Gesellschaftern lediglich die Möglichkeit zu einer interessengerechten und an ihren Bedürfnissen ausgerichteten Regelung. Maßgeblich für die Struktur ist aber wiederum das Regel-Ausnahme-Verhältnis.[184]

ccc) Übertragbarkeit der Mitgliedschaft

Im Hinblick auf den Gesellschafterwechsel zeigen sich ebenfalls verbleibende Unterschiede zwischen juristischer Person und rechtsfähiger Personengesellschaft.[185] Auch diesen strukturellen Unterschied lässt *Raiser* bei seiner Argumentation für eine Gleichstellung der rechtsfähigen Personengesellschaft mit der juristischen Person außer Betracht. Während bei der juristischen Person die Anteile grundsätzlich frei übertragbar sind,[186] ist eine Übertragung bei den Personengesellschaften grundsätzlich unzulässig. Die Übertragung der Gesellschaftsanteile kann aber durch den Gesellschaftsvertrag zugelassen werden.[187] Maßgeblich für die rechtliche Struktur der Personengesellschaft ist aber auch hier wieder der gesetzliche Regelfall und nicht die zugelassene Ausnahme.[188]

---

181 Vgl. 133 Abs. 1 AktG; § 47 Abs. 1 GmbHG; § 43 Abs. 2 GenG; §§ 133 Abs. 1, 278 Abs. 3 AktG.

182 § 709 Abs. 1 BGB.
Vgl. § 709 Abs. 1 BGB; § 119 Abs. 1 HGB; §§ 119 Abs. 1, 161 Abs. 2 HGB; § 119 Abs. 1 HGB iVm § 6 Abs. 3 S. 2 PartGG.

183 Vgl.für die GbR § 709 Abs. 2 BGB; für die OHG §§ 109, 119 HGB; für die KG §§ 109, 119, 161 Abs. 2 HGB; für die PartG § 6 Abs. 3 S. 1, 2 PartGG.

184 Vgl. auch *Windbichler,* Gesellschaftsrecht, § 2 Rn. 11 f.

185 So auch *Ulmer,* ZIP 2001, 585, 588.

186 *Windbichler,* Gesellschaftsrecht, § 2 Rn. 11; *Ulmer,* ZIP 2001, 585, 588.

187 *Eisenhardt,* Gesellschaftsrecht, § 2 Rn. 20c.

188 Vgl. auch *Windbichler,* Gesellschaftsrecht, § 2 Rn. 11.

ddd) Zulässigkeit einer Einpersonengesellschaft

Auch bei der Frage, ob eine Vereinigung nur mit einem Gesellschafter gegründet werden bzw. fortgesetzt werden kann, zeigt sich ein weiterer nach wie vor bestehender struktureller Unterschied zwischen juristischer Person und rechtsfähiger Außenpersonengesellschaft.

Während bei der juristischen Person eine Einpersonengesellschaft zulässig ist,[189] wird dies zu Recht von der h.M. bei Personengesellschaften abgelehnt.[190]

Nach der Ansicht *Raisers* hingegen sei auch eine Einpersonengesellschaft zulässig, dies folge aus der Rechtsfähigkeit der Personengesellschaften.[191] Werde einer Gesellschaft die Rechtsfähigkeit zugesprochen, so ergebe sich daraus eine eigene Rechtspersönlichkeit, die von der Rechtspersönlichkeit der Mitglieder zu unterscheiden sei.[192] Sofern einer Personengesellschaft durch das Gesetz die Rechtsfähigkeit verliehen werde, gäbe es keinen überzeugenden Grund mehr die Zulässigkeit einer Einpersonengesellschaft zu versagen.[193]

Der Ansicht *Raisers* steht aber bereits der Wortlaut des § 105 Abs. 1 HGB, des § 161 Abs. 1 HGB, des § 705 BGB und des § 1 Abs. 1 PartGG entgegen. Aus dem Wortlaut der genannten Normen ergibt sich, dass der Gesetzgeber die Zulässigkeit der Einpersonengesellschaft gerade nicht wollte.

So ist in § 105 HGB von „gemeinschaftlicher Firma“ und von „keinem der Gesellschafter“ die Rede. Eine gemeinschaftliche Firma setzt aber stets voraus, dass ein Zusammenschluss von mehreren Personen, d.h. also mindestens zwei Personen, vorliegt. Ansonsten bedarf es keiner gemeinsamen Firma. Auch die Verwendung des Begriffs der Gesellschafter in der Mehrzahl stützt die Auffassung, dass der Gesetzgeber die Zulässigkeit einer Einpersonen-OHG ablehnte.

Für die KG ergibt sich dieses Ergebnis ebenfalls aus dem Wortlaut des § 161 Abs. 1 HGB: Dieser spricht von einer „gemeinschaftliche(n) Firma“ sowie vom „anderen Teil(...) der Gesellschafter“. Auch hier ist die Formulierung der Vorschrift eindeutig auf eine Mehrpersonengesellschaft zugeschnitten. Zum anderen ergibt sich dieses Resultat bereits zwangsnotwendig aus dem Charakter der KG. Eine KG zeichnet sich gerade dadurch aus, dass mindestens ein Gesellschafter persönlich haftet und mindestens ein weiterer Gesellschafter Kommanditist und damit nicht persönlich

---

189 Vgl. § 1 GmbHG, § 2 AktG.

190 *Windbichler*, Gesellschaftsrecht, § 10 Rn. 2; *Schmidt*, Gesellschaftsrecht, 209; *Flume*, Die Personengesellschaft, 99; *Sieveking*, in: FS Schippel, 505 ff.; *Ulmer*, GbR und PartG, § 705 Rn. 62; *Joussen*, DB 1992, 1173, 1174 f.; a.A. *Schmidt*, Einmann-Personengesellschaften, 31; vgl. auch *Priester*, DB 1998, 55, 58 ff.; *Esch*, BB 1993, 664, 665 ff.; *ders.* BB 1996, 1621 ff., die über die Bejahung einer Mehrfachbeteiligung eines Gesellschafters unter gewissen Voraussetzungen im Ergebnis die Zulässigkeit einer Einpersonengesellschaft bejahen.

191 *Raiser*, AcP (194) 1994, 495, 509.

192 *Raiser*, AcP (194) 1994, 495, 509.

193 *Raiser*, AcP (194) 1994, 495, 509.

haftender Gesellschafter ist.[194] Wie aber soll eine Person zugleich beschränkt auf ihre Einlage haften und zugleich unbeschränkt persönlich?[195] Würde dies zugelassen werden, so wäre die Rechtsform der KG sinnentleert.

Auch der Wortlaut des § 705 BGB spricht bezüglich der GbR von den Gesellschaftern in der Mehrzahl sowie von einem „gemeinsamen Zweck". Ferner ergibt sich aus dem von § 705 BGB aufgestellten Erfordernis eines Gesellschaftsvertrages, dass auch in Bezug auf die GbR keine Einpersonengesellschaft zulässig sein kann. Ein Vertrag setzt zwei übereinstimmende Willenserklärungen voraus. Diese müssen aber denknotwendig von verschiedenen Personen abgegeben werden. Zwar mag man einwenden, dass angesichts des erforderlichen Vertragsschlusses für die Gründung mindestens zwei Personen zusammenwirken müssen, im späteren Verlauf aber dann eine Reduktion auf einen Gesellschafter möglich ist ohne dass die Gesellschaft als solche aufgelöst wird. Diesem Einwand steht dann aber wieder der eindeutige Wortlaut des § 705 BGB entgegen. Der gemeinsame Zweck muss auch nach der Gründung fortbestehen, denn gem. § 726 BGB endigt die Gesellschaft automatisch, wenn der vereinbarte Zweck erreicht ist. Vereinbart ist aber nur der gemeinsame Zweck. Bei Gründung der Gesellschaft können die Parteien nur vereinbaren, dass sie zusammen einen bestimmten Zweck erreichen möchten.[196] Scheidet der vorletzte Gesellschafter aus, noch bevor der gemeinsame Zweck erreicht wurde, wird die Zweckerreichung zumindest im Hinblick auf die Gemeinsamkeit unmöglich. Auch in diesem Fall endet die Gesellschaft.

Der Wortlaut des § 1 PartGG ist ebenfalls eindeutig, indem er vom Zusammenschluss Angehöriger Freier Berufe spricht. Ein Zusammenschluss kann bereits nach dem allgemeinen Sprachgebrauch nur bei mehreren Personen vorliegen.

Folglich ergibt sich aus der Unzulässigkeit der Einpersonengesellschaft ein noch bestehender Strukturunterschied zwischen juristischer Person und rechtsfähiger Außenpersonengesellschaft.

eee) Rechtsfähigkeit / Rechtspersönlichkeit

Soweit *Raiser* vorbringt, mit der Anerkennung der Rechtsfähigkeit einer Gesellschaft bestehe notwendigerweise auch ein eigenes Rechtssubjekt, welches von den Gesellschaftern zu unterscheiden sei,[197] ist ihm zuzustimmen.

Dies führt aber gerade nicht automatisch dazu, dass die Personengesellschaft eine eigene Rechtspersönlichkeit besitzt. Hier vermengt *Raiser* die Begriffe

---

194 Vgl. § 161 Abs. 1 HGB.

195 Nach der Rspr. des BGH kann ein persönlich haftender Gesellschafter nicht gleichzeitig Kommdanditist sein. Bei Hinzuerwerb eines Kommanditistenanteils durch einen persönlichen haftenden Gesellschafter vereinigen sich beide Anteile zu einem einheitlichen Gesellschaftsanteil des persönlich haftenden Gesellschafters, BGH WM 1963, 989; BGHZ 101, 123, 129 f.

196 *Schöne,* in: BeckOK BGB, § 705 Rn. 64.

197 *Raiser,* AcP (194) 1994, 495, 503 f.

Rechtsfähigkeit und Rechtspersönlichkeit. Die aufgezeigten Strukturunterschiede zeigen, dass die Personengesellschaften auch nach ihrem heutigen Verständnis noch eng mit den ihr verbundenen Gesellschaftern verwoben sind. Der Grundsatz der Selbstorganschaft, das Einheitsprinzip und die Unübertragbarkeit der Mitgliedschaft bei der Personengesellschaft verdeutlichen, dass die Personengesellschaft in entscheidender Weise nach wie vor durch die Verbundenheit der Gesellschafter geprägt wird. Ganz anders ist dies aber bei der juristischen Person. Die juristische Person ist auch nach ihrem heutigen Verständnis größtenteils unabhängig von ihren Mitgliedern. Ihr Wesen wird nicht durch den Bestand ihrer Gesellschafter geprägt, sondern gerade durch ihre Selbständigkeit von ihren jeweiligen Gesellschaftern. Die juristische Person hat daher einen eigenen Charakter, der autonom von dem Gesamtgepräge ihrer Gesellschafter besteht. Hierhin besteht der entscheidende Unterschied zur Personengesellschaft: Die juristische Person besitzt eine eigene Rechtspersönlichkeit, die über die Persönlichkeit der Gesellschafter hinausgeht. Die Personengesellschaft hingegen besitzt nur eigene Rechtsfähigkeit. Im Übrigen wird ihr Wesen aber durch die Persönlichkeiten ihrer Gesellschafter geprägt.

Wie sich zudem aus den Regelungen des § 14 Abs. 1 BGB und § 7 MarkenG ergibt, geht auch der Gesetzgeber nach wie vor von einer Unterscheidung zwischen juristischer Person und rechtsfähiger Personengesellschaft aus.[198] § 11 Abs. 2 InsO besagt ferner, dass rechtsfähige Personengesellschaften über keine eigene Rechtspersönlichkeit verfügen. Es besteht somit auch nach Ansicht des Gesetzgebers ein Unterschied zwischen dem Begriff der Rechtsfähigkeit und dem der Rechtspersönlichkeit.[199] Dieser Unterschied muss in den verbleibenden Strukturunterschieden zwischen der juristischen Person und den rechtsfähigen Personengesellschaften gesehen werden.

An diesem Punkt leitet *Raiser* damit vorschnell aus der Rechtsfähigkeit die Zulässigkeit einer Einpersonengesellschaft ab, ohne sich dabei mit den maßgeblichen Problempunkten auseinanderzusetzen. Allein die Rechtsfähigkeit einer Personengesellschaft kann wie gezeigt die Zulässigkeit einer Einpersonengesellschaft nicht begründen.

bb) Fazit

Die dargestellten Differenzen zeigen, dass weiterhin Strukturunterschiede zwischen juristischen Personen und rechtsfähigen Personengesellschaften bestehen.[200]

---

198 *Schmidt,* Gesellschaftsrecht, 184.

199 A.A. *Timm,* NJW 1995, 3209, 3210, der die Begriffe synonym verwendet; *Beuthien,* JZ 2003, 715, 718, der davon ausgeht, die Rechtspersönlichkeit einer juristischen Person erschöpfe sich in der Rechtsfähigkeit; *ders.,* NJW 2005, 855, 856, der davon ausgeht, dass sich die Begriffe „Rechtsperson", „Rechtspersönlichkeit", „Rechtssubjekt" und „Rechtssubjektivität" zu einem „Knäuel" verwickeln.

200 So auch, aber noch vor der Einführung der PartG mbB *Ulmer,* AcP (198) 1998, 113, 122; *ders.,* ZIP 2001 585, 588.

Die Gleichstellung beider Rechtsfiguren, die nach Ansicht *Raisers* geboten ist, lässt sich nur dann sinnvollerweise begründen, wenn man als einzig entscheidendes Kriterium wie *Raiser* auf die Rechtsfähigkeit der Gesellschaften abstellt. Soweit *Raiser* vorbringt, die bestehenden Strukturunterschiede seien nicht starr, sondern weitgehend dispositiv und können daher keine sachgerecht Differenzierung ermöglichen, ist ihm entgegenzutreten. Der Charakter der juristischen Person kann gerade nicht allein am Merkmal der Rechtsfähigkeit festgemacht werden. Die dargestellten Strukturunterschiede können nicht außer Betracht gelassen werden. Sie sind für das Wesen der jeweiligen Rechtsfigur entscheidend. Maßgeblich ist stets das Gesamtgepräge. Würde man allein die Rechtsfähigkeit als ausschlaggebendes Merkmal einer Gesellschaft für die Einordnung als juristische Person ansehen, müsste man die juristische Person ihrerseits wieder unterteilen in eine juristische Person als Körperschaft und in eine juristische Person als rechtsfähige Außenpersonengesellschaft[201] – will man jeweils den spezifischen Charakter nicht unterlaufen.

Die Rechtsfähigkeit der Personengesellschaften und die Änderungen der Regelungen zum Bestandsschutz sowie jüngst die Einführung einer partiellen Haftungsbeschränkung bei der PartG mbB zeigen aber zugleich, dass eine Annäherung zur juristischen Person stattgefunden hat.[202] Diese ist aber noch nicht so weit fortgeschritten, dass man auch die rechtsfähigen Personengesellschaften als juristische Person verstehen kann. Maßgeblicher und wesentlicher Unterschied ist neben den verbleibenden strukturellen Differenzen, wie aufgezeigt, die fehlende eigene Rechtspersönlichkeit der Außenpersonengesellschaften.

Festzuhalten ist damit, dass die Trennung zwischen juristischer Person und rechtsfähiger Personengesellschaft aufrecht zu erhalten ist. Die PartG mbB ist somit eine rechtsfähige Personengesellschaft und damit keine juristische Person.

B. Einordnung der PartG mbB in das gesellschaftsrechtliche System

Für die PartG in ihrer herkömmlichen Variante führt die Einordnung in das gesellschaftsrechtliche System zu keinen weiteren Problemen. Für die PartG mbB stellt sich aber die Frage, ob die Qualifikation als Personengesellschaft in Kombination mit der beschränkten Haftung für berufliche Fehler nach § 8 Abs. 4 PartGG eine echte Fortentwicklung des Gesellschaftsrechts bedeutet oder schlichtweg einen

---

201 So auch *Schmidt,* Gesellschaftsrecht, 184; *Ulmer,* AcP (198) 1998, 113, 120 f., der davon ausgeht, dass der Gesetzgeber die Disposition hätte, die Personengesellschaften und Kapitalgesellschaften als jeweils spezifische Ausprägung der juristischen Person zu regeln.

202 Siehe hierzu Kapitel 2 A. II. 2.

Systembruch[203] darstellt. Eine Haftungsbeschränkung auf das Gesellschaftsvermögen wurde bisher nur bei juristischen Personen anerkannt.[204] Die PartG mbB ist aber – wie untersucht – gerade keine juristische Person, sondern eine Personengesellschaft. Anders als bei juristischen Personen existiert bei Personengesellschaften im bisherigen System keine Beschränkung der Haftung auf das Gesellschaftsvermögen.[205]

Ein Systembruch kann aber nur bejaht werden, wenn die Ausgestaltung der PartG mbB mit der partiellen Haftungsbeschränkung mit den gesellschaftsrechtlichen Prinzipien schlechthin unvereinbar ist.

Im Folgenden ist in einem ersten Schritt zu untersuchen, worauf die Haftungsbeschränkung bei juristischen Personen einerseits und die persönliche Haftung mindestens eines Gesellschafters bei den Personengesellschaften andererseits in dogmatischer Hinsicht beruht. Anschließend ist in einem zweiten Schritt festzustellen, ob und inwieweit sich die PartG mbB in dieses System einordnen lässt.

I. Haftungsverfassung von juristischer Person und Personengesellschaft vor ihrem jeweiligen ursprünglichen dogmatischen Hintergrund

1. *Haftungsbeschränkung und Mindeststammkapital als Konsequenz der eigenen Rechtspersönlichkeit der juristischen Person*

Die Haftungsbeschränkung der juristischen Person beruht unter anderem darauf, dass der juristischen Person seit jeher Rechtsfähigkeit zuerkannt wurde und sie damit in der Lage war, eigene Rechte und Pflichten zu begründen.[206] Aufgrund der Verselbständigung zu ihren Mitgliedern erlangt die juristische Person eine eigene Rechtspersönlichkeit. Aufgrund dieser eigenen Rechtspersönlichkeit ist die juristische Person auch in ihren Vermögensverhältnissen vom Vermögen ihrer Mitglieder getrennt.[207] Daher haften für die Verbindlichkeiten der Gesellschaft nicht die Mitglieder persönlich, sondern nur die juristische Person mit ihrem Gesellschaftsvermögen.

Das Korrelat der Haftungsbeschränkung auf das Gesellschaftsvermögen beruht im deutschen Gesellschaftsrecht auf drei Säulen: dem Erfordernis eines bestimmten Mindestkapitals sowie den strengen Kapitalaufbringungsvorschriften und

---

203 So Deutscher Richterbund, Stellungnahme zu RefE zur Einf. einer PartG mbB, 4; tendenziell auch *Beuthien,* ZRP 2012, 127; andeutend, aber im Ergebnis ablehnend *Römermann/Praß,* NZG 2012, 601, 606.

204 *Römermann/Praß,* NZG 2012, 601, 606.

205 Die Beschränkung der Kommanditistenhaftung ist nicht vergleichbar, da die Haftung nicht auf das Gesellschaftsvermögen, sondern auf die Einlage beschränkt ist, § 171 HGB, und die übrigen Gesellschafter der KG unbeschränkt persönlich haften.

206 Siehe Kapitel 2 A. II. 1. a).

207 *Grziwotz,* in: Münch. Hdb. GesR, Bd. 3, § 2 Rn. 12; andeutend auch *Hueck/Fastricht,* in: Baumbach/Hueck, GmbHG, Einl. Rn. 5.

Kapitalerhaltungsvorschriften.[208] Diese Säulen stellen das notwendige Gegenstück der Haftungsbeschränkung dar, um den Gläubigerschutz zu sichern.

2. Persönliche Haftung der Gesellschafter einer Personengesellschaft als Konsequenz der als Gruppe verbundenen Gesellschafter

Die Personengesellschaft hingegen besaß nach ihrem ursprünglichen Verständnis keine eigene Rechtsfähigkeit, sondern wurde als Gruppe der in ihr zusammengeschlossenen Personen verstanden.[209] Die Personengesellschaft konnte ursprünglich nicht in eigenem Namen Rechte und Pflichten eingehen. Vielmehr konnten Verbindlichkeiten nur derart begründet werden, dass Schuldner die Gesamthand als Personengruppe war.[210] Die Tatsache, dass eine Gesellschaftsschuld eine Schuld der in ihr vereinigten Personen als Gruppe darstellte, führte dazu, dass die Gesellschafter konsequenterweise für diese Verbindlichkeiten persönlich hafteten.[211]

3. Geschlossenes System beider Haftungsverfassungen

Beide Haftungsverfassungen stellen ein in sich geschlossenes System dar. Die Haftungsbeschränkung bei der juristischen Person zieht die Pflicht zum Mindestkapital sowie zur Kapitalaufbringung und -erhaltung nach sich. Den Gläubigern, die als Haftungsmasse nur auf das Gesellschaftsvermögen zugreifen können, muss ein gewisser Schutz dafür gewährt werden, dass dieses Kapital auch tatsächlich dem Zugriff im Gläubigerinteresse zur Verfügung steht.

Umgekehrt besteht bei den Personengesellschaften keine Pflicht zum Vorhalt eines Mindeststammkapitals. Dies ist wegen der persönlichen Haftung der Gesellschafter auch nicht notwendig. Durch die Möglichkeit der Inanspruchnahme der Gesellschafter sind die Gläubiger hinreichend gesichert.

II. Einordnung der PartG mbB in dieses System

1. Besonderheiten der PartG mbB als Personengesellschaft mit beschränkter Haftung

Die PartG mbB lässt sich nicht ohne weiteres in dieses System einordnen. Wie dargestellt ist sie eine rechtsfähige Personengesellschaft und damit gerade keine juristische Person. Aus § 8 Abs. 4 PartGG ergibt sich aber gleichwohl, dass die Haftung für berufliche Fehler auf das Gesellschaftsvermögen beschränkt ist, wenn

---

208 *Römermann/Praß,* NZG 2012, 601, 606; *Hueck/Fastrich,* in: Baumbach/Hueck, GmbHG, Einl. Rn. 7, die die Kapitalaufbringung und Kapitalerhaltung als eine Säule sehen.

209 Vgl. hierzu *Flume,* Die Personengesellschaft, 89 ff.

210 *Flume,* Die Personengesellschaft, 318.

211 *Flume,* Die Personengesellschaft, 325 f.

die Gesellschaft eine zu diesem Zweck vorgegebene Berufshaftpflichtversicherung unterhält. Damit bestehen für die PartG mbB drei Besonderheiten.

Zum Ersten ist die PartG mbB eine Personengesellschaft, bei der die Haftung unter bestimmten Voraussetzungen auf das Gesellschaftsvermögen beschränkt ist. Zum Zweiten greift die Haftungsbeschränkung nicht für alle Verbindlichkeiten ein, sondern nur für solche, die aus beruflichen Fehlern resultieren und zum Dritten besteht als Korrelat für die Haftungsbeschränkung kein System aus Mindestkapital, Kapitalaufbringungs- und Kapitalerhaltungsvorschriften, sondern die Pflicht zum Unterhalt einer Berufshaftpflichtversicherung.

2. Personengesellschaft mit Haftungsbeschränkung als Systembruch im deutschen Gesellschaftsrecht?

Fraglich ist, ob die PartG mbB in ihrer besonderen Ausgestaltung dieses Grundverständnis der jeweiligen Haftungssysteme von juristischer Person und Personengesellschaft durchbricht. Dies ist nur dann der Fall, wenn die Konzeption der PartG mbB schlechthin nicht mit den Wertungen des herrschenden Systems vereinbar ist.

a) Haftungsbeschränkung bei der PartG mbB als konsequente Fortentwicklung des Personengesellschaftsrechts

Die Ausgestaltung der PartG mbB als Personengesellschaft mit partieller Haftungsbeschränkung stellt ein Novum im deutschen Gesellschaftsrecht dar. Hintergrund dieser neuartigen Konzeption war der Wille des Gesetzgebers[212] eine Rechtsform zu schaffen, die aus der Kombination von steuerlich transparenter Personengesellschaft und Haftungsbeschränkung besteht.

Die Einführung einer Haftungsbeschränkung bei einer Personengesellschaft ist die weitere konsequente Folge des neuen Verständnisses der Personengesellschaften.[213] Mit Anerkennung der Rechtsfähigkeit der Personengesellschaft wurde ihre Unabhängigkeit von den einzelnen Gesellschaftern gestärkt. Trotz der verbleibenden Strukturunterschiede ist die Personengesellschaft nach ihrem heutigen Verständnis in ihrer Verselbständigung der juristischen Person in weiten Teilen angenähert. Die Annäherung hat zwar – wie untersucht – aufgrund der verbleibenden unterschiedlichen Konzeption nicht zu einer Gleichstellung geführt, dennoch sind beide Rechtstypen im Laufe der Zeit näher aneinander gerückt. Mit der Einführung der Haftungsbeschränkung bei einer Personengesellschaft wird daher nur ein weiterer Schritt in Richtung juristische Person gegangen. Es gibt keinen sachgerechten Grund, die Haftungsbeschränkung auf das Gesellschaftsvermögen nur den juristischen Personen vorzubehalten. Die grundsätzliche Anerkennung der Haftungsbeschränkung auch bei der Personengesellschaft ist mit Einführung der

---

212 Vgl. Begr. RegE zur Einf. einer PartG mbB, BT-Drucks.17/10487, 11.
213 Siehe Kapitel 2 A. II. 2.

PartG mbB damit die denklogische Konsequenz der weiteren Fortentwicklung des Personengesellschaftsrechts.

b) *Pflicht zum Unterhalt einer Berufshaftpflichtversicherung als systemgerechtes Korrelat zur partiellen Haftungsbeschränkung*

Die letztgenannte Besonderheit, dass für die PartG mbB weder ein Mindestkapital noch Kapitalaufbringungs- und Kapitalerhaltungsvorschriften gelten, wird dadurch kompensiert, dass stattdessen eine entsprechende Berufshaftpflichtversicherung unterhalten werden muss. Diese tritt an Stelle des Erfordernisses eines Mindestkapitals sowie dessen realer Aufbringung und Erhaltung. Letztlich geht es aber bei der Frage nach der Haftungsbeschränkung im Ergebnis nur darum, ob den Gläubigern als Ersatz für die beschränkte Haftung die Sicherheit geboten wird, dass eine gewisse Haftungsmasse vorhanden ist. Mit der Pflicht, eine Berufshaftpflichtversicherung zu unterhalten, wird dem Gläubigerschutz Rechnung getragen. Diesbezüglich kann aber nicht von einem Systembruch gesprochen werden. Ein festes, unabänderliches System von Mindestkapital, Kapitalaufbringung und Kapitalerhaltung kennt das deutsche Gesellschaftsrecht auch bislang nicht.[214] Bereits durch das MoMiG wurde im Jahr 2008 das Erfordernis eines Mindeststammkapitals durch die Einführung der Unternehmergesellschaft[215] auf einen Euro abgesenkt, §§ 5a Abs. 1, 5 Abs. 1 GmbHG.

Mit der Einführung der PartG mbB erfährt daher letztlich nur die dritte Säule, nämlich die Kapitalerhaltung eine Aufweichung, die es im bisherigen System nicht gab.[216] Damit geht aber kein Systembruch einher. Das Gegenstück zur Haftungsbeschränkung wird nur neu definiert. Anstelle des Erfordernisses eines Mindestkapitals sowie dessen realer Aufbringung und Erhaltung tritt die Pflicht zur Unterhaltung einer Berufshaftpflichtversicherung. Auf die Sicherung der Haftungsmasse wird somit nicht verzichtet. Sie wird nur anders ausgestaltet. Ob dies genauso effektiv ist wie das bisherige System des Gläubigerschutzes wird später zu untersuchen sein. Für die Frage der Einordnung der PartG mbB in das gesellschaftsrechtliche System spielt dies aber keine Rolle.

In diesem Kontext ist es daher konsequent, dass von der Haftungsbeschränkung auf das Gesellschaftsvermögen nur Verbindlichkeiten umfasst werden, die aus einem beruflichen Fehler herrühren. Denn nur für diese besteht die Deckung durch die Berufshaftpflichtversicherung und damit eine Sicherung des Gläubigerschutzes. Diesbezüglich besteht also ein geschlossenes System aus Haftung und Gläubigersicherung.

---

214 Im Ergebnis ebenfalls *Seibert,* WPg 2013, Editorial I; vgl. auch *Römermann,* AnwBl. 2012, 288, 291, der von einer Aufweichung des klassischen Verständnisses von Haftungsbeschränkung und Stammkapital spricht.

215 Zur Unternehmergesellschaft vgl. *Goette/Habersack,* Das MoMiG in Wissenschaft und Praxis, 31 ff.

216 *Römermann/Praß,* NZG 2012, 601, 607.

c) *Fazit*

Die Haftungsbeschränkung bei der PartG mbB ist logische Konsequenz aus der weitgehenden Verselbständigung der Personengesellschaften als eigene Rechtsträger nach ihrem heutigen Verständnis. Der Gesetzgeber hat mit der partiellen Haftungsbeschränkung für berufliche Fehler und der damit korrespondierenden Pflicht zum Unterhalt einer spezifischen Berufshaftpflichtversicherung ein in sich geschlossenes Haftungsregime geschaffen. Die Einführung der PartG mbB stellt somit eine echte Fortentwicklung des deutschen Gesellschaftsrechts dar. Ein Systembruch geht damit nicht einher.

3. PartG mbB als neuer Gesellschaftstypus der Personengesellschaften

Die PartG mbB lässt sich – wie untersucht – nicht in die bisherigen gesellschaftsrechtlichen Stereotypen einordnen. Die Einführung der PartG mbB stellt eine echte Fortentwicklung des Gesellschaftsrechts dar.

Die vorgeschlagene Qualifizierung der PartG mbB als Personengesellschaft mit verbandsrechtlichem Charakter[217] oder als hybride Gesellschaftsform[218] ist daher nicht sachgerecht. Die PartG mbB als Personengesellschaft hat nach wie vor keinen verbandsrechtlichen Charakter, sondern ist im Innenverhältnis, – wie untersucht – weiterhin personalistisch geprägt. Die Einführung der PartG mbB mit ihrer partiellen Haftungsbeschränkung und der Pflicht zum Unterhalt der spezifischen Berufshaftpflichtversicherung stellt aber eine eigenständige Weiterentwicklung des Personengesellschaftsrechts dar.

Sie ist daher nicht zwischen juristischer Person und Personengesellschaft einzuordnen. Mit der PartG mbB hat der Gesetzgeber vielmehr einen neuen Typus einer Gesellschaftsform innerhalb der Personengesellschaften geschaffen. Die PartG mbB ist eine Personengesellschaft mit beschränkter Haftung. Künftig sind daher Personengesellschaften in Personengesellschaften mit persönlicher Haftung und in Personengesellschaften mit beschränkter Haftung zu unterteilen.

217 *Römermann/Praß,* NZG 2012, 601, 606; ihnen folgend *Werner,* StBW 2013, 715, 717.
218 *Linardatos,* VersR 2013, 1488; *Beuthien,* ZRP 2012, 127.

Kapitel 3: Die Haftungsverfassung der herkömmlichen Partnerschaftsgesellschaft

A. Haftung der Gesellschaft

I. Haftung für allgemeine Verbindlichkeiten der Gesellschaft

Die PartG ist gem. § 124 Abs. 1 HGB iVm § 7 Abs. 2 PartGG eine rechtsfähige Personengesellschaft, die selbst Trägerin von Rechten und Pflichten sein kann. Die PartG haftet nach § 8 Abs. 1 S. 1 BGB mit ihrem Gesellschaftsvermögen für Verbindlichkeiten, die in ihrem Namen begründet wurden.

II. Haftung für Verbindlichkeiten aus einer Pflichtverletzung des Anwaltsvertrages

Aufgrund der Rechtsfähigkeit der PartG wird der Anwaltsvertrag grundsätzlich zwischen dem Mandanten und der Gesellschaft und nicht mit dem einzelnen Partner abgeschlossen.[219] Nur ausnahmsweise kommt bei entsprechendem Willen der Parteien der Vertrag direkt mit dem bearbeitenden Partner zustande.[220] Vertragsparteien des Anwaltsvertrages sind somit regelmäßig der Mandant und die PartG.

1. Zurechnung des Fehlverhaltens der Partner nach § 31 BGB analog

Unterlaufen den Partnern bei der Bearbeitung des Mandats berufliche Fehler, werden diese ebenso wie das Verschulden des Partners der PartG entsprechend § 31 BGB zugerechnet.[221] Die Zurechnung erfolgt nicht nur für vertragliche Pflichtverletzungen, sondern auch für ein deliktisches Handeln des Partners, welches in

---

219 *Rinkler*, in: Zugehör/Fischer/Vill/Fischer/Rinkler/Chab, Handbuch Anwaltshaftung, Rn. 424; *Peitscher*, Anwaltsrecht, § 28 Rn. 415; *von Lewinski*, Grundriss des anwaltlichen Berufsrechts, 58.

220 *Vollkommer/Greger/Heinemann*, Anwaltshaftungsrecht, § 4 Rn. 13 ff., dies ist insbesondere dann der Fall, wenn ein Rechtsanwalt der Gesellschaft als Notanwalt, Pflichtverteidiger oder im Prozesskostenhilfeverfahren beigeordnet wurde, ebenso bei einer nichtanwaltlichen Tätigkeit wie Testamentsverwalter usw.

221 *Vollkommer/Greger/Heinemann*, Anwaltshaftungsrecht, § 4 Rn. 26; *Henssler*, PartGG, § 8 Rn. 15; *von Westphalen*, in: Meilicke/ Westphalen/Hoffmann/Lenz/ Wolff, PartGG, § 8 Rn. 8; *Rinkler*, in: Zugehör/Fischer/Vill/Fischer/Rinkler/Chab, Handbuch Anwaltshaftung, Rn. 425; *Schäfer*, in: MünchKomm BGB, Bd. 5, § 8 PartGG Rn. 6.

Ausübung der beruflichen Tätigkeit begangen wurde.[222] Aufgrund der Zurechnung des deliktischen Handelns des Partners ist eine Haftung der PartG nach § 823 Abs. 1 BGB denkbar. Im Rahmen anwaltlicher Tätigkeit kommt diesem Haftungstatbestand aber kaum Relevanz zu, da reine Vermögensschäden nicht in den Schutzbereich der Norm fallen.[223]

2. Zurechnung des Fehlverhaltens Angestellter nach § 278 BGB

Begeht ein Angestellter der PartG bei der Bearbeitung des Mandats eine schuldhafte Pflichtverletzung, wird diese der Gesellschaft gem. § 278 BGB zugerechnet.[224] Angestellte Rechtsanwälte, freie Mitarbeiter sowie Büropersonal handeln insoweit als Erfüllungsgehilfen der PartG.

Das deliktische Verhalten von Erfüllungsgehilfen kann der PartG nicht nach § 278 BGB zugerechnet werden, da die Zurechnung unerlaubter Handlungen nicht vom Anwendungsbereich des § 278 BGB umfasst ist.[225] Eine Haftung der PartG für deliktisches Verhalten ihrer Angestellten kann sich daher nur aus § 831 BGB ergeben. Es handelt sich um einen eigenständigen Haftungstatbestand, wonach die PartG nicht für fremdes, sondern für eigenes Fehlverhalten haftet. § 831 Abs. 1 S. 2 BGB sieht aber die Möglichkeit der Exkulpation vor.

Anders verhält es sich bei einem Scheinsozius. Bei einem Scheinsozius handelt es sich um einen angestellten Rechtsanwalt, der aufgrund seines Auftritts nach außen den Rechtsschein erweckt, er sei Gesellschafter und nicht Angestellter.[226] Der Rechtsschein, es handele sich um einen echten Partner der PartG kann sich beispielweise durch Nennung des angestellten Rechtsanwaltes auf dem Türschild oder auf dem Briefbogen ohne einen klarstellenden Zusatz, ergeben.[227] Das deliktische Verhalten eines solchen Scheinsozius wird der Gesellschaft entsprechend § 31 BGB zugerechnet.[228]

---

222 *Rinkler,* in: Zugehör/Fischer/Vill/Fischer/Rinkler/Chab, Handbuch Anwaltshaftung, Rn. 425; *Henssler,* PartGG, § 8 Rn. 17.

223 *Schaub,* in: PWW, BGB, 823 Rn. 59; *Sprau,* in: Palandt, BGB, § 823 Rn. 11; *Wagner,* in: MünchKomm BGB, Bd. 5, § 823 Rn. 247; *Spickhoff,* in: Soergel, BGB, Bd. 12, § 823 Rn. 87.

224 BGH NJWRR 1990, 459, 460; BGH NJWRR 2005, 494, 495; *von Westphalen,* in: Meilicke/Westphalen/Hoffmann/Lenz/Wolff, PartGG, § 8 Rn. 8; *Henssler,* PartGG, § 8 Rn. 14; *Peitscher,* Anwaltsrecht, § 36 Rn. 667.

225 Vgl. *Grüneberg,* in: Palandt, BGB, § 278 Rn. 2.

226 Vgl. *Peitscher,* Anwaltsrecht, § 20 Rn. 239 f.

227 *Peitscher,* Anwaltsrecht, § 20 Rn. 239 f.; *Degen/Diem/Grams/Hauffe/Rothenbacher,* Anwaltsrecht I, 169; *Koch/Kilian,* Anwaltliches Berufsrecht, 240.

228 BGHZ 172, 169 ff.

B. Persönliche Haftung der Partner nach § 8 Abs. 1 S. 1 PartGG

I. Umfang der persönlichen Haftung der Partner

Gem. § 8 Abs. 1 S. 1 PartGG haften die Partner neben der Gesellschaft persönlich und unbeschränkt für Verbindlichkeiten der PartG als Gesamtschuldner. Die persönliche Haftung der Partner ist akzessorisch und besteht für alle Verbindlichkeiten der PartG unabhängig von ihrem Rechtsgrund.[229] Die Partner haften daher nicht nur für allgemeine Verbindlichkeiten der PartG, die z. B. aus einem Miet-, Leasing-, Kauf-, oder Arbeitsvertrag herrühren, sondern auch für vertragliche und deliktische Verbindlichkeiten, die auf einer Pflichtverletzung des Anwaltsvertrages beruhen, d. h. aus einem beruflichen Fehler herrühren. Die persönliche Haftung der Partner nach § 8 Abs. 1 S. 1 PartGG tritt auch bei einer Verbindlichkeit aus unerlaubter Handlung ein, sofern diese der Gesellschaft entsprechend § 31 BGB zugerechnet wird.[230]

Angestellte Rechtsanwälte der PartG haften grundsätzlich nicht nach § 8 Abs. 1 S. 1 PartGG für die Verbindlichkeiten der Partnerschaft, da die Haftung nach § 8 Abs. 1 S. 1 PartGG nur Partner und damit nur Gesellschafter der PartG trifft.

II. Persönliche Haftung der Scheinpartner

1. Meinungsstand

Umstritten ist, ob die persönliche Haftung nach § 8 Abs. 1 S. 1 PartGG auch die sog. Scheinpartner trifft. Die Rechtsprechung[231] und die überwiegende Literatur[232] bejahen die persönliche Haftung von Scheingesellschaftern einer GbR. Danach haften angestellte Rechtsanwälte nach den Grundsätzen der Rechtsscheinhaftung wie ein Gesellschafter, wenn sie durch ihr Auftreten im Rechtsverkehr bei einem gutgläubigen Dritten den Eindruck erwecken, sie seien Gesellschafter der GbR.[233]

Die entsprechende Anwendbarkeit dieser Rechtsprechung auch auf die Scheinpartner einer PartG ist umstritten. Die herrschende Ansicht bejaht dies und lässt Scheinpartner einer PartG persönlich nach § 8 Abs. 1 S. 1 PartGG haften.[234] Zur

---

229 *Schäfer,* in: MünchKomm BGB, Bd. 5, § 8 PartGG Rn. 6.

230 Siehe hierzu oben Kapitel 3 A. II. 1.

231 Ständige Rspr. BGH NJW 1978, 996; BGH NJW 1999, 3040, 3041; BGH NJW 2007, 2490, 2492; BGH NJW 2011, 3718, 372.

232 *Roth,* in: FS Schmidt, 1375, 1383 f.; Koch/Kilian, Anwaltliches Berufsrecht, 239 f.; *von Lewinski,* Grundriss des anwaltlichen Berufsrechts, 146; *Blaurock,* in: FS Krämer, 177 ff.; *Rinkler,* in: Zugehör/Fischer/Vill/Fischer/Rinkler/Chab, Handbuch der Anwaltshaftung, Rn. 403 f.; *Schäfer,* DStR 2003, 1078 f.

233 Vgl. nur *Peres/Depping,* DStR 2006, 2261, 2262 f.; *Degen/Diem/Grams/Hauffe/Rothenbacher,* Anwaltsrecht I, 169.

234 *Hirtz,* in: Henssler/Strohn, Gesellschaftsrecht, § 8 PartGG Rn. 12; *Schäfer,* in: Ulmer/Schäfer, GbR und PartG, § 8 PartGG Rn. 11; *Henssler,* PartGG, § 8 Rn. 44; *von*

Begründung wird vorgetragen, dass bei der PartG nicht anders als bei der GbR der gesetzte Rechtsschein dazu führe, dass auch ein Scheinpartner sich wie ein wirklicher Partner behandeln lassen müsse.[235] Der Scheinpartner könne sich nicht auf seine fehlende Eintragung im Partnerschaftsregister berufen, da der im Außenverhältnis bei einem gutgläubigen Dritten gesetzte Rechtsschein mit den Verhältnissen, die im Partnerschaftsregister wiedergegeben werden, kollidiere.[236]

Die Gegenansicht verneint eine persönliche Haftung des Scheinpartners nach § 8 Abs. 1 S. 1 PartGG und bringt vor, dass bei der GbR im Gegensatz zur PartG gerade kein Partnerschaftsregister bestehe, aus welchem der Dritte ersehen könne wer als Partner eingetragen sei.[237] Anders als bei der PartG habe daher der Dritte bei der GbR nur die Möglichkeit, dem gesetzten Rechtsschein zu vertrauen.[238] Insoweit bestehe bei der GbR anders als bei der PartG die Schutzwürdigkeit des Dritten.[239]

2. *Stellungnahme*

Der letztgenannten Auffassung kann nicht gefolgt werden. Es mag zwar richtig sein, dass der Dritte aus dem Partnerschaftsregister ersehen kann, wer als Partner der PartG eingetragen ist, die Vertreter dieser Ansicht übersehen aber, dass nicht jeder, der Partner ist, auch zwingend eingetragen sein muss. Die Eintragung der Partner in das Partnerschaftsregister wirkt nicht konstitutiv. Die Aufnahme als Partner erfolgt durch eine Vereinbarung im Partnerschaftsvertrag. Die Eintragungspflicht aller Partner in das Partnerschaftsregister ergibt sich bei der erstmaligen Anmeldung der Gesellschaft aus §§ 4 Abs. 1 S. 2, 3 Abs. 2 Nr. 2 PartGG bzw. bei Neueintritt eines Partners aus § 4 Abs. 4 PRV. Die genannten Vorschriften bestimmen aber nur, dass die Stellung als Partner in das Partnerschaftsregister einzutragen ist und setzen damit den Eintritt als Partner in die PartG gleichwohl voraus. Dadurch kann sich die Konstellation ergeben, dass jemand die Partnerstellung innehat, aber dennoch nicht ins Partnerschaftsregister eingetragen ist. In diesem Fall hilft dem Dritten auch nicht § 15 Abs. 1 HGB iVm § 5 Abs. 2 HGB weiter, da die Vorschrift nur den

---

Westphalen, in: Meilicke/Westphalen/Hoffmann/Lenz/Wolff, PartGG, § 8 Rn. 37; *Henssler,* in: FS Vieregge, 361, 367 f.; differenzierend *Langenkamp/Jaeger,* NJW 2005, 3238 f.

235 Vgl. nur *Henssler,* PartGG, § 8 Rn. 44; *von Westphalen,* in: Meilicke/Westphalen/Hoffmann/Lenz/Wolff, PartGG, § 8 Rn. 37.

236 Vgl. nur *Henssler,* in FS Vieregge, 361, 367; *ders.,* PartGG, § 8 Rn. 46; *Hirtz,* in: Henssler/Strohn, Gesellschaftsrecht, § 8 PartGG Rn. 12.

237 *Römermann/Dibbelt,* PartG und PartG mbB, 37; *Römermann/Jähne,* PartG und PartG mbB, 31 f.; *Heyers,* DStR 2013, 813; *Römermann,* in: Michalski/Römermann, PartGG, § 8 Rn. 44.

238 *Römermann/Dibbelt,* PartG und PartG mbB, 37; *Römermann/Jähne,* PartG und PartG mbB, 31 f.; *Heyers,* DStR 2013, 813.

239 *Römermann/Dibbelt,* PartG und PartG mbB, 37; *Römermann/Jähne,* PartG und PartG mbB, 32.

Fall betrifft, dass die einzutragende, aber nicht eingetragene Tatsache, einem Dritten entgegengesetzt werden soll. Hier geht es aber um die umgekehrte Situation in welcher sich der Dritte auf die nicht eingetragene Tatsache berufen will.

Folglich gibt das Partnerschaftsregister nicht zwingend die tatsächlichen Partnerschaftsverhältnisse vollständig wieder. Es ist somit möglich, dass ein Rechtsanwalt tatsächlich Partner der PartG ist, aber seine Eintragung ins Partnerschaftsregister versäumt wurde. Tritt jemand im Außenverhältnis auf wie ein Partner, ist aber nicht als Partner eingetragen, weiß der Dritte daher nicht, ob es sich tatsächlich um einen Partner oder nur um einen Scheinsozius handelt. An dieser Stelle ist der Schutz des Partnerschaftsregisters lückenhaft. Insoweit ist der Dritte auch gegenüber einer PartG schutzbedürftig.

Setzt ein angestellter Rechtsanwalt gegenüber einem Dritten den Rechtsschein, er sei Partner der PartG, muss er daher diesen Rechtsschein gegen sich gelten lassen.

Folglich haften Scheinsozien nach § 8 Abs. 1 S. 1 PartGG ebenfalls persönlich und unbeschränkt für Gesellschaftsschulden neben der PartG.

C. Haftungskonzentration auf den bearbeitenden Partner nach § 8 Abs. 2 PartGG

Die Besonderheit der PartG im Vergleich zur GbR besteht in der Haftungskonzentration nach § 8 Abs. 2 BGB. Waren nur einzelne Partner mit der Bearbeitung eines Auftrags befasst, so haften gem. § 8 Abs. 2 PartGG nur diese persönlich neben der PartG für berufliche Fehler. Die Haftungskonzentration nach § 8 Abs. 2 PartGG ist vorrangig zu der gesamtschuldnerischen Haftung aller Partner: Liegen die Voraussetzungen der Vorschrift vor, so sind die übrigen Partner von der persönlichen Haftung nach § 8 Abs. 1 S. 1 PartGG befreit.

I. Haftungsbegründende Ansprüche

Von der Haftungskonzentration nach § 8 Abs. 2 PartGG sind sämtliche Schadensersatzansprüche umfasst, die aus einem beruflichen Fehler bei der Bearbeitung des Anwaltsvertrages entstehen. Weitere Voraussetzung ist, dass die PartG als solche für die Pflichtverletzung haftet.[240]

Die Haftung des Partners erstreckt sich insbesondere auf vertragliche Ansprüche sowie auf gesetzliche Ansprüche[241] des Gläubigers. Daneben kommt die persönliche Haftung des Partners aber auch bei deliktischen Ansprüchen in Betracht sofern sie

240 Vgl. Wortlaut des § 8 Abs. 2 PartGG „neben der Partnerschaft".

241 In Betracht kommt auch eine Haftung aus §§ 280 Abs. 1, 241 Abs. 1, § 311 Abs. 2 BGB (c.i.c.), wenn der Partner bei der Vertragsanbahnung einen Berufsfehler begeht, vgl. Begr. RegE zur Schaffung eines PartGG, BT Drucks. 12/6152, 18; zustimmend *Schäfer*, in: MünchKomm BGB, Bd. 5, § 8 PartGG Rn. 15; *Henssler*, PartGG, § 8 Rn. 57; *Jawansky*, Haftung und Haftungskonzentration bei der PartG, 92.

auf einem beruflichen Fehler bei der Bearbeitung des Auftrages beruhen und die PartG hierfür durch Zurechnung des Berufsfehlers entsprechend § 31 BGB haftet.[242] Folglich tritt die Haftungskonzentration dann nicht ein, wenn ein Partner aufgrund eigenen deliktischen Verhaltens, welches der PartG nicht zurechenbar ist, haftet.[243]

II. Befassung mit der Bearbeitung eines Auftrags

1. Auftrag iSd § 8 Abs. 2 PartGG

Nach § 8 Abs. 2 PartGG konzentriert sich die Haftung auf denjenigen Partner, der mit der Bearbeitung des Auftrages befasst war. „Auftrag" im Sinne der Vorschrift ist nicht mit dem Begriff des Auftrags nach § 662 BGB gleichzusetzen, sondern umfasst sämtliche Verträge, die die Grundlage für die freiberufliche Tätigkeit darstellen.[244] Der Anwaltsvertrag ist somit „Auftrag" iSd § 8 Abs. 2 PartGG, unabhängig von seiner konkreten rechtlichen Qualifikation.

2. Befassung iSd § 8 Abs. 2 PartGG

Nach § 8 Abs. 2 PartGG haftet nur derjenige Partner, der mit der Bearbeitung des Auftrags befasst ist. Die Tatsache, dass ein Mandatsvertrag nicht nur mit dem einzelnen Partner einer PartG zustande kommt, sondern regelmäßig mit der PartG selbst, macht eine Differenzierung notwendig.[245] Ist der Auftrag direkt mit dem bearbeitenden Rechtsanwalt geschlossen, kommt § 8 Abs. 2 PartGG von vornherein nicht zur Anwendung,[246] da dann bereits keine Verbindlichkeit der PartG vorliegt. Andernfalls muss festgestellt werden, welcher der Partner den Auftrag bearbeitet hat.

a) Aktive Mitwirkungshandlung

Nach der nunmehr geltenden Fassung des § 8 Abs. 2 PartGG ist unter Befassung jedwede Mitwirkungshandlung zu verstehen.[247] Es soll dabei nicht darauf ankommen, ob der Partner den Auftrag selbst ausgeführt, geleitet oder überwacht hat.[248] Die Art und Weise des Bearbeitungsbeitrags ist somit nicht entscheidend, sondern, ob der jeweilige Partner in tatsächlicher Hinsicht mit der Bearbeitung befasst war.[249]

---

242 Begr. RegE zur Schaffung eines PartGG, BT-Drucks. 12/6152, 18.
243 *Schäfer,* in MünchKomm BGB, Bd. 5, § 8 PartGG Rn. 15.
244 *Henssler,* in: Henssler/Prütting, BRAO, § 8 PartGG Rn. 31.
245 *Von Westphalen,* in: Meilicke/Westphalen/Hoffmann/Lenz/Wolff, PartGG, § 8 Rn. 52.
246 *Von Westphalen,* in: Meilicke/Westphalen/Hoffmann/Lenz/Wolff, PartGG, § 8 Rn. 52.
247 Ausführlich hierzu *Hahn/Naumann,* WM 2012, 1756, 1758 f.
248 *Römermann,* in: Michalski/Römermann, PartGG, § 8 Rn. 37; *von Westphalen,* in: Meilicke/Westphalen/Hoffmann/ Lenz/ Wolff, PartGG, § 8 Rn. 56.
249 Vgl. *Römermann,* in: Michalski/Römermann, PartGG, § 8 Rn. 37.

b) *Unterlassene Ausführung bzw. Überwachung bei bestehendem internen Geschäftsverteilungsplan*

aa) Meinungsstand in der Literatur

In der Literatur ist umstritten, ob sich die Haftungskonzentration auch auf denjenigen Partner bezieht, der nach dem internen Geschäftsverteilungsplan zur Bearbeitung eines Auftrags vorgesehen war, dies aber pflichtwidrig unterlassen hat. Fraglich ist, ob die unterlassene Bearbeitung des Mandats trotz interner Zuständigkeit eine Befassung mit dem Auftrag iSd § 8 Abs. 2 PartGG darstellt.

Die herrschende Ansicht im Schrifttum[250] lässt es entsprechend der Gesetzesbegründung[251] für die Befassung im Sinne des § 8 Abs. 2 PartGG ausreichen, dass ein Partner nach dem internen Geschäftsverteilungsplan zur Überwachung bzw. Leitung der Bearbeitung des Auftrags zuständig war. Die Haftung des jeweiligen Partners trete nach dieser Ansicht bei Vorliegen eines beruflichen Fehlers unabhängig davon ein, ob der Partner gegen seine Überwachungs- und Leitungspflichten verstoßen habe oder nicht.[252] Die Pflicht zum Handeln und damit der haftungsbegründende Tatbestand des Unterlasses könne durchaus auf den internen Geschäftsverteilungsplan in Zusammenhang mit dem Anwaltsvertrag gestützt werden.[253] Zudem habe der Gesetzgeber mit der Formulierung „befasst sein" den Wortlaut bewusst weit gefasst.[254] Nach den gesetzgeberischen Zielen solle die Vorschrift den Partnern haftungstechnisch Planungssicherheit geben.[255] Diese bestehe aber nur dann, wenn auch der Partner, der nach dem internen Geschäftsverteilungsplan zuständig war, bei Verletzung dieser Pflicht zur Haftung nach § 8 Abs. 2 PartGG herangezogen werde,[256] andernfalls würde die Haftungsbeschränkung entwertet werden.[257]

---

250 *Von Westphalen,* in: Meilicke/Westphalen/Hoffmann/Lenz/Wolff, PartGG, § 8 Rn. 57 a.E.; *Schäfer,* in: MünchKomm BGB, Bd. 5. § 8 PartGG Rn. 22; *Seibert,* BRAK-Mitt. 1998, 210, 211; *Jawansky,* DB 2001, 2281, 2282; *Koch/Kilian,* Anwaltliches Berufsrecht, 248; *Offermann-Burckhart,* AnwBl. 2014, 194, 213; *Henssler,* in: FS Wiedemann, 907, 929; *ders.,* in: Henssler/Prütting, BRAO, § 8 PartGG Rn. 34; *Grunewald,* ZAP 2001, Fach 23, 551, 555; *Hirtz,* in: Henssler/Strohn, Gesellschaftsrecht, § 8 PartGG Rn. 18.

251 Begr. RegE Änderung des PartGG, BT-Drucks. 13/9820, 21.

252 *Schäfer,* in MünchKomm BGB, Bd. 5, § 8 PartGG Rn. 22; *Jawansky,* DB 2001, 2281, 2282.

253 *Jawansky,* DB 2001, 2281, 2282; *Henssler,* in: Henssler/Prütting, BRAO, § 8 PartGG Rn. 34.

254 *Jawansky,* DB 2001, 2281, 2282.

255 *Jawansky,* DB 2001, 2281, 2282.

256 *Jawansky,* DB 2001, 2281, 2282.

257 *Henssler,* in: Henssler/Prütting, BRAO, § 8 PartGG Rn. 34.

Wenige Stimmen im Schrifttum[258] treten dieser Auffassung mit dem Argument entgegen, dass nach der Neuformulierung des Gesetzeswortlautes des § 8 Abs. 2 PartGG[259] gerade nicht die Zuständigkeit innerhalb der Gesellschaft, sondern die aktive Bearbeitung ausschlaggebend sein solle. Das Unterlassen der Tätigkeit könne nicht mehr unter den Wortlaut „befassen“ subsumiert werden.[260] Als problematisch erweise sich, dass nach der Gegenansicht die Haftung sich nicht vollständig aus dem Gesetz ergebe, sondern zusätzlich auf dem internen Zuständigkeitsplan beruhe.[261] Zudem habe der Gläubiger bei der Darlegung und dem Beweis der internen Zuständigkeitsregelung praktische Schwierigkeiten.[262]

bb) Stellungnahme

Die erstgenannte Ansicht verdient aus den im Folgenden darzustellenden Gründen den Vorzug.

Es ist nicht ersichtlich warum man unter dem Begriff „befassen“ nach § 8 Abs. 2 PartGG lediglich eine aktive Bearbeitung des Auftrages subsumieren soll. Der Begriff des Befassens ist seinem Wortsinn nach nicht allein auf die tatsächliche Bearbeitung des Auftrages beschränkt. Wird innerhalb der PartG einem Partner die Bearbeitung bzw. die Überwachung der Bearbeitung des Auftrages übertragen, so ist er bereits mit dieser internen Zuständigkeitsverteilung mit der Angelegenheit vertraut worden und damit dem Wortsinne nach auch mit ihr „befasst“. Aufgrund der internen Übertragung des Auftrages auf einen Partner ist diesem der Auftrag zugewendet, so dass dieser ab diesem Zeitpunkt die Verantwortung für die Bearbeitung des Mandats trägt.

Dieses Ergebnis entspricht auch dem Sinn und Zweck der Haftungskonzentration des § 8 Abs. 2 PartGG. Hintergrund der Einführung der Haftungsbeschränkung des § 8 Abs. 2 PartGG war es, dem Bedürfnis nach Risikobegrenzung der Freiberufler gerecht zu werden und gleichzeitig den Interessen der Auftraggeber Rechnung zu tragen.[263] Die ursprüngliche Fassung des § 8 Abs. 2 PartGG, die eine vertragliche Vereinbarung der Zuständigkeit voraussetzte, konnte diesem Anspruch nicht zuletzt auch wegen Auslegungsschwierigkeiten[264] nicht gerecht werden. Die

---

258 *Römermann,* in: Michalski/Römermann, PartGG, § 8 Rn. 38; *ders.,* NZG 1998, 675, 676; *ders.,* GmbHR 1997, 530, 537; *Eigner,* Beschränkung der persönlichen Gesellschafterhaftung, 348 ff.

259 § 8 Abs. 2 PartGG a.F. konzentrierte die Haftung auf denjenigen Partner, der die Leistung „zu erbringen oder verantwortlich zu leiten und zu überwachen hat“.

260 *Römermann,* NZG 1998, 675, 676; *Eigner,* Beschränkung der persönlichen Gesellschafterhaftung, 348.

261 *Römermann,* in: Michalski/Römermann, PartGG, § 8 Rn. 38; *ders.,* NZG 1998, 675, 676.

262 *Römermann,* in: Michalski/Römermann, PartGG, § 8 Rn. 38; *ders.,* NZG 1998, 675, 676.

263 Begr. RegE zur Schaffung eines PartGG, BT- Drucks. 12/6152, 17.

264 Vgl. *Römermann,* in: Michalski/Römermann, PartGG, § 8 Rn. 38.

Neufassung des § 8 Abs. 2 PartGG diente daher gerade dazu, die Haftungsbegrenzung effizienter und pragmatischer zu gestalten. Eine für die Berufsträger sinnvolle Begrenzung des Haftungsrisikos kann aber nur dann erfolgen, wenn sich die Haftung auch dann auf denjenigen konzentriert, der nach dem Zuständigkeitsplan der PartG den Auftrag hätte ausführen müssen. Würde man derartige Fälle des pflichtwidrigen Unterlassens nicht unter den Begriff des „Befassens" subsumieren, wäre die Haftungsbegrenzung im Ergebnis genauso impraktikabel wie unter der Geltung des § 8 Abs. 2 PartGG a.F. An der vertraglichen Haftungsbeschränkung des § 8 Abs. 2 PartGG a.F. wurde gerade kritisiert, dass für die anderen Partner stets die Unsicherheit bestand, ob der handelnde Partner die vertragliche Haftungsbeschränkung durch Vereinbarung mit dem Auftraggeber herbeiführte.[265] Nicht anders ist die Situation, wenn der Auftrag intern an einen Partner vergeben wird und dieser nicht tätig wird. Würde die Haftungskonzentration des § 8 Abs. 2 PartGG in diesem Fall nicht greifen, bestünde für die anderen Partner die Pflicht, stetig zu kontrollieren, ob der für das Mandat zuständige Partner den Auftrag ausführt. Dies ist aber gerade in größeren Partnerschaftsgesellschaften praktisch nicht durchführbar. Die übrigen Partner dürfen vielmehr bei einer derartigen internen Geschäftsverteilung zulässigerweise davon ausgehen, dass der betreffende Partner den Auftrag ordnungsgemäß ausführt.

Nach dem Sinn und Zweck des geänderten § 8 Abs. 2 PartGG muss deshalb die Beschränkung der persönlichen Haftung auf denjenigen Partner eingreifen, der nach der internen Zuständigkeitsverteilung mit der Bearbeitung des Auftrags betraut wurde und dies pflichtwidrig unterlassen hat.

Die vorgebrachten Bedenken, dass die hier vertretene Auffassung für den Auftraggeber zu praktischen Schwierigkeiten bei der Darlegungs- und Beweislast der internen Zuständigkeitsverteilung führt,[266] greifen nicht durch.[267] Vereinzelt[268] wird vorgebracht, § 8 Abs. 2 PartGG sei als Einrede zu sehen, so dass der Partner, der sich auf Haftungsbeschränkung beruft, die hierfür relevanten Umstände darlegen und beweisen muss. Richtigerweise muss man aber bedenken, dass der Auftraggeber, der den einzelnen Partner persönlich nach § 8 Abs. 2 PartGG in Anspruch nehmen will, zunächst einmal die haftungsbegründenden Umstände darlegen muss. Er muss also vortragen, dass dieser nach der internen Geschäftsverteilung für den Auftrag zuständig war.[269] Im Übrigen trifft aufgrund der sekundären Behauptungslast sodann den betreffenden Partner die Darlegungs- und Beweislast.[270] Diese Vorgehensweise

265 Begr. RegE Änderung des PartGG, BT- Drucks. 13/9820, 21.
266 *Römermann,* in: Michalski/Römermann, PartGG, § 8 Rn. 38; *ders.,* NZG 1998, 675, 676.
267 So auch *Jawansky,* DB 2001, 2281, 2282.
268 *Jawansky,* DB 2001, 2281, 2282.
269 So auch *Römermann,* in: Michalski/Römermann, PartGG, § 8 Rn. 39.
270 Allgemein zur sekundären Behauptungslast *Prütting,* in: MünchKomm ZPO, § 286 Rn. 103.

birgt zwar die Gefahr, dass der Partner den Entlastungsbeweis[271] führen kann und die Klage abgewiesen wird. Der Auftraggeber ist aber auch hier nicht schutzlos gestellt. Um diesem Risiko zu entgehen, besteht für ihn die Möglichkeit, vorher einen Auskunftsanspruch, der aus dem zugrundeliegenden Vertrag hervorgeht, gegen die Partnerschaftsgesellschaft geltend zu machen.[272]

Die ursprüngliche Zielsetzung des § 8 Abs. 2 PartGG, den Partnern eine effektive Möglichkeit der Haftungsbeschränkung zu gewähren und dabei gleichzeitig eine befriedigende Haftungssituation für den Auftraggeber zu erreichen, kann somit nur dann erreicht werden, wenn die Haftungskonzentration des § 8 Abs. 2 PartGG auch dann eintritt, wenn nach der internen Zuständigkeitsverteilung ein Partner hätte handeln müssen, dies aber nicht tat.

3. Beitrag von untergeordneter Bedeutung

Die Haftungskonzentration des § 8 Abs. 2 PartGG tritt dann nicht ein, wenn der Bearbeitungsbeitrag von untergeordneter Bedeutung war.

a) Meinungsstand in der Literatur

Hierzu werden in der Literatur vor allem zwei Fallgruppen diskutiert. Zum einen geht es um die Frage, ob eine rein interne Beratung innerhalb der PartG, die sich nicht im Außenverhältnis manifestiert hat, ein Bearbeitungsbeitrag von untergeordneter Bedeutung ist, zum anderen darum, wie ein interner Beitrag zu behandeln ist, der den Berufsfehler kausal gesetzt hat.[273]

aa) Interner Beitrag ohne Manifestation im Außenverhältnis

Bezüglich der ersten Fallgruppe herrscht in der Literatur[274] in Anlehnung an die Gesetzesbegründung[275] weitgehend Einigkeit,[276] dass eine interne Beratung, die sich als solche nicht im Außenverhältnis manifestiert hat, stets als Bearbeitungsbeitrag von

---

271 *Römermann,* in: Michalski/Römermann, PartGG, § 8 Rn. 39; *Eigner,* Beschränkung der persönlichen Gesellschafterhaftung, 349.

272 Begr. RegE Änderung des PartGG, BT-Drucks. 13/9820, 22; *Jawansky,* DB 2001, 2281, 2282.

273 Vgl. *Eigner,* Beschränkung der persönlichen Gesellschafterhaftung, 352 ff.

274 *Henssler,* PartGG, § 8 Rn. 73; *ders.,* ZIP 1997, 1481, 1490; *Römermann,* in: Michalski/Römermann, PartGG, § 8 Rn. 49; *Römermann,* NZG 1998, 675, 676; *Jawansky,* DB 2001, 2281, 2283; *Schäfer,* in: MünchKomm BGB, Bd. 5, § 8 PartGG Rn. 27; differenzierend *Hirtz,* in: Henssler/Strohn, Gesellschaftsrecht, § 8 PartGG Rn. 19, der einen bedeutenden Bearbeitungsbeitrag annimmt, wenn dieser grundsätzlich dazu geeignet ist, Haftungsfolgen nach sich zu ziehen.

275 Begr. RegE Änderung des PartGG, BT-Drucks. 13/9820, 21.

276 A.A. *Hahn/Naumann,* WM 2012, 1756, 1760; *Eigner,* Beschränkung der persönlichen Gesellschafterhaftung, 357 für den Fall, dass der Rat des hinzugezogenen Partners ein gewisses Gewicht erreiche.

untergeordneter Bedeutung einzuordnen sei. Eine rein konsiliarische Hinzuziehung eines anderen Partners habe lediglich Unterstützungscharakter des nach außen auftretenden Sachbearbeiters und somit nur einen gesellschaftsinternen Stellenwert.[277]

Der Bundesrat hingegen vertritt in seiner Stellungnahme zur Gesetzesbegründung eine andere Auffassung: Seiner Ansicht nach habe gerade die konsiliarische Hinzuziehung eines anderen Partners Gewicht.[278]

bb) Interner Beitrag mit Manifestation im Außenverhältnis

Hinsichtlich der zweiten Fallgruppe herrscht in der Literatur weitgehend Uneinigkeit, inwiefern ein interner Bearbeitungsbeitrag, der einen Berufsfehler mitursächlich setzt, noch von untergeordneter Bedeutung sein kann.

Größtenteils wird vertreten, dass ein Bearbeitungsbeitrag, der zu einem beruflichen Fehler führt, niemals von untergeordneter Bedeutung sein könne.[279] Auch die Gesetzesbegründung vertritt diese Auffassung.[280] Begründet wird dies damit, dass es sich bei der untergeordneten Bedeutung des Bearbeitungsbeitrags um eine Ausnahmevoraussetzung handele, die niemals vorliegen kann, wenn der Beitrag seinerseits kausal für den beruflichen Fehler war.[281] Ferner habe jeder Rechtsanwalt, der mit der Sache befasst sei, stets die Pflicht zur umfassenden rechtlichen Prüfung,[282] so dass die Befolgung dieser berufsrechtlichen Pflicht bereits der Annahme entgegenstehe, der Bearbeitungsbeitrag sei nur von untergeordneter Bedeutung.[283]

Andere Stimmen in der Literatur, namentlich *Römermann*[284] und *Eigner*[285], kritisieren diesen pauschalen Rückschluss als zu weit. Ihrer Ansicht nach indiziere die Tatsache, dass ein Bearbeitungsbeitrag zu einem Berufsfehler geführt habe nur die Wichtigkeit der Mitwirkungshandlung, führe aber nicht automatisch dazu, dass in jedem Fall ein Bearbeitungsbeitrag von untergeordneter Bedeutung verneint werden müsse.[286]

Eigner[287] hat darüber hinaus den Versuch unternommen, eine abstrakte Definition des Begriffs „Bearbeitungsbeitrag von untergeordneter Bedeutung" zu finden. Entscheidend sei seiner Ansicht nach ein Vergleich zwischen dem Gewicht der

---

277 *Römermann,* in: Michalski/Römermann, PartGG, § 8 Rn. 49.

278 Stellungnahme des BR zu RegE Änderung des PartGG, BT-Drucks. 13/9820, 26.

279 So *Henssler,* PartGG, § 8 Rn. 73; *ders.,* ZIP 1997, 1481, 1490; *von Westphalen* in: Meilicke/Westphalen/Hoffmann/Lenz/Wolff, PartGG, § 8 Rn. 70; *Schäfer,* in: MünchKomm BGB, Bd. 5, § 8 PartGG Rn. 28; *Hahn/Naumann,* WM 2012, 1756, 1761.

280 Begr. RegE Änderung des PartGG, BT-Drucks. 13/9820, 21.

281 *Hahn/Naumann,* WM 2012, 1756, 1761.

282 Hierzu: *Zugehör,* WM 2010, SBeil. 2, 11 ff.

283 *Hahn/Naumann,* WM 2012, 1756, 1761.

284 *Römermann,* in: Michalski/Römermann, PartGG, § 8 Rn. 47.

285 Vgl. *Eigner,* Beschränkung der persönlichen Gesellschafterhaftung, 354.

286 *Römermann,* in: Michalski/Römermann, PartGG, § 8 Rn. 47; *Eigner,* Beschränkung der persönlichen Gesellschafterhaftung, 354.

287 *Eigner,* Beschränkung der persönlichen Gesellschafterhaftung, 355.

eigentlichen Bearbeitung und dem Gewicht des Bearbeitungsbeitrags des hinzugezogenen Partners,[288] wobei es bei der Bewertung des Gewichts entscheidend darauf ankomme, welches Maß an Verantwortung der hinzugezogene Partner im Vergleich zum sachbearbeitenden Partner habe.[289] Maßgeblich sei eine ex-ante-Betrachtung.[290] Nach *Eigner* könne dann auch eine rein interne Beratung durch den hinzugezogenen Partner ein bedeutender Bearbeitungsbeitrag sein, sofern der Sachbearbeiter aufgrund der fachlichen Kompetenz und der Kenntnisse des anderen Partners auf dessen Rat angewiesen sei oder dieser für die Bearbeitung des Auftrags zumindest ein erhöhtes Maß an Sicherheit gewährleiste.[291]

b) *Stellungnahme*

aa) Bearbeitungsbeitrag ohne Manifestation im Außenverhältnis

Ob ein Bearbeitungsbeitrag, der sich nicht im Außenverhältnis manifestiert hat, stets von untergeordneter Bedeutung ist, kann nicht allein anhand von objektiven Kriterien beurteilt werden. Entscheidendes Gewicht kommt dabei der Wertung der hinter § 8 Abs. 2 PartGG stehenden Interessen zu. Durch die Haftungsbegrenzung des § 8 Abs. 2 PartGG auf den bearbeitenden Partner soll nach dem Gesetzeszweck[292] den Freiberuflern die Möglichkeit gegeben werden, ihre Haftung effektiv zu begrenzen. Die Begrenzung soll aber nur so weit reichen, wie der Rechtsverkehr billigerweise auch nicht mit einer persönlichen Haftung rechnet.[293] Die Frage, wann ein Bearbeitungsbeitrag von untergeordneter Bedeutung ist, muss daher vor dem Hintergrund der Interessen, die durch die Norm ausgeglichen werden sollen, gestellt werden. Der Gläubiger wird regelmäßig ein Interesse daran haben, möglichst viele Partner als persönliche Haftungsschuldner in Anspruch nehmen zu können. Der eigentliche Sachbearbeiter wird ebenfalls daran interessiert sein, dass sämtliche an der Bearbeitung Beteiligte persönlich haften. Umgekehrt wird der hinzugezogene Partner ein Interesse daran haben, keiner für ihn unvorhersehbaren persönlichen Haftung ausgesetzt zu sein.

Vor diesem Hintergrund ist der herrschenden Ansicht zur ersten dargestellten Fallgruppe zuzustimmen: Bearbeitungsbeiträge, die nur intern erfolgen und sich im Außenverhältnis nicht prägend auswirken, haben nur untergeordnete Bedeutung.[294] Insoweit ist der Begründung beizupflichten, dass man andernfalls kontraproduktiv den Ansatz schaffen würde, dass künftig intern auf die Beratung zwischen den Partnern verzichtet werden würde.[295]

---

288 *Eigner*, Beschränkung der persönlichen Gesellschafterhaftung, 355.
289 *Eigner*, Beschränkung der persönlichen Gesellschafterhaftung, 357.
290 *Eigner*, Beschränkung der persönlichen Gesellschafterhaftung, 354.
291 *Eigner*, Beschränkung der persönlichen Gesellschafterhaftung, 357.
292 Vgl. Begr. RegE Änderung des PartGG, BT-Drucks. 13/9820, 21.
293 Vgl. Begr. RegE Änderung des PartGG, BT-Drucks. 13/9820, 21.
294 Vgl. *Römermann*, in: Michalski/Römermann, PartGG, § 8 Rn. 49; *Henssler*, PartGG, § 8 Rn. 73; *Römermann*, NZG 1998, 675, 676.
295 *Römermann*, in: Michalski/Römermann, PartGG, § 8 Rn. 49.

Auch der Ansicht *Eigners*,[296] der die untergeordnete Bedeutung des Bearbeitungsbeitrages danach bestimmen will, inwieweit der Hinzugezogene Verantwortung trägt, ist im Ansatz zuzustimmen. Fachgespräche unter Kollegen, die dem kurzen Meinungsaustausch und der Kontrolle dienen, können daher grundsätzlich nicht die Schwelle zu einer bedeutenden Mitwirkungshandlung erreichen.[297] Der gedankliche und fachliche Austausch innerhalb einer PartG ist gerade Sinn und Zweck einer Sozietät. Würde man hier schon dem lediglich beratenden Kollegen die potenzielle Haftung in Aussicht stellen, würde man letztlich die Vorteile der Zusammenarbeit in einer Sozietät untergraben.

Auch der Auftraggeber, der von der internen Mitwirkungshandlung nichts mitbekommt, hat regelmäßig kein schützenswertes Interesse auf mehrere Partner zugreifen zu können, wenn der Bearbeitungsbeitrag des Hinzugezogenen im Außenverhältnis nicht zu einer Mitverursachung des Schadens führt.

bb) Bearbeitungsbeitrag mit Manifestation im Außenverhältnis

Soweit die herrschende Ansicht aber vertritt, dass ein Bearbeitungsbeitrag, der den Berufsfehler mitgesetzt hat und sich damit im Außenverhältnis manifestiert hat, niemals mehr untergeordnete Bedeutung habe, ist dem entschieden entgegenzutreten.

Für die Beurteilung kommt es maßgeblich darauf an, aus welcher Sichtweise man die Bestimmung eines untergeordneten Bearbeitungsbeitrages vornimmt. Soweit die herrschende Ansicht darauf abstellt, dass allein die objektive Manifestation des Bearbeitungsbeitrags im Außenverhältnis und damit die kausale (Mit-)Verursachung des Schadensfalls ausreichend ist, um von einer bedeuteten Mitwirkungshandlung zu sprechen, stellt diese Meinung zu vorschnell auf die (Rechts-)Folgenseite der Mitwirkungshandlung ab. Eine sachgerechte Beurteilung kann aber nicht allein von der Folge einer Handlung auf deren Bedeutung schließen. Vielmehr muss die Bedeutung eines Bearbeitungsbeitrags umfassend gewürdigt werden.

Im Folgenden sind die Gründe, die gegen den Ansatz der herrschenden Meinung sprechen, aufzuzeigen. Dabei ist auf die verschiedenen Sichtweisen zur Bestimmung eines Bearbeitungsbeitrags einzugehen und diese in einem letzten Schritt einer sachgerechten Lösung zuzuführen.

aaa) Bestimmung der Bedeutung anhand objektiver Betrachtung der Mitwirkungshandlung

Die Bedeutung eines Bearbeitungsbeitrags lässt sich, anders als von der herrschenden Meinung vorgenommen, auch durch die Beurteilung des objektiven Gewichts der Mitwirkungshandlung als solcher bestimmen.

---

296 *Eigner*, Beschränkung der persönlichen Gesellschafterhaftung, 357.
297 Vgl. *Eigner*, Beschränkung der persönlichen Gesellschafterhaftung, 357.

So weist bereits *Römermann*[298] zu Recht darauf hin, dass auch ein kleiner, objektiv zunächst nur unbedeutender Bearbeitungsbeitrag in der Folge zu einem Schaden führen könne. Man denke hier richtigerweise an das Beispiel, in welchem der sachbearbeitende Rechtsanwalt einen anderen Partner bittet für ihn den fristwahrenden Schriftsatz rechtzeitig an das Gericht zu senden.[299] Verwendet der hinzugezogene Partner aus Versehen eine falsche Faxnummer, wodurch der Schriftsatz nicht fristwahrend bei Gericht eingeht, war der Bearbeitungsbeitrag zwar nur eine rein mechanische und damit objektiv untergeordnete Tätigkeit, dennoch ist durch ihn ein Schaden entstanden.[300]

Dieses Beispiel zeigt, dass es nicht immer sachgerecht ist, für die Beurteilung eines untergeordneten Bearbeitungsbeitrags allein darauf abzustellen, ob ein Schaden entsteht oder nicht. Ein Bearbeitungsbeitrag kann bei strikter objektiver Betrachtung unter Berücksichtigung des Gewichts des Bearbeitungsbeitrags untergeordnet sein, auch wenn er im Außenverhältnis einen Schaden verursacht. Die objektive Untergeordnetheit der Mitwirkungshandlung und die Schadensverursachung schließen sich – wie gezeigt – nicht denknotwendig aus.

Es bleibt damit zunächst festzuhalten, dass die rein objektive Betrachtung der Mitwirkungshandlung als solcher dazu führen kann, dass ein Beitrag von untergeordneter Bedeutung vorliegt, obwohl die Mitwirkungshandlung kausal den Schaden verursacht hat.

bbb) Bestimmung der Bedeutung anhand des Maßes der Verantwortung

Auch der Ansatz *Eigners*[301] verdient grundsätzlich Zustimmung, soweit er die Abgrenzung von bedeutendem und unbedeutendem Bearbeitungsbeitrag anhand des Maßes der Verantwortung des Hinzugezogenen bestimmen will. Abgestellt wird auf die objektive Bestimmung des Gewichts der übernommenen Verantwortung des Hinzugezogenen im Verhältnis zur Verantwortung des eigentlichen Sachbearbeiters.[302] Je konkreter und detaillierter der Rat des Hinzugezogenen und je fundierter der Zugriff auf sein Fachwissen ist, desto größer ist auch die übernommene Verantwortung und damit die Bedeutung des Bearbeitungsbeitrags.[303]

Bezieht man sich auf das oben genannte Beispiel, so liegt zwar rein objektiv betrachtet keine bedeutende Mitwirkungshandlung vor. Stellt man hingegen auf das Maß der übernommenen Verantwortung ab, so ist dieses im Verhältnis zur Verantwortung des eigentlichen Sachbearbeiters hinreichend gewichtig und damit bedeutend. Die Versendung eines Faxes ist zwar an sich keine allzu verantwortungsvolle Aufgabe. Dies ändert sich jedoch, wenn man bedenkt, dass es sich um

---

298 *Römermann,* in: Michalski/Römermann, PartGG, § 8 Rn. 47 f.
299 *Römermann,* in: Michalski/Römermann, PartGG, § 8 Rn. 48.
300 *Römermann,* in: Michalski/Römermann, PartGG, § 8 Rn. 48.
301 *Eigner,* Beschränkung der persönlichen Gesellschafterhaftung, 357.
302 Vgl. *Eigner,* Beschränkung der persönlichen Gesellschafterhaftung, 355.
303 *Eigner,* Beschränkung der persönlichen Gesellschafterhaftung, 357.

einen fristwahrenden Schriftsatz handelt. Da die rechtzeitige Einreichung eines fristwahrenden Schriftsatzes Voraussetzung für die Ausübung der entsprechenden Prozesshandlungen ist, ist damit gleichzeitig ein bedeutendes Maß an Verantwortung verbunden.

Das Beispiel zeigt wiederum, dass in Bezug auf die Bedeutung des Bearbeitungsbeitrags nicht allein auf das objektive Gewicht der Mitwirkungshandlung abgestellt werden kann, sondern dass auch das Maß der übernommenen Verantwortung eine entscheidende Rolle bei der Bestimmung eines Bearbeitungsbeitrags von untergeordneter Bedeutung spielen muss. Es ist nicht einleuchtend, eine Mitwirkungshandlung als bedeutend einzustufen, wenn nicht der Handelnde zugleich ein gewisses Maß an Verantwortung übernommen hat. Denn wie kann man eine Mitwirkungshandlung als bedeutend bewerten, ohne dass man zugleich zuerkennt, dass eine verantwortungsvolle Handlung vorliegt?

ccc) Zwischenfazit

Die beiden dargestellten Betrachtungsweisen zeigen, dass man bei der Bestimmung, ob ein Bearbeitungsbeitrag von hinreichender Bedeutung oder nur von untergeordneter Bedeutung ist, weder allein auf die Mitwirkungshandlung noch alleine auf die verursachte Folge abstellen kann, um eine sachgerechte Beurteilung erlangen zu können. Die unter (1) und (2) dargestellten objektiven Betrachtungsweisen können unter Umständen zu verschiedenen Ergebnissen führen. Beide Betrachtungsweisen stellen auf beträchtliche Argumente ab. Für sich genommen vermögen sie jedoch jeweils nicht umfassend den Begriff eines Bearbeitungsbeitrags von untergeordneter Bedeutung zu bestimmen. Eine fundierte Lösung kann daher nur durch Vereinigung dieser beiden Ansätze erreicht werden. Gleichzeitig muss im Hinblick auf eine interessengerechte Risikoverlagerung danach gefragt werden, ob nach dem subjektiven Interesse der beteiligten Partner eine Verantwortungs- und damit eine Risikoverlagerung auf den hinzugezogenen Partner stattgefunden hat. Nur wenn die bearbeitenden Partner auch subjektiv von einer Aufteilung der Verantwortung ausgehen, ist es sachgerecht, im Ergebnis den Bearbeitungsbeitrag des Hinzugezogenen als bedeutend zu qualifizieren und ihn damit ebenfalls der persönlichen Haftung nach § 8 Abs. 2 PartGG auszusetzen. Die Möglichkeit der persönlichen Haftung muss nach dem Willen des Gesetzgebers[304] für den hinzugezogenen Partner vorhersehbar und kalkulierbar sein. Dies ist es aber nur dann, wenn der Bearbeitungsbeitrag objektiv bedeutend ist und zugleich hierfür die Verantwortung übernommen wurde.

ddd) Lösungsansatz: Gemischt-objektiv-subjektive Betrachtungsweise

(1) Voraussetzungen

Richtigerweise ist daher eine gemischt-objektiv-subjektive-Betrachtungsweise anzustellen. Auszugehen ist dabei vom objektiven Gewicht des Bearbeitungsbeitrags

304 Begr. RegE Änderung des PartGG, BT-Drucks. 13/9820, 21.

im Hinblick auf den Bearbeitungsbeitrag des eigentlichen Sachbearbeiters. Dabei kommt dem Maß der Verantwortung, welches dem hinzugezogenen Partner anvertraut wird, Indizwirkung für das Gewicht des Bearbeitungsbeitrags zu.[305]

Gleichzeitig ist auf der subjektiven Seite danach zu fragen, inwieweit die involvierten Partner von einer Verlagerung der Verantwortung in dem Sinne ausgingen, dass der hinzugezogene Partner eigenverantwortlich und damit ohne eine eingehende Nachkontrolle durch den sachbearbeitenden Partner handelte. Ein Indiz für die subjektive Verlagerung der Verantwortung ist unter anderem, wenn der Sachbearbeiter den anderen Partner aufgrund dessen Fachkompetenz und fehlender eigener Kenntnisse hinzuzieht. Hier wird unter den Partnern regelmäßig die stillschweigende einverständliche Abrede bestehen, dass dann der beratende Partner auch die Verantwortung nach außen trägt, selbst wenn er im Außenverhältnis nicht auftritt. Maßgeblich ist daher, dass der Hinzugezogene erkennen kann und billigerweise auch muss, dass er, soweit seine Hinzuziehung reicht, autonom handelt und damit nicht einer nochmaligen Kontrolle durch den Sachbearbeiter unterliegt, sondern dieser auf die Richtigkeit der erteilten Auskunft vertraut.

Folglich liegt ein bedeutender Bearbeitungsbeitrag im Sinne des § 8 Abs. 2 PartGG nur dann vor, wenn der Beitrag des Hinzugezogenen zum einen objektiv von hinreichendem Gewicht ist und zum anderen subjektiv mit einer Übertragung der Verantwortung für diesen Bearbeitungsteil einhergeht. Mit anderen Worten ist ein Bearbeitungsbeitrag dann unbedeutend, wenn er entweder im Verhältnis zur Gesamtbearbeitung ein nur untergeordnetes Gewicht erlangt oder wenn er zwar als solches hinreichend gewichtig ist, aber eine subjektive Verlagerung der Verantwortung nicht stattgefunden hat, etwa weil der sachbearbeitende Partner den Bearbeitungsbeitrag einer eingehenden Kontrolle unterzieht.

(2) Maßgeblicher Zeitpunkt

Der maßgebliche Zeitpunkt wird nach einer ex-ante-Betrachtung bestimmt.[306] Ein Bearbeitungsbeitrag, der im Zeitpunkt seiner Vornahme von untergeordneter Bedeutung war, wird nicht später bedeutend, nur weil er für den Schaden mitursächlich war.[307] Die ex-ante-Betrachtung führt zur Rechtssicherheit. Das Haftungsrisiko ist für die involvierten Partner vorhersehbar. Der konsolidierte Partner kann von vornherein abschätzen, ob sein Bearbeitungsbeitrag die Haftung des § 8 Abs. 2 PartGG auslöst. Hierdurch wird auch der Gläubiger nicht schutzlos gestellt. Sollte ein untergeordneter Bearbeitungsbeitrag später für den Berufsfehler mitkausal

305 Anders *Eigner*, Beschränkung der persönlichen Gesellschafterhaftung, 357, der die Bedeutung des Bearbeitungsbeitrags anhand des Maßes der Verantwortung bestimmen will.

306 So auch *Eigner*, Beschränkung der persönlichen Gesellschafterhaftung, 354; vermittelnd *Römermann*, in: Michalski/Römermann, PartGG, § 8 Rn. 50, der die Betrachtung vom Einzelfall abhängig macht; ihm folgend *Henssler*, PartGG, § 8 Rn. 74.

307 So auch *Eigner*, Beschränkung der persönlichen Gesellschafterhaftung, 354 f.

sein, steht ihm neben der Haftung der Partnerschaftsgesellschaft mit ihrem Gesellschaftsvermögen nach § 8 Abs. 1 S. 1 PartGG die persönliche Inanspruchnahme des sachbearbeitenden Partners nach § 8 Abs. 2 PartGG zur Verfügung. Eine Haftungslücke besteht selbst dann nicht, wenn der Auftrag hauptsächlich von angestellten Rechtsanwälten oder freien Mitarbeitern ausgeführt wurde und der einzig aktiv agierende Partner nur einen Bearbeitungsbeitrag von untergeordneter Bedeutung geleistet hat. In dieser Konstellation ist einem anderen Partner zumindest die Überwachung und Leitung des Auftrags nach dem Geschäftsplan übertragen, so dass dieser – wie oben festgestellt – mit dem Auftrag iSd § 8 Abs. 2 PartGG „befasst" ist und damit persönlich haftet.[308] Dass darüber hinaus auch derjenige Partner haftet, der nur einen Beitrag von untergeordneter Bedeutung beisteuert, kann und wird vom Rechtsverkehr zutreffendermaßen nicht erwartet.[309]

Die dargestellten Anforderungen an einen Bearbeitungsbeitrag, der die persönliche Haftung des § 8 Abs. 2 PartGG auslöst, führen somit sowohl für Gläubiger als auch für die Gesellschafter der Partnerschaftsgesellschaft zu einer befriedigenden Haftungssituation.

4. Haftungssituation, wenn kein Partner befasst war

War keiner der Partner mit dem Auftrag befasst, tritt die gesamtschuldnerische persönliche Haftung aller Partner gem. § 8 Abs. 1 S. 1 PartGG ein. Zu dieser Situation kann es kommen, wenn die Partnerschaftsgesellschaft einen Auftrag annimmt, dann aber untätig bleibt[310] und auch kein Geschäftsverteilungsplan besteht, nach welchem ein Partner für die Bearbeitung oder Überwachung der Ausführung des Auftrags zuständig ist. Weiterhin zählt hierzu der Fall, dass der Auftrag ausschließlich durch Angestellte oder freie Mitarbeiter bearbeitet wird,[311] sowie der Fall, dass ein Partner nur einen untergeordneten Beitrag leistet und im Übrigen die Bearbeitung durch einen Angestellten oder freien Mitarbeiter erfolgt.[312] Nach der hier vertretenen Auffassung ist zusätzlich erforderlich, dass es keinen internen Geschäftsverteilungsplan gibt, wonach einem der Partner die Überwachung der Ausführung obliegt.

Lässt sich nicht aufklären, wer mit der Bearbeitung des konkreten Auftrags befasst ist, soll nach der Gesetzesbegründung[313] ebenfalls kein Partner befasst sein,

---

308 Siehe hierzu Kapitel 3 C. II. 2. b) bb).

309 Vgl. Begr. RegE Änderung des PartGG, BT-Drucks. 13/9820, 21.

310 Vgl. Begr. RegE Änderung des PartGG, BT-Drucks. 13/9820, 21, wonach kein Partner mit dem Auftrag befasst ist, wenn die Partnerschaftsgesellschaft den Auftrag annimmt, danach aber untätig bleibt. Gemeint ist wohl der Fall, dass die Partnerschaftsgesellschaft keinen Geschäftsverteilungsplan aufstellt, wonach ein Partner für die Bearbeitung oder die Überwachung der Ausführung des Auftrags zuständig ist.

311 Begr. RegE Änderung des PartGG, BT-Drucks. 13/9820, 21.

312 *Eigner,* Beschränkung der persönlichen Gesellschafterhaftung, 358 mwN.

313 Begr. RegE Änderung des PartGG, BT-Drucks. 13/9820, 21.

mit der Folge, dass die gesamtschuldnerische Haftung aller Partner nach § 8 Abs. 1 S. 1 PartGG eintritt. Hinsichtlich der Haftungskonzentration trifft die Partner eine Darlegungs- und Beweislast, so dass die Nichtaufklärbarkeit des befassten Partners zu Lasten aller Partner geht.[314] Der gesamtschuldnerischen Haftung nach § 8 Abs. 1 S. 1 PartGG können die Partner in diesem Fall dadurch entgehen dass sie einen Geschäftsverteilungsplan aufstellen wonach ein oder mehrere Partner zumindest für die Überwachung der Ausführung des Auftrags verantwortlich sind.

5. Haftungskonzentration auch auf den Scheinpartner?

a) Haftung nach Ansicht der Rechtsprechung

Ist mit der Bearbeitung des Auftrags ausschließlich ein angestellter Rechtsanwalt befasst, der aber nach außen wie ein Partner der PartG auftritt und begeht dieser einen beruflichen Fehler, so stellt sich die Frage, ob dann die Haftungskonzentration auf diesen sog. Scheinpartner nach § 8 Abs. 2 PartGG eintritt.

Das OLG München[315] bejaht in dieser Konstellation die alleinige persönliche Haftung des sog. Scheinpartners nach § 8 Abs. 2 PartG neben der Haftung der PartG nach § 8 Abs. 1 S. 1 PartGG. Dies ergebe sich aus Rechtsscheingrundsätzen, wonach ein Nichtpartner, der nach außen hin wie ein Partner auftrete auch wie ein Partner hafte.[316] Mangels Stütze im Gesetz bestehe keine Ersetzung dieser Haftung durch die gesamtschuldnerische Haftung aller tatsächlichen Partner der Gesellschaft.[317] Ferner bedürfe es auch keiner darüber hinaus gehenden Rechtsscheinhaftung aller auf dem Briefkopf aufgeführten Rechtsanwälte nach den Grundsätzen der Außensozietät, da der Vertragspartner mangels Vertrauenstatbestand nicht schutzwürdig sei.[318] Bei der Partnerschaftsgesellschaft vertraue der Mandant gerade nicht darauf, dass alle aufgeführten Rechtsanwälte als Gesamtschuldner haften.[319]

b) Stellungnahme

Mit einigen Stimmen in der Literatur[320] ist der Entscheidung des OLG München entgegenzutreten. Grundsätzlich ist es richtig, eine Rechtsscheinhaftung desjenigen

---

314 Zutreffend *Eigner,* Beschränkung der persönlichen Gesellschafterhaftung, 358.

315 OLG München BB 2001, 592, 594 f.; ihm folgend *Wischemeyer/Honisch,* NJW 2014, 881, 885; *Posegga,* EWiR 2002, 129; *Schäfer,* in: MünchKomm BGB, Bd. 5, § 8 PartGG Rn. 21 sowie dort Fn. 35.

316 OLG München BB 2001, 592, 594.

317 OLG München BB 2001, 592, 595.

318 OLG München BB 2001, 592, 595.

319 OLG München BB 2001, 592, 595.

320 *Jawansky,* DB 2001, 2281, 2283 f.; *Eigner,* Beschränkung der persönlichen Gesellschafterhaftung, 359 f.; *Römermann,* in: Michalski/Römermann, PartGG, § 8 Rn. 44; *Henssler,* PartGG, § 8 Rn. 78 f.

Angestellten anzuerkennen, der nach außen so auftritt als sei er Partner und daher in zurechenbarer Weise für den Rechtsverkehr den Rechtsschein setzt, er habe eine Gesellschafterposition inne.[321]

Bezüglich der Haftung des Scheinpartners müssen aber die folgenden Konstellationen unterschieden werden.

aa) Ausschließliche Befassung des Scheinpartners

War nur der sog. Scheinpartner mit der Bearbeitung des Auftrags iSd § 8 Abs. 2 PartGG befasst,[322] so tritt entgegen der Ansicht des OLG München die Haftungskonzentration auf den Scheinpartner nach § 8 Abs. 2 PartGG nicht ein.[323] Vielmehr folgt eine gesamtschuldnerische Haftung der echten Partner und der Scheinpartner unmittelbar aus § 8 Abs. 1 S. 1 PartGG.[324]

aaa) Wortlaut des § 8 Abs. 2 PartGG

Eigner[325] will dieses Ergebnis unter anderem auf den Wortlaut des § 8 Abs. 2 PartGG stützen. Ihm ist nicht zuzustimmen. Zwar spricht § 8 Abs. 2 PartGG von „Partner" und es ist zutreffend, dass der Scheinpartner auch nicht durch sein Auftreten nach außen zum tatsächlichen Partner wird.[326] Soweit *Eigner* aber annimmt, dass der Scheinpartner nur im Verhältnis zu dem ihn in Anspruch nehmenden Gläubiger haftungstechnisch so behandelt wird als wäre er Partner, aber die sonstigen Folgen, die an die Partnerstellung anknüpfen, wie die Haftungskonzentration des § 8 Abs. 2 PartGG, nicht eintreten,[327] ist zu differenzieren. Richtig ist, dass die Rechtsscheinhaftung des Scheinpartners nicht dazu führt, dass dieser tatsächlich Partner wird. Aufgrund des Rechtsscheins und des damit entstandenen Vertrauens des Rechtsverkehrs in den Schein der Partnerstellung wird er im Außenverhältnis nur so behandelt, als sei er Partner. Dies muss dann aber konsequent für alle Haftungstatbestände gelten. Es ist nicht ersichtlich, warum der Wortlaut des § 8 Abs. 1 S. 1 PartGG, der ebenfalls von „Partner" spricht, den Scheingesellschafter erfassen soll, während unter „Partner" iSd § 8 Abs. 2 PartGG der Scheingesellschafter nicht erfasst sein soll. Die Rechtsscheinhaftung besagt vielmehr, dass der Scheinpartner bei Vorliegen eines zurechenbaren Rechtsscheins *wie* ein Partner haftet und nicht *als* Partner. Wäre der Scheinpartner bereits vom Wortlaut des § 8 PartGG umfasst,

---

321 Siehe hierzu oben Kapitel 3 B. II.

322 Siehe hierzu oben Kapitel 3 C. II. 2.

323 Zutreffend *Jawansky*, DB 2001, 2281, 2283; *Eigner*, Beschränkung der persönlichen Gesellschafterhaftung, 360; *Römermann*, in: Michalski/Römermann, PartGG, § 8 Rn. 45, *Hirtz*, in: Henssler/Strohn, Gesellschaftsrecht, § 8 PartGG Rn. 15; a.A. *Posegga*, EWiR 2002, 129, 130.

324 Zutreffend *Eigner*, Die Beschränkung der persönlichen Gesellschafterhaftung, 360.

325 *Eigner*, Beschränkung der persönlichen Gesellschafterhaftung, 360.

326 So *Eigner*, Beschränkung der persönlichen Gesellschafterhaftung, 360.

327 *Eigner*, Beschränkung der persönlichen Gesellschafterhaftung, 360.

dann bräuchte es keine Rechtsscheinhaftung. Folglich lässt sich das Ergebnis nicht sachgerecht auf den Wortlaut des § 8 Abs. 2 PartGG stützen.

bbb) Sinn und Zweck des § 8 Abs. 2 PartGG

Das Kernproblem liegt an einer anderen Stelle. *Eigner*[328] führt zu Recht die Systematik des Gesetzes an. Die Haftungskonzentration ist als Ausnahmetatbestand zu § 8 Abs. 1 PartGG restriktiv zu behandeln. Sie kann daher nur dann eingreifen, wenn ein tatsächlicher Partner der PartG gehandelt hat.[329] Der Grund hierfür liegt neben der Systematik aber im Sinn und Zweck der Rechtsscheinhaftung. Die Rechtsscheinhaftung beruht auf dem Vertrauensschutz.[330] Sofern jemand nach außen durch seinen Auftritt den zurechenbaren Rechtsschein erweckt, er sei Gesellschafter der Gesellschaft, begründet er ein schutzwürdiges Vertrauen des Rechtsverkehrs in seine Gesellschafterstellung. Dies rechtfertigt eine persönliche Haftung des Scheingesellschafters. Hintergrund der Haftung des Scheingesellschafters sind damit schutzwürdige Gläubigerinteressen. Der Gläubiger soll auf den Rechtsschein vertrauen dürfen. Durch die Rechtsscheinhaftung soll daher der Kreis der potentiellen Haftungsschuldner erweitert werden. Sofern das OLG München aber die Haftungskonzentration des § 8 Abs. 2 PartGG auf den einzig bearbeitenden Scheinpartner ausweiten will, verkennt es das Telos der Rechtsscheinhaftung. Die Haftungskonzentration auf den Scheinpartner würde dazu führen, dass nur dieser persönlich haftet, während sich die tatsächlichen Partner auf die Haftungskonzentration auf den handelnden Scheinpartner berufen könnten. Dann aber würde die Rechtsscheinhaftung zu einer Einschränkung der Haftungsschuldner führen. Dies wiederum ist aber nicht Sinn und Zweck einer Haftung, die das Vertrauen des Gläubigers schützen soll. Folglich widerspricht die Anwendung des § 8 Abs. 2 PartGG im Falle der ausschließlichen Bearbeitung eines Auftrags durch einen Scheinpartner den zur Rechtsscheinhaftung entwickelten Grundsätzen und ist daher abzulehnen.

ccc) Praktische Erwägungen

Eine Ausweitung der Haftung der Scheinpartner stößt auch auf praktische Bedenken. In der Praxis ist es weitgehend verbreitet, angestellte und frei mitarbeitende Rechtsanwälte ohne einen ihren Status kennzeichnenden Hinweis auf das Kanzleischild und den Briefbogen aufzunehmen.[331] Würde man dann eine Haftungskonzentration auf den ausschließlich bearbeitenden Scheinpartner zulassen, so könnten sich die tatsächlichen Partner ihrer persönlichen Verantwortung entziehen.[332] Bedenkt man, dass gerade junge Berufseinsteiger sich faktisch kaum ihrer Aufnahme auf dem

---

328 *Eigner*, Beschränkung der persönlichen Gesellschafterhaftung, 360.
329 *Eigner*, Beschränkung der persönlichen Gesellschafterhaftung, 360.
330 Vgl. OLG München BB 2001, 592, 594 f.
331 *Henssler*, PartGG, § 8 Rn. 79; *Eigner*, Beschränkung der persönlichen Gesellschafterhaftung, 361.
332 *Henssler*, PartGG, § 8 Rn. 79.

Briefkopf und dem Kanzleischild ohne einschränkenden Hinweis auf ihren Status als Angestellter erwehren können, könnten die Partner ihre persönliche Haftung auf Kosten ihrer Angestellten umgehen. Die Schaffung eines Anreizes zur Umgehung der persönlichen Haftung kann aber nicht Sinn und Zweck der Haftungskonzentration sein. Ferner widerspricht die alleinige Haftung eines Angestellten der Haftungskonzeption des § 8 PartGG.[333]

ddd) Keine entgegenstehenden Grundsätze

Die dargestellten Gründe können auch nicht mit dem Argument entkräftet werden, dass nach dem allgemeinen Grundsatz[334] der auf den Rechtsschein Vertrauende stets nur so gestellt werden dürfe wie er stünde, wenn der Rechtsschein zuträfe.[335] Im Rahmen von Anwaltssozietäten müssen die besonderen Gegebenheiten Berücksichtigung finden. Die Rechtsprechung zur Rechtsscheinhaftung von Scheinpartnern ist im Hinblick auf Anwaltssozietäten in der Rechtsform der GbR gefestigt.[336] Bei der PartG besteht aber im Gegensatz zur GbR nicht stets eine gesamtschuldnerische, persönliche Haftung der Partner, sondern die Besonderheit der Haftungsbeschränkung nach § 8 Abs. 2 PartGG.

Dies würde dann dazu führen, dass in der vorliegenden Konstellation nur der Scheinpartner persönlich haften würde. Dann aber wäre in tatsächlicher Hinsicht der Gläubiger schlechter gestellt als er stünde, wenn der Rechtsschein tatsächlich zutreffen würde. Wäre der Scheinpartner nämlich tatsächlich Partner, würde sich in seinem Vermögen zumindest der Gesellschaftsanteil an der PartG befinden. Ein Scheinpartner ist jedoch nur Angestellter bzw. freier Mitarbeiter und hat keinerlei Anteile an der PartG. Der Gläubiger würde daher faktisch nicht so gestellt werden wie er stünde, wenn der Scheinpartner tatsächlich Partner wäre.

Dieser Betrachtungsweise steht auch nicht entgegen, dass sich der Gläubiger bei der gesamtschuldnerischen Haftung des Scheinpartners nach § 8 Abs. 1 PartGG mit derselben Problematik konfrontiert sieht. Hier ist die Situation aufgrund der gesamtschuldnerischen Haftung sämtlicher Partner eine andere. Der Gläubiger hat mehrere persönlich haftende Schuldner und ist anders als bei § 8 Abs. 2 PartGG nicht auf die Solvenz eines einzig haftenden Scheinpartners angewiesen.

Soweit der hier vertretenen Ansicht entgegen gebracht wird, dass unklar sei, warum der Scheinpartner Partner iSv § 8 Abs. 1 PartGG sein kann, aber nicht iSv § 8 Abs. 2 PartGG,[337] so sei auf die eben dargestellten Argumente verwiesen. Dadurch, dass die Rechtsscheinhaftung denjenigen schützen soll, der auf den gesetzten Schein vertraut, muss aufgrund des besonderen Haftungsregimes der PartG eine

---

333 *Henssler,* PartGG, § 8 Rn. 78.

334 BGHZ 17, 13, 17.

335 So *Wischemeyer/Honisch,* NJW 2014, 881, 885; *Posegga,* EWiR 2002, 129, 130.

336 Vgl. BGH NJW 1978, 996; BGH NJW 1999, 3040, 3041; BGH NJW 2007, 2490, 2492; BGH NJW 2011, 3718, 3720.

337 *Wischemeyer/Honisch,* NJW 2014, 881, 885.

zwischen § 8 Abs. 1 und § 8 Abs. 2 PartGG differenzierende Betrachtungsweise angestellt werden.

Aus diesen Gründen ist daher eine Haftungskonzentration auf den ausschließlich bearbeitenden Scheinpartner abzulehnen. Stattdessen tritt gem. § 8 Abs. 1 S. 1 PartGG die gesamtschuldnerische Haftung aller Partner und unter Rechtsscheingesichtspunkten auch die Haftung des Scheinpartners neben die Haftung der PartG.

bb) Befassung des Scheinpartners und eines echten Partners

Hiervon ist aber die Situation zu unterscheiden, in welcher nicht nur der Scheinpartner, sondern daneben ein echter Partner mit der Bearbeitung des Auftrags iSd § 8 Abs. 2 PartGG befasst[338] ist. Es besteht eine gesamtschuldnerische Haftung des Scheinpartners und des echten Partners nach § 8 Abs. 1, Abs. 2 PartGG. In diesem Fall gelten die unter Kapitel 3 B. II. dargestellten Grundsätze der Rechtsscheinhaftung entsprechend. Anders als in der Konstellation, in der nur der Scheinpartner alleine handelt, steht vorliegend der Sinn und Zweck des § 8 Abs. 2 PartGG nicht entgegen. Neben dem Scheinpartner haftet noch mindestens ein Partner persönlich, so dass eine Umgehung der persönlichen Haftung durch die echten Partner nicht möglich ist. Darüber hinaus besteht auch keine Schlechterstellung des Gläubigers. Dieser kann, anders als in der oben dargestellten Konstellation, neben dem echten Partner zusätzlich den Scheinpartner persönlich in Anspruch nehmen. Die Rechtsscheinhaftung erfolgt in diesem Fall zu Gunsten und nicht zu Lasten des Gläubigers.

In dieser Konstellation ist daher eine persönliche Haftung des Scheinpartners sachgerecht.

D. Haftung des ein- und austretenden Partners

I. Haftung des eintretenden Partners

1. Haftung des eintretenden Partners nach § 8 Abs. 1 PartGG

Der eintretende Partner haftet gem. § 130 Abs. 1 HGB iVm § 8 Abs. 1 S. 2 PartGG für die vor seinem Eintritt begründeten Verbindlichkeiten. Dies bedeutet, dass der eintretende Partner wegen der Verweisung des § 8 Abs. 1 S. 2 PartGG auf § 130 Abs. 1 HGB ebenso haftet wie diejenigen Partner, die bereits in der PartG Gesellschafter waren als die Verbindlichkeit begründet wurde. Der Umfang der Haftung des eintretenden Partners entspricht damit der Haftung der Partner nach § 8 Abs. 1 S. 1 PartGG.[339]

---

338 Zur Bestimmung des „befasst-seins“ siehe Kapitel 3 C. II. 2.
339 Zum Haftungsumfang des § 8 Abs. 1 S. 1 PartGG, siehe Kapitel 3 B. I.

2. *Haftungskonzentration auf den eintretenden Partner nach § 8 Abs. 2 PartGG*

Bezüglich Verbindlichkeiten, die nicht aus einem beruflichen Fehler herrühren, ist die persönliche gesamtschuldnerische Haftung des eintretenden Partners unumstritten.[340]

Liegt der Verbindlichkeit hingegen ein beruflicher Fehler zugrunde, profitiert der Eintretende oftmals von der Haftungskonzentration des § 8 Abs. 2 PartGG, denn häufig wird der neu eintretende Partner nicht mit der Bearbeitung des Auftrags befasst sein.

In der Praxis kommt es aber auch regelmäßig vor, dass der eintretende Partner ein Mandat fortführt, welches bereits vor seinem Eintritt in die PartG angenommen wurde und bei welchem bereits mit der Ausführung des Auftrags begonnen wurde. Im Hinblick auf die Frage, ob den neueintretenden Partner, der mit der Weiterbearbeitung des Auftrags befasst ist, die Haftungskonzentration des § 8 Abs. 2 PartGG trifft, ist zu unterscheiden, ob der haftungsauflösende berufliche Fehler vor seinem Eintritt oder erst nach seinem Eintritt begangen wurde.

a) *Begehung des haftungsauslösenden beruflichen Fehlers vor Eintritt des Partners*

aa) Haftung des eintretenden Partners nach Ansicht der Rechtsprechung

Nach der Rechtsprechung des BGH[341] soll der neu eintretende Partner auch dann nach § 8 Abs. 1 S. 2, Abs. 2 PartGG iVm § 130 Abs. 1 HGB unbeschränkt persönlich haften, wenn er zwar mit der Bearbeitung eines Auftrages befasst war, der berufliche Fehler aber schon vor seinem Eintritt durch einen anderen Partner begangen wurde.

Der BGH begründet dies damit, dass § 8 Abs. 2 PartGG eine verschuldensunabhängige Handelndenhaftung sei, deren Anknüpfungspunkt nicht die Verletzungshandlung, sondern die Befassung mit dem Auftrag sei.[342] Der Gesetzgeber wollte mit § 8 Abs. 2 PartGG eine einfache und unbürokratische Regelung schaffen, so dass der Gläubiger all diejenigen Partner in Anspruch nehmen kann, die mit der Sache befasst waren.[343]

---

340 Vgl. *Vollkommer/Greger/Heinemann*, Anwaltshaftungsrecht, § 4 Rn. 26; Henssler, PartGG, § 8 Rn. 38; vgl. auch *Schäfer*, in: MünchKomm BGB, Bd. 5, § 8 PartGG Rn. 32.

341 BGH NJW 2010, 1360, 1361 f.; zustimmend *Vollkommer/Greger/Heinemann*, Anwaltshaftungsrecht, § 4 Rn. 26; *Sieg*, in: Zugehör/Fischer/Sieg/Schlee, Handbuch Anwaltshaftung, Rn. 380; *Borgmann/Jungk/Grams*, Anwaltshaftung, § 37 Rn. 40; *Henssler*, PartGG, § 8 Rn. 38; a.A. *Westphalen*, in: Meilicke/Westphalen/Hoffmann/Lenz, Wolff, PartGG, § 8 Rn. 33; *Schäfer*, in: MünchKomm BGB, Bd. 5, § 8 PartGG Rn. 32; *Jungk*, AnwBl. 2005, 283, 284; *Chab*, ZAP 2010, Fach 23, 889, 893.

342 BGH NJW 2010, 1360, 1362.

343 BGH NJW 2010, 1360, 1362.

Für eine teleologische Reduktion dahingehend, dass sich der Berufsfehler zu einem Zeitpunkt zugetragen haben muss, in welchem der in Anspruch genommene Gesellschafter der PartG war, gebe die Vorschrift des § 8 Abs. 2 PartGG keinen Anhaltspunkt.[344] Nach Wortlaut und Systematik gelte die Verweisung auf § 130 HGB in § 8 Abs. 1 S. 2 PartGG auch für § 8 Abs. 2 PartGG.[345]

Zusammengefasst setzt nach der Rechtsprechung des BGH die Haftung des neu hinzutretenden Partners für Verbindlichkeiten, die aus einem beruflichen Fehler eines anderen Partners entstanden sind, lediglich voraus, dass der Eintretende nach seinem Eintritt mit der Bearbeitung des Auftrages befasst war, ohne dass sein Beitrag von untergeordneter Bedeutung war.

bb) Kritische Würdigung der Rechtsprechung

Die Haftungskonzentration des § 8 Abs. 2 PartGG tritt ein, wenn der betreffende Partner mit der Bearbeitung des Auftrags befasst war. Wie festgestellt ist hierfür jedwede Mitwirkungshandlung ausreichend und zwar unabhängig davon, ob diese kausal für den beruflichen Fehler war.[346] Danach erscheint die Rechtsprechung des BGH zunächst als zutreffend, wenn sie den neu eintretenden Partner, der mit der Bearbeitung des Auftrags betraut wurde, auch dann nach § 8 Abs. 2 PartGG iVm § 8 Abs. 1 S. 2 PartGG iVm § 130 Abs. 1 HGB in Haftung nimmt, wenn der berufliche Fehler bereits vor seinem Eintritt durch einen anderen Partner verursacht wurde.

Soweit die Rechtsprechung bei ihrer Entscheidungsbegründung darauf abstellt, dass nach dem Gesetzeszweck eine einfache und unbürokratische Regelung, die den Partnern Planungssicherheit bezüglich ihrer Haftungsrisiken geben soll,[347] gewollt war, so wird durch diese Entscheidung der Gesetzeszweck aber nur zum Teil realisiert. Dies mag zwar für diejenigen Partner zutreffen, die mit dem Auftrag nicht befasst sind, die Rechtsprechung übersieht aber, dass der Hinzutretende, welchem die Weiterbearbeitung eines bereits in der Ausführung befindlichen Auftrags auferlegt wurde, einem immensen Haftungsrisiko ausgesetzt ist.[348] Insbesondere der neu hinzutretende Partner, der ein komplettes Altreferat übernimmt und damit mit einer Vielzahl von Aufträgen befasst ist, die bereits ein anderer Partner vor seinem Eintritt bearbeitet hat, steht in der Praxis vor einem kaum kalkulierbaren Haftungsrisiko. Damit missachtet die Rechtsprechung den Gesetzeszweck,[349] mit § 8 Abs. 2 PartGG n.F. eine für Freiberufler praktikable Haftungsbeschränkung zu schaffen. Für den neu eintretenden Partner führt die Anwendung des § 8 Abs. 2 PartGG

344 BGH NJW 2010, 1360, 1362.
345 BGH NJW 2010, 1360, 1362.
346 Siehe hierzu Kapitel 3 C. II. 2.
347 Begr. RegE zur Schaffung eines PartGG, BT-Drucks. 12/6152, 7.
348 So auch *Henssler*, PartGG, § 8 Rn. 38; *Grunewald*, NJW 2010, 1924, 1926; *Chab*, ZAP 2010 Fach 23, 889, 891.
349 Begr. RegE Änderung des PartGG, BT-Drucks. 13/9820, 21.

in den Fällen, in denen der berufliche Fehler vor seinem Eintritt begangen wurde, nämlich genau zum Gegenteil.

Darüber hinaus würde die Ausweitung der Haftung des neu eintretenden Partners einen weiteren Gesetzeszweck verfehlen. Der Gesetzgeber[350] wollte mit der Neufassung des PartGG gerade eine echte Alternative zur Kapitalgesellschaft schaffen. Dieses Ziel wird aber bei Anwendung der Rechtsprechung des BGH komplett verfehlt.[351] Durch sie wird die persönliche Haftung nicht eingeschränkt, sondern für den Neueintretenden unkalkulierbar ausgeweitet.

Eine derartige Erweiterung der persönlichen Haftung ist auch vor dem Hintergrund des Gläubigerschutzes nicht geboten. Durch den Eintritt des neuen, mit der Sache befassten Partners, erhält der Gläubiger einen weiteren Schuldner. Wie aber auch die Gesetzesbegründung[352] bei der Neufassung des § 8 Abs. 2 PartGG feststellt, erwartet der Rechtsverkehr gerade nicht, dass jeder Partner einer Berufsausübungsgemeinschaft persönlich haftet. Er erwartet insbesondere nicht, dass auch derjenige haftet, der im Zeitpunkt der Begehung des Berufsfehlers noch gar nicht Partner der Gesellschaft war. Letztlich würde daher der Gläubiger vom Eintritt des neuen Partners profitieren, ohne dass es hierfür eine Rechtfertigung gibt.

Die gesamtschuldnerische Haftung des § 8 Abs. 2 PartGG beruht darauf, dass jeder, der mit dem Auftrag befasst war und damit eine nicht nur untergeordnete Mitwirkungshandlung erbracht hat, die Verantwortung auch für die Beiträge anderer Partner trägt. Dies wiederum ist gerechtfertigt, da jeder Partner die zumindest theoretische Möglichkeit hat, die Beiträge der anderen Partner zu überprüfen und korrigierend einzulenken. Anders verhält es sich aber, wenn der schädigende Berufsfehler bereits vor Eintritt in die Gesellschaft begangen wurde und nicht mehr beseitigt werden kann.[353] Hier wird dem hinzutretenden Partner die Möglichkeit entzogen, lenkend in die Bearbeitung des Auftrags einzugreifen und bereits erfolgte Fehler noch zu korrigieren.

Berücksichtigt man bei der Auslegung des § 8 Abs. 2 PartGG die hinter der Vorschrift stehenden Interessen sowohl der Partner als auch der Gläubiger, so muss man zu dem Schluss kommen, dass nur eine einschränkende Auslegung den Interessen gerecht wird.[354] Die Rechtsprechung,[355] die eine teleologische Reduktion mit dem Hinweis, es gebe hierfür weder einen systematischen noch einen wörtlichen

350 Begr. RegE Änderung des PartGG, BT-Drucks. 13/9820, 21.

351 So auch *Meixner/Schröder*, DStR 2010, 463, 464.

352 Vgl. Begr. RegE Änderung des PartGG, BT-Drucks. 13/9820, 21.

353 So auch *Henssler/Deckenbrock*, EWiR 2010, 89, 90; ähnlich *Schäfer*, in: MünchKomm BGB, Bd. 5, § 8 PartGG Rn. 32; *Jungk*, AnwBl. 2005, 283, 284, die – ohne weitere Begründung – eine Haftung des Eintretenden nur dann annehmen, wenn dieser nach seinem Eintritt mit dem Auftrag befasst ist und der Berufsfehler erst während seiner Zugehörigkeit zur Partnerschaftsgesellschaft begangen wird; vgl. auch *Chab*, ZAP 2010 Fach 23, 889, 891.

354 So auch *Henssler/Deckenbrock*, EWiR 2010, 89, 90.

355 BGH NJW 2010, 1360, 1362.

Anhaltspunkt, verneint, übersieht schlichtweg, dass die teleologische Reduktion des § 8 Abs. 2 PartGG aufgrund des Gesetzeszweckes geboten ist.[356]

Für den neu eintretenden Partner greift folglich richtigerweise die Haftungskonzentration nach § 8 Abs. 2 PartGG nicht ein, wenn er zwar mit der Bearbeitung des Auftrags befasst war, der haftungsauslösende berufliche Fehler aber bereits vor seinem Eintritt in die PartG begangen wurde.

b) Begehung des haftungsauslösenden beruflichen Fehlers nach Eintritt des Partners

Anders verhält es sich, wenn der berufliche Fehler, der zur Haftung führt, erst nach dem Eintritt des neuen Partners, der nun mit der Bearbeitung des Auftrags befasst ist, begangen wurde. In diesem Fall ist eine teleologische Reduktion des § 8 Abs. 2 PartGG nicht geboten, da sich die Situation nicht anders darstellt, als wenn der Auftrag insgesamt erst nach dem Eintritt des neuen Partners bearbeitet worden wäre. Der eintretende Partner hat dann die Möglichkeit aktiv in die Bearbeitung einzugreifen und den Fehler zu verhindern. Daher greift hier unproblematisch der Regelfall der Haftungskonzentration auf alle bearbeitenden Partner nach § 8 Abs. 2 PartGG ein.

II. Haftung des ausgeschiedenen Partners

Der ausgeschiedene Partner haftet gem. § 160 Abs. 1 S. 1 HGB iVm § 10 Abs. 2 Alt. 2 PartGG auch nach seinem Ausscheiden für die bis dahin begründeten Verbindlichkeiten, wenn sie vor Ablauf von fünf Jahren nach dem Ausscheiden fällig sind und die Ansprüche gegen ihn tituliert sind oder eine gerichtliche oder behördliche Vollstreckungshandlung vorgenommen oder beantragt wird.[357] Die Nachhaftung betrifft alle Ansprüche nach § 8 PartGG, für die der jeweilige Partner persönlich haftet.[358]

E. Vertragliche Haftungsbeschränkungsmöglichkeiten

Über die gesellschaftsrechtliche Haftungsbeschränkung hinaus bleibt es den Vertragspartnern grundsätzlich unbenommen, die Haftung durch vertragliche Vereinbarung weiter zu beschränken. Die Möglichkeit der vertraglichen Haftungsbeschränkung wird für Rechtsanwälte aber durch die berufsrechtlichen Regelungen eingeschränkt. § 52 BRAO stellt für die Begrenzung der Haftung von Rechtsanwälten wegen Schäden aus beruflichen Fehlern spezielle Anforderungen auf.

356 So auch *Henssler/Deckenbrock*, EWiR 2010, 89, 90.
357 *Henssler*, PartGG, § 10 Rn. 44.
358 Vgl. Römermann, in: Michalski/Römermann, PartGG, § 10 Rn. 14.

I. Summenmäßige Haftungsbeschränkung, § 52 Abs. 1 BRAO

Nach § 52 Abs. 1 S. 1 und S. 2 BRAO besteht die Möglichkeit der PartG, ihre Haftung aus Schäden wegen beruflicher Fehler gegenüber ihrem Mandanten durch Vertrag summenmäßig zu begrenzen.

Durch eine schriftliche einzelvertragliche Vereinbarung mit dem Mandanten kann gem. § 52 Abs. 1 S. 1 Nr. 1, S. 2 BRAO die Haftung für fahrlässig verursachte Schäden bis zur Höhe der Mindestversicherungssumme beschränkt werden. Die Mindestversicherungssumme des Rechtsanwaltes beträgt gem. § 51 Abs. 4 BRAO 250.000 EUR. Nach dem Wortlaut der Vorschrift ist die Haftungsbeschränkung auch für grob fahrlässig verursachte Schäden möglich.

Mittels AGB kann die Haftung für Berufsfehler, die durch einfache Fahrlässigkeit verursacht werden, auf 1.000.000 EUR beschränkt werden, wenn diese Summe vom Versicherungsschutz gedeckt ist, § 52 Abs. 1 S. 1 Nr. 2, S. 2 BRAO. Im Gegensatz zur einzelvertraglichen Abrede kann durch vorformulierte Vertragsbedingungen die Haftung für grob fahrlässig verursachte berufliche Fehler aber nicht höhenmäßig beschränkt werden.

Im Ergebnis setzt die Haftungsbeschränkung stets eine vertragliche Abrede mit dem Auftraggeber sowie eine entsprechende Deckung der Haftungssumme durch die Berufshaftpflichtversicherung voraus.

§ 8 Abs. 3 PartGG sieht ferner die Möglichkeit vor, durch berufsrechtliche Vorschriften eine echte gesetzliche summenmäßige Haftungsbeschränkung zu schaffen.[359] Solange von dieser Möglichkeit noch kein Gebrauch gemacht wurde, bleibt die PartG gezwungen, durch Vertrag mit ihrem Mandanten eine Haftungshöchstsumme zu vereinbaren. Dies wird gerade bei einem hohen Gegenstandswert nicht ohne weiteres vom Auftraggeber akzeptiert werden.

II. Haftungsbeschränkung auf einen einzelnen Partner, § 52 Abs. 2 S. 2 BRAO

1. Regelungsinhalt

Nach § 52 Abs. 2 S. 2 BRAO besteht zudem die Möglichkeit, die persönliche Haftung auf einzelne Sozietätsmitglieder zu beschränken, die das Mandat im Rahmen eigener beruflicher Befugnisse bearbeiten und namentlich bezeichnet sind. Dadurch werden die anderen Mitglieder der Sozietät von der persönlichen Haftung befreit.[360] Im Übrigen bleibt die Haftung der Gesellschaft unberührt.[361]

359 *Henssler*, PartGG, § 8 Rn. 96 ff.
360 *Eigner*, Beschränkung der persönlichen Gesellschafterhaftung, 365.
361 *Diller*, in: Henssler/Prütting, BRAO, § 52 Rn. 70.

2. *Tatbestandsvoraussetzungen*

Aufgrund der stark eingeschränkten Haftung zu Ungunsten des Auftraggebers sieht § 52 Abs. 2 BRAO zu seinem Schutz weitere Tatbestandsvoraussetzungen vor.

Die Haftungskonzentration nach § 52 Abs. 2 S. 2 BRAO kann durch Vereinbarung auf den oder die Mitglieder der Sozietät beschränkt werden, die das Mandat bearbeiten. Die Bearbeitung setzt eine tatsächliche Bearbeitung voraus.[362] Hat ein Gesellschafter lediglich die Überwachung oder Leitung der Mandatsbearbeitung übernommen, kann die Haftung nicht auf ihn beschränkt werden.[363] Dies ergibt sich aus einem Vergleich zu § 8 Abs. 2 PartGG. Anders als § 8 Abs. 2 PartGG geht der Wortlaut des § 52 Abs. 2 S. 2 BRAO nicht von einer „Befassung" mit dem Auftrag, sondern von einer „Bearbeitung" des Auftrags aus. Hieraus lässt sich schließen, dass der Gesetzgeber verschiedene Anforderungen an den jeweiligen Beitrag im Rahmen der Ausführung setzten wollte.[364] Eine Bearbeitung ist daher im Gegensatz zur Befassung nicht gegeben, wenn nur eine Überwachung oder Leitung der Auftragsausführung übernommen wurde.[365]

Weiterhin ist gem. § 52 Abs. 2 S. 2 BRAO erforderlich, dass der Gesellschafter im Rahmen seiner beruflichen Befugnisse handelt. Von der Haftungsbeschränkung können demnach nur solche Tätigkeiten umfasst sein, die für den Rechtsanwalt eine berufstypische Leistung darstellen.[366]

Der bearbeitende Rechtsanwalt ist zudem namentlich zu benennen. Ist der tatsächlich bearbeitende Gesellschafter nicht identisch mit dem, der in der Vereinbarung genannt wurde, ist die Haftungsbeschränkung im Ganzen unwirksam.[367] Andernfalls würde der Schutzgedanke des § 52 Abs. 2 S. 2 BRAO unterlaufen werden.

Zum Schutz des Auftraggebers muss die Zustimmungserklärung zur Haftungsbeschränkung vom Auftraggeber unterschrieben werden und darf keinerlei weitere Erklärungen enthalten, § 52 Abs. 2 S. 3 BRAO.

3. *Verhältnis des § 8 Abs. 2 PartGG zu § 52 Abs. 2 BRAO*

Sowohl § 8 Abs. 2 PartGG als auch § 52 Abs. 2 BRAO sehen eine Haftungsbeschränkung auf einzelne Gesellschafter vor. Während nach § 8 Abs. 2 PartGG die Haftungskonzentration auf den befassten Partner kraft Gesetzes eintritt, muss nach § 52 Abs. 2 BRAO die Beschränkung der Haftung auf den bearbeitenden

---

362 Begr. RegE Neurodnung BRAO, BT-Drucks. 12/4993, 33, ausgehend von § 51a a.F., der aber wortgleich mit § 52 Abs. 2 BRAO n.F. ist; *Diller,* in: Henssler/Prütting, BRAO, § 52 Rn. 73.

363 *Eigner,* Beschränkung der persönlichen Gesellschafterhaftung, 366.

364 Ähnlich auch: *Eigner,* Beschränkung der persönlichen Gesellschafterhaftung, 366.

365 So auch *Eigner,* Beschränkung der persönlichen Gesellschafterhaftung, 366.

366 *Diller,* in Henssler/Prütting, BRAO, § 52 Rn. 77.

367 *Eigner,* Beschränkung der persönlichen Gesellschafterhaftung, 366.

Gesellschafter durch Vereinbarung mit dem Auftraggeber herbeigeführt werden. Die Frage, wie sich die beiden Vorschriften zueinander verhalten, wurde in der Literatur bisher nur vereinzelt aufgeworfen.[368]

Nach § 1 Abs. 3 PartGG kann die Berufsausübung in der PartG durch das Berufsrecht von weiteren Voraussetzungen abhängig gemacht werden. Insoweit ist zu prüfen, ob es sich bei § 52 Abs. 2 S. 2 BRAO im Verhältnis zu § 8 Abs. 2 PartGG um die speziellere Vorschrift handelt.

Römermann[369] geht davon aus, dass § 8 Abs. 2 PartGG als speziellere Norm § 52 Abs. 2 BRAO vorgehe. Die Haftung der handelnden Partner trete nach § 8 Abs. 2 PartGG unabhängig davon ein, ob eine Vereinbarung nach § 52 Abs. 2 BRAO getroffen wurde.[370]

Auch *Grunewald*[371] vertritt die Ansicht, dass § 8 Abs. 2 PartGG, § 52 Abs. 2 BRAO vorgehe, da Sonderregeln für Anwälte keinen Sinn ergeben.

Weitere Argumente für einen Vorrang des § 8 Abs. 2 PartGG bringt *Eigner*[372] vor. Die Haftungsverfassung der PartG sei an die der OHG angelehnt, so dass sie im Vergleich zur GbR mit einem besseren Gläubigerschutz ausgestattet und aufgrund der Registerpublizität transparenter sei.[373] Daher sei es gerechtfertigt, durch § 8 Abs. 2 PartGG eine Haftungsbeschränkung zu ermöglichen, die hinter den strengen Anforderungen des § 52 Abs. 2 BRAO[374] zurückbleibe.[375] Ferner sei es nur durch den Vorrang des § 8 Abs. 2 PartGG möglich, in einer interprofessionellen PartG ein einheitliches Haftungssystem zu realisieren.[376]

Der vorgebrachten Argumentation ist zuzustimmen. Richtigerweise muss § 8 Abs. 2 PartGG § 52 Abs. 2 BRAO vorgehen. Die vorrangige Anwendung des § 8 Abs. 2 PartGG ergibt sich bereits aus der Gesetzgebungsgeschichte.[377] Die Einführung der PartG beruhte vor allem auf der Unzufriedenheit der Rechtsanwälte mit dem Haftungsregime der GbR.[378] Aus diesem Grund wurde die PartG geschaffen. § 8 Abs. 2 PartGG a.F. sah die Möglichkeit vor, die persönliche Haftung auf einen oder mehrere Partner, welche die berufliche Leistung zu erbringen oder verantwortlich zu leiten hatten, vertraglich zu beschränken.[379] § 8 Abs. 2 PartGG a.F. sah sich

368 Vgl. *Römermann,* in: Michalski/Römermann, PartGG, § 8 Rn. 122 mwN.
369 *Römermann,* in: Michalski/Römermann, PartGG, § 8 Rn. 124.
370 *Römermann,* in: Michalski/Römermann, PartGG, § 8 Rn. 124.
371 *Grunewald,* ZAP 2001, Fach 23, 551, 555 f.
372 *Eigner,* Beschränkung der persönlichen Gesellschafterhaftung, 372 f.
373 *Eigner,* Beschränkung der persönlichen Gesellschafterhaftung, 373.
374 Entspricht § 51a Abs. 2 BRAO a.F.
375 *Eigner,* Beschränkung der persönlichen Gesellschafterhaftung, 373.
376 *Eigner,* Beschränkung der persönlichen Gesellschafterhaftung, 373.
377 Andeutend ohne nähere Ausführungen auch *Eigner,* Beschränkung der persönlichen Gesellschafterhaftung, 373.
378 Begr. RegE zur Schaffung eines PartGG, BT-Drucks. 12/6152, 7.
379 Siehe Kapitel 1 A. IV.

aber der Kritik als nicht praxistauglich ausgesetzt.[380] Daher wurde § 8 Abs. 2 PartGG bereits kurze Zeit nach der Einführung der Partnerschaftsgesellschaft in eine gesetzliche Haftungsbeschränkung auf den oder die mit der Bearbeitung befassten Partner, geändert. Bedenkt man, dass gerade Rechtsanwälte Kritik an § 8 Abs. 2 PartGG a.F. geübt haben und die Vorschrift vor diesem Hintergrund in eine gesetzliche Haftungsbeschränkung gewandelt wurde, wäre es gerade sinnwidrig, wenn sie dann wieder durch § 52 Abs. 2 BRAO abgeschwächt werden würde. Würde man auch in der PartG die Haftungsbeschränkung auf den befassten Partner von einer vertraglichen Vereinbarung abhängig machen, dann wäre § 8 Abs. 2 PartGG für Rechtsanwälte praktisch ausgehöhlt. Der Gesetzgeber würde die Ziele, welche mit der Änderung des § 8 Abs. 2 PartGG angestrebt worden sind, mit der Vorschrift des § 52 Abs. 2 BRAO wieder aushebeln.

Die PartG soll darüber hinaus gegenüber der GbR für freie Berufe ein attraktiveres Haftungsregime bieten[381] und sich damit deutlich von dieser abgrenzen. Würde man daher § 52 Abs. 2 BRAO als vorrangig betrachten, läge im Endeffekt eine weitgehende Annäherung an die persönliche Haftung der Gesellschafter in der GbR vor. Diese können ihre Haftung auch nur durch vertragliche Vereinbarung mit dem Auftraggeber ausschließen. Der Vorrang des § 52 Abs. 2 BRAO würde daher der PartG ihr Charakteristikum nehmen. Es kann aber nicht sein, dass durch berufsrechtliche Vorschriften die gesellschaftsrechtliche Struktur einer Rechtsform ausgehebelt wird. Folglich genießt § 8 Abs. 2 PartGG vor § 52 Abs. 2 BRAO Vorrang.

F. Zusammenfassung der wesentlichen Ergebnisse

Die PartG haftet gem. § 8 Abs. 1 S. 1 PartGG für alle ihre Verbindlichkeiten unabhängig ihres Entstehungsgrundes mit ihrem Gesellschaftsvermögen. Daneben besteht eine akzessorische, gesamtschuldnerische und persönliche Haftung der Gesellschafter, § 8 Abs. 1 PartGG. Die persönliche Haftung gilt auch für Scheinpartner der Gesellschaft.

Die nach § 8 Abs. 2 PartGG bestehende Haftungskonzentration auf den handelnden Partner ist zur persönlichen gesamtschuldnerischen Haftung aller Partner nach § 8 Abs. 1 S. 1 PartGG vorrangig. Sie entsteht nur wegen beruflicher Fehler und trifft nur den mit dem Auftrag befassten Partner. Befassung meint neben der tatsächlichen Mitwirkung auch den Fall, dass ein Partner trotz interner Geschäftsverteilung nicht tätig wurde.

Ausgenommen von der Haftungskonzentration sind Partner, die nur einen Beitrag von untergeordneter Bedeutung geleistet haben. Das Gewicht eines Bearbeitungsbeitrags ist nach einer gemischt objektiv-subjektiven-Betrachtungsweise zu bestimmen. Ein Bearbeitungsbeitrag ist von untergeordneter Bedeutung, wenn er

380 Begr. RegE Änderung des PartGG, BT-Drucks. 13/9820, 21; *Seibert*, BRAK-Mitt. 1998, 210.

381 Vgl. Begr. RegE zur Schaffung eines PartGG, BT-Drucks. 12/6152, 7.

im Verhältnis zum Bearbeitungsbeitrag des eigentlichen Sachbearbeiters kein hinreichendes Gewicht erlangt und/oder es subjektiv nicht zu einer Verlagerung der Verantwortung kommt.

Die Haftungskonzentration nach § 8 Abs. 2 PartGG tritt nicht in Bezug auf einen Scheinpartner ein, wenn ausschließlich dieser den Auftrag bearbeitet.

Der eintretende Partner haftet richtigerweise – entgegen der Ansicht der Rechtsprechung – nicht gem. § 8 Abs. 2 PartGG für berufliche Fehler, die vor seinem Eintritt begangen wurden.

Das Konkurrenzverhältnis der Handelndenhaftung des § 8 Abs. 2 PartGG zur Haftungsbeschränkungsmöglichkeit nach § 52 Abs. 2 BRAO ist dahingehend zu lösen, dass § 8 Abs. 2 PartGG vorrangig anzuwenden ist.

Kapitel 4: Die Haftungsverfassung der Partnerschaftsgesellschaft mit beschränkter Berufshaftung

A. Haftung der Gesellschaft

Die PartG mbB haftet gem. § 8 Abs. 1 PartGG für sämtliche im Namen der Gesellschaft begründeten Verbindlichkeiten. Insoweit ergeben sich keine Besonderheiten zur herkömmlichen PartG, so dass auf obige Ausführungen verwiesen werden kann.[382]

B. Haftungsbeschränkung für berufliche Fehler

In der PartG mbB besteht gem. § 8 Abs. 4 PartGG eine gesetzliche Haftungsbeschränkung für berufliche Fehler auf das Gesellschaftsvermögen. Der neu eingefügte § 8 Abs. 4 PartGG stellt im Rahmen des PartGG die einzige spezielle Regelung für die PartG mbB dar. Die Vorschrift normiert den Umfang und die Voraussetzungen der Haftungsbeschränkung auf das Gesellschaftsvermögen und stellt damit die zentrale Norm im Recht der neuen PartG mbB dar.

I. Umfang der Haftungsbeschränkung

1. Verbindlichkeit der Gesellschaft

Die Haftungsbeschränkung auf das Gesellschaftsvermögen umfasst gem. § 8 Abs. 4 S. 1 PartGG nur Verbindlichkeiten der PartG mbB, die auf einer fehlerhaften Berufsausübung beruhen. Voraussetzung ist somit, dass sich der betreffende Anspruch gegen die Gesellschaft richtet und nicht gegen den einzelnen Partner.[383] Da der Mandatsvertrag regelmäßig mit der Gesellschaft geschlossen wird[384] und nur in Ausnahmefällen mit dem bearbeitenden Partner selbst, ergibt sich hieraus kein größeres Haftungsrisiko für den handelnden Partner.

Welche Verbindlichkeiten im Einzelnen unter die Haftungsbeschränkung fallen, ist gesetzlich nicht niedergelegt und bedarf somit der Klärung.

---

382 Siehe Kapitel 3 A.

383 *Posegga,* DStR 2012, 611, 612; *Dahns,* NJW-Spezial 2013, 446; *Ruppert,* DStR 2013, 1623, 1625; *Römermann/Praß,* NZG 2012, 601, 603.

384 Siehe hierzu oben Kapitel 3 A. II.

2. *Schäden wegen fehlerhafter Berufsausübung*

a) Vertragliche Verbindlichkeiten aus beruflichen Fehlern

Ausgehend vom Wortlaut muss die Verbindlichkeit durch einen Fehler bei der Berufsausübung verursacht worden sein, der sich dann in einem Schaden niedergeschlagen hat. Auch hier muss – wie bei § 8 Abs. 2 PartGG – ein Zusammenhang zur freiberuflichen Tätigkeit bestehen.[385] Fehler, die außerhalb des berufsspezifischen Aufgabenbereiches begangen werden, fallen daher von vornherein nicht in den Anwendungsbereich der Haftungsbeschränkung des § 8 Abs. 4 S. 1 PartGG. Die berufsspezifischen Aufgaben dürfen aber nicht zu eng gefasst werden. Hierunter zählen sämtliche Tätigkeiten, die die Bearbeitung des Mandats mit sich bringt. Umfasst ist neben der eigentlichen freiberuflichen gedanklichen Leistung, auch jegliche Nebentätigkeit, die der Ausführung des Auftrages dient.[386]

Einige Stimmen in der Literatur[387] greifen auf die an § 8 Abs. 2 PartGG gestellten Anforderungen zurück. Insoweit erscheint es aber zunächst fraglich, ob der in § 8 Abs. 2 PartGG verwendete Begriff der „beruflichen Fehler" identisch mit dem Tatbestandsmerkmal „fehlerhafte Berufsausübung" in § 8 Abs. 4 S. 1 PartGG zu verstehen ist.

Blickt man auf die Gesetzgebungsgeschichte des PartGG zurück, so stellt man fest, dass in der ersten Fassung des § 8 Abs. 2 PartGG, der noch eine vertraglich zu vereinbarende Haftungsbeschränkung vorsah,[388] von Schäden aus einer „fehlerhaften Berufsausübung" gesprochen wurde. Laut er Gesetzesbegründung waren alle Verbindlichkeiten, die in Zusammenhang mit der fehlerhaften Bearbeitung des Auftrags entstanden sind, umfasst[389] Mit der Änderung der vertraglichen Haftungsbeschränkung des § 8 Abs. 2 PartGG a.F. hin zur gesetzlichen Haftungsbeschränkung wurde auch der Wortlaut der Vorschrift geändert. Die bis heute gültige Fassung des § 8 Abs. 2 PartGG spricht nun von „beruflichen Fehlern" und nicht mehr von „Schäden wegen fehlerhafter Berufsausübung".

Damit ging aber keine Änderung der umfassten Ansprüche einher. Sinn und Zweck der Neufassung war es nämlich, die in der Praxis als unbefriedigend empfundene vertragliche Haftungsbeschränkung in eine gesetzliche Haftungsbeschränkung umzuwandeln.[390] Der Gesetzgeber wollte damit eine für die Partner rechtssichere

---

385 *Hirtz,* in: Henssler/Strohn, Gesellschaftsrecht, § 8 PartGG Rn. 21.

386 So auch *Römermann/Praß,* NZG 2012, 601, 603; vgl. auch *Schäfer,* in: MünchKomm BGB, Bd. 5, § 8 PartGG Rn. 15, allerdings bezogen auf § 8 Abs. 2 PartGG; vgl auch *Schumacher,* NZG 2015, 379, 380 ff.; *Schumacher,* Die Partnerschaftsgesellschaft mit beschränkter Berufshaftung für Rechtsanwälte, 54 ff.

387 *Posegga,* DStR 2012, 611; *Leitzen,* DNotZ 2013, 596, 597 f.; *Römermann/Praß,* NZG 2012, 601, 603; *Henssler,* AnwBl. 2014, 96, 97.

388 Siehe hierzu oben Kapitel 1 A. IV.

389 Vgl. Begr. RegE zur Schaffung eines PartGG, BT-Drucks. 12/6152, 18.

390 Begr. RegE Änderung des PartGG, BT-Drucks. 13/9820, 21.

Haftungsbeschränkung schaffen, nicht jedoch den Inhalt und die Reichweite der Haftungsbeschränkung modifizieren.

Nicht anders stellt sich die Situation bei § 8 Abs. 4 S. 1 PartGG dar. Dieser Absatz wurde in § 8 PartGG eingefügt, weil die Haftungskonzentration auf den Handelnden nach § 8 Abs. 2 PartGG in der Praxis gerade von größeren Berufsausübungsgemeinschaften als impraktikabel kritisiert wurde.[391] Bei arbeitsteiliger Zusammenarbeit innerhalb großer Sozietäten besteht die Gefahr, dass die Haftungsbeschränkung des § 8 Abs. 2 PartGG nicht effektiv genug eingreifen kann.[392] Um auch denjenigen Freiberuflern, die in einer großen, gar überörtlichen Berufsausübungsgesellschaft mit arbeitsteiliger Organisation tätig sind, eine effiziente Haftungsbeschränkung zu ermöglichen, wurde § 8 Abs. 4 PartGG geschaffen.[393] Nach der Intention des Gesetzgebers sollten mit der Haftungsbeschränkung des § 8 Abs. 4 PartGG für diese Freiberufler, in Anlehnung an den Grundgedanken des § 8 Abs. 2 PartGG, eine Haftungsbeschränkung hervor gebracht werden, die entsprechend effektiv ist.[394]

Es ist daher davon auszugehen, dass in Bezug auf die von der Haftungsbeschränkung umfassten Verbindlichkeiten ein Gleichlauf des § 8 Abs. 4 S. 1 PartGG mit § 8 Abs. 2 PartGG besteht. Die unterschiedliche Formulierung stellt somit nur ein Redaktionsversehen dar.

b) Deliktische Verbindlichkeiten aus beruflichen Fehlern

Während von § 8 Abs. 2 PartGG sämtliche Ansprüche umfasst sind, die aufgrund eines beruflichen Fehlers entstanden sind, unabhängig davon, ob sie vertraglicher Natur sind oder im deliktischen Bereich über § 31 BGB analog der Gesellschaft zugerechnet werden,[395] wollen im Schrifttum einige Stimmen[396] deliktische Ansprüche, die sich unmittelbar gegen einen Partner richten, vom Anwendungsbereich des § 8 Abs. 4 S. 1 PartGG ausschließen.

Auch die Gesetzesbegründung[397] nimmt deliktische Ansprüche, die sich unmittelbar gegen einen Partner richten, von der Haftungsbeschränkung des § 8 Abs. 4 S. 1 PartGG aus.

Es ist anzunehmen, dass die Gesetzesbegründung an dieser Stelle ungenau formuliert ist. Richtigerweise ist nämlich zu differenzieren[398] zwischen deliktischen

---

391 Siehe hierzu oben Kapitel 1 A. V.

392 Siehe hierzu oben Kapitel 1 A. V.

393 Vgl. Begr. RegE zur Einf. einer PartG mbB, BT- Drucks. 17/10487, 11.

394 Vgl. Begr. RegE PartG mbB, BT-Drucks. 17/ 10487, 11.

395 *Schäfer,* in: MünchKomm BGB, Bd. 5, § 8 Rn. 15; *von Westphalen,* in: Meilicke/Westphalen/Hoffmann/Lenz/Wolff, PartGG, § 8 Rn. 7; *Henssler,* PartGG, § 8 Rn. 55 ff.

396 *Dahns,* NJW-Spezial 2013, 446; *Leitzen,* DNotZ 2013, 596, 597 f.; *Posegga,* DStR 2012, 611, 612; *Bachmann/Schaloske,* Phi 2013, 202, 203.

397 Begr. RegE zur Einf. einer PartG mbB, BT-Drucks. 17/10487, 14.

398 So auch *Römermann,* in Michalski/Römermann, PartGG, § 8 Rn. 109.

Ansprüchen, die ein Partner in Ausführung einer ihm für die PartG mbB zustehenden Verrichtung begründet und dieser daher nach § 31 BGB analog zugerechnet werden[399] und deliktischen Ansprüchen, die der PartG mbB nicht nach § 31 BGB analog zugerechnet werden.

Im ersten Fall handelt es sich wegen der Zurechnung nach § 31 BGB analog um eine eigene Verbindlichkeit der PartG mbB. Wendet man § 8 Abs. 4 S. 1 PartGG konsequent an, so ist auch diese deliktische Verbindlichkeit von der Haftungsbeschränkung des § 8 Abs. 4 S. 1 PartGG umfasst.[400] Dem steht nicht entgegen, dass der jeweilige Partner daneben selbst für seine begangene deliktische Handlung haftet, da sich der Anspruch aus den §§ 823 ff. BGB unmittelbar gegen ihn als Anspruchsgegner richtet.

Im zweiten Fall in welchem die Verbindlichkeit nicht nach § 31 BGB analog zugerechnet werden kann, handelt es sich konsequenterweise nicht um eine eigene Verbindlichkeit der PartG mbB. Folglich ist der Tatbestand des § 8 Abs. 4 S. 1 PartGG nicht erfüllt. Es haftet nur der betreffende Partner persönlich.[401]

3. Sonstige Verbindlichkeiten

Nach dem Wortlaut des § 8 Abs. 4 S. 1 PartGG sind von der Haftungsbeschränkung auf das Gesellschaftsvermögen nur Verbindlichkeiten aus fehlerhafter Berufsausübung umfasst. Damit greift die Haftungsbeschränkung nicht für alle sonstigen Verbindlichkeiten der PartG mbB ein.

Insbesondere Verbindlichkeiten, die sich aus dem allgemeinen Geschäftsbetrieb der PartG mbB ergeben und daher nicht in direktem Zusammenhang mit der Bearbeitung eines Mandats stehen, stellen keine Verbindlichkeiten aus Schäden wegen einer fehlerhaften Berufsausübung dar. Hierunter fallen beispielsweise gegen die Gesellschaft gerichtete Ansprüche aus Arbeits-, Dienst-, Miet- und Kaufverträgen.[402] Für solche Verbindlichkeiten gilt der allgemeine § 8 Abs. 1 S. 1PartGG, d.h. neben der Gesellschaft haften die Partner gesamtschuldnerisch unbeschränkt persönlich.

II. Die Berufshaftpflichtversicherung der PartG mbB

Kernelement der Haftungsbeschränkung bei der PartG mbB ist die Pflicht der PartG mbB eine zu diesem Zweck durch Gesetz vorgeschriebene Berufshaftpflichtversicherung zu unterhalten, § 8 Abs. 4 S. 1 PartGG. Die Haftungsbeschränkung auf das Gesellschaftsvermögen greift nur dann ein, wenn die PartG mbB diese

---

399 Siehe hierzu Kapitel 3 A. II. 1.

400 So auch *Römermann/Praß,* NZG 2012, 601, 603; *Ruppert,* DStR 2013, 1624 f.; *Wehrheim/Wirtz,* Die Partnerschaftsgesellschaft, 86; *Beck,* AnwBl. 2015, 380, 389.

401 So auch *Römermann/Praß,* NZG 2012, 601, 603.

402 *Ruppert,* DStR 2013, 1623, 1624; *Grunewald,* GWR 2013, 393; *Dahns,* NJW-Spezial 2013, 446; *Wehrheim/Wirtz,* Die Partnerschaftsgesellschaft, 86; *Leitzen,* DNotZ 2013, 596, 598.

spezifische Berufshaftpflichtversicherung ordnungsgemäß unterhält. Sie ist damit zwingend notwendig, um von der Haftungsprivilegierung auf das Gesellschaftsvermögen profitieren zu können.

Die besondere Berufshaftpflichtversicherung tritt bei der PartG mbB an die Stelle der persönlichen Haftung der Partner. Dort wo bei den sonstigen Personengesellschaften die persönliche Gesellschafterhaftung zur Sicherung der Gläubigerinteressen eingreift, existiert bei der PartG mbB zum Schutz der Gläubiger eine gesonderte Berufshaftpflichtversicherung. Diese stellt damit das notwendige Korrelat zur beschränkten Haftung dar.[403]

1. *Berufsrechtliche Vorgaben*

Das PartGG regelt die Anforderungen an die erforderliche Berufshaftpflichtversicherung nicht selbst, sondern verweist in § 8 Abs. 4 S. 1 PartGG auf die einschlägigen Berufsregeln. Die Haftungsbeschränkung nach § 8 Abs. 4 S. 1 PartGG kommt damit nur für solche Berufsgruppen in Betracht, für die nach berufsrechtlichen Vorschriften eine Berufshaftpflichtversicherung existiert.[404] Das Berufsrecht muss seinerseits wiederum eine explizite Regelung für die Versicherung der PartG mbB aufweisen.[405] Nicht ausreichend ist es, wenn das jeweilige Berufsrecht lediglich allgemeine Vorschriften zur Versicherungspflicht von Berufsausübungsgesellschaften aufstellt.[406] Dies folgt bereits aus dem Wortlaut der Vorschrift. § 8 Abs. 4 S. 1 PartGG spricht ausdrücklich davon, dass die „Partnerschaft eine zu diesem Zweck durch Gesetz vorgegebene Berufshaftpflichtversicherung" unterhalten muss. Die Berufshaftpflichtversicherung muss daher gerade darauf ausgelegt, sein die Haftungsbeschränkung des § 8 Abs. 4 S. 1 PartGG herbeizuführen.

Für die Anwaltschaft ist die Berufshaftpflichtversicherung in §§ 51 ff. BRAO geregelt. Der neu eingefügte § 51a BRAO normiert die Anforderungen an die Berufshaftpflichtversicherung explizit für die PartG mbB. Entsprechende Regelungen finden sich auch in § 67 Abs. 1 StBerG iVm §§ 51 ff. DVStB, in § 54 WPO und in § 45a Abs. 2 PAO. Die PartG mbB stand als Rechtsformvariante zunächst neben Rechtsanwältennur Steuerberatern, Wirtschaftsprüfern und Patentanwälten offen. Für alle übrigen freien Berufe existierten bei Einführung der PartG mbB noch keine berufsrechtlichen Vorschriften, die den Zusammenschluss in einer PartG mbB ermöglichten.[407] Für die Berufsgruppen der Architekten bzw. Ingenieure haben einige

---

403 *Ruppert,* DStR 2013, 1623, 1625.

404 *Grunewald,* ZIP 2012, 1115, 1117; *Römermann,* in: Michalski/Römermann, PartGG, § 8 Rn. 76 f.

405 Seibert DB 2013, 1710, 1711 f.; *Henssler,* AnwBl. 2014, 96.

406 *Henssler,* AnwBl. 2014, 96 Fn. 4; *Seibert,* DB 2013, 1710, 1712.

407 Dies stößt in der Literatur auf Kritik *Grunewald,* ZIP 2012, 1115, 1117; *Henssler,* AnwBl. 2014, 96, 105; *Leitzen,* DNotZ 2013, 596, 602; *Ring,* WM 2014, 237, 242; *Schüppen,* WPg 2013, 1193, 1195 f.; *Vollkommer/Greger/Heinemann,* Anwaltshaftungsrecht, § 22 Rn. 10a; tendenziell auch *Dahns,* NJW-Spezial 2013, 446, 447.

Länder[408] zwischenzeitlich das Berufsrecht geändert und die Voraussetzungen für die Berufshaftpflichtversicherung normiert, so dass die PartG mbB nunmehr auch diesen Berufsgruppen in den betreffenden Ländern offensteht.[409] Allen übrigen Freuberuflern bleibt die PartG mbB als Rechtsformvariante bis auf weiteres verwehrt.

2. *Abschluss und Rechtsnatur der Berufshaftpflichtversicherung*

Die Haftpflichtversicherung ist, wie sich aus § 8 Abs. 4 S. 1 PartGG und aus § 51a BRAO ergibt, zwischen der PartG mbB und dem Versicherungsgeber abzuschließen. Es handelt sich um eine eigenständige Versicherung der Gesellschaft.[410] Nicht die einzelnen Partner, sondern die Gesellschaft ist Versicherungsnehmerin.[411] Die Versicherung muss daher zugunsten der Sozietät und nicht zugunsten der einzelnen Partner abgeschlossen sein.[412]

Bei der Berufshaftpflichtversicherung der PartG mbB handelt es sich um eine freiwillige Versicherung und nicht um eine Pflichtversicherung.[413] Eine Pflichtversicherung setzt nach der Legaldefinition des § 113 Abs. 1 VVG voraus, dass eine gesetzliche Pflicht zum Abschluss dieser Versicherung besteht. Das Gesetz kennt keine Pflicht zum Abschluss der spezifischen Berufshaftpflichtversicherung der PartG mbB. Sie ist nach § 8 Abs. 4 S. 1 PartGG lediglich die Bedingung für das Eingreifen der Haftungsbeschränkung, aber nicht gesetzliche Voraussetzung für den Zusammenschluss in einer Partnerschaftsgesellschaft.

3. *Verhältnis der Berufshaftpflichtversicherung der PartG mbB zur Berufshaftpflichtversicherung des einzelnen Rechtsanwaltes*

a) *Berufshaftpflichtversicherung des einzelnen Rechtsanwaltes als Zulassungsvoraussetzung*

Der Rechtsanwalt ist nach § 51 Abs. 1 BRAO zum Abschluss einer Berufshaftpflichtversicherung verpflichtet. Ohne die Berufshaftpflichtversicherung wird der

---

408 Niedersachsen: § 4b Abs. 4 S. 3, Abs. 2 NArchtG, § 7 Abs. 2 NIngG; Hamburg: §§ 19 Abs. 1 S. 1, Abs. 3, 12 HmbArchtG; Bremen: §§ 2 Abs. 4, 4 Abs. 1 Nr. 3; Abs. 4, Abs. 6 BremArchG, § 6 Abs. 2 Nr. 7, Abs. 5 BremIngG; Mecklenburg-Vorprommern § 30 Abs. 2 ArchIngG M-V; Nordrhein-Westfalen: §§ 10, 35 BauKaG NRW, §§ 19 Abs. 2, 20 DVO BauKaG NRW; Sachsen: § 10 III SächsArchG; Sachsen-Anhalt: § 10 Abs. 1, Abs. 2 iVm § 32 ArchtG-LSA, §§ 1 Abs. 2, 2 VO HaftpflVers ArchtG-LSA; in den übrigen Bundesländern erfolgte bisher keine Änderung der Berufsgesetze, vgl. *Lieder/Hoffmann,* NJW 2015, 897, 900.

409 Vgl. auch *Lieder/Hoffmann,* NJW 2015, 897 900.

410 *Römermann,* in: Michalski/Römermann, PartGG, § 8 Rn. 81.

411 *Diller,* in: Henssler/Prütting, BRAO, § 51a Rn. 6.

412 *Diller,* in: Henssler/Prütting, BRAO, § 51a Rn. 6.

413 *Ring,* WM 2014, 237, 239; *Römermann,* in: Michalski/Römermann, PartGG, § 8 Rn. 81; *Uwer/Roeding,* AnwBl. 2013, 483.

Rechtsanwalt nicht zur Anwaltschaft zugelassen, § 12 Abs. 2 BRAO. Die Berufshaftpflichtversicherung muss in dem gesamten Zeitraum aufrechterhalten werden, in welchem der Berufsträger als Rechtsanwalt tätig ist. Andernfalls ist gem. § 14 Abs. 2 Nr. 9 BRAO die Zulassung zu widerrufen. Die Berufshaftpflichtversicherung des einzelnen Rechtsanwaltes stellt damit eine Pflichtversicherung dar.[414] Von ihr ist die Ausübung des Berufes des Rechtsanwaltes abhängig.

Demgegenüber gibt es für den Zusammenschluss von Rechtsanwälten in einer Sozietät keine Verpflichtung, dass die Sozietät als solche, d.h. über den einzelnen Rechtsanwalt hinaus, eine Berufshaftpflichtversicherung abschließt.[415] Eine Ausnahme besteht lediglich für die Anwalts-GmbH. Gem. § 59j Abs. 1 BRAO muss die Anwalts-GmbH als solche in eigenem Namen eine Berufshaftpflichtversicherung abschließen. Die Besonderheit für die GmbH ergibt sich daraus, dass die GmbH als juristische Person im Gegensatz zu den sonstigen Formen der Sozietäten selbst gem. § 59c Abs. 1 BRAO zur Anwaltschaft zugelassen wird.

Folglich muss jeder, der zu Anwaltschaft zugelassen wird, als Voraussetzung der Berufsausübung eine Berufshaftpflichtversicherung abschließen und unterhalten und zwar unabhängig davon, ob es sich um eine natürliche oder juristische Person handelt.[416]

Die PartG mbB hingegen ist keine juristische Person.[417] Daher wird sie als solche nicht zur Anwaltschaft zugelassen[418] und ist somit nicht entsprechend § 59j BRAO zum Abschluss einer Berufshaftpflichtversicherung verpflichtet.

b) Berufshaftpflichtversicherung der PartG mbB als Voraussetzung der Haftungsbeschränkung

Die nach § 8 Abs. 4 S. 1 PartGG erforderliche Berufshaftpflichtversicherung dient allein der Herbeiführung der Haftungsbeschränkung für berufliche Fehler. Sie ist nach § 8 Abs. 4 S. 1 PartGG notwendige Voraussetzung für das Eingreifen der Haftungsbeschränkung. Ihr Erfordernis wurzelt nicht in den berufsrechtlichen Vorschriften, sondern ist gesellschaftsrechtlicher Natur.

c) Unterschiedliche Schutzrichtungen beider Berufshaftpflichtversicherungen

Die Berufshaftpflichtversicherung des einzelnen Rechtsanwaltes und die spezifische Berufshaftpflichtversicherung der PartG mbB haben somit eine andere Zielrichtung. Die Berufshaftpflichtversicherung der PartG mbB dient dazu, die

---

414 Vgl. nur *Diller,* in: Henssler/Prütting, BRAO, § 51 Rn. 13; *Brügge,* in: Gräfe/Brügge, Vermögensschaden-Haftpflichtversicherung, 68 Rn. 228; *Kleine-Cosack,* BRAO, § 51 Rn. 1.

415 *Diller,* in: Henssler/Prütting, BRAO, § 51a Rn. 6.

416 Vgl. *Henssler,* in: Henssler/Prütting, BRAO, § 59j Rn. 4.

417 Siehe Kapitel 2 A. II.

418 Vgl. *Brügge,* in: Gräfe/Brügge, Vermögensschaden-Haftpflichtversicherung, 80 Rn. 276; *Riechert,* AnwBl. 2014, 266.

Haftungsbeschränkung auf das Gesellschaftsvermögen nach § 8 Abs. 4 PartGG herbeizuführen.[419] Sie stellt damit sicher, dass bei Zugriff des Gläubigers auf das Gesellschaftsvermögen zumindest der Anspruch der Gesellschaft gegen den Versicherungsgeber gepfändet werden kann. Die Berufshaftpflichtversicherung der PartG mbB fungiert als notwendiges Korrelat für die Haftungsbeschränkung.

Davon muss aber die persönliche Berufshaftpflichtversicherung des Rechtsanwaltes gem. § 51 BRAO unterschieden werden.[420] Auch in der PartG mbB kann es zu einer persönlichen Haftung der Partner kommen, wenn die Voraussetzungen der Haftungsbeschränkung nach § 8 Abs. 4 S. 1 PartGG nicht wirksam herbeigeführt wurden. Die Berufshaftpflichtversicherung des einzelnen Partners sichert dann diese persönliche Haftung ab.[421] Darüber hinaus darf nicht vergessen werden, dass der Partner einer PartG mbB selbst als Vertragspartner Mandate annehmen kann für welche die Versicherung der PartG mbB nicht eingreift, so dass auch diesbezüglich die Berufshaftpflicht nach § 51 BRAO weiterhin erforderlich ist.[422]

Schließen sich Rechtsanwälte in einer PartG mbB zur gemeinsamen Berufsausübung zusammen, muss daher neben der Berufshaftpflichtversicherung der PartG mbB nach § 8 Abs. 4 S. 1 PartGG für jeden Rechtsanwalt zusätzlich die persönliche Berufshaftpflichtversicherung nach § 51 Abs. 1 BRAO abgeschlossen werden.

d) Abschluss beider Versicherungen durch eine Sozietätspolice

Mit der besonderen Berufshaftpflichtversicherung der PartG mbB nach § 8 Abs. 4 S. 1 PartGG iVm § 51a BRAO ist damit grundsätzlich zunächst einmal nicht die Pflichtversicherung des einzelnen Rechtsanwaltes gem. § 51 BRAO abgedeckt.[423]

Dies darf jedoch nicht derart verstanden werden, dass der Versicherungsschutz iSd § 51 BRAO nicht über eine Sozietätspolice abgeschlossen werden kann.[424] Ob die Versicherungspflicht nach § 51 BRAO erfüllt ist, hängt nicht davon ab, ob der einzelne Rechtsanwalt seinerseits einen extra Vertrag mit der Versicherung schließt oder ob die PartG mbB ihrerseits als Vertragspartnerin zugunsten eines jeden Partners eine Berufshaftpflichtversicherung abschließt. Im Ergebnis kommt es nur darauf an, dass die Versicherung Schäden, die sich aus der Berufstätigkeit des Rechtsanwaltes iSd § 51 BRAO ergeben, abdeckt.[425] Es ist daher ausreichend, zugleich aber auch

419 Vgl. *Gladys,* DStR 2012, 2249, 2250.
420 Vgl. hierzu allgemein *Böhnlein,* in: Feuerich/Weyland, BRAO, § 51 Rn. 1 ff.
421 *Henssler,* in: Henssler/Prütting, BRAO, § 8 PartGG Rn. 79.
422 Vgl. *Henssler,* in: Henssler/Prütting, BRAO, § 59j Rn. 1.
423 Vgl. auch *Römermann,* in: Römermann/Michalski, § 8 Rn. 81.
424 So auch *Diller,* in: Henssler/Prütting, BRAO, § 51a Rn. 7; *Kilian,* MDR 2013, 1137, 1140; a.A. *Kreße,* NJ 2013, 45, 49.
425 Vgl. § 51 Abs. 1 BRAO.

zwingend, wenn die Sozietätspolice den von § 51 BRAO geforderten Versicherungsschutz des einzelnen Partners abdeckt.[426]

Die spezielle Berufshaftpflichtversicherung der PartG mbB dient aufgrund des Wortlautes in § 8 Abs. 4 S. 1 PartGG („zu diesem Zweck") gerade nicht dazu die persönliche Haftung des einzelnen Rechtsanwaltes abzudecken. Hier muss der Umfang der Berufshaftpflichtversicherung explizit beide Elemente umfassen: Zum einen die speziellen Anforderungen der §§ 8 Abs. 4 S. 1 PartGG, 51a BRAO, zum anderen den Versicherungsschutz des einzelnen Rechtsanwaltes nach § 51 BRAO. Ob dies äußerlich durch einen Versicherungsvertrag in einer Urkunde oder durch zwei getrennte Verträge erfolgt, ist unerheblich.

4. Unterhalten der Berufshaftpflichtversicherung

Gem. § 8 Abs. 4 S. 1 PartGG muss die PartG mbB die Versicherung unterhalten, um in den Genuss der Haftungsbeschränkung zu kommen. Die Versicherung muss demnach abgeschlossen werden und die laufenden Prämien müssen bezahlt werden.[427] Entscheidender Zeitpunkt für das Unterhalten der Berufshaftpflichtversicherung ist nach dem Verstoßprinzip das schädigende Ereignis.[428] Eine erst nachträglich abgeschlossene Versicherung ist nicht ausreichend.

5. Mindestversicherungssumme der Berufshaftpflichtversicherung

a) Reine Anwalts-PartG mbB

aa) Berufsrechtlich vorgeschriebene Mindestversicherungssumme

Die Mindesthöhe der Berufshaftpflichtversicherung der PartG mbB ist nicht im PartGG geregelt. § 8 Abs. 4 S. 1 PartGG verweist auch insoweit auf die einschlägigen berufsrechtlichen Vorschriften. Dadurch unterscheidet sich die Höhe der Mindestversicherungssumme für die verschiedenen Freien Berufe.[429] Für die Anwaltschaft bestimmt § 51a Abs. 2 S. 1 BRAO, dass die Mindestversicherungssumme 2,5 Mio. EUR pro Versicherungsfall beträgt. Die Mindestversicherungssumme des einzelnen Rechtsanwaltes liegt im Vergleich gem. § 51 Abs. 4 BRAO bei 250.000 EUR.

---

426 So auch *Diller,* in: Henssler/Prütting, BRAO, § 51 Rn. 26; *Kilian,* MDR 2013, 1137, 1140.

427 *Diller,* in: Henssler/Prütting, BRAO, § 51a Rn. 8; *Kilian,* MDR 2013, 1137, 1140.

428 Begr. RegE zur Einf. einer PartG mbB, BT-Drucks. 17/10487, 14.

429 Vgl. *Römermann/Dibbelt,* HFR 2013, 38, 42; *Tröger/Pfaffinger,* JZ 2013, 812, 815 f.; *Leitzen,* DNotZ 2013, 596, 599; *Römermann,* NJW 2013, 2305, 2309; *Gladys,* DStR 2013, 2416, 2417.

bb) Angemessenheit der Mindestversicherungssumme

aaa) Ausgangslage: Gläubigerschutz

Die erhöhte Mindestversicherungssumme dient als Gegenstück zur beschränkten Haftung. Da dem Gläubiger in der PartG mbB für berufliche Fehler kein persönlich haftender Schuldner zur Verfügung steht, ist eine erhöhte Mindestversicherungssumme durchaus angebracht.[430] Nach § 8 Abs. 4 PartGG kann sich der Auftraggeber im Falle eines Schadens aus fehlerhafter Berufsausübung des Rechtsanwaltes nur aus dem Gesellschaftsvermögen befriedigen. Gerade bei sehr hohen Streitwerten kann der Betrag des Gesellschaftsvermögens aber oftmals nicht ausreichen, um den entstandenen Schaden zu decken. Da es bei der PartG mbB anders als bei den Kapitalgesellschaften kein Mindeststammkapital und daher auch keine zwingenden Kapitalaufbringungs- und Kapitalerhaltungsvorschriften gibt,[431] kommt der Berufshaftpflichtversicherung der PartG mbB entscheidende Bedeutung zu, wenn es um die Sicherung des Gläubigerschutzes geht.

Fraglich ist aber, ob die Mindestversicherungssumme von 2,5 Mio. EUR pro Versicherungsfall sachgerecht ist, um den Gläubigerinteressen hinreichend Rechnung zu tragen und gleichzeitig die PartG mbB nicht mit einer zu hohen Prämienzahlung zu belasten. Einzelne Stimmen in der Literatur halten die Mindestversicherungssumme für überhöht.[432]

bbb) Vergleich zur Situation bei der GmbH

Die Mindestversicherungssumme der PartG mbB ist mit 2,5 Mio. EUR für jeden Versicherungsfall genauso hoch wie die Mindestversicherungssumme der Rechtsanwalts-GmbH.[433] Die Gesetzesbegründung[434] rechtfertigt die erhöhte Mindestversicherungssumme bei der GmbH damit, dass in der GmbH kein Gesellschafter persönlich haftet und die Ausgestaltung als GmbH nicht dazu führen darf, dass die Sicherheit der Auftraggeber eingeschränkt wird.

Bei der Rechtsanwalts-GmbH handelt es sich der Sache nach um eine normale GmbH, für die gem. § 5 Abs. 1 GmbHG ein Mindeststammkapital vorgeschrieben ist, sowie strenge Kapitalaufbringungs- und Kapitalerhaltungsvorschriften gelten.[435]

---

430 *Römermann,* AnwBl. 2012, 288, 290; *Diller,* in: Henssler/Prütting, BRAO, § 51a Rn. 16.

431 *Römermann,* NJW 2013, 2305, 2309.

432 *Römermann,* in: Römermann/Michalski, PartGG, § 8 Rn. 87; *Brügge,* in: Gräfe/Brügge, Vermögensschaden-Haftpflichtversicherung, 83 Rn. 292, der eine Mindestversicherungssumme von 1 Mio. EUR für angebracht hält; *Keller,* in: Gaier/Wolf/Göcken, Anwaltliches Berufsrecht, § 51a BRAO Rn. 52 ff., der eine Deckelung der Jahreshöchstleistung auf das Zehnfache der Mindestversicherungssumme für angemessen hält.

433 Vgl. § 59j Abs. 2 S. 1 BRAO.

434 Begr. RegE Anwalts GmbH-Gesetz, BT-Drucks. 13/9820, 17.

435 Vgl. zur Kapitalerhaltung bei der GmbH ausführlich *Schröder,* in: MAH GmbH-Recht, § 6 Rn. 1 ff.

Der Gläubigerschutz in der Anwaltsgesellschaft mit beschränkter Haftung fußt damit sogar auf zwei Säulen: Zum einen greift der gesellschaftsrechtliche Gläubigerschutzmechanismus und zum anderen werden durch die berufsrechtliche Vorschrift des § 59j BRAO die Interessen der Auftraggeber mittels der erhöhten Mindestversicherungssumme zusätzlich geschützt. Die Höhe des Mindestversicherungsbetrages wurde bereits bei der GmbH diskutiert und stieß teilweise auf Kritik.[436] Es verwundert daher nicht, dass es Stimmen im Schrifttum[437] gibt, die eine Mindestversicherungssumme in Höhe von 2,5 Mio. EUR für die PartG mbB für zu hoch gegriffen halten. *Brügge*[438] sieht die Gefahr, dass bei einer Mindestversicherung in dieser Höhe die Rechtsform der PartG mbB für Rechtsanwälte aufgrund der damit verbundenen hohen Versicherungsprämien unattraktiv werde. Seiner Ansicht nach werde dem Gläubigerschutz dennoch Genüge getan: Kleinere Zusammenschlüsse von Rechtsanwälten seien nur selten Haftungssummen über 1 Mio. EUR ausgesetzt, größere Kanzleien seien schon jetzt regelmäßig mit einer Versicherungssumme von 2,5 Mio. EUR oder höher ausgestattet.[439]

Dieser Ansatz mag auf den ersten Blick vielleicht der Realität in der Praxis nahekommen. Dabei darf man aber nicht vernachlässigen, dass es durchaus auch kleine Kanzleien gibt, die hin und wieder Mandate in Millionenhöhe bearbeiten. Umgekehrt muss nicht jede größere Kanzlei zwangsläufig freiwillig eine Versicherungssumme mit höherer Deckungssumme vereinbart haben. Im Hinblick auf den Gläubigerschutz bedarf es einer Regelung, die für alle Größen von Zusammenschlüssen in einer PartG mbB eine einheitliche Versicherungssumme vorschreibt. Nur so kann sichergestellt werden, dass es keine Lücken beim Schutz der Gläubigerinteressen gibt.

Bedenkt man dann, dass die einzige Haftungsmasse bei der PartG mbB das Gesellschaftsvermögen ist und dieses im Gegensatz zur GmbH keine gesicherte Höhe aufweisen muss – im Extremfall sogar gegen Null gehen kann –, so erscheint die Mindestversicherungssumme von 2,5 Mio. EUR pro Versicherungsfall nicht überzogen. Vielmehr ist diese Höhe im Vergleich zur gleichlautenden Mindestversicherungssumme der GmbH erst recht bei der PartG mbB angemessen, da diese, anders als die GmbH, gerade kein im Bestand gesichertes Gesellschaftsvermögen hat.

---

436 *Henssler,* NJW 1999, 241, 244; Gerlt, MDR 1998, 259, 262; *Römermann,* in: Hartung/Römermann, Berufs- und Fachanwaltsordnung, § 59j BRAO Rn. 8; *ders.*, NZG 1998, 81, 83; *Zuck,* Anwalts-GmbH, § 59j Rn. 26; *Römermann/Hartung,* Anwaltliches Berufsrecht, § 23 Rn. 100; a.A. *Brüggemann,* in: Feuerich/Weyland, BRAO, § 59j Rn. 3; *Funke,* AnwBl. 1998, 6, 8.

437 *Römermann,* in: Michalski/Römermann, PartGG, § 8 Rn. 87; *Brügge,* in: Gräfe/Brügge, Vermögensschaden-Haftpflichtversicherung, 83 Rn. 291 ff.

438 *Brügge,* in: Gräfe/Brügge, Vermögensschaden-Haftpflichtversicherung, 83 Rn. 291.

439 *Brügge,* in: Gräfe/Brügge, Vermögensschaden-Haftpflichtversicherung, 83 Rn. 292.

b) Interdisziplinäre PartG mbB

Nicht selten schließen sich Rechtsanwälte zur Berufsausübung auch mit anderen nahen Berufsgruppen wie etwa Steuerberatern oder Wirtschaftsprüfern zusammen. Bei diesen sog. interdisziplinären PartG mbB ergeben sich aufgrund der Bezugnahme des § 8 Abs. 4 S. 1 PartGG auf das jeweilige Berufsrecht unterschiedliche Regelungen im Hinblick auf die Höhe der Mindestversicherungssumme.[440] Das Berufsrecht der Wirtschaftsprüfer normiert in § 54 Abs. 1 S. 1 WPO iVm § 322 Abs. 2 HGB eine Mindestversicherungssumme von 1 Mio. EUR. Dies gilt gleichermaßen nun auch für Steuerberater, § 76 Abs. 2 StBerG.[441] Patentanwälte müssen sich wie Rechtsanwälte ebenfalls mit einer Deckungssumme in Höhe von 2,5 Mio. EUR versichern, § 45a PAO. Schließen sich Berufsträger verschiedener Freier Berufe in einer PartG mbB zusammen, besteht Einigkeit,[442] dass sich die Mindestversicherungssumme an dem höchsten vorgeschriebenen Betrag orientiert. Dies ist auch sachgerecht. Andernfalls ließe sich durch den Zusammenschluss mit einer anderen Berufsgruppe der vom Gesetzgeber intendierte Schutz der Gläubiger umgehen.

6. Begrenzung der Mindestversicherungssumme

a) Begrenzung auf die Anzahl der Partner

Nach § 51a Abs. 2 S. 2 BRAO können die Leistungen des Versicherers für alle innerhalb eines Versicherungsjahres verursachten Schäden auf den Betrag der Mindestversicherungssumme, vervielfacht mit der Zahl der Partner, begrenzt werden.

Richtigerweise ist die Vorschrift so zu verstehen, dass die Mindestversicherungssumme innerhalb eines Versicherungsjahres sich nicht in der Höhe mit der Anzahl der Partner multipliziert, sondern die Versicherungsleistung in Höhe von mindestens 2,5 Mio. EUR innerhalb des Versicherungsjahres so oft zur Verfügung gestellt werden muss, wie die PartG mbB Partner hat.[443] Besteht die PartG mbB beispielsweise aus zehn Partnern, muss die Versicherung daher nicht mit einer Versicherungssumme von 25 Mio. EUR abgeschlossen werden, sondern sie muss innerhalb des Versicherungsjahres zehn Versicherungsfälle mit je mindestens 2,5 Mio. EUR absichern.[444]

---

440 Vgl. *Römermann/Dibbelt,* HFR 2013, 38, 42; *Schüppen,* BB 2012, 783, 786.

441 Der Regierungsentwurf sah zunächst noch vor, dass Steuerberater sich in angemessener Höhe versichern müssen. Aufgrund der daraufhin ergangenen Kritik wurde auch für Steuerberater eine starre Mindestversicherungssumme festgelegt.; vgl. hierzu *Römermann,* NJW 2013, 2305, 2309 f.

442 *Leitzen,* DNotZ 2013, 596, 600; *Diller,* in: Henssler/Prütting, BRAO, § 51a Rn. 17; *Ruppert,* DStR 2013, 1623, 1626; *Römermann,* NJW 2013, 2305, 2310; *ders.,* in: Michalski/Römermann, PartGG, § 8 Rn. 98 und 102; *Gladys,* DStR 2012, 2249, 2252; *ders.,* DStR 2013, 2416, 2417 f.; *Kilian,* MDR 2013, 1137, 1140.

443 *Diller,* in: Henssler/Prütting, BRAO, § 51a Rn. 18.

444 Vgl. *Diller,* in: Henssler/Prütting, BRAO, § 51a Rn. 18.

Diese Auslegung ergibt sich bereits aus dem Wortlaut: § 51a Abs. 2 S. 2 BRAO spricht eindeutig von Leistungen und gerade nicht von der Gesamtsumme der Leistung innerhalb eines Versicherungsjahres. Auch nach dem Sinn und Zweck der Vorschrift kann nichts anderes gelten. Durch die Festsetzung der Mindestversicherungssumme pro Versicherungsfall in Absatz 1 der Vorschrift auf 2,5 Mio. EUR zieht der Gesetzgeber die Untergrenze für die zulässige Versicherungshöhe. Diese Untergrenze würde er aber selbst wieder aushöhlen, würde man Absatz 2 des § 51a BRAO dahingehend verstehen, dass die Versicherung pro Versicherungsjahr maximal den Gesamtbetrag von 2,5 Mio. EUR multipliziert mit der Anzahl der Partner leisten müsste. Versteht man die Vorschrift nicht so, sondern in dem Sinne, dass die Versicherung innerhalb eines Jahres die Leistung bis zu einem bestimmten Höchstbetrag unabhängig von der Anzahl der Versicherungsfälle erbringen muss, ergebe sich eine ganz andere Konsequenz. Die Versicherung müsste dann den aus der Anzahl der Partner mit der Mindestversicherungssumme von 2,5 Mio. EUR multiplizierten Betrag in voller Höhe auch dann leisten, wenn es innerhalb des Versicherungsjahres nur einen Versicherungsfall gibt, dessen Schadenssumme den einfachen Mindestversicherungsbetrag von 2,5 Mio. EUR aber weit übersteigt.

Wäre die PartG mbB daher in einem einzigen Versicherungsfall einer Haftung mit einer Summe von weit mehr als 2,5 Mio. EUR ausgesetzt, so müsste der Versicherer diesen Schaden bis zu der Summe decken, die der Mindestversicherungssumme, vervielfacht um die Anzahl der Partner, entspricht. Im Ergebnis müsste die Versicherung dann für einen Schaden einstehen, der die Mindestversicherungssumme von 2,5 Mio. EUR in § 51a Abs. 1 S. 1 BRAO weit übersteigt.

In diesem Zusammenhang muss man bedenken, dass die Wahrscheinlichkeit, dass es in einem Versicherungsjahr nur einen einzigen Versicherungsfall gibt, der dann aber der Höhe nach die Summe von 2,5 Mio. EUR weit übersteigt, höher ist als dass in der PartG mbB in diesem Zeitraum mehrere Versicherungsfälle mit einer Haftungssumme von weniger als 2,5 Mio. EUR auftreten.[445] Im Endeffekt wäre der Versicherungsgeber dann deutlich schlechter gestellt, würde man § 51a Abs. 2 S. 2 BRAO als summenmäßige Begrenzung sehen.

Der Gesetzgeber wollte mit § 51a Abs. 2 S. 2 BRAO aber eine echte Begrenzungsmöglichkeit schaffen.[446] Daher ist § 51a Abs. 2 S. 2 BRAO so zu verstehen, dass der Versicherer jeweils nur einen Schaden bis maximal 2,5 Mio. EUR decken muss. Umgekehrt bedeutet dies aber nicht, dass die Versicherung nur so viele Schadensfälle deckt, wie es der Anzahl der Partner entspricht.[447] Die Versicherung muss vielmehr so oft leisten bis Höchstbetrag ausgeschöpft ist. Andernfalls würde der Versicherungsgeber einen nicht gerechtfertigten Vorteil erhalten.

---

445 Vgl. *Diller*, in: Henssler/Prütting, BRAO, § 51a Rn. 23.

446 Nicht anders kann die Gesetzesbegründung verstanden werden, Begr. RegE zur Einf. einer PartG mbB, BT-Drucks. 17/10487, 15.

447 Vgl. *Diller*, in: Henssler/Prütting, BRAO, § 51 Rn. 212.

Hat die PartG mbB zum Beispiel zehn Partner, ergibt sich damit folgendes Ergebnis: Der Versicherer muss insgesamt maximal 25 Mio. EUR leisten. Pro Versicherungsfall muss er aber lediglich Schäden bis zu 2,5 Mio. EUR decken. Insgesamt muss er aber so oft leisten, bis die Maximalsumme von 25 Mio. EUR erreicht ist. Werden in der PartG mbB daher 50 Schadensfälle zu je 500.000 EUR verursacht, muss die Versicherung jeden dieser Versicherungsfälle decken.[448]

b) Maßgebliche Anzahl der zu berücksichtigenden Partner

aa) Begriff des Partners iSd § 51a Abs. 2 S. 2 BRAO

Die Maximierung der Mindestversicherungssumme nach § 51a Abs. 2 S. 2 BRAO hängt von der Anzahl der Partner ab. Ausweislich der Gesetzesbegründung[449] soll für die Anzahl der zu berücksichtigenden Partner die Zahl der im Partnerschaftsregister eingetragenen Partner maßgeblich sein. Gem. § 4 Abs. 1 S. 2 PartGG iVm § 5 Abs. 1 PartGG sind alle Partner in das Partnerschaftsregister einzutragen. Im Hinblick auf neu aufgenommene Partner kann sich aber das Problem ergeben, dass die Partnerstellung im Partnerschaftsvertag[450] vereinbart wurde, es aber versäumt wurde, den neuen Partner gem. § 3 Abs. 4 PRV iVm §§ 4 Abs. 1 S. 2, 5 Abs. 1 PartGG in das Partnerschaftsregister eintragen zu lassen. Die tatsächliche Partneranzahl und die eingetragene Partneranzahl stimmen dann nicht mehr überein. Dies hätte zur Folge, dass die noch nicht eingetragenen Partner bei der Anzahl der zu berücksichtigenden Partner nach § 51a Abs. 2 S. 2 BRAO nicht mitzuzählen wären. Die PartG mbB bräuchte daher vor der Eintragung ihren Versicherer auch nicht über die Aufnahme der neuen Partner informieren, ohne dass ihr im Hinblick auf den erforderlichen Mindestversicherungsschutz Sanktionen drohen.

Dieses Ergebnis ist aber nicht sachgerecht. Es würde dazu führen, dass die Partner der PartG mbB den Betrag der Maximierungssumme nach § 51a Abs. 2 S. 2 BRAO durch die Nichteintragung der neuen Partner bewusst geringer halten könnten, um so eine Verteuerung der Versicherungsprämien zu vermeiden. Da mit der Anzahl der Partner auch die Wahrscheinlichkeit von Haftungsfällen der PartG mbB steigt, würden auf diese Weise die versicherungsrechtlichen Mindestanforderungen nach § 8 Abs. 4 S. 1 PartGG iVm § 51a BRAO unterlaufen werden.

Die Anzahl der nach § 51a Abs. 2 S. 2 BRAO zu berücksichtigenden Partner hängt daher richtigerweise nicht von der Anzahl der eingetragenen Partner ab, sondern bestimmt sich danach, wer durch den Partnerschaftsvertrag als Partner in der PartG mbB aufgenommen wurde. Die Eintragung in das Partnerschaftsregister ist rein deklaratorischer Natur.[451] Durch sie wird keine Partnerstellung begründet.

---

448 Vgl. *Diller,* in: Henssler/Prütting, BRAO, § 51 Rn. 212.

449 Begr. RegE zur Einf. einer PartG mbB, BT-Drucks. 17/10487, 15; zustimmend *Diller,* in: Henssler/Prütting, BRAO, § 51a Rn. 21.

450 Vgl. § 3 Abs. 2 Nr. 2 PartGG.

451 Vgl. *Schäfer,* in: MünchKomm BGB, Bd. 5, § 5 PartGG Rn. 18; *Zimmermann,* NJW 2014, 1142, 1143.

Die Aufnahme als Partner in die PartG mbB erfolgt allein durch die entsprechende interne vertragliche Vereinbarung im Partnerschaftsvertrag.

Um der Gefahr entgegenzuwirken, dass die Eintragung neuer Partner in das Partnerschaftsregister bewusst zurückgehalten wird, um die Erhöhung der Versicherungsprämien zu vermeiden, muss daher iRd § 51a Abs. 2 S. 2 BRAO auf die tatsächliche Anzahl der Partner abgestellt werden.

bb) Berücksichtigung von Scheinpartnern

Weiterhin stellt sich die Frage, ob bei der nach § 51a Abs. 2 S. 2 BRAO zu berücksichtigenden Anzahl von Partnern auch Scheinpartner umfasst sind. Die Haftungssituation von Scheinpartnern ähnelt derjenigen von wirklichen Partnern. Wie dargestellt[452] kann es auch für Scheinpartner zu einer persönlichen Haftung kommen. In der PartG mbB besteht zwar für berufliche Fehler eine Haftungsbeschränkung, unterhält die PartG mbB aber den erforderlichen Mindestversicherungsschutz nicht ordnungsgemäß, entfällt die Haftungsbeschränkung nach § 8 Abs. 4 PartGG und die persönliche Haftung der Partner nach § 8 Abs. 1, Abs. 2 PartGG lebt wieder auf.[453] In diesem Fall haben unter Umständen auch Scheinpartner persönlich für die Verbindlichkeit einzustehen.

Da Scheinpartner haftungstechnisch im Grundsatz wie Partner behandelt werden[454], müssen sie konsequenterweise auch bei der Maximierung der Berufshaftpflichtversicherung wie Partner behandelt werden. Es wäre widersprüchlich, wenn man in Bezug auf die persönliche Haftung die Scheinpartner wie Partner behandelt, sie umgekehrt aber bei der Maximierung der Versicherungssumme nach § 51a Abs. 2 S. 2 BRAO nicht berücksichtigen würde.[455]

Auch der Schutzzweck des § 51a Abs. 2 S. 2 BRAO spricht für eine Berücksichtigung der Scheinpartner. Sinn und Zweck der Vorschrift besteht darin, aufgrund der Maximierung der Versicherungssumme einerseits für die PartG mbB die Versicherbarkeit zu gewährleisten, aber andererseits den Versicherungsschutz zugunsten der Gläubiger nicht einzuschränken.[456] Lässt man Scheinpartner bei der Berücksichtigung der Zahl der Partner nach § 51a Abs. 2 S. 2 BRAO außer Betracht, dann würde sich die Maximierung der Versicherungssumme nur an den tatsächlichen Partnern orientieren. Da Scheinpartner aber nach außen agieren wie richtige Partner und aufgrund ihres Auftritts im Rechtsverkehr ihre wirkliche Stellung nicht erkennbar ist, ist das Risiko eines Haftungsfalls bei ihnen ebenso hoch wie dasjenige der wirklichen Partner. Würde man bei der Maximierung daher nur die wirklichen Partner berücksichtigen, wäre der vom Gesetz intendierte Versicherungsschutz nicht mehr ausreichend gegeben.

---

452 Siehe Kapitel 3 B. II.
453 Siehe hierzu oben Kapitel 4 B. II.
454 Siehe hierzu Kapitel 3 B. II.
455 *Riechert,* AnwBl. 2014, 266, 267.
456 Vgl. Begr. RegE zur Einf. einer PartG mbB, BT-Drucks. 17/10487, 15.

Folglich sind bei der Anzahl der Partner iSd § 51a Abs. 2 S. 2 BRAO auch Scheinpartner miteinzuberechnen.[457]

cc) Rechtsfolge bei Nichtberücksichtigung sämtlicher Partner

aaa) Maßgeblicher Zeitpunkt

Maßgeblicher Zeitpunkt, in dem die tatsächliche Anzahl der Partner und Scheinpartner mit den bei der Versicherung angezeigten Partnern übereinstimmen muss, ist richtigerweise der Zeitpunkt des Verstoßes, d.h. des beruflichen Fehlers.[458] Würde man bereits auf den Abschluss des Vertrages mit dem Mandanten abstellen, würde dies zu einer unbilligen Vorverlagerung führen.[459] Die für den Versicherungsfall relevante Ursache wird erst in dem Moment gesetzt, in welchem der zum Schaden führende Berufsfehler begangen wird.[460]

bbb) Praktische Auswirkungen

Wird ein neuer Partner durch den Partnerschaftsvertrag aufgenommen oder agiert ein Angestellter als Scheinpartner, muss dies der Versicherung angezeigt werden, um die Versicherungsleistung entsprechend der neuen Anzahl der Partner anzugleichen.[461] Versäumt die PartG mbB die Erweiterung des Versicherungsschutzes um den neuen Partner bzw. Scheinpartner, dann ist die vom Gesetz in § 51a Abs. 2 S. 2 BRAO vorgeschriebene Untergrenze der Mindestversicherung unterschritten. Damit besteht für die PartG mbB nicht der gem. § 8 Abs. 4 S. 1 PartGG iVm § 51a BRAO gesetzlich vorgeschriebene Mindestversicherungsschutz. Die Tatbestandsvoraussetzungen der Haftungsbeschränkung nach § 8 Abs. 4 S. 1 PartGG sind damit nicht erfüllt, so dass im Falle eines beruflichen Fehlers die persönliche Haftung der Partner nach § 8 Abs. 1 und Abs. 2 PartGG auflebt.

Melden die Partner einer PartG mbB nicht alle neu eintretenden Partner und zugleich auch alle Scheinpartner bei der Versicherung derart an, dass die Maximierungssumme des § 51a Abs. 2 S. 2 BRAO entsprechend angehoben wird, riskieren sie, dass die persönliche Haftung nach § 8 Abs. 1, Abs. 2 PartGG wieder auflebt. Maßgeblicher Zeitpunkt, in welchem der Versicherungsschutz ordnungsgemäß bestehen muss, ist der Zeitpunkt des Berufsfehlers. Wollen die Partner nicht das Risiko einer Unterversicherung eingehen, ist ihnen anzuraten bereits mit Aufnahme eines neuen Partners im Partnerschaftsvertrag den Versicherungsschutz zu erweitern.

---

457 So auch *Zimmermann,* NJW 2014, 1142, 1143 f.; *Riechert,* AnwBl. 2014, 266, 267.

458 *Diller,* in: Henssler/Prütting, BRAO, § 51a Rn. 21; vgl. auch *Posegga,* DStR 2012, 611, 612.

459 So im Ergebnis auch *Diller,* in: Henssler/Prütting, BRAO, § 51a Rn. 21.

460 Siehe hierzu oben Kapitel 4 B. II. 4.

461 Vgl. *Diller,* in Henssler/Prütting, BRAO, § 51a Rn. 21, der aber auf die Eintragung ins Partnerschaftsregister abstellt.

Wie festgestellt sind bei der maßgeblichen Anzahl der Partner auch die Scheinpartner einzubeziehen. Unter Umständen ist die Feststellung, wann ein Angestellter oder freier Mitarbeiter bei der Bearbeitung des Auftrags gegenüber dem Mandanten wie ein Partner agiert, im Vorhinein mit Unsicherheiten verbunden. Das Interesse der PartG mbB wird regelmäßig dahingehen, die Anzahl der zu versichernden Scheinpartner möglichst gering zu halten, um die Ausgaben für die Versicherungsprämien zu reduzieren.

Das Risiko einer zu geringen Versicherung können die Partner dadurch minimieren, dass sie von vornherein durch eindeutige Hinweise erst gar nicht den Rechtsschein einer Partnerschaft entstehen lassen.[462] Haben sie bei dieser Vorgehensweise dennoch Bedenken, können sie alternativ vorsorglich alle potentiellen Scheinpartner bei der Zahl der Partner nach § 51a Abs. 2 S. 2 BRAO mitberücksichtigen und die gegebenenfalls höheren Versicherungsprämien in Kauf nehmen.[463]

c) Personenunabhängigkeit der Berufshaftpflichtversicherung

Anders als bei der persönlichen Handelndenhaftung nach § 8 Abs. 2 PartGG kommt es bei der Haftungsbeschränkung des § 8 Abs. 4 PartGG gerade nicht darauf an, welcher der Partner den Berufsfehler begangen hat. Es macht daher keinen Unterschied, ob ein Altpartner, der im Rahmen der Zahl der Maximierung des Mindestversicherungsschutzes nach § 51a Abs. 2 S. 2 BRAO berücksichtigt wurde, oder ein Juniorpartner, der erst in die PartG mbB aufgenommen worden war und für den – in Bezug auf seine Person – die Erweiterung der Partneranzahl gegenüber der Versicherung versäumt wurde, den für den Versicherungsfall kausalen Berufsfehler begangen hat. Auch wenn ein Partner, der bei der nach § 51a Abs. 2 S. 2 BRAO zu berücksichtigenden Anzahl der Partner miteinbezogen war, den beruflichen Fehler begangen hat, fehlt es am erforderlichen Mindestversicherungsschutz gem. § 51a Abs. 2 S. 2 BRAO.

§ 8 Abs. 4 PartGG iVm § 51a Abs. 2 S. 2 BRAO ist personenunabhängig. Im Gegensatz zu § 8 Abs. 2 PartGG wollte der Gesetzgeber eine einfache und überschaubare Regelung treffen,[464] die für die Haftungsbeschränkung gerade nicht auf die Person des Partners abstellt. Darüber hinaus muss § 51a Abs. 2 S. 2 BRAO objektiv verstanden werden: Nur wenn im maßgeblichen Zeitpunkt des beruflichen Verstoßes die Mindestversicherungssumme entsprechend der Anzahl der tatsächlichen Partner und der Scheinpartner besteht, tritt die Haftungsbeschränkung nach § 8 Abs. 4 PartGG ein. Die Vorschrift gibt ihrem Wortlaut nach keine Anhaltspunkte für ein anderes Verständnis.

462 *Zimmermann,* NJW 2014, 1142, 1144.
463 *Zimmermann,* NJW 2014, 1142, 1144.
464 Vgl. Begr. RegE zur Einf. einer PartG mbB, BT-Drucks. 17/10487, 11.

d) *Minimum: Vierfache Maximierung*

Gem. § 51a Abs. 2 S. 3 BRAO muss sich die Jahreshöchstleistung für alle in einem Versicherungsjahr verursachten Schäden mindestens auf den vierfachen Betrag der Mindestversicherungssumme belaufen. Diese Regelung hat somit nur für PartG mbB Bedeutung, die weniger als vier Partner hat.

7. Schutzmechanismen zugunsten des Gläubigers

a) *„Faktische Pflichtversicherung"*

§ 8 Abs. 4 S. 2 PartGG enthält eine Rechtsfolgenverweisung[465] auf § 113 Abs. 3 VVG sowie auf §§ 114–124 VVG. Die Verweisung auf die entsprechenden Vorschriften des VVG wirkt sich für die Gläubiger der PartG mbB vorteilhaft aus. Sie wurde auf Empfehlung des Rechtsausschusses des Bundestages[466] in das Gesetz eingefügt und sorgt für einen lückenlosen Schutz des Gläubigers.[467] Die Berufshaftpflichtversicherung ist als freiwillige Versicherung[468] ausgestaltet. Durch die Verweisung des § 8 Abs. 4 PartGG auf § 113 Abs. 3 VVG und auf §§ 114–124 VVG sind die Vorschriften über die Pflichtversicherung anwendbar, so dass die Berufshaftpflichtversicherung im Ergebnis zu einer „faktischen Pflichtversicherung"[469] wird. Dies wirkt sich für den Gläubiger in den folgenden Konstellationen positiv aus.

aa) Rechtsfolgen bei Obliegenheitsverletzung durch die PartG mbB

Verletzt die PartG mbB Obliegenheiten aus dem Versicherungsvertrag, indem sie z. B. einen Schadensfall verspätet meldet oder mit der Prämienzahlung in Verzug ist, wirkt sich dies nicht zu Lasten des Gläubigers aus.[470] Aufgrund der Verweisung des § 8 Abs. 4 S. 2 PartGG auf § 117 VVG bleibt der Versicherungsgeber in Ansehung des geschädigten Dritten, d. h. des Gläubigers auch dann zur Leistung verpflichtet, wenn er gegenüber der versicherten PartG mbB von der Leistung frei geworden ist.[471]

Ohne die Verweisung des § 8 Abs. 4 S. 2 PartGG auf den § 117 VVG würde die Versicherung von ihrer Leistungspflicht frei werden, ohne dass die Haftungsbeschränkung des § 8 Abs. 4 PartGG entfallen würde, denn allein die

---

465 *Römermann,* in: Michalski/Römermann, PartGG, § 8 Rn. 111.

466 Beschlussempfehlung und Bericht des RA zu RegE zur Einf. einer PartG mbB, BT-Drucks. 17/13944, 4.

467 *Römermann,* in: Michalski/Römermann, PartGG, § 8 Rn. 110 f.

468 *Ring,* WM 2014, 237, 239; *Römermann,* in: Michalski/Römermann, PartGG, § 8 Rn. 81; *Uwer/Roeding,* AnwBl. 2013, 483.

469 *Römermann,* in: Michalski/Römermann, PartGG, § 8 Rn. 111.

470 *Kilian,* MDR 2013, 1137, 1141; *Ruppert,* DStR 2013, 1623, 1625; *Römermann,* in: Michalski/Römermann, PartGG, § 8 Rn. 111.

471 *Kilian,* MDR 2013, 1137, 1141; *Römermann,* in: Michalski/Römermann, PartGG, § 8 Rn. 111.

Obliegenheitsverletzung gegenüber dem Versicherungsgeber würde nicht dazu führen, dass die Versicherung nicht mehr iSd § 8 Abs. 4 S. 1 PartGG unterhalten ist.[472] Die Rechtsfolgenverweisung kommt damit unmittelbar dem Gläubiger zugute und verhindert Schutzlücken.

Gem. § 117 Abs. 5 S. 1 VVG geht die Forderung des Gläubigers bei Leistung durch die Versicherung auf diese über. Die Versicherung muss ihrerseits dann Regress von der PartG mbB nehmen[473] und trägt somit deren Insolvenzrisiko.[474]

bb) Direktanspruch des geschädigten Gläubigers gegen die Versicherung

Ein weiterer Vorteil, der sich für den Gläubiger aus der Verweisung des § 8 Abs. 4 S. 2 PartGG auf § 113 Abs. 3 VVG und auf §§ 114–124 VVG ergibt, ist, dass in den Fällen des § 115 Abs. 1 VVG ein direkter Anspruch des geschädigten Gläubigers gegen den Versicherungsgeber besteht. Der Direktanspruch gem. § 115 Abs. 1 Nr. 1 VVG setzt eine Haftpflichtversicherung nach dem Pflichtversicherungsgesetz voraus. Da die Berufshaftpflichtversicherung der PartG mbB keine Haftpflichtversicherung nach dem Pflichtversicherungsgesetz ist, scheidet ein Direktanspruch nach § 115 Abs. 1 Nr. 1 VVG iVm § 8 Abs. 4 S. 2 PartGG aus.

In Betracht kommt aber nach § 115 Abs. 1 Nr. 2 VVG iVm § 8 Abs. 4 S. 2 PartGG ein Direktanspruch des Gläubigers der PartG mbB, wenn über das Vermögen der PartG mbB Insolvenz eröffnet wurde bzw. gem. § 115 Abs. 1 Nr. 3 VVG iVm § 8 Abs. 4 S. 2 PartGG, wenn der Aufenthalt des Versicherungsnehmers unbekannt ist. Letzteres wird aber in der Praxis kaum vorkommen. Im Falle eines Direktanspruchs haften gem. § 115 Abs. 1 S. 4 VVG iVm § 8 Abs. 4 S. 2 PartGG die Versicherung und die PartG mbB als Gesamtschuldner.

Im Innenverhältnis ist aber gem. § 116 Abs. 1 S. 1 VVG iVm § 8 Abs. 4 S. 2 PartGG der Versicherungsgeber alleine verpflichtet, soweit er der PartG mbB aus dem Versicherungsverhältnis zur Leistung verpflichtet ist. Ein Gesamtschuldnerausgleich im Innenverhältnis findet in diesem Fall dann nicht statt.[475]

Greift ein Direktanspruch nach § 115 Abs. 1 Nr. 2 oder Nr. 3 VVG iVm § 8 Abs. 4 S. 2 PartGG nicht ein, kann der geschädigte Gläubiger seinen Anspruch grundsätzlich nur gegenüber der PartG mbB geltend machen. Sofern er einen Titel gegen die PartG mbB erstritten hat, kann er im Wege der Zwangsvollstreckung den Anspruch der PartG mbB gegen den Versicherungsgeber pfänden.

---

472 *Römermann,* in: Michalski/Römermann, PartGG, § 8 Rn. 111; *Römermann/Praß,* NZG 2012, 601, 604.

473 *Kilian,* MDR 2013, 1137, 1141.

474 *Römermann,* in: Michalski/Römermann, PartGG, § 8 Rn. 111.

475 Vgl. *Knappmann,* in: Prölls/Martin, VVG, § 116 Rn. 4; *Langheid,* in: Römer/Langheid, VVG, § 116 Rn. 2.

b) *Wissentliche Pflichtverletzung des Rechtsanwaltes*

Der Regierungsentwurf[476] sah mit dem Verweis in § 51a Abs. 1 BRAO auf § 51 Abs. 3 Nr. 1 BRAO noch die Möglichkeit vor, durch den Versicherungsvertrag einen Ausschluss der Versicherungsleistung im Falle einer wissentlichen Pflichtverletzung durch die PartG mbB herbeizuführen. Diese Regelung wurde vom Rechtsausschuss des Bundestages kritisiert,[477] da die Gläubiger im Falle des Ausschlusses der Leistungspflicht bei einem wissentlichen Pflichtverstoß des Rechtsanwaltes auf das Gesellschaftsvermögen als Haftungsmasse neben deliktischen Ansprüchen gegen den betreffenden Rechtsanwalt beschränkt wären.

Dies ist gerade deswegen bedenklich, da ein wissentlicher Pflichtverstoß unabhängig davon vorliegt, ob auch der Schaden vom Vorsatz erfasst ist.[478] Der deliktische Anspruch besteht aber nur dann, wenn neben dem Pflichtverstoß auch der Schadenseintritt wissentlich war.[479] Hierdurch kann es zu erheblichen Lücken im Gläubigerschutz kommen, da der Rechtsanwalt in den meisten Fällen zwar vorsätzlich die Pflichtverletzung begeht, aber gerade darauf vertraut, dass hierdurch kein Schaden eintritt. Diese Gefahr hat der Gesetzgeber nunmehr von vornherein ausgeschlossen indem er den Verweis in § 51a Abs. 1 BRAO auf § 51 Abs. 3 Nr. 1 BRAO gestrichen hat.[480] Bei einer wissentlichen Pflichtverletzung besteht damit die volle Leistungspflicht der Versicherung.

8. *Entfall der Versicherungsleistung*

a) *Vorsätzliche Pflichtverletzung und vorsätzliche Schadenszufügung*

Hat der bearbeitende Rechtsanwalt hingegen nicht nur die Pflichtverletzung wissentlich begangen, sondern auch den Schaden vorsätzlich herbeigeführt, wird der Versicherungsgeber gem. § 103 VVG von seiner Leistungspflicht frei. In diesem Fall besteht für den Gläubiger aber keine Schutzlücke, da ihm dann ein deliktsrechtlicher Anspruch gegen den schädigenden Rechtsanwalt zusteht.[481]

---

476 RegE zur Einf. einer PartG mbB, BT-Drucks. 17/10487, 7.

477 Begr. Beschlussempfehlung und Bericht des RA zu RegE zur Einf. einer PartG mbB, BT-Drucks. 17/13944, 15.

478 Begr. Beschlussempfehlung und Bericht des RA zu RegE zur Einf. einer PartG mbB, BT-Drucks. 17/13944, 15.

479 Begr. Beschlussempfehlung und Bericht des RA zu RegE zur Einf. einer PartG mbB, BT-Drucks. 17/13944, 15; kritisch *Keller,* in: Gaier/Wolf/Göcken, Anwaltliches Berufsrecht, § 51a BRAO Rn. 38.

480 *Römermann,* in: Michalski/Römermann, PartGG, § 8 Rn. 110.

481 Begr. Beschlussempfehlung und Bericht des RA zu RegE zur Einf. einer PartG mbB, BT-Drucks. 17/13944, 15; für eine Begrenzung des Anwendungsbereiches der Haftungsbeschränkung in diesen Fällen: *Beck,* AnwBl. 2015, 380, 386.

b) Ausschöpfung der Versicherungssumme

Übersteigt die Schadenssumme die Versicherungssumme, entfällt gem. § 8 Abs. 4 PartGG dennoch die persönliche Haftungsbeschränkung der Partner, sofern die Berufshaftpflichtversicherung entsprechend den Vorgaben des § 51a BRAO unterhalten wird. Das Haftungsprivileg knüpft allein an das Bestehen der Berufshaftpflichtversicherung im vorgeschriebenen Umfang an. Auf die tatsächliche Deckung des Schadens kommt es gerade nicht an.[482]

Ist der entstandene Schaden daher höher als die Deckungssumme der Berufshaftpflichtversicherung oder ist die vereinbarte Jahreshöchstleistung der Versicherung bereits erreicht, kann der Gläubiger nur aus dem Gesellschaftsvermögen Befriedigung erlangen.[483] Mangels eines Anspruchs auf Deckung des Schadens der PartG mbB gegen ihren Versicherer kann dieser vom Gläubiger nicht gepfändet werden. Ist das Gesellschaftsvermögen nicht ausreichend, um den gesamten Schaden begleichen zu können, bleibt der Gläubiger mit seinem Anspruch teilweise unbefriedigt.

C. Haftungssituation bei Nichteinhaltung der namensrechtlichen Anforderungen

I. Namensrechtliche Anforderungen

Der Name der PartG mbB muss gem. § 8 Abs. 4 S. 3 Hs. 1 PartGG einen Zusatz enthalten, der die Haftungsbeschränkung kenntlich macht. Namentlich nennt das Gesetz in § 8 Abs. 4 S. 3 Hs. 1 PartGG den Zusatz „mit beschränkter Berufshaftung" oder die Abkürzung „mbB". Nach § 8 Abs. 4 S. 3 Hs. 1 PartGG ist ausdrücklich auch eine andere allgemein verständliche Abkürzung möglich. Die Partner sind daher in der Gestaltung des Rechtsformzusatzes frei,[484] sofern nur klar zum Ausdruck kommt, dass die Haftung der Gesellschaft für berufliche Fehler beschränkt ist. Indes weist die Gesetzesbegründung[485] darauf hin, dass sich die bei der GmbH gebräuchliche Abkürzung „mbH" für die PartG mbB als nicht zutreffend erweist, da mit ihr die Vorstellung verbunden ist, dass es sich um eine Gesellschaft mit allgemeiner Haftungsbeschränkung handelt. Um einer Verwechslung mit einer weitreichenderen Haftungsbeschränkung aus dem Wege zu gehen, ist daher anzuraten, dass sich die Gesellschaft an die vom Gesetz vorgeschlagenen Rechtsformzusätze hält.

Von den speziellen Anforderungen, die nach § 8 Abs. 4 S. 3 PartGG für die Kenntlichmachung der beschränkten Berufshaftung gelten, bleiben die namensrechtlichen Vorschriften des § 2 Abs. 1 S. 1 PartGG insoweit unberührt, als dass der Name der PartG mbB mindestens den Namen eines Partners enthalten muss. Der Zusatz „und

482 *Kilian,* MDR 2013, 1137, 1141.
483 *Römermann,* in: Michalski/Römermann, PartGG, § 8 Rn. 103.
484 *Römermann,* in: Michalski/Römermann, PartGG, § 8 Rn. 117.
485 Begr. RegE zur Einf. einer PartG mbB, BT-Drucks. 17/10487, 14.

Partner“ bzw. „Partnerschaft“ kann in der Partnerschaftsgesellschaft mit beschränkter Berufshaftung wahlweise „Part“ oder „PartG“ lauten, § 8 Abs. 4 S. 2 Hs. 2 PartGG.

Der Name der Gesellschaft ist gem. § 4 Abs. 1 PartGG anzumelden und gem. § 5 Abs. 1 PartGG in das Partnerschaftsregister einzutragen. Der die Rechtsform ordnungsgemäß anzeigende Name ist gem. § 7 Abs. 5 PartGG iVm. § 125a HGB auf allen Geschäftsbriefen anzugeben.

II. Haftung bei Verstoß gegen namensrechtliche Anforderungen

1. Firmenrechtliche Natur der namensrechtlichen Vorschriften

Welche Rechtsfolgen sich ergeben, wenn die PartG mbB die gesetzlichen Anforderungen an den zu führenden Namen nicht einhält, ist nicht explizit im Gesetz geregelt. Der Regierungsentwurf[486] sah in der korrekten Firmierung noch eine konstitutive Voraussetzung der Haftungsbeschränkung. Die Haftungsbeschränkung sollte demnach nur dann eintreten, wenn die Gesellschaft den die Haftungsbeschränkung anzeigenden Zusatz in das Partnerschaftsregister eintragen lassen hat und mit diesem im Rechtsverkehr auftritt. Auf Beschlussempfehlung des Rechtsausschusses,[487] der die vorgesehene Regelung als systemfremd kritisierte, wurde die zwingende Verknüpfung von ordnungsgemäßer Namensführung und Haftungsbeschränkung aufgegeben.

Die Namensvorschriften zur PartG mbB sind nunmehr als rein firmenrechtliche Vorschriften ins PartGG aufgenommen worden.[488] Dies hat zur Folge, dass die gesellschaftsrechtliche Haftungsbeschränkung der PartG mbB nicht von der Führung des ordnungsgemäßen Namens abhängt.[489] Mit Eintragung der PartG mbB unter entsprechendem Namen wird die Gesellschaft im Verhältnis zu Dritten als Partnerschaftsgesellschaft mit beschränkter Berufshaftung wirksam, § 7 Abs. 1 PartGG iVm §§ 2, 3 Abs. 2, 4 Abs. 1, 5 Abs. 1, 8 Abs. 4 S. 3 PartGG.

2. Haftungsrelevante Konstellationen beim Wechsel in eine PartG mbB

Zugleich wirft dies aber die Frage auf, welche Konsequenzen es hat, wenn die PartG mbB die namensrechtlichen Vorschriften nicht einhält, insbesondere wenn die Partner auf den die Haftungsbeschränkung anzeigenden Rechtsformzusatz verzichten. Der fehlende Rechtsformzusatz kann insbesondere in folgenden drei Konstellationen relevant werden:

---

486 Vgl. RegE zur Einf. einer PartG mbB, BT-Drucks. 17/10487, 7.

487 Beschlussempfehlung und Bericht des RA zu RegE zur Einf. einer PartG mbB, BT-Drucks. 17/13499, 15.

488 *Leitzen,* DNotZ 2013, 596, 601; *Römermann,* in: Michalski/Römermann, PartGG, § 8 Rn. 118; *Bachmann/Schaloske,* PHi 2013, 202, 203.

489 *Schüppen,* WPg 2013, 1193, 1196; *Leitzen,* DNotZ 2013, 596, 601.

- Der korrekte Rechtsformzusatz der PartG mbB wird zwar in das Partnerschaftsregister eingetragen, aber im Rechtsverkehr unter Verstoß gegen § 7 Abs. 5 PartGG iVm § 125a HGB nicht geführt,
- die PartG mbB schließt ordnungsgemäß eine Berufshaftpflichtversicherung ab, führt aber keine diesbezügliche Änderung des Namens im Partnerschaftsvertrag her und
- der Name der PartG mbB wird ordnungsgemäß im Partnerschaftsvertrag geändert, jedoch erfolgt keine Eintragung und Bekanntmachung der Änderung.[490]

a) Keine Führung des Rechtsformzusatzes im Rechtsverkehr trotz Eintragung in das Partnerschaftsregister

Die wohl in der Praxis am häufigsten vorkommende Variante wird diejenige sein, in welcher die Partner entsprechend den gesetzlichen Vorgaben ordnungsgemäß über den Namen der PartG mbB beschließen und die Gesellschaft sodann nach §§ 5 Abs. 1, 2 Abs. 1, 3 Abs. 2, 4 Abs. 1, 8 Abs. 4 S. 3 PartGG vorschriftsmäßig mit dem entsprechenden Rechtsformzusatz anmelden und in das Partnerschaftsregister eintragen lassen, jedoch im Rechtsverkehr unter Verstoß gegen § 7 Abs. 5 PartGG iVm § 125a HGB den Rechtsformzusatz „mbB" nicht ordnungsgemäß führen.[491]

Denkbar ist diese Konstellation insbesondere in den Fällen, in denen die Partner zunächst in einer herkömmlichen PartG agierten und mit Einführung der PartG mbB in diese Rechtsformvariante wechselten. Ziehen die Partner zum Beispiel für ihren Schriftverkehr weiter die Briefbögen aus Zeiten der herkömmlichen PartG heran, so handeln sie bereits unter Verstoß gegen § 7 Abs. 5 PartGG iVm § 125a HGB.[492]

Dass ein solches Verhalten zu firmenrechtlichen Konsequenzen gem. § 2 Abs. 2 Hs. 1 PartGG iVm § 37 HGB führt,[493] mag unbestritten sein. Für die Partner von wesentlicher Bedeutung wird es aber sein, welche Konsequenzen sich für die Haftung der Gesellschaft und der Partner hieraus ergeben.

Ausweislich der Gesetzesbegründung[494] sollen in diesen Fällen die allgemeinen Regeln anwendbar sein, die heranzuziehen sind, wenn eine haftungsbeschränkte Gesellschaft im Rechtsverkehr über ihre Haftungsbeschränkung täuscht. Welche Regeln hier genau gemeint sind, nennt die Gesetzesbegründung nicht ausdrücklich. Im Folgenden ist daher zu untersuchen, wie die vorliegende Fallkonstellation sachgerecht zu lösen ist.

490 Vgl. *Henssler*, AnwBl. 2014, 96, 100 f.

491 *Henssler*, AnwBl. 2014, 96, 101.

492 Vgl. *Henssler*, AnwBl. 2014, 96, 101.

493 Vgl. *Henssler*, AnwBl. 2014, 96, 100.

494 Begr. RegE PartG mbB, BT-Drucks. 10/17487, 14 f.

aa) Haftung nach den allgemeinen Regeln

aaa) Ansatz der Rechtsprechung und der h.M. in der Literatur

Der Verweis der Gesetzesbegründung auf die allgemeinen Regeln[495] kann nur als Verweis auf die Rechtsprechung des BGH in gleichgelagerten Fällen verstanden werden.[496] Der BGH[497] und mit ihm die h.M. in der Literatur[498] wenden in Fällen, in denen eine haftungsbeschränkte Gesellschaft im Rechtsverkehr ohne einen die beschränkte Haftung anzeigenden Rechtsformzusatz auftritt § 179 BGB analog an.

Zu entscheiden hatte dies der BGH erstmals in einem Fall, in welchem eine GmbH & Co. KG unter Verstoß gegen § 35a GmbHG[499] ohne Rechtsformzusatz im Rechtsverkehr auftrat.[500] Die weiteren Entscheidungen des BGH betrafen Fälle, in denen eine GmbH unter Verstoß gegen § 35a GmbHG[501] ohne Rechtsformzusatz agierte[502] sowie das Auftreten einer Unternehmergesellschaft (haftungsbeschränkt) im Rechtsverkehr mit falschen Rechtsformzusatz „GmbH".[503]

In seiner Begründung verwies der BGH darauf, dass das Auftreten einer Gesellschaft ohne Rechtsformzusatz den Anschein erwecke, es handle sich um eine Gesellschaft mit wenigstens einer natürlichen Person als unbeschränkt haftendem Gesellschafter.[504] Hierdurch werde ein Rechtsschein gesetzt, der zu einer unbeschränkt persönlichen Haftung entsprechend § 179 BGB der handelnden Person führe.[505]

495 Begr. RegE zur Einf. einer PartG mbB, BT-Drucks. 17/10487, 14 f.

496 So auch *Henssler,* AnwBl. 2014, 96, 101.

497 Ständige Rspr. BGHZ 62, 216, 222 ff.; BGHZ 64, 11, 17 ff.; BGH NJW 2012, 2871 ff. mwN.

498 Zur GmbH *Heinrich,* in: Ulmer/Habersack/Winter, GmbHG, Bd. 1, § 4 Rn. 37; *Emmerich,* in: Scholz, GmbHG, § 4 Rn. 54 ff.; *Mayer,* in: MünchKomm GmbHG, § 4 Rn. 146 ff.; zur OHG und KG *Hilmann,* in: Ebenroth/Boujong/Josst/Strohn, HGB, § 125a Rn. 11; *Freitag/Seeger,* in: NK-HGB, § 125a Rn. 9; *Habersack,* in: Staub, HGB, Bd. 3, § 125a Rn. 12; a.A. Haas, NJW 1997, 2854, 2855 ff.; *Altmeppen,* NJW 2012, 2833, 2835 ff.; *Leptien,* in: Soergel, BGB, Bd. 2, § 164 Rn. 14; *Vollkommer/Greger/Heinemann,* Anwaltshaftungsrecht, § 22 Rn. 10; *Schmidt,* Handelsrecht, 155 f.

499 In dem zu entscheidenden Fall ging es um einen Verstoß gegen § 4 GmbHG a.F., der entsprechend § 35a GmbHG die Führung eines haftungsbeschränkenden Zusatzes in der Firma der GmbH vorschrieb.

500 BGHZ 62, 216 ff.

501 In dem zu entscheidenden Fall ging es um einen Verstoß gegen § 4 GmbHG a.F., der entsprechend § 35a GmbHG die Führung eines haftungsbeschränkenden Zusatzes in der Firma der GmbH vorschrieb.

502 BGHZ 64, 11, 17 ff.

503 BGH NJW 2012, 2871 ff.

504 BGHZ 62, 216, 222 f.

505 BGH NJW 1991, 2627, 2628; BGH NJW 1996, 2645; BGH NZG 2007, 426 f.

Im Falle der Unternehmergesellschaft (haftungsbeschränkt), die im Rechtsverkehr mit dem Zusatz „GmbH“ auftritt, gelte nichts anderes.[506] Der Geschäftspartner der Unternehmergesellschaft (haftungsbeschränkt) werde durch den falschen Rechtsformzusatz über die gesetzlich angeordnete Kapitalausstattung falsch informiert.[507] Es werde der Anschein erweckt, die Gesellschaft habe ein Stammkapital von mindestens 25.000 EUR.[508] Der erzeugte Rechtsschein führe daher ebenfalls zu einer persönlichen Haftung des Handelnden entsprechend § 179 BGB.[509] Durch die Abgabe der sachlich unzutreffenden Erklärung schaffe der Handelnde einen Vertrauenstatbestand, der eine schuldunabhängige Garantiehaftung begründe, die gesamtschuldnerisch neben die Haftung des Unternehmensträgers trete.[510]

bbb) Übertragbarkeit des Ansatzes auf die PartG mbB

Diese Rechtsprechung lässt sich grundsätzlich auf die hier zu interessierende Konstellation, in der einer PartG mbB, die entgegen § 7 Abs. 5 PartGG iVm § 125a HGB ohne den die Haftungsbeschränkung anzuzeigenden Zusatz nach § 8 Abs. 4 S. 3 PartGG im Rechtsverkehr als herkömmliche PartG auftritt, übertragen.[511] Verwendet ein Partner nach Eintragung der PartG mbB ins Partnerschaftsregister weiterhin die alten Briefbögen der Gesellschaft aus denen lediglich hervorgeht, dass es sich um eine PartG, aber nicht um eine PartG mbB handelt, so verstößt er gegen §§ 7 Abs. 5, 8 Abs. 4 S. 3 PartGG iVm § 125a HGB. Durch das Weglassen des Zusatzes der beschränkten Berufshaftung nach § 8 Abs. 4 S. 3 PartGG wird beim Geschäftspartner der Eindruck erweckt er stehe einer herkömmlichen PartG gegenüber, bei welcher zumindest ein Partner gem. § 8 Abs. 2 PartGG für berufliche Fehler unbeschränkt haftet. Dieses Auftreten begründet einen Vertrauenstatbestand, so dass es sachgerecht erscheint, den handelnden Partner für den von ihm gesetzten Rechtsschein in Haftung zu nehmen.

Der Ansatz des BGH, der in derartigen Fällen die Rechtsscheinhaftung des Handelnden auf § 179 BGB analog stützt, stößt aber in dogmatischer Hinsicht auf Bedenken.[512]

506 BGH NJW 2012, 2871 ff.
507 BGH NJW 2012, 2871 f.
508 BGH NJW 2012, 2871 f.
509 BGH NJW 2012, 2871, 2873.
510 BGH NJW 2012, 2871, 2873.
511 Bejahend *Ruppert*, DStR 2013, 1623, 1628; *Sommer/Treptow*, NJW 2013, 3269, 3272; *Uwer/Roeding*, AnwBl. 2013, 483; wohl auch *Ring*, WM 2014, 237, 240; *Lieder*, NotBZ 2014, 128, 129; *Linardatos*, VersR 2013, 1488, 1494.
512 So auch *Altmeppen*, NJW 2012, 2833, 2835 ff.; *Haas*, NJW 1997, 2854, 2855 ff.

ccc) Kritische Würdigung

(1) Direkte Anwendbarkeit des § 179 Abs. 1 BGB

Zuzustimmen ist der Rechtsprechung insoweit, als durch das dargestellte Verhalten der Rechtsschein gesetzt wird, es habe eine Gesellschaft mit zumindest einem persönlich haftenden Gesellschafter, in diesem Fall eine herkömmliche PartG, gehandelt.[513] Dieser Rechtsschein wird auch nicht durch die zuvor erfolgte ordnungsgemäße Eintragung der Gesellschaft als PartG mbB in das Partnerschaftsregister zerstört.[514] Zwar muss ein Dritter gem. § 15 Abs. 2 HGB iVm § 5 Abs. 2 PartGG eingetragene und bekanntgemachte Tatsachen auch dann gegen sich gelten lassen, wenn er keine Kenntnis von der Eintragung hat, doch wird durch die Verwendung eines falschen Rechtsformzusatzes ein neuer Rechtsschein gesetzt, den der Handelnde gegen sich gelten lassen muss.[515]

Die Haftung aufgrund gesetzten Rechtsscheins kann aber entgegen der Ansicht der Rechtsprechung nicht auf § 179 BGB gestützt werden. Die unmittelbare Anwendung des § 179 BGB scheidet aus folgenden Gründen aus:

Nach § 179 Abs. 1 BGB haftet ein Stellvertreter ohne Vertretungsmacht dem anderen Teil nach dessen Wahl auf Schadensersatz oder Erfüllung, wenn der Vertretene die Genehmigung des Vertrags verweigert. Voraussetzung der Haftung nach § 179 Abs. 1 BGB ist somit, dass der zunächst gem. § 177 Abs. 1 BGB schwebend unwirksame Vertrag mangels Genehmigung durch den Vertretenen endgültig unwirksam geworden ist, d.h. ein Vertrag mit dem Vertretenen gar nicht zustande gekommen ist. Die Anwendung des § 179 BGB setzt somit zweierlei voraus: einen Vertreter, der ohne Vertretungsmacht gehandelt hat und einen unwirksamen Vertrag. Beide Voraussetzungen sind in der diskutierten Fallkonstellation aber nicht gegeben. Der Partner, der bei Vertretung der PartG mbB durch Verwendung alter Briefbögen den Rechtsschein setzt, es handle sich um eine herkömmliche PartG wird dadurch nicht zum falsus procurator. Seine Vertretungsmacht folgt aus § 7 Abs. 3 PartG iVm § 125 HGB und zwar unabhängig davon, ob er nach außen fälschlicherweise den Eindruck erweckt, er vertrete eine PartG, in der die Haftung für berufliche Fehler nicht beschränkt ist.

Des Weiteren liegt auch kein unwirksamer Vertrag mit dem Vertretenen vor. Nach den Grundsätzen des unternehmensbezogenen Rechtsgeschäfts gem. § 164 Abs. 1 S. 2 BGB kommt ein Vertrag stets mit dem Unternehmensträger zustande.[516] Daran ändert auch die falsche Rechtsformbezeichnung nichts, da es bei der Verpflichtung des Unternehmensträgers nur auf dessen Identität und nicht auf dessen Rechtsform ankommt.[517]

Aus den genannten Gründen scheidet die unmittelbare Anwendung des § 179 BGB aus.

---

513 Vgl. *Altmeppen,* NJW 2012, 2833, 2835.

514 Vgl. hierzu *Krebs,* in: MünchKomm HGB, Bd. 1, § 15 Rn. 75 ff.

515 Vgl. *Krebs,* in MünchKomm HGB, Bd. 1, § 15 Rn. 78; *Meckbach,* NZG 2011, 968.

516 *Haas,* NJW 1997, 2854, 2855; *Leptien,* in: Soergel, BGB, Bd. 2, § 164 Rn. 14.

517 Vgl. *Haas,* NJW 1997, 2854, 2855.

(2) Analoge Anwendbarkeit des § 179 Abs. 1 BGB

Aber auch eine analoge Anwendung des § 179 Abs. 1 BGB lässt sich nicht begründen. Die analoge Anwendung einer Norm setzt neben dem Bestehen einer planwidrigen Regelungslücke eine vergleichbare Interessenlage voraus.[518] Bereits das Bestehen einer vergleichbaren Interessenlage ist vorliegend zu verneinen.

§ 179 BGB dient dem Schutz des Vertragspartners, der auf eine ordnungsgemäße Vertretung vertraut und enttäuscht worden ist.[519] Im vorliegenden Fall wurde das gesetzte Vertrauen aber nicht dahingehend enttäuscht. Der Geschäftspartner hat auf den wirksamen Abschluss eines Vertrags mit einer PartG vertraut. Zustande gekommen ist ein wirksamer Vertrag, aber eben nicht mit einer PartG, sondern mit einer PartG mbB. Sein Vertrauen wurde daher nicht bezüglich einer wirksamen Vertretung mit dem Geschäftsherrn enttäuscht, sondern nur bezüglich der Rechtsform des Vertretenen. Dieser Fall kann aber nicht mit der Situation gleichgesetzt werden, in der aufgrund fehlender Vertretungsmacht gar kein Vertrag zustande kam. Bei Verwendung eines falschen Rechtsformzusatzes verwirklicht sich gerade nicht das Risiko, „ob" überhaupt ein Vertrag zustande kommt.[520]

Die analoge Anwendung des § 179 BGB in den Fällen, in denen ein falscher Rechtsformzusatz geführt wird, würde darüber hinaus den Sinn und Zweck der Vorschrift weit überschreiten.[521] § 179 BGB bietet dem Geschäftspartner einen Ausgleich, wenn aufgrund fehlender Vertretungsmacht kein Vertrag zustande gekommen ist.[522] Der Geschäftspartner kann sich dann an den Vertreter mit seinem Anspruch richten. Würde man § 179 BGB in der vorliegenden Fallkonstellation entsprechend anwenden, würde dies dazu führen, dass derjenige, der nur über „kreditrelevante Eigenschaften" seines Vertragspartners getäuscht wurde, im Ergebnis besser stehen würde, als derjenige, der insgesamt in seinem Vertrauen auf das Zustandekommen des Rechtsgeschäfts enttäuscht wurde.[523] Im ersten Fall würden Gesellschaft und der handelnde Partner gesamtschuldnerisch auf Erfüllung haften, im letzten Fall würde nur der Vertreter ohne Vertretungsmacht haften.[524]

---

518 Zur analogen Anwendung einer Norm, vgl. *Luther,* Jura 2013, 449 ff.

519 Vgl. nur *Leptien,* in: Soergel, BGB, Bd. 2, § 179 Rn. 1; *Dörner,* in: Hk-BGB, § 179 Rn. 1; *Meier-Reimer,* in: Ermann, Bd. 1, § 179 Rn. 1.

520 Zum Weglassen des Rechtsformzusatzes bei der GmbH *Haas,* NJW 1997, 2854, 2856.

521 Zum Weglassen des Rechtsformzusatzes bei der GmbH *Haas,* NJW 1997, 2854, 2856; wie hier nun auch: *Beck,* AnwBl. 2015, 380, 391.

522 Zum Weglassen des Rechtsformzusatzes bei der GmbH *Haas,* NJW 1997, 2854, 2856; vgl. auch allgemein *Ackermann,* in: NK-BGB, Bd. 1, § 179 Rn. 1 f.

523 Zum Weglassen des Rechtsformzusatzes bei der GmbH *Haas,* NJW 1997, 2854, 2855.

524 Zum Weglassen des Rechtsformzusatzes bei der GmbH *Haas,* NJW 1997, 2854, 2855.

Die Besserstellung zeigt sich insbesondere im Falle der Vermögenslosigkeit des Vertretenen.[525] Nach vorherrschender Meinung[526] entfällt der Anspruch nach § 179 BGB gegen den Vertreter ohne Vertretungsmacht bei Zahlungsunfähigkeit des Vertretenen. Anders aber in den Fällen in denen der Geschäftspartner nur in seinem Vertrauen in die Rechtsform der Gesellschaft verletzt wird: Hier soll es nicht darauf ankommen, ob die Gesellschaft bzw. die nach der Haftungsverfassung der betreffenden Gesellschaftsform haftenden Gesellschafter vermögenslos sind.[527] Bedenkt man dann noch die Fälle, in denen die Gesellschaft solvent ist und der über die Rechtsform Getäuschte sich an ihr schadlos halten kann, wird es ihm regelmäßig gar nicht auf die Rechtsform der Gesellschaft ankommen. Das verletzte Vertrauen realisiert sich hier regelmäßig nicht, während sich das verletzte Vertrauen in das Zustandekommen eines Vertrages bei einem vollmachtlosen Vertreter stets realisiert.

Aus den genannten Gründen ist eine vergleichbare Interessenlage und damit eine analoge Anwendung des § 179 BGB abzulehnen.

Es ist daher weiter zu prüfen, ob und unter welchen Voraussetzungen sich eine Haftung des Handelnden begründen lässt.

bb) Haftung nach § 8 Abs. 2 PartGG analog?

Unter Umständen kann die Haftung der Partner, die durch Verwendung falscher Briefbögen im Rechtsverkehr den Schein setzen, es handele sich um eine herkömmliche PartG, auf § 8 Abs. 2 PartGG analog gestützt werden. Die Norm scheint den Interessenkonflikt sachgerecht zu lösen: Derjenige, der zurechenbar einen falschen Rechtsschein setzt, muss sich an diesem festhalten lassen und wird so behandelt, wie wenn der Rechtsschein den wirklichen Verhältnissen entsprechen würde.[528]

Der analogen Anwendung des § 8 Abs. 2 PartGG steht aber der Wille des Gesetzgebers entgegen. Die noch in der Gesetzesbegründung[529] vorgesehene zwingende Verknüpfung von Führung des ordnungsgemäßen Rechtsformzusatzes und der Haftungsbeschränkung wurde gestrichen und in eine rein firmenrechtliche Vorschrift geändert. Die konstitutive Voraussetzung des ordnungsgemäßen Namens hätte zur Folge gehabt, dass bei fehlendem oder falschem Rechtsformzusatz die

---

525 Zum Weglassen des Rechtsformzusatzes bei der GmbH *Haas,* NJW 1997, 2854, 2855.

526 OLG Hamm, MDR 1993, 515; *Schramm,* in: MünchKomm BGB, Bd. 1, § 179 Rn. 34; *Leptien,* in: Soergel, BGB, Bd. 2, § 179 Rn. 16; *Frensch,* in: PWW, BGB, § 179 Rn. 8; *Meier-Reimer,* in: Ermann, Bd. 1, § 179 Rn. 11; *Valenthien,* in: Bamberger/Roth, BGB, Bd. 1, § 179 Rn. 15; *Schilken,* in: Staudinger, BGB, Allg. Teil 5, § 179 Rn. 15; *Ellenberger,* in: Palandt, BGB, § 179 Rn. 2; kritisch *Medicus,* Allg. Teil des BGB, Rn. 987; *Hilger,* NJW 1986, 2237, 2238 f.

527 Zum Weglassen des Rechtsformzusatzes bei der GmbH *Haas,* NJW 1997, 2854, 2856; allgemein *Altmeppen,* NJW 2012, 2833 mwN.

528 Vgl. BGHZ 17, 13, 17; BGHZ 12, 105, 109.

529 Vgl. RegE zur Einf. einer PartG mbB, BT-Drucks. 17/10487, 7.

Voraussetzungen einer PartG mbB nicht vorgelegen hätten und damit automatisch das Haftungsregime der herkömmlichen PartG Geltung beansprucht hätte. Durch die Änderung des Namensrechtes in eine rein firmenrechtliche Vorschrift hat der Gesetzgeber gezeigt, dass er die Haftungsregeln der herkömmlichen PartG im Falle eines Verstoßes gegen die namensrechtliche Vorschrift des § 8 Abs. 4 S. 3 PartGG gerade nicht für anwendbar erklären will, sondern vielmehr eine Lösung in den allgemeinen Regeln sucht.[530]

cc) Handelndenhaftung nach § 11 Abs. 2 GmbHG analog?

In Betracht kommt ferner die Haftung des handelnden Partners nach § 11 Abs. 2 GmbHG analog. Die entsprechende Anwendung der Vorschrift ist nach ihrem zugrundeliegenden Sinn und Zweck aber nicht sachgerecht. § 11 Abs. 2 GmbHG normiert die persönliche Haftung des im Namen der GmbH Handelnden im Zeitraum vor Eintragung der Gesellschaft. Sinn und Zweck der Norm[531] wird heute darin gesehen, den Gläubigern einen Ausgleich dafür zu gewähren, dass im Voreintragungsstadium noch keine Gewährleistung der Kapitalgrundlage besteht und ferner als Druckmittel, um die Geschäftsführer zu einer zügigen Anmeldung zu veranlassen.[532] Das Telos der Norm ist daher nicht auf den Fall zugeschnitten, in welchem im Namen der Gesellschaft unter falschem Rechtsformzusatz gehandelt wird.

dd) Haftung nach § 823 BGB?

Eine Haftung des handelnden Partners nach § 823 Abs. 1 BGB scheidet regelmäßig aus, da das Vermögen als solches nicht vom Schutzbereich der Norm umfasst ist.[533]

Eine Haftung nach § 823 Abs. 2 BGB ist denkbar, wenn es sich bei § 7 Abs. 5 PartGG iVm § 125a HGB um ein Schutzgesetz handelt. Ein solches ist nach allgemeiner Definition gegeben, wenn die Vorschrift dazu dient, zumindest auch das Interesse eines abgrenzbaren Personenkreises oder eines Einzelnen zu schützen.[534] Der Gesetzgeber muss bei Schaffung der Norm einen Schadensersatzanspruch des Einzelnen vor Augen gehabt haben, der Schutz des Einzelnen darf sich nicht nur um einen Reflex handeln.[535] Die Frage, ob es sich bei § 125a HGB, der über § 7 Abs. 5 PartGG auch im Recht der Partnerschaftsgesellschaft Anwendung findet, um ein Schutzgesetz in

---

530 Vgl. Begr. RegE zur Einf. einer PartG mbB, BT-Drucks. 17/10487, 14 f.

531 *Hueck/Fastricht,* in: Baumbach/Hueck, GmbHG, § 11 Rn. 45.

532 *Meckbach,* NZG 2011, 968, 970.

533 Vgl. nur *Schaub,* in: PWW, BGB, 823 Rn. 59; *Sprau,* in: Palandt, BGB, § 823 Rn. 11; *Wagner,* in: MünchKomm BGB, Bd. 5, § 823 Rn. 247; *Spickhoff,* in: Soergel, BGB, Bd. 12, § 823 Rn. 87.

534 Vgl. nur *Sprau,* in: Palandt, BGB, § 823 Rn. 58; *Wagner,* in: MünchKomm BGB, Bd. 5, § 823 Rn. 405; *Schiemann,* in: Ermann, Bd. 2, § 823 Rn. 157; *Schaub,* in PWW, BGB, § 823 Rn. 227.

535 *Wagner,* in: MünchKomm BGB, Bd. 5, § 823 Rn. 405.

diesem Sinne handelt, ist im Schrifttum zutreffend überwiegend bejaht worden.[536] Mit Einführung der PartGG wurde § 7 PartGG neu gefasst[537] und unter anderem dahingehend geändert, dass die PartG mbB auf Geschäftsbriefen neben den Anforderungen des § 125a HGB zusätzlich den nach § 8 Abs. 4 S. 3 PartGG erforderlichen Namenszusatz „mbB“ bzw. eine andere allgemein verständliche Abkürzung für die beschränkte Berufshaftung angeben muss.

Aus der Regelung des § 8 Abs. 4 S. 3 PartGG und des § 7 Abs. 5 PartGG sowie der Gesetzesbegründung[538] ergibt sich, dass es Anliegen des Gesetzgebers war, die beschränkte Haftung der PartG mbB im Rechtsverkehr eindeutig kenntlich zu machen, um so der Fehlvorstellung potentieller Geschäftspartner entgegenzuwirken, es handele sich um eine herkömmliche PartG mit mindestens einem unbeschränkt persönlich haftenden Partner.[539] § 7 Abs. 5 PartGG iVm § 125a HGB stellt somit ein Schutzgesetz dar.

Verwendet ein Partner der PartG mbB im Geschäftsverkehr Briefbögen, aus denen die beschränkte Berufshaftung nicht hervorgeht, verletzt er § 823 Abs. 2 BGB iVm § 7 Abs. 5 PartGG iVm § 125a HGB. Die Haftung nach § 823 Abs. 2 BGB iVm § 7 Abs. 5 PartGG iVm § 125a HGB trifft den handelnden Partner unmittelbar. Daneben wird über § 31 BGB analog der PartG mbB das Handeln ihres Partners zugerechnet,[540] so dass diese ebenfalls Anspruchsgegnerin ist. Im Gegensatz zu einer Haftung nach § 179 BGB analog[541] ist der Anspruch nach § 823 Abs. 2 BGB nur auf das negative Interesse gerichtet.[542]

ee) Haftung aus c.i.c., §§ 280 Abs. 1, 311 Abs. 2, Abs. 3, 241 Abs. 2 BGB

Es ist ferner zu untersuchen, ob den handelnden Partner eine Haftung aus culpa in contrahendo (c.i.c.) gem. §§ 280 Abs. 1, 311 Abs. 2, Abs. 3, 241 Abs. 2 BGB trifft. Die Haftung aus c.i.c. betrifft die Fälle in denen im vorvertraglichen Schuldverhältnis eine Pflicht verletzt wird.[543]

---

536 Für eine Einordung als Schutzgesetz *Schmidt,* in: MünchKomm HGB, Bd. 2, § 125a Rn. 17; *Schmidt,* in: Schlegelberger, HGB, Bd. 3, § 125a Rn. 14; *Steitz,* in: Henssler/Strohn, Gesellschaftsrecht, §125a HGB Rn. 16; *Hillmann,* in: Ebenroth/Boujong/Jost/Strohn, HGB, § 125a Rn. 11; vgl. auch *Canaris,* Handelsrecht, § 6 IV Rn. 48; *Freitag/Seeger,* in: NK-HGB, § 125a Rn. 9; *Habersack,* in: Staub, HGB, Bd. 3, § 125a Rn. 11; kritisch *Altmeppen,* ZIP 2007, 889, 894; *ders.* NJW 2012, 2833, 2836.

537 BGBl. 2013 Teil I Nr. 38, 2386.

538 Vgl. Begr. RegE zur Einf. einer PartG mbB, BT-Drucks. 17/10487, 14.

539 Vgl. auch *Meckbach,* NZG 2011, 968, 970 zu § 5a GmbHG.

540 *Ellenberger,* in: Palandt, BGB, § 31 Rn. 3, 10 f.

541 Vgl. BGH NJW 1991, 2627, 2628; BGH NJW 1990, 2678, 2679; *Haas,* NJW 1997, 2854, 2856.

542 Vgl. nur *Sprau,* in: Palandt, BGB, vor § 823 Rn. 24; *Schaub,* in: PWW, BGB, § 823 Rn. 21.

543 Vgl. zur c.i.c. *Fikentscher/Heinemann,* Schuldrecht, § 19 Rn. 86 ff.

aaa) Anspruchsvoraussetzungen

(1) Pflichtverletzung im vorvertraglichen Schuldverhältnis

Wird im Namen der PartG mbB ein Briefbogen verwendet, der die Gesellschaft zwar als Partnerschaftsgesellschaft ausweist, nicht aber kenntlich macht, dass es sich um eine PartG mbB handelt, liegt ein Verstoß gegen § 7 Abs. 5 PartGG iVm § 125a HGB vor. Dieser Verstoß stellt zugleich eine Pflichtverletzung aus dem vorvertraglichen Schuldverhältnis dar.[544]

(2) Haftungsschuldner

Die Haftung aus c.i.c. trifft grundsätzlich die Parteien des angebahnten Vertrages,[545] d.h. die PartG mbB. Nach § 311 Abs. 3 S. 2 BGB kann aber auch der Vertreter einer Partei als Haftungsschuldner in Betracht kommen, wenn er besonderes Vertrauen im vorvertraglichen Stadium in Anspruch genommen hat und dadurch den Vertragsschluss in erheblichem Maße beeinflusst hat. Dies erscheint bei einem Partner, der im Namen seiner Gesellschaft einen Vertrag mit einem Mandanten oder sonstigen Geschäftspartner anbahnt, zunächst fragwürdig. Der Geschäftsführer bzw. Gesellschafter begründet bei Vertragsverhandlungen im Namen seiner Gesellschaft grundsätzlich nur ein allgemeines Verhandlungsvertrauen.[546] Ist der Partner aber ein Rechtsanwalt und die Gesellschaft, für die er auftritt eine Partnerschaftsgesellschaft aus Rechtsanwälten, stellt sich die Situation anders dar.

Der Rechtsanwalt übt einen Freien Beruf aus.[547] Kennzeichnend für den Freien Beruf des Rechtsanwaltes ist die besondere fachliche Ausbildung, welche die eigenverantwortliche und unabhängige Erbringung von Dienstleistungen höherer Art ermöglicht.[548] Der Rechtsanwalt nimmt gegenüber seinem Mandanten daher ein besonderes persönliches Vertrauen hinsichtlich seiner Qualifikation und der Werthaltigkeit seiner Leistung in Anspruch.[549] Tritt der Partner nach außen als Vertreter einer PartG auf, muss aber nach dem Hintergrund der Vertragsverhandlungen differenziert werden. Geht es um die Anbahnung eines Mandatsverhältnisses und damit um ein Verhältnis, in welchem die persönliche Qualifikation des betreffenden Partners für den potentiellen Auftraggeber von herausragender Bedeutung ist, wird das persönliche Vertrauen in den kontaktierten Partner ausschlaggebend für den Abschluss des Vertrags mit der dahinter stehenden PartG sein. Tritt der Partner dann noch fälschlicherweise im Namen einer herkömmlichen PartG auf, ohne dass er offenlegt, dass es sich um eine PartG mbB handelt, geht der

544 Vgl. allgemein zur Haftung aus c.i.c. wegen Verwendung eines falschen Rechtsformzusatzes *Altmeppen,* ZIP 2007, 889, 893; *ders.* NZG 2012, 2833, 2837.

545 *Grüneberg,* in: Palandt, BGB, § 311 Rn. 60.

546 BGH NJW 1994, 2220 ff.

547 § 18 Abs. 1 Nr. 1 EstG, § 2 Abs. 1 BRAO.

548 *Peitscher,* Anwaltsrecht, § 10 Rn. 57 ff.; *Koch/Kilian,* Anwaltliches Berufsrecht, 8; *Wehrheim/Wirtz,* Die Partnerschaftsgesellschaft, 3.

549 So auch *Zimmermann,* in: Michalski/Römermann, PartGG, § 1 Rn. 48.

Vertragspartner zulässigerweise davon aus, dass den Partner in einem etwaigen Schadensfall wegen eines beruflichen Fehlers die unbeschränkte persönliche Haftung nach § 8 Abs. 2 PartGG trifft.[550] In diesem Fall hat der handelnde Partner gem. § 311 Abs. 3 S. 2 BGB eine besondere persönliche Vertrauensstellung in Anspruch genommen, die in erheblichem Maße den Vertragsschluss beeinflusst hat.

Anders muss die Situation hingegen beurteilt werden, wenn es nicht um ein Mandatsverhältnis geht und damit nicht um eine berufliche Leistung, die in Verhandlung steht, sondern um ein allgemeines Vertragsverhältnis, wie die Lieferung von Büromaterial, die Anmietung von Räumen usw. Hier wird es dem Vertragspartner regelmäßig nicht auf die persönliche Qualifikation des handelnden Partners ankommen, da diese bei der Vertragsabwicklung nicht zum Tragen kommt. Für den Vertragspartner entscheidend sind aber die Haftungsverhältnisse. Geht er aufgrund des Auftretens des Partners billigerweise davon aus, mindestens eine Person hafte persönlich, vermag dies eine besondere Vertrauensstellung des handelnden Partners grundsätzlich begründen.

Jedoch kann dies im Ergebnis auch dann dahinstehen, wenn der Vertrag mit einer PartG mbB zustande kam, obwohl der Vertragspartner davon ausgehen musste und durfte, es handele sich um eine herkömmliche PartG. Ist Vertragsgegenstand keine berufliche Leistung, so ergeben sich bezüglich der Haftung einer PartG und der einer PartG mbB keine Unterschiede. Beide Gesellschaftsformen haften als Vertragspartner selbst mit ihrem Gesellschaftsvermögen nach § 8 Abs. 1 S. 1 PartGG. Neben diese Haftung tritt gesamtschuldnerisch die persönliche unbeschränkte Haftung der Partner, § 8 Abs. 1 S. 1 PartGG. Die Unterschiede im Haftungsregime von herkömmlicher PartG und PartG mbB bestehen nur hinsichtlich beruflicher Fehler.[551] Zwar geht der Vertragspartner davon aus, bei der vertretenen Gesellschaft handele es sich um eine herkömmliche PartG, der für den Vertragsschluss entscheidende Umstand ist aber die persönliche gesamtschuldnerische Haftung der Partner nach § 8 Abs. 1 S. 1 PartGG. Das besondere persönliche Vertrauen des Vertragspartners ist damit nicht verletzt.

(3) Verschulden

Das Verschulden wird dabei nach § 280 Abs. 1 S. 2 BGB vermutet und muss vom handelnden Partner widerlegt werden. Hieran sind keine zu hohen Anforderungen zu stellen.[552] Der Partner muss darlegen und beweisen, dass er die Ursache, die zum Schaden geführt hat, nicht zu vertreten hat.[553] Denkbar sind hier vor allem die Fälle, in denen die Sekretärin des Rechtsanwaltes das Schreiben an den (potentiellen) Geschäftspartner auf dem Briebogen verfasst, der noch aus der früheren Zeit der

550 Vgl. auch *Altmeppen,* ZIP 2007, 889, 893; *ders.,* NJW 2012, 2833, 2837.
551 Vgl. § 8 Abs. 2 PartGG und § 8 Abs. 4 PartGG.
552 *Stadler,* in: Jauernig, BGB, § 280 Rn. 25; *Grüneberg,* in: Palandt, BGB, § 280 Rn. 40.
553 Vgl. *Otto,* in: Staudinger, BGB, Leistungsstörungsrecht 1, § 280 Rn. D 4; *Grüneberg,* in: Palandt, BGB § 280 Rn. 40.

Gesellschaft als herkömmliche Partnerschaft stammt. Der Rechtsanwalt wird sich in diesem Fall aber regelmäßig nicht exkulpieren können, da er sich das Verschulden der Sekretärin als seiner Erfüllungsgehilfin gem. § 278 BGB zurechnen lassen muss. § 85 Abs. 2 ZPO, wonach der Rechtsanwalt sich das Verschulden seiner Sekretärin mangels Bevollmächtigung durch den Mandanten nicht zurechnen lassen muss, findet nur bei prozessualem Verschulden des Rechtsanwaltes Anwendung.[554] Im vertraglichen Schuldverhältnis ist dagegen § 278 BGB heranzuziehen.

Darüber hinaus wird ihn in den meisten dieser Fälle ein eigenes Verschulden treffen, da er die Briefe auf dem Briefbogen mit falschem Rechtsformzusatz unterzeichnete und damit fahrlässig eine erneute Ursache setzte, so dass das Schreiben unter falschem Rechtsformzusatz den Geschäftspartner erlangen konnte. Aber selbst wenn das Schreiben aufgrund der Abwesenheit des Rechtsanwaltes ohne dessen Durchsicht und seiner eigenhändigen Unterschrift – nur mit einem Unterschriftenstempel versehen – die Kanzlei verlässt, wird er das ihm über § 278 BGB zurechenbare Verschulden seiner Mitarbeiter kaum ausräumen können. Des Weiteren kann den handelnden Partner auch ein eigenes Organisationsverschulden treffen, wenn er im Vorfeld nicht ausreichend Sorge dafür getragen hat, dass die alten Briefbögen vernichtet werden bzw. nicht mehr in den Umlauf geraten können.[555]

bbb) Rechtsfolge

Die Haftung aus c.i.c. ist grundsätzlich auf das negative Interesse gerichtet.[556] Kann der Vertragspartner darlegen, dass er mit einer PartG mbB nicht kontrahiert hätte, kommt ein Anspruch auf Vertragsaufhebung in Betracht.[557] Die Vertragsaufhebung wird dem Interesse des Vertragspartners aber nicht mehr gerecht, wenn der Auftrag bereits ausgeführt wurde und es zu einem Schaden aus beruflichem Fehler gekommen ist.[558] Der geschädigte Mandant kann dann den betreffenden Partner in Anspruch nehmen, jedoch nur auf das negative Interesse begrenzt.[559] Ist die PartG mbB solvent, wird sich der Mandant regelmäßig an sie halten.[560] Macht er den Anspruch auf Schadensersatz aus c.i.c. gegen den Partner geltend, kann dieser bei einer solventen PartG mbB auf die Inanspruchnahme der Gesellschaft verweisen,

---

554 Vgl. zur Zurechnung des Verschuldens von Hilfspersonen bei Prozesshandlungen *Bork*, in: Stein/Jonas, ZPO, § 85 Rn. 19 ff.; *Burgermeister*, in: *Prütting/Gehrlein*, ZPO, § 85 Rn. 12.

555 Zum Organisationverschulden vgl. *Peitscher*, Anwaltsrecht, § 36 Rn. 710; *Fahrendorf/Mennemeyer/Terbille*, Die Haftung des Rechtsanwalts, Kapitel 10 Rn. 1602 ff.; *von Mettenheim*, in: MünchKomm ZPO, § 85 Rn. 17.

556 Vgl. nur *Grüneberg*, in: Palandt, BGB, § 311 Rn. 55 ff.; *Stadler*, in: Jauernig, BGB, § 311 Rn. 54.

557 *Grüneberg*, in: Palandt, BGB, § 311 Rn. 55; *Altmeppen*, NJW 2012, 2833, 2838; *Löwisch/Feldmann*, in: Staudinger, BGB, Vertragsschluss, § 311 Rn. 161.

558 Vgl. *Altmeppen*, NJW 2012, 2833, 2838.

559 *Altmeppen*, NJW 2012, 2833, 2838; *ders.*, ZIP 2007, 889, 893.

560 *Altmeppen*, NJW 2012, 2833, 2838.

§ 254 BGB.[561] Die Haftung aus c.i.c. wird daher hauptsächlich in den Fällen Bedeutung erlangen, in welchen die PartG mbB kein ausreichendes Gesellschaftsvermögen aufweist und eine Deckung durch die Berufshaftpflichtversicherung[562] ausnahmsweise nicht gegeben ist.

ccc) Ergebnis

Der Partner einer PartG mbB, der bei der Vertragsanbahnung eines Mandatsverhältnisses auf dem Briefbogen nicht kenntlich macht, dass er im Namen einer PartG mbB handelt und gerade nicht im Namen einer herkömmlichen PartG, haftet persönlich aus c.i.c. gem. §§ 280 Abs. 1, 311 Abs. 3, 241 BGB.[563] Die Haftung aus c.i.c. betrifft nur Schuldverhältnisse, die eine anwaltsspezifische Leistung zum Gegenstand haben. Die persönliche Haftung des handelnden Partners ist mangels Begründung einer besonderen Vertrauensstellung bei einer sonstigen allgemeinen schuldrechtlichen Verpflichtung ausgeschlossen.

ff) Fazit

Verwendet ein Partner im geschäftlichen Verkehr einen Briefbogen, der die Gesellschaft zwar als PartG ausweist, nicht aber als eine PartG mbB, führt der Verstoß gegen § 7 Abs. 5 PartGG iVm § 125a HGB entgegen der Ansicht der Rechtsprechung richtigerweise nicht zu einer Haftung des Partners nach § 179 BGB analog. Der gesetzte Rechtsschein kann im konkreten Fall aber zu einer Haftung des Partners nach § 823 Abs. 2 BGB iVm § 7 Abs. 5 PartGG iVm § 125a HGB sowie zu einer Haftung aus c.i.c. gem. §§ 280 Abs. 1, 311 Abs. 3, 241 Abs. 2 BGB führen. Der Anspruch ist jeweils auf das negative Interesse begrenzt.

Wollte der Gesetzgeber den Verstoß gegen namensrechtliche Vorschriften mit einer unbeschränkten Haftung des Partners nach dem Haftungsregime der herkömmlichen PartG begründen, hätte er die ursprüngliche Konzeption des § 8 Abs. 4 PartGG[564] beibehalten müssen.

b) Keine Änderung des Namens im Partnerschaftsvertrag nach Wechsel in die PartG mbB

aa) Keine Haftung nach dem alten Haftungsregime

Eine weitere denkbare Konstellation ist diejenige, dass von einer herkömmlichen PartG in die PartG mbB gewechselt wird und die Partner die vorgeschriebene

561 *Altmeppen*, NJW 2012, 2833, 2838.
562 Siehe hierzu oben Kapitel 4 B. II. 8.
563 Bejahend auch *Altmeppen*, NJW 2012, 2833, 2837 f.; *ders.*, ZIP 2007, 889, 893 f., *Praß*, in: Michalski/Römermann, PartGG, § 7 Rn. 72; *Schmidt*, in: MünchKomm HGB, Bd. 2, § 125a Rn. 17; kritisch *Meckbach*, NZG 2011, 968, 968 f.; *Haas*, NJW 1997, 2854, 2857.
564 Vgl. hierzu RegE zur Schaffung einer PartG mbB, BT-Drucks. 17/10487, 7.

Berufshaftpflichtversicherung der PartG mbB vorschriftsmäßig gem. § 8 Abs. 4 S. 1 PartGG iVm § 51a BRAO abschließen und unterhalten, jedoch den Namen der Gesellschaft in ihrem Partnerschaftsvertrag nicht in eine „PartG mbB" ändern.[565]

Die Namensänderung muss nach § 4 Abs. 1 S. 3 PartGG angemeldet werden[566] und anschließend in das Partnerschaftsregister eingetragen werden, § 5 Abs. 1 PartGG. Haben die Partner den Namen der Gesellschaft aber nicht durch Änderung des Gesellschaftsvertrages beschlossen, existiert die eintragungspflichtige Namensänderung nicht.[567] Konsequenz ist, dass eine eintragungspflichtige Tatsache iSd § 15 Abs. 1 HGB iVm § 5 Abs. 2 HGB nicht vorliegt und der Dritte sich damit nicht auf die fehlende Eintragung berufen kann.[568] Die Eintragungspflicht lässt sich auch nicht dem Wortlaut des § 8 Abs. 4 S. 3 PartGG entnehmen.[569] Die Vorschrift normiert lediglich die Pflicht, im Namen der PartG mbB die beschränkte Berufshaftung anzuzeigen, nicht aber, dass hiermit auch eine Eintragungspflicht korrespondiert. Die Eintragungspflicht eines geänderten Namens richtet sich nur nach § 4 Abs. 1 S. 3 PartGG. Ausweislich des Wortlauts der Norm setzt die Eintragungspflicht aber voraus, dass die Änderung tatsächlich stattgefunden hat. Ändern die Partner daher ihren Partnerschaftsvertrag in Bezug auf den Namen der Gesellschaft nicht, führt das für sie zunächst einmal zu keinen negativen haftungsrechtlichen Auswirkungen. Wie untersucht ist die Haftungsbeschränkung des § 8 Abs. 4 PartGG nicht von der korrekten Namensführung abhängig. Auch über § 15 Abs. 1 HGB iVm § 4 Abs. 1 S. 3 PartGG müssen sich die Partner in dieser Konstellation nicht auf die Haftungsverfassung der herkömmlichen PartG verweisen lassen.

bb) Abhängigkeit der Haftung von der Führung des Rechtsformzusatzes im Rechtsverkehr

Verwendet die PartG mbB im Rechtsverkehr den Zusatz gem. § 8 Abs. 4 S. 3 PartGG nicht, kann der Gläubiger aber einen Anspruch aus c.i.c. oder § 823 Abs. 2 iVm § 7 Abs. 5 PartGG iVm § 125a HGB haben.[570]

Wird hingegen entsprechend den gesetzlichen Vorgaben gegenüber den Geschäftspartnern der Name der PartG mit dem ordnungsgemäßen Rechtsformzusatz nach § 8 Abs. 4 S. 3 PartGG verwendet, gilt gegenüber dem Gläubiger die Haftungsbeschränkung des § 8 Abs. 4 PartGG.

Diese Lösung ist auch interessengerecht. Der Gläubiger der PartG mbB ist hinreichend geschützt. Tritt der Partner ihm gegenüber erkennbar im Namen der PartG mbB auf, ist er nicht schützenswert, da er die Haftungsbeschränkung dann

565 *Henssler,* AnwBl. 2014, 96, 100 f.
566 *Henssler,* AnwBl. 2014, 96, 100 f.
567 *Henssler,* AnwBl. 2014, 96, 100 f.
568 *Henssler,* AnwBl. 2014, 96, 100.
569 *Henssler,* AnwBl. 2014, 96, 100.
570 Siehe Kapitel 4 C. II. 2. a) ee).

noch vor Abschluss des Vertrages erkennen konnte und musste. Im anderen Fall, in dem der Partner die Haftungsbeschränkung gegenüber dem Gläubiger nicht offenlegt, kann der Gläubiger im Falle der Insolvenz der Gesellschaft den handelnden Partner in Haftung nehmen.[571]

c) Keine Eintragung des durch Partnerschaftsvertrag geänderten Namens in das Partnerschaftsregister

aa) Haftung nach § 15 Abs. 1 HGB iVm § 8 Abs. 1, Abs. 2 PartGG

Haben die Partner die Berufshaftpflichtversicherung vorschriftsmäßig abgeschlossen, unterhalten und den Namen der Gesellschaft durch Änderung des Partnerschaftsvertrages den Vorgaben des § 8 Abs. 4 S. 3 PartGG angepasst, es aber versäumt, die Änderung ins Partnerschaftsregister eintragen zu lassen, greift der Schutz des § 15 Abs. 1 HGB iVm §§ 5 Abs. 2, 4 Abs. 1 S. 3 PartGG ein. In diesem Fall besteht eine eintragungspflichtige Namensänderung.[572] Der Vertragspartner kann auf das Schweigen des Partnerschaftsregisters vertrauen und sich damit auf die Haftungsverfassung der herkömmlichen PartG berufen.[573]

bb) Ausschluss der Haftung bei Kenntnis der wahren Rechtsform

Die Rechtsfolgen des § 15 Abs. 1 HGB treten aber dann nicht ein, wenn der Gläubiger wusste, dass es sich um eine PartG mbB handelt. Erforderlich ist die positive Kenntnis, eine fahrlässige Unkenntnis ist nicht ausreichend.[574] Für die positive Kenntnis genügt es aber, wenn die Partner jeweils den mit richtigem Rechtsformzusatz versehenen Briefbogen verwenden, sofern dieser ohne weiteres deutlich auf dem Briefbogen in Erscheinung tritt. Den Geschäftspartnern der PartG mbB sind zwar Nachforschungen in Bezug auf die tatsächliche Rechtsform der Gesellschaft nicht zuzumuten,[575] aber sofern sich die Rechtsform eindeutig und gut erkennbar aus dem verwendeten Geschäftsbriefpapier ergibt, kann im Geschäftsverkehr davon ausgegangen werden, dass die andere Partei hiervon Kenntnis nimmt. Andernfalls hätte es der Vertragspartner in der Hand, die Wirkung des § 15 Abs. 1 HGB stets für sich zu beanspruchen. Das wiederum entspricht aber nicht den allgemeinen Grundsätzen der Risikoverteilung. Wie beim Zugang einer empfangsbedürftigen Willenserklärung nach § 130 Abs. 1 S. 1 BGB muss der Erklärende dafür Rechnung tragen, dass die Erklärung in den örtlichen Machtbereich des Empfängers gelangt und dieser unter Zugrundelegung gewöhnlicher Umstände von ihr Kenntnis nehmen

---

571 Siehe Kapitel 4 C. II. 2. a) ee).

572 *Henssler,* AnwBl. 2014, 96, 100 f.

573 Vgl. *Henssler,* AnwBl. 2014, 96, 100 f; *Beck,* AnwBl. 2015, 380, 385.; *Lieder/Hoffmann,* NJW 2015, 897, 899.

574 *Krebs,* in: MünchKomm HGB, Bd. 1, § 15 Rn. 46; *Roth,* in: Koller/Roth/Morck, HGB, § 15 Rn. 12; *Hopt,* in: Baumbach/Hopt, HGB, § 15 Rn. 7.

575 Vgl. *Hopt,* in: Baumbach/Hopt, HGB, § 15 Rn. 7.

kann.[576] Ob der Empfänger tatsächlich diese Kenntnis nimmt, liegt außerhalb des Risikobereichs des Erklärenden, da er hierauf keinen Einfluss mehr nehmen kann.[577] Nicht anders ist die Situation im vorliegenden Fall zu beurteilen.

III. Zusammenfassung

Die ursprünglich vorgesehene Verknüpfung von Haftungsbeschränkung und ordnungsgemäßer Namensführung wäre eine einfache und strikte Regelung gewesen. Hätte die PartG mbB die namensrechtlichen Anforderungen des § 2 und § 8 Abs. 4 S. 3 PartGG nicht eingehalten, hätte dies den Verlust der Haftungsbeschränkung zur Folge gehabt. Die rein firmenrechtliche Ausgestaltung des Namensrechts erlaubt es den Partnern auch bei Verstoß gegen die Firmierungspflicht die Haftungsbeschränkung des § 8 Abs. 4 PartGG aufrechtzuerhalten. Die Konsequenz richtet sich – wie gesehen – nach der im Einzelfall begangenen Verletzung. Sofern die Partner aber im geschäftlichen Briefverkehr auf die strikte Verwendung des Rechtsformzusatzes achten, müssen sie nicht mit haftungsrechtlichen Sanktionen rechnen. Dies ist konsequent und sachgerecht, da der Geschäftspartner dann kein schützenswertes Vertrauen bilden kann.

Im Ergebnis erfordert die geltende Regelung eine Differenzierung. Aus Sicht der Partner ist diese aber begrüßenswert, da sie so nicht in jedem Fall und ohne Hinzutreten weiterer Umstände der beschränkten Berufshaftung verlustig werden. Gleichzeitig sind – wie aufgezeigt – die Interessen der Gläubiger hinreichend geschützt. Die geltende Regelung kann damit – anders als die ursprünglich vorgesehene Regelung – Einzelfallgerechtigkeit herbeiführen.

D. Eingreifen der Haftungsbeschränkung beim Wechsel in die PartG mbB

Beim Wechsel von einer anderen Rechtsform in die PartG mbB stellt sich die Frage, ab wann die Haftungsbeschränkung für berufliche Fehler nach § 8 Abs. 4 PartGG Geltung beansprucht. Praxisrelevant wird vor allem der Wechsel von einer GbR und einer herkömmlichen PartG in eine PartG mbB sein,[578] so dass sich die folgende Darstellung auf diese Alternativen beschränkt. In zeitlicher Hinsicht ist danach zu unterscheiden, ob der Mandatsvertrag erst nach dem vollendeten Wechsel in die PartG mbB abgeschlossen wurde oder ob es sich um ein Altmandat handelt, welches aus Zeiten herrührt, in denen die Gesellschaft noch in ihrer alten Rechtsform als GbR oder herkömmliche PartG agiert hat.

576 Vgl. zum Zugang empfangsbedürftiger Willenserklärungen, *Ellenberger,* in: Palandt, BGB, § 130 Rn. 5.

577 *Faust,* in: NK-BGB, Bd. 1, § 130 Rn. 23; *Hefermehl,* in: Staudinger, BGB, Allg. Teil 3, § 130 Rn. 8.

578 Vgl. *Wendt,* AnwBl. 2014, 74, 75; *Lieder/Hoffmann,* NZG 2014, 127, 128.

I. Vertragsschluss nach vollendetem Wechsel in die PartG mbB

1. *Allgemeine Voraussetzungen des Wechsels in eine PartG mbB*

Ist der Wechsel in eine PartG mbB vollständig vollzogen, so gilt die Haftungsbeschränkung für berufliche Fehler ohne Einschränkung. Der Wechsel ist dann vollzogen, wenn im Zeitpunkt des Vertragsschlusses alle Voraussetzungen der Haftungsbeschränkung nach § 8 Abs. 4 PartGG erfüllt sind, es sich also um sog. Neumandate handelt.[579]

Unter Umständen kann sich aber die genaue Bestimmung des Zeitpunktes, in welchem die Voraussetzungen der Haftungsbeschränkung vorliegen und damit § 8 Abs. 4 PartGG Anwendung findet, als problematisch erweisen. Entscheidend für die Geltung der beschränkten Berufshaftung ist allgemein und unabhängig von der Rechtsform, von der gewechselt wird, in jedem Fall, dass die von § 8 Abs. 4 S. 1 PartGG geforderte Berufshaftpflichtversicherung abgeschlossen wurde und unterhalten wird.[580] Die Einhaltung der besonderen namensrechtlichen Vorschriften nach § 8 Abs. 4 S. 3 iVm § 2 Abs. 1 PartGG wurde als zwingende Voraussetzung des Eintritts der Haftungsbeschränkung aufgegeben und in eine rein firmenrechtliche Anforderung geändert.[581] Bei Nichteinhaltung der vorgeschriebenen namensrechtlichen Erfordernisse gelten daher die oben dargestellten Grundsätze entsprechend.[582]

2. *Zeitpunkt der Vollendung des Wechsels von einer PartG in eine PartG mbB*

Vollzieht sich der Wechsel von einer PartG in eine PartG mbB, ist, entgegen vereinzelter Stimmen in der Literatur,[583] die Eintragung der PartG mbB mit ihrem Namenszusatz nicht konstitutive Voraussetzung der Haftungsbeschränkung.[584] Nach § 7 Abs. 1 PartGG wird die Partnerschaftsgesellschaft mit Eintragung in das Partnerschaftsregister im Verhältnis zu Dritten wirksam. Dies gilt gleichermaßen für die PartG und die PartG mbB. Da es sich bei der neuen PartG mbB nur um eine Variante der PartG handelt, muss bei einem Wechsel von einer herkömmlichen PartG in eine PartG mbB nur der Name entsprechend den Vorschriften des § 8 Abs. 4 S. 3 PartGG geändert und gem. §§ 2 Abs. 1, 3, 5 Abs. 1 PartGG eingetragen werden. Versäumen die Partner die Änderung des Namens im Partnerschaftsvertrag oder deren Eintragung, wirkt sich dies nur dann auf das Eingreifen der Haftungsbeschränkung aus,

579 *Henssler,* AnwBl. 2014, 96, 99.
580 Siehe hierzu oben Kapitel 4 B. II. 4.
581 Siehe hierzu oben Kapitel 4 C. I.
582 Siehe Kapitel 4 C. II.
583 *Kilian,* MDR 2013, 1137, 1142; *Uwe/Roeding,* AnwBl. 2013, 309, 311.
584 Ebenso *Beck,* DZWIR 2012, 447, 448; *Tröger/Pfaffinger,* JZ 2013, 812, 814; *Praß,* in: Michalski/Römermann, PartGG, § 7 Rn. 24.

wenn der ordnungsgemäße Name auch nicht nach außen im Rechtsverkehr auf den Briefbögen verwendet wird. Insoweit kann auf die oben dargestellten Grundsätze verwiesen werden.[585]

3. Zeitpunkt der Vollendung des Wechsels von einer GbR in eine PartG mbB

Soll von einer GbR in eine PartG mbB gewechselt werden, so kann dies nach zutreffender Ansicht[586] durch einen identitätswahrenden Formwechsel geschehen. Bei der GbR handelt es sich jedoch im Gegensatz zur herkömmlichen PartG um eine gänzlich andere Rechtsform. Die GbR ist nicht in ein Register einzutragen, vgl. §§ 705 ff. BGB. Da die Partnerschaftsgesellschaft im Verhältnis zu Dritten gem. § 7 Abs. 1 PartGG erst mit Eintragung wirksam wird, setzt der Wechsel von der GbR in die PartG mbB daher in jedem Fall die Eintragung in das Partnerschaftsregister voraus.[587] Vor diesem Zeitpunkt existiert die Partnerschaftsgesellschaft als solche nicht,[588] so dass in diesem Zeitraum auch keine vertraglichen Verpflichtungen für sie eingegangen werden können. Das Mandatsverhältnis kann in diesem Stadium daher nur mit der GbR als Vertragspartnerin geschlossen werden. Folglich handelt es sich bei Verbindlichkeiten, die noch vor Eintragung der PartG mbB eingegangen wurden, um sog. Altverbindlichkeiten. Auf die Behandlung von diesen Altmandaten ist im Anschluss einzugehen. Die Vollendung des Wechsels von einer GbR in eine PartG mbB setzt daher in jedem Fall, neben den Voraussetzungen des § 8 Abs. 4 PartGG, die Eintragung in das Partnerschaftsregister voraus.

II. Vertragsschluss vor vollendetem Wechsel in die PartG mbB

Fraglich ist, wie sog. Altmandate zu behandeln sind, d. h. Mandatsverhältnisse, bei denen der Vertragsschluss schon vor dem vollendeten Wechsel in die PartG mbB erfolgt ist. Das PartGG trifft hierfür keine Regelung.[589]

Sowohl für die Partner der nunmehr als PartG mbB agierenden Gesellschaft als auch für deren Gläubiger ist es von entscheidender Bedeutung, ob nach dem erfolgten Wechsel in das neue Haftungsregime der PartG mbB die Haftung für Altmandate an die neue Haftungssituation angepasst wird oder die alte Haftungsverfassung der ursprünglichen Rechtsform weiterhin Anwendung findet.

---

585 Siehe Kapitel 4 C. II.

586 Vgl. zum Rechtsformwechsel einer GbR in eine PartG mbB *Binnewies/Wollweber,* AnwBl. 2014, 9 ff.; *Praß,* in: Michalski/Römermann, PartGG, § 7 Rn. 18; *Lieder,* NotBZ 2014, 128, 133 f.; *Wollweber,* DStR 2014, 1926, 1927; a.A. Uwer/Roeding, AnwBl. 2013, 309, 312.

587 So wohl auch *Praß,* in: Michalski/Römermann, PartGG, § 7 Rn. 18.

588 Vgl. *Praß,* in: Michalski/Römermann, PartGG, § 7 Rn. 7; *Meilicke,* in: Meilicke/Westphalen/Hoffmann/Lenz/Wolff, PartGG, § 7 Rn. 36.

589 *Henssler,* AnwBl. 2014, 96, 99.

1. *Nachhaftung für bereits begründete Verbindlichkeiten*

Ein Blick ins Gesellschaftsrecht zeigt, dass der Gesetzgeber diese Problematik in ähnlich gelagerten Fällen bedacht und geregelt hat. So sieht § 224 UmwG iVm § 225c UmwG iVm § 225a UmwG für die Umwandlung einer PartG in eine Kapitalgesellschaft eine zeitlich begrenzte Nachhaftung der Gesellschafter von fünf Jahren nach dem Formwechsel vor.[590] Nach § 224 Abs. 1 UmwG bezieht sich diese Nachhaftung auf Verbindlichkeiten der formwechselnden Gesellschaft, für die die Gesellschafter im Zeitpunkt des Formwechsels persönlich haften. Die persönliche Haftung der Gesellschafter wiederum besteht für Verbindlichkeiten, die im Zeitpunkt des Formwechsels bereits begründet waren.[591] Eine entsprechende Regelung sieht § 160 Abs. 1 HGB für das Ausscheiden eines Gesellschafters aus einer Personenhandelsgesellschaft vor sowie § 160 Abs. 3 HGB für den Wechsel eines persönlich haftenden Gesellschafters in eine Kommanditistenstellung.[592]

Die aufgezeigten Vorschriften zeigen, dass der Gesetzgeber eine zeitlich unbeschränkte Nachhaftung für bereits begründete Verbindlichkeiten bei Formwechsel bzw. Ausscheiden eines Gesellschafters nicht wollte. Nicht anders verhält es sich, wenn eine GbR bzw. eine herkömmliche PartG in das Haftungsinstitut der PartG mbB wechseln. Da es sich beim Wechsel von einer GbR in eine PartG mbB um einen Formwechsel handelt, der außerhalb des UmwG erfolgt,[593] sind die Vorschriften nicht direkt anwendbar. Entsprechendes gilt, wenn nicht einmal ein Formwechsel im engeren Sinne vorliegt, sondern nur ein Wechsel zwischen verschiedenen Varianten innerhalb der Rechtsform der Partnerschaftsgesellschaft. Auch die Vorschriften des HGB passen nicht direkt auf den hier vorliegenden Anwendungsfall.

Die bestehende Gesetzeslücke lässt sich aber durch eine Analogie schließen.[594] Da es vorliegend nicht wie in den Fällen des § 160 HGB um einen Wechsel in der Person eines Gesellschafters geht, sondern um die Änderung des Gesellschaftsstatus als solchem und auch kein Wechsel innerhalb des UmwG vorliegt, wie §§ 224, 225a ff. UmwG zugrunde liegt, erscheint eine Gesamtanalogie zu den §§ 160 Abs. 1, Abs. 3 HGB, 224, 225c, 225a UmwG vorzugswürdig.[595] Damit besteht grundsätzlich eine fünfjährige Nachhaftung der Gesellschafter.

---

590 Vgl. *Henssler,* AnwBl. 2014, 96, 99.

591 *Henssler,* AnwBl. 2014, 96, 99.

592 Vgl. *Henssler,* AnwBl. 2014, 96, 99.

593 Vgl. *Bachmann/Schaloske,* PHi 2013, 202, 204.

594 So auch *Henssler,* AnwBl. 2014, 96, 99; *Sommer/Treptow/Friemel,* NZG 2012, 1249, 1254; *Sommer/Treptow,* NJW 2013, 3269, 3273; *Tröger/Pfaffinger,* JZ 2013, 812, 814.

595 So auch *Wollweber,* DStR 2014, 1926, 1929; ebenfalls bejahend, aber für den Wechsel einer GbR in eine herkömmliche PartG *Sommer/Treptow/Dietlmeier,* NJW 2011, 1551, 1554; wohl auch *Riechert,* AnwBl. 2014, 266, 267; für eine direkte Anwendung der Vorschriften *Salger,* in: Münch. Hdb. GesR, Bd. 1, § 45a PartGG Rn. 11.

2. *Maßgeblicher Zeitpunkt für die Begründung einer Verbindlichkeit*

Kernfrage für die Nachhaftung ist aber, wann eine Verbindlichkeit im Sinne der §§ 224 UmwG, 160 Abs. 1 HGB begründet ist. Diese Frage ist im Hinblick auf das Ausscheiden eines Gesellschafters seit jeher umstritten.[596] Bei Anwaltssozietäten erlangt dieser Streit beim Wechsel der Gesellschaft in eine andere Rechtsform bzw. in ein neues Haftungsregime erneut Bedeutung. Auch hier stellt sich in entsprechender Anwendung der §§ 160 Abs. 1, Abs. 3 HGB, 224, 225c, 225a UmwG die Frage, ob eine Verbindlichkeit schon vor oder erst nach dem Wechsel in die neue Rechtsform bzw. Haftungsverfassung begründet ist. Von der Beantwortung der Frage hängt es ab, ob der Gesellschafter entsprechend der Haftungsverfassung der ursprünglichen Rechtsform seiner Gesellschaft persönlich haftet, dann aber zeitlich beschränkt auf fünf Jahre nach dem Wechsel in die neue Rechtsform[597] oder ob die neue Haftungsverfassung, in die gewechselt wurde, Anwendung findet.

a) Vertragsschluss als maßgeblicher Zeitpunkt

Teile der Literatur[598] stellen bei der Haftung von Anwaltssozietäten als maßgeblichen Zeitpunkt für die Begründung der Verbindlichkeit auf den Vertragsschluss ab.

Mit dem Vertragsschluss seien nicht nur die Primärpflichten begründet, sondern durch den Vertragsschluss werde auch unmittelbar der Rechtsgrund für sämtliche etwaige Folgeansprüche gesetzt.[599] Folgeansprüche, wie Schadensersatzansprüche, seien nur das Resultat der Verletzung von Vertragspflichten und konkretisieren daher nur das bestehende Vertragsverhältnis.[600]

Bei einem Wechsel von einer GbR bzw. herkömmlichen PartG in eine PartG mbB bedeutet dies, dass die Gesellschafter bei einem Vertragsschluss vor dem vollendeten Wechsel in die PartG mbB entsprechend des Haftungssystems der ursprünglichen Rechtsform persönlich für alle Folgeansprüche, d. h. insbesondere für Schadensersatzansprüche aus Mandatsverhältnissen haften würden. Die persönliche Nachhaftung wäre zeitlich aber auf fünf Jahre nach dem Wechsel in die PartGG begrenzt, §§ 160 HGB, 224, 225c, 225a UmwG analog.

---

596 Vgl. hierzu *Henssler,* AnwBl. 2014, 96, 99 mwN.

597 Vgl. § 160 Abs. 1 HGB, § 224 Abs. 2 UmwG.

598 *Sommer/Treptow/Dietlmeier,* NJW 2011, 1551, 1553; *Sommer/Treptow/Friemel,* NZG 2012, 1249, 1254; *Sommer/Treptow,* NJW 2013, 3269, 3272; *Tröger/Pfaffinger,* JZ 2013, 812, 814; wohl auch *Bauer,* BRAK-Mitt. 2013, 202, 205; *Schumacher,* Die Partnerschaftsgesellschaft mit beschränkter Berufshaftung für Rechtsanwälte, 142 f.

599 *Sommer/Treptow/Dietlmeier,* NJW 2011, 1551, 1553; *Sommer/Treptow/Friemel,* NZG 2012, 1249, 1254; *Sommer/Treptow,* NJW 2013, 3269, 3272 f.; zur Haftung ausscheidender Gesellschafter: *Habersack,* in: Großkomm. HGB, Bd. 3, § 128 Rn. 62; *Schmidt,* in: MünchKomm HGB, Bd. 2, § 128 Rn. 51.

600 *Sommer/Treptow/Dietlmeier,* NJW 2011, 1551, 1553; *Sommer/Treptow/Friemel,* NZG 2012, 1249, 1254.

Im Ergebnis würden die Partner der neuen PartG mbB daher für Altmandate nach dem alten Haftungsregime in Anspruch genommen werden können, sofern die Verbindlichkeit innerhalb von fünf Jahren nach dem Wechsel in die PartG mbB fällig ist und die Ansprüche in einer nach § 160 Abs. 1 HGB bzw. § 224 Abs. 2 UmwG bezeichneten Art geltend gemacht worden sind. Die Auswirkungen des Wechsels in die PartG mbB würden sich praktisch nur dann zeigen, wenn die Verbindlichkeit erst nach über fünf Jahren seit dem Wechsel fällig werden würde. In der Praxis werden diese Fälle nur selten vorkommen, so dass nach dieser Ansicht das Haftungsregime der PartG mbB nur für die neu abgeschlossenen Mandatsverhältnisse zur Anwendung kommt. Den Partnern bliebe für Altmandate daher nur die Möglichkeit, durch einzelgeschäftliche Vereinbarung mit dem jeweiligen Mandanten, die beschränkte Berufshaftung der PartG mbB auch für diese Verträge herbeizuführen.[601]

b) Pflichtverstoß als maßgeblicher Zeitpunkt

Demgegenüber befürworten andere Stimmen[602] und einzelne Instanzgerichte,[603] den Zeitpunkt der Pflichtverletzung als maßgeblich zu betrachten.

Bei der PartG mbB komme es entscheidend darauf an, ob diese im Moment der schädigenden Handlung alle Anforderungen an die Berufshaftpflichtverletzung erfüllt.[604] Da die Haftungsbeschränkung an den Unterhalt der Berufshaftpflichtversicherung im Zeitpunkt des schädigenden Ereignisses anknüpft, bestehe ein Zusammenhang zum Verstoßprinzip, so dass maßgeblicher Zeitpunkt für die Begründung der Verbindlichkeit nicht der Vertragsschluss, sondern die Pflichtverletzung sei.[605] Eine interessengerechte Lösung könne nur erreicht werden, wenn nicht pauschal auf den Zeitpunkt des Vertragsschlusses, sondern auf die Entstehung der konkreten Verbindlichkeit abgestellt werde.[606]

Die Konsequenz dieser Ansicht wäre, dass die Haftungsverfassung der PartG mbB immer dann Anwendung findet, wenn die konkrete Verbindlichkeit erst nach dem vollendeten Wechsel in die PartG mbB begründet wurde und zwar unabhängig davon, wann der zugrundeliegende Vertrag abgeschlossen wurde. In den hier hauptsächlich zu interessierenden Fällen wird es regelmäßig um eine Verbindlichkeit wegen Schlechterfüllung des Anwaltsvertrages aufgrund eines beruflichen Fehlers gehen. Für die Frage, wann diese Verbindlichkeit begründet ist, ist folglich nach

---

601 *Sommer/Treptow,* NJW 2013, 3269, 3273 f.; vgl. auch *Sommer/Treptow/Dietlmeier,* NJW 2011, 1551, 1553.

602 *Kilian,* MDR 2013, 1137, 1142; *Henssler,* AnwBl. 2014, 96, 99; *Diller,* in: Henssler/Prütting, BRAO, § 51a Rn. 28; *Schäfer,* in: MünchKomm BGB, Bd. 5, § 8 PartGG Rn. 16; *Ulmer,* AnwBl. 2014, 806, 811.

603 LG Bonn NZG 2011, 143, 145.

604 *Kilian,* MDR 2013, 1137, 1142.

605 *Henssler,* AnwBl. 2014, 96, 99.

606 LG Bonn NZG 2011, 143, 145.

dieser Auffassung der Zeitpunkt des Verstoßes gegen die vertragliche Pflicht, d.h. der Zeitpunkt, in welchem der Berufsfehler begangen wurde, entscheidend.

c) Stellungnahme

Die erst genannte Ansicht, die generell auf den Zeitpunkt des Vertragsschlusses abstellt, vermag nicht zu überzeugen. Eine interessengerechte Lösung kann nur erreicht werden, wenn nicht pauschal auf den Zeitpunkt des Vertragsschlusses, sondern auf die Entstehung der konkreten Verbindlichkeit und damit bei Sekundäransprüchen auf den Zeitpunkt der Pflichtverletzung abgestellt wird.

Die Gegenansicht, die auch bei Sekundäransprüchen auf Schadensersatz auf den Vertragsschluss abstellen will, kann zwar für sich beanspruchen, dass es durchaus zutreffend ist, dass der Rechtsgrund eines jeden Sekundäranspruches im Vertragsschluss wurzelt[607] – ohne Vertrag kann es keinen Sekundäranspruch geben – jedoch müssen für das Entstehen eines Sekundäranspruches weitere Umstände hinzutreten. Ein Anspruch auf Schadensersatz entsteht nur, wenn eine schuldhafte Pflichtverletzung begangen wurde. Diese resultiert aber nicht aus dem Vertragsschluss, sondern das für den Schadensersatzanspruch ursächliche Verhalten wird erst deutlich später begangen. Zum Vertragsschluss muss folglich noch ein wesentlicher Zwischenschritt im Sinne einer neuen Ursache hinzutreten. Für die Begründung einer Verbindlichkeit auf Schadensersatz aus einem beruflichen Fehler kann es daher nur auf den Zeitpunkt ankommen, in welchem der haftungsbegründende Tatbestand erfüllt ist.[608]

Entscheidende Bedeutung kommt in diesem Zusammenhang auch dem Gesetzeswortlaut zu: Nach § 8 Abs. 4 S. 1 PartGG tritt die Haftungsbeschränkung ein, wenn die vorgeschriebene Berufshaftpflichtversicherung abgeschlossen und unterhalten wird. Ist im Zeitpunkt der schädigenden Handlung der Wechsel in die PartG mbB vollständig vollzogen[609] und liegen die Voraussetzungen der Haftungsbeschränkung nach § 8 Abs. 4 PartGG vor, kommt dem geschädigten Gläubiger der erhöhte Versicherungsschutz, unter Umständen sogar ein Direktanspruch gegen den Versicherer nach § 115 VVG iVm § 8 Abs. 4 S. 2 PartGG zugute.[610] Es gilt das Verstoßprinzip.[611] Der Gläubiger kann sich daher den erhöhten Versicherungsschutz zu Nutze machen, unabhängig davon, ob das Mandatsverhältnis, in welchem der berufliche Fehler begangen wurde, vor oder nach dem Wechsel in die PartG mbB begründet wurde.[612] Daher kann auch der geschädigte Gläubiger

---

607 *Habersack,* in: Großkomm. HGB, Bd. 3, § 128 Rn. 62 f.; *Schmidt,* in: MünchKomm HGB, Bd. 2, § 128 Rn. 51.

608 So auch in Bezug auf eine Pflichtverletzung, die nach Ausscheiden eines Gesellschafters begangen wurde LG Bonn NZG 2011, 143, 145.

609 Siehe hierzu oben Kapitel 4 D. I.

610 *Sommer/Treptow,* NJW 2013, 3269, 3272 f.

611 So auch *Kilian,* MDR 2013, 1137, 1142; *Henssler,* AnwBl. 2014, 96, 99.

612 So auch *Kilian,* MDR 2013, 1137, 1142.

eines Altmandates in den Genuss der Vorteile der erhöhten Berufshaftpflichtversicherung der PartG mbB gelangen.[613]

Würde man nun der Gegenansicht folgen und auf den Zeitpunkt des Vertragsschlusses abstellen, hätte dies zur Konsequenz, dass bei einem innerhalb des Nachhaftungszeitraumes begangenen beruflichen Fehlers zum einen die Haftungsverfassung der ursprünglichen Rechtsform gilt und zum anderen § 8 Abs. 4 PartGG aufgrund des Vorliegens der Tatbestandsvoraussetzungen Anwendung finden würde. Dies bedeutet, dass der geschädigte Gläubiger eines Altmandates die Wahl hätte, ob er seinen Anspruch nach dem Haftungsregime durchsetzt, welches im Zeitpunkt des Vertragsschlusses gegolten hat oder ob er die erhöhte Berufshaftpflichtversicherung der PartG mbB in der Weise in Anspruch nimmt, dass er den Anspruch der PartG mbB gegen ihren Versicherungsgeber pfändet. Aufgrund der Geltung des Verstoßprinzips im Versicherungsrecht würde sich somit ein doppelter Schutz des Gläubigers und damit eine ungerechtfertigte Besserstellung im Vergleich zu Gläubigern von Neumandanten ergeben. Folglich ergibt sich eine sachgerechte Lösung nur dann, wenn man auf die Pflichtverletzung als maßgeblichen Zeitpunkt für die Begründung des Schadensersatzanspruches abstellt.

Auch der Einwand, die Schutzfunktion des nach § 8 Abs. 4 S. 3 PartGG vorgeschriebenen Namenszusatzes könne sich bei Altmandanten nicht mehr entfalten, ist aufgrund der Entscheidung des Gesetzgebers zur Entkoppelung von Namenszusatz und Haftungsbeschränkung nicht mehr tragend.[614] Dem Mandanten verbleibt die Möglichkeit, den Anwaltsvertrag nach § 627 BGB zu kündigen.[615] Hierzu ist sicherlich die Kenntnis des Mandanten vom Wechsel in die PartG mbB erforderlich. Diese kann er entweder durch besondere Mitteilung der Gesellschaft erhalten,[616] er muss sie aber jedenfalls gegen sich gelten lassen, wenn die PartG mbB als solche in das Partnerschaftsregister eingetragen ist, § 15 Abs. 1 HGB iVm § 3 Abs. 2, 4 Abs. 1 3, 5 Abs. 2 PartGG.

Für Altmandate ist folglich auf den Zeitpunkt des Pflichtverstoßes und nicht auf den Zeitpunkt des Vertragsschlusses abzustellen. Wird die pflichtverletzende Handlung im Zeitraum vor Vollendung des Wechsels in die PartG mbB begangen, dann gilt für die Haftung in einer Gesamtanalogie zu den §§ 160 HGB, 224, 225c, 225a UmwG eine fünfjährige Nachhaftung im ursprünglichen Haftungsregime. Erfolgt der Pflichtverstoß erst nach dem vollendeten Wechsel in die PartG mbB, gilt ausnahmslos die beschränkte Berufshaftung nach § 8 Abs. 4 PartGG.

---

613 Vgl. *Sommer/Treptow,* NJW 2013, 3269, 3272 f.

614 So auch *Henssler,* AnwBl. 2014, 96, 99.

615 *Henssler,* AnwBl. 2014, 96, 99.

616 So auch *Henssler,* AnwBl. 2014, 96, 99; *Bauer,* BRAK-Mitt. 2013, 202, 205.

E. Existenzvernichtungshaftung der Partner?

I. Ausgangslage: Kapitalentzug durch die Partner

Mit der Haftungsbeschränkung in § 8 Abs. 4 S. 1 PartGG haftet den Gläubigern einer PartG mbB für Schäden aus beruflichen Fehlern nur das Gesellschaftsvermögen. Für das Gesellschaftsvermögen bestehen aber keine Kapitalaufbringungs- und Kapitalerhaltungsvorschriften.[617] Die Partner sind daher nicht verpflichtet ihre Gesellschaft mit einer bestimmten Vermögensmasse auszustatten. Umgekehrt kennt das Gesetz aber auch kein Verbot der PartG mbB, Vermögen zu entziehen.

Bereits bei der herkömmlichen PartG stellte sich das Problem, dass diejenigen Partner, die von der Haftungsbeschränkung auf den bearbeitenden Partner nach § 8 Abs. 2 PartGG profitieren, bei einer drohenden Inanspruchnahme der PartG nach § 8 Abs. 1 S. 1 PartGG dem Gesellschaftsvermögen Werte entziehen, wenn das Privatvermögen des persönlich haftenden Partners sowie die Berufshaftpflichtversicherung augenscheinlich nicht zur Deckung des Schadens ausreichen.[618]

Das Problem des Kapitalentzugs erlangt nun bei der PartG mbB in einer deutlich ausgeprägteren Form Relevanz.[619] Liegen die Voraussetzungen der Haftungsbeschränkung vor, ist aber die Versicherungssumme bereits ausgeschöpft, sehen sich die Partner einer PartG mbB der Inanspruchnahme des Gesellschaftsvermögens ausgesetzt. Um den Zugriff auf das Gesellschaftsvermögen zu verhindern bzw. zu beschränken, besteht in dieser Haftungssituation ein Anreiz der Partner der PartG mbB, der Gesellschaft Vermögen zu entziehen.[620]

Der Gesetzgeber hat dieses Verhalten bei der PartG mbB nicht explizit unter Sanktion gestellt.[621] Dies bedeutet aber nicht zugleich, dass es zulässig ist, der Gesellschaft zu Lasten der Gläubiger Vermögen zu entziehen. Die Lösung muss in den allgemeinen Vorschriften gefunden werden. Im Rahmen der Kapitalgesellschaft wurde diese Problematik unter dem Begriff „Existenzvernichtungshaftung“[622] geprägt. Im Folgenden sollen die Grundzüge der Existenzvernichtungshaftung, wie sie sich nach der Rechtsprechung des BGH ergeben, dargestellt werden. Im Anschluss ist zu prüfen, ob und inwieweit sich diese Grundsätze auf die PartG mbB übertragen lassen.

---

617 *Römermann,* in: Michalski/Römermann, PartGG, Einf. Rn. 100.

618 *Henssler,* AnwBl. 2014, 96, 101.

619 *Henssler,* AnwBl. 2014, 96, 101.

620 *Henssler,* AnwBl. 2014, 96, 101.

621 *Henssler,* AnwBl. 2014, 96, 101.

622 Vgl. allgemein zur Entwicklung der Existenzvernichtungshaftung *Kölbl,* BB 2009, 1194 ff.; *Altmeppen,* NJW 2007, 2657 ff.; *Kurzwelly,* in: FS Goette, 277 ff.

II. Darstellung der Existenzvernichtungshaftung des GmbH Gesellschafters nach den Grundzügen der Rechtsprechung

1. Entwicklung der Rechtsprechung zur Existenzvernichtungshaftung

Die Haftung eines GmbH Gesellschafters, der seiner Gesellschaft unter Missachtung der Zweckbindung des Gesellschaftsvermögens Kapital entzieht, kann in der Rechtsprechung auf eine weitreichende Entwicklung zurückblicken.

Seinen Ursprung fand die Entwicklung der Haftung aus existenzvernichtendem Eingriff durch die Rechtsprechung des BGH im „Autokran-Urteil".[623] Die Entscheidung betraf die Haftung eines herrschenden Unternehmens innerhalb eines Konzerns. Der BGH erkannte die Haftung des Alleingesellschafters eines Unternehmens für die Verbindlichkeiten einer von ihm beherrschten GmbH an: Der Alleingesellschafter hat dem herrschenden Unternehmen Kapital entzogen um dieses innerhalb des Konzerns nach dem jeweiligen Bedarf zu verwenden.[624] Die Haftung des Alleingesellschafters des herrschenden Unternehmens wurde dogmatisch mit der Rechtsfigur des „qualifiziert faktischen Konzerns" begründet.[625]

In der dann folgenden „TBB-Entscheidung"[626] hat der BGH klargestellt, dass der Haftungstatbestand der Existenzvernichtungshaftung die objektiv missbräuchliche Ausnutzung der Gesellschafterstellung sei, die sich durch eine nicht angemessene Rücksichtnahme des Gesellschafters auf die Belange der abhängigen Gesellschaft ergebe.

Mit der Entscheidung „Bremer Vulkan"[627] im Jahr 2001 gab der BGH die Rechtsfigur des „qualifiziert faktischen Konzerns" auf, stützte die Haftung auf einen Eingriff in den Bestandsschutz der GmbH[628] und verankerte die Haftung dann schließlich in der „KBV Entscheidung"[629] zu einer konzernunabhängigen Durchgriffshaftung wegen Missbrauchs der Rechtsform. Mit dieser Entscheidung war die Existenzvernichtungshaftung als nunmehr von einem Konzern unabhängige gesellschaftsrechtliche Haftung etabliert.[630]

Nach den Grundzügen dieser Entscheidung sollte die Durchgriffshaftung auf den Gesellschafter wegen existenzvernichtenden Eingriffs nur dann eingreifen, wenn die entstandenen Nachteile nicht bereits durch eine Haftung nach den §§ 30, 31 GmbHG ausgeglichen werden können, da Hintergrund der Haftung sei, dass die Gesellschafter die Zweckbindung des Gesellschaftsvermögens zur

623 BGHZ 95, 330 ff.
624 *Decher/Kiefer,* in: Mü. Hdb. GesR, Bd. 3, § 69 Rn. 2.
625 BGHZ 95, 330, 339 ff.
626 BGHZ 122, 123 ff.
627 BGHZ 149, 10 ff.
628 BGHZ 149, 10, 16.
629 BGHZ 151, 181 ff.
630 *Kölbl,* BB 2009, 1194.

vorrangigen Gläubigerbefriedigung verletzen und so die Rechtsform der GmbH missbrauchen.[631]

Die weitere Entwicklung der Rechtsprechung zum existenzvernichtenden Eingriff fand mit der „Trihotel-Entscheidung"[632] eine dogmatische Wendung. Der BGH bestätigte die Existenzvernichtungshaftung als solche, gab aber die Konzeption der Durchgriffshaftung auf die Gesellschafter auf.[633] Fortan ordnete er die Existenzvernichtungshaftung als eine Fallgruppe der vorsätzlichen sittenwidrigen Schädigung nach § 826 BGB ein.[634] Diese Haftung ist nach den Grundsätzen des BGH nunmehr als Innenhaftung ausgestaltet, die zu der Haftung nach den §§ 30, 31 GmbHG eigenständig und nicht weiter subsidiär anzusehen ist.[635] Die Haftung nach § 826 BGB soll die Schutzlücke schließen, die durch kompensationslose Eingriffe in das Gesellschaftsvermögen jenseits der Stammkapitalziffer erfolgen.[636]

In der nunmehr letzten Entscheidung „Gamma"[637] lehnte der BGH die Haftung aus existenzvernichtendem Eingriff wegen materieller Unterkapitalisierung ab. Die unzureichende Kapitalausstattung stehe einem existenzvernichtenden Eingriff in das zur Befriedigung von Gläubigerinteressen gebundene Gesellschaftsvermögen nicht gleich.[638]

2. *Tatbestandsvoraussetzungen und Rechtsfolge der Haftung aus existenzvernichtendem Eingriff nach der TRIHOTEL Entscheidung des BGH*

a) *Tatbestandsvoraussetzungen nach § 826 BGB*

aa) Kompensationsloser Eingriff in das Gesellschaftsvermögen

Die Existenzvernichtungshaftung setzt einen kompensationslosen Eingriff in das Gesellschaftsvermögen voraus.[639] Durch diesen Eingriff verletzen die Gesellschafter die Zweckbindung des Gesellschaftsvermögens zur vorrangigen Befriedigung der Gesellschaftsgläubiger.[640] Die Zweckbindung des Gesellschaftsvermögens und die damit verbundene Rücksichtnahmepflicht stellen das Korrelat zur Haftungsbeschränkung dar.[641] Entziehen die Gesellschafter der Gesellschaft Vermögen ohne

---

631 BGHZ 151, 181, 187.
632 BGHZ 173, 246 ff.
633 BGHZ 173, 246, 247.
634 BGHZ 173, 246, 247.
635 BGHZ 173, 246, 247.
636 BGHZ 173, 246, 262.
637 BGHZ 176, 204 ff.
638 BGHZ 176, 204, 212 ff.
639 BGHZ 173, 246, 256.
640 BGHZ 173, 246, 256.
641 BGHZ 173, 246, 256 f.

Kompensation, verstoßen sie somit gegen die Pflicht zur Respektierung der Zweckbindung des Gesellschaftervermögens.[642]

bb) Eingriff führt zur Insolvenz der Gesellschaft bzw. vertieft diese

Der kompensationslose Eingriff in das Gesellschaftsvermögen muss zur Insolvenz der Gesellschaft führen bzw. diese vertiefen.[643]

cc) Vorsatz

Der handelnde Gesellschafter muss mit mindestens dolus eventualis bezüglich des Entzugs von Vermögensmasse zu Lasten der Gläubiger handeln.[644] Ihm muss bewusst sein, dass durch die durchgeführte Maßnahme das Gesellschaftsvermögen sittenwidrig geschädigt wird.[645] Ausreichend hierfür ist, dass dem Gesellschafter die Tatsachen bewusst sind, die zur Sittenwidrigkeit führen.[646] Nicht erforderlich ist, dass er sich der Sittenwidrigkeit als solcher bewusst ist.[647]

b) Rechtsfolge

Die Existenzvernichtungshaftung ist nunmehr als reine Innenhaftung ausgestaltet: Der Gesellschafter haftet gegenüber seiner Gesellschaft auf Schadensersatz.[648] Im Verhältnis zu Ansprüchen aus §§ 30, 31 GmbHG besteht keine Subsidiarität, sondern vielmehr Anspruchsgrundlagenkonkurrenz soweit sich die Ansprüche überschneiden.[649]

III. Übertragbarkeit der Rechtsprechung zum existenzvernichtenden Eingriff auf die PartG mbB

1. Meinungsstand in der Literatur

Die Übertragbarkeit der Rechtsprechungsgrundsätze zur Existenzvernichtungshaftung auf die PartG mbB setzt voraus, dass das Gesellschaftsvermögen der PartG mbB ebenso wie das Gesellschaftsvermögen der GmbH derart gebunden ist, dass es der vorrangigen Befriedigung der Gesellschaftsgläubiger dient.

642 BGHZ 173, 246, 256.
643 BGHZ 173, 246, 252.
644 BGHZ 173, 246, 258 f.
645 BGHZ 173, 246, 259.
646 BGHZ 173, 246, 259.
647 BGHZ 173, 246, 259.
648 BGHZ 173, 246, 252.
649 BGHZ 173, 246, 262 f.

In der Literatur wird die Zweckbindung des Gesellschaftsvermögens überwiegend bejaht.[650] *Römermann*[651] sowie *Römermann/Praß*[652] tragen zur Begründung vor, bei dem Gesellschaftsvermögen der PartG mbB handele es sich, soweit die Haftungsbeschränkung des § 8 Abs. 4 PartGG greife, um die einzige Haftungsmasse, die den Gläubigern zur Verfügung stehe. Die Zweckbindung des Gesellschaftsvermögens sei ein Korrelat zur Haftungsbeschränkung und damit mit dem Vermögen einer Kapitalgesellschaft vergleichbar.[653] *Tröger/Pfaffinger*[654] sehen in der Berufshaftpflichtversicherung der PartG mbB ein gesetzlich vorgeschriebenes Mindestvermögen der PartG mbB, das funktional einem gesetzlich vorgeschriebenen Garantiekapital entspreche und damit mit der Funktionsweise des Gesellschaftsvermögens bei der GmbH vergleichbar sei.

Schäfer[655] hingegen verneint eine Zweckbindung des Gesellschaftsvermögens der PartG mbB. Die Haftungsmasse der Gläubiger sei in der Berufshaftpflichtversicherung zu sehen.[656] Dementsprechend seien die Gläubiger vor dem Ausfall dieses Haftungsfonds zu schützen.[657]

2. Stellungnahme

a) Zweckbindung des Gesellschaftsvermögens der PartG mbB im Vergleich zur GmbH

Ob das Gesellschaftsvermögen der PartG mbB ebenso wie das der GmbH zur vorrangigen Befriedigung der Gesellschaftsgläubiger zweckgebunden ist, ist anhand eines Vergleichs der Funktion des Gesellschaftsvermögens der PartG mbB einerseits und des Gesellschaftsvermögens der GmbH andererseits zu untersuchen. Hierbei ist zunächst der Vergleich zur „normalen" GmbH anzustellen und sodann auf die Rechtsanwalts-GmbH im Besonderen einzugehen.

aa) Funktion des Gesellschaftsvermögens bei der GmbH und der PartG mbB

Die Existenzvernichtungshaftung wurde von der Rechtsprechung zur GmbH und damit zu einer Kapitalgesellschaft entwickelt. Kennzeichnend für eine

---

650 *Römermann/Praß,* NZG 2012, 601, 607; *Römermann,* in: Michalski/Römermann, PartGG, § 8 Rn. 116; *Römermann/Dibbelt,* PartG und PartG mbB, 54 f.; *Tröger/Pfaffinger,* JZ 2013, 812, 820; im Ergebnis auch *Werner,* StBW 2013, 715, 718; a.A. *Schäfer,* in: MünchKomm BGB, Bd. 5, § 8 PartGG Rn. 46; *Lieder,* NotBZ 2014, 81, 85.

651 *Römermann,* in: Michalski/Römermann, PartGG, § 8 Rn. 116.

652 *Römermann/Praß,* NZG 2012, 601, 607.

653 *Römermann,* in: Michalski/Römermann, PartGG, § 8 Rn. 116; *Römermann/Praß,* NZG 2012, 601, 607.

654 *Tröger/Pfaffinger,* JZ 2013, 812, 820.

655 *Schäfer,* in: MünchKomm BGB, Bd. 5, § 8 PartGG Rn. 46.

656 *Schäfer,* in: MünchKomm BGB, Bd. 5, § 8 PartGG Rn. 46.

657 *Schäfer,* in: MünchKomm BGB, Bd. 5, § 8 PartGG Rn. 46.

Kapitalgesellschaft ist, dass Kapital gebildet wird. Dieses Kapital steht den Gesellschaftsgläubigern als Haftungsmasse zur Verfügung. Im Gegenzug haften die Gesellschafter nicht persönlich, sondern die Haftung ist auf das Vermögen der Gesellschaft beschränkt.[658] Es bildet die einzige Haftungsmasse auf die die Gesellschaftsgläubiger zugreifen können. Zur Sicherung der Gläubigerinteressen sieht das Gesetz daher ein bestimmtes Mindestkapital vor.[659] Die Haftungsbeschränkung muss sozusagen „erkauft" werden.[660]

Die PartG mbB hingegen ist eine Personengesellschaft und keine Kapitalgesellschaft. Anders als bei der Kapitalgesellschaft steht bei der Personengesellschaft nicht die Bildung von Kapital im Vordergrund. Im Gegenzug ist dafür die Haftung der Gesellschafter nicht auf das Gesellschaftsvermögen beschränkt, sondern es besteht grundsätzlich eine persönliche Gesellschafterhaftung.[661] Die PartG mbB stellt aber insoweit eine Besonderheit dar, als sie Haftungsbeschränkung und persönliche Gesellschafterhaftung kombiniert. Soweit es um berufliche Fehler geht, haftet den Gläubigern gem. § 8 Abs. 4 S. 1 PartGG nur das Gesellschaftsvermögen. Für alle sonstigen Verbindlichkeiten haften neben der Gesellschaft die Partner gem. § 8 Abs. 1 S. 1 PartGG unbeschränkt persönlich. Diese persönliche Haftung der Partner für Verbindlichkeiten, die nicht aus beruflichen Fehlern herrühren, tritt gem. § 8 Abs. 1 S. 1 PartGG gleichrangig neben die Haftung der PartG mbB mit ihrem Gesellschaftsvermögen. Die Gesellschaftsgläubiger haben daher ein Wahlrecht, wen sie wegen ihrer Verbindlichkeit in Anspruch nehmen. Diesbezüglich unterscheidet sich die PartG mbB nicht vom Regelfall einer Personengesellschaft. Es gibt für sonstige Verbindlichkeiten keine Haftungsbeschränkung und daher auch keine der GmbH vergleichbare Zweckbindung des Gesellschaftsvermögens.

Anders ist dies aber bei der Haftung aus beruflichen Fehlern. Da hier nach § 8 Abs. 4 S. 1 PartGG grundsätzlich nur das Gesellschaftsvermögen als Haftungsmasse dem Zugriff der Gläubiger zur Verfügung steht. Dies bedeutet, dass der Gläubiger, der eine Verbindlichkeit aus einem beruflichen Fehler gegen die PartG mbB geltend macht, nur auf das Gesellschaftsvermögen als einzige Haftungsmasse zur Befriedigung seiner Forderung zurückgreifen kann.

Diese Haftungsmasse wird zwar dadurch zugunsten des Gläubigers abgesichert, dass die Pflicht zum Unterhalt einer spezifischen Berufshaftpflichtversicherung nach § 8 Abs. 4 S. 1 PartGG iVm § 51a BRAO besteht, dieser erhält jedoch im Regelfall keinen Direktanspruch gegen den Versicherungsgeber. Ein Direktanspruch besteht nur unter den engen Voraussetzungen des § 115 Abs. 1 VVG iVm § 8 Abs. 4 S. 2 PartGG.

Das hat für den Gesellschaftsgläubiger den Nachteil, dass er regelmäßig erst einen Titel gegen die PartG mbB erstreiten muss und erst dann den Anspruch der PartG mbB gegen ihre Versicherung im Wege der Zwangsvollstreckung pfänden

658 Vgl. § 13 Abs. 2 GmbHG, § 1 Abs. 1 S. 2 AktG.
659 Vgl. § 5 Abs. 1 GmbHG, § 7 AktG.
660 Vgl. *Römermann/Praß*, NZG 2012, 601, 606.
661 Vgl. *Taeger*, Gesellschaftsrecht, 8.

kann. Ist die Versicherungssumme bereits ausgeschöpft, besteht keine Leistungspflicht des Versicherers mehr[662] und damit auch kein pfändbarer Anspruch.

Aber selbst wenn im Einzelfall eine Leistungspflicht der Berufshaftpflichtversicherung gegeben ist, ist nach § 8 Abs. 4 S. 1 PartGG entsprechend der gesetzlichen Wertung vorrangig das Gesellschaftsvermögen die Haftungsmasse, die für den Gläubiger bereitgehalten wird. Der Umweg über die Pfändung der Ansprüche der PartG mbB gegen ihre Berufshaftpflichtversicherung soll dem Gläubiger nur zu seinem Schutz dienen, wenn der Betrag des Gesellschaftsvermögens im konkreten Fall nicht ausreichend ist, um seine Verbindlichkeit zu begleichen. Er bleibt aber gegenüber dem direkten Zugriff auf das Gesellschaftsvermögen der PartG mbB nach der gesetzgeberischen Wertung des § 8 Abs. 4 S. 1 PartGG der subsidiäre Weg. Die Berufshaftpflichtversicherung übernimmt somit in praktischer Hinsicht nur die Funktion, das Kapital zu erhalten.[663]

Folglich sind die Gläubiger der PartG mbB auf das Gesellschaftsvermögen als Haftungsmasse angewiesen. Dies zeigt sich umso mehr, wenn die Berufshaftpflichtversicherung gegenüber der PartG mbB ganz oder teilweise wegen Ausschöpfung der Versicherungssumme nicht zur Leistung verpflichtet ist.

Vergleicht man die Funktion des Gesellschaftsvermögens mit der bei der GmbH, stellt man fest, dass bei beiden Rechtsformen das Gesellschaftsvermögen der vorrangigen Befriedigung der Interessen der Gesellschaftsgläubiger vorbehalten bleibt. Ebenso wie bei der GmbH die Zweckbindung auch für den Betrag bejaht wird, der über die Mindeststammkapitalziffer hinausgeht, sofern dies zum Schutz der Gläubigerinteressen benötigt wird,[664] ist auch bei der PartG mbB das Gesellschaftsvermögen trotz des Schutzmechanismus durch die Berufshaftpflichtversicherung aus den aufgezeigten Gründen insoweit zur vorrangigen Befriedigung der Gläubiger zweckgebunden, als dies zur Absicherung derer Interessen notwendig ist.[665]

bb) Besonderheiten bei der Rechtsanwalts-GmbH

Etwas anderes ergibt sich auch nicht aus einem Vergleich der PartG mbB mit der Rechtsanwalts-GmbH, für die im Vergleich zur normalen GmbH Besonderheiten bestehen.

Nicht anders als bei Verbindlichkeiten aus beruflichen Fehlern, die gegen die PartG mbB geltend gemacht werden, verhält sich die Situation bei der Rechtsanwalts-GmbH. Dem Gläubiger bleibt es auch hier unbenommen, einen erstrittenen

662 Siehe hierzu oben Kapitel 4 B. II. 8. b).
663 So auch *Linardatos*, VersR 2013, 1488, 1495.
664 BGHZ 173, 246, 256; BGHZ 176, 204, 211.
665 So auch *Römermann*, in: Michalski/Römermann, PartGG, § 8 Rn. 116; *Römermann/Praß*, NZG 2012, 601, 607, welche die Zweckbindung des Gesellschaftsvermögens mit dem schlichten Hinweis bejahen, dass es sich im Rahmen des § 8 Abs. 4 PartGG bei dem Gesellschaftsvermögen um die einzige Haftungsmasse handele; im Ergebnis wohl auch bejahend *Werner*, StBW 2013, 715, 718.

Titel im Wege der Zwangsvollstreckung in eine Forderung durchzusetzen. Bei einer Anwalts-GmbH kann er aufgrund der Pflicht zum Abschluss der Berufshaftpflichtversicherung nach § 59j BRAO ebenfalls den Anspruch der Anwalts-GmbH gegen ihre Versicherung pfänden. Dieser zusätzliche Schutz bei einer Anwalts-GmbH ändert aber nichts daran, dass dem Gesellschaftsvermögen die Funktion als eine den Gläubigern dienende Haftungsmasse versagt wird. Es handelt sich lediglich um einen weiteren Schutz der Gläubiger eines Anwaltsvertrags, welcher das Vertrauensverhältnis des Auftraggebers zur Rechtsanwaltsgesellschaft stärken soll.[666]

Dass die Berufshaftpflichtversicherung einer Rechtsanwalts-GmbH nur einen zusätzlichen Schutz zur sonstigen Absicherung des Gesellschaftsvermögens darstellen kann, wird dann klar, wenn man sich vor Augen hält, dass eine Leistung der Versicherung dann ausgeschlossen ist, wenn die Versicherungssumme in dem betreffenden Versicherungsjahr bereits ausgeschöpft ist.[667] In diesem Fall ist der Gläubiger, der gegen die Gesellschaft eine Verbindlichkeit aus einem beruflichen Fehler geltend macht, auf das Gesellschaftsvermögen als Haftungsmasse angewiesen. Daher stellt auch bei der Rechtsanwalts-GmbH das Gesellschaftsvermögen eine vorrangig den Gläubigern zustehende und damit zweckgebundene Haftungsmasse dar, soweit dies zur Befriedigung der Gläubigerinteressen notwendig ist.

b) Fazit

Das Gesellschaftsvermögen der PartG mbB ist zur vorrangigen Befriedigung der Gesellschaftsgläubiger zweckgebunden, soweit es sich um Verbindlichkeiten aus beruflichen Fehlern handelt. Im Übrigen besteht für sonstige Verbindlichkeiten der PartG mbB eine dem Gesellschaftsvermögen der GmbH vergleichbare Zweckbindung nicht.

Die Zweckbindung des Gesellschaftsvermögens der PartG mbB geht aber nur so weit, wie das entzogene Gesellschaftsvermögen tatsächlich zur Befriedigung der Gläubigerinteressen benötigt wird.[668] Aufgrund der Zweckbindung des Gesellschaftsvermögens ist damit auch die Rechtsprechung des BGH zur Existenzvernichtungshaftung übertragbar.

IV. Ergebnis

Der Vergleich zwischen der GmbH und der PartG mbB zeigt, dass das Gesellschaftsvermögen bei beiden Rechtsformen vorrangig dem Gläubigerschutz dient. Für die PartG mbB geht dies aber nur so weit, wie das Gesellschaftsvermögen zur Befriedigung der Gläubiger wegen einer beruflichen Verbindlichkeit benötigt wird. Im Ergebnis ist die Bindung des Gesellschaftsvermögens bei der PartG mbB daher nicht so umfassend wie bei der GmbH. Für die Partner der PartG mbB besteht damit

---

666 *Henssler*, NJW 1999, 241, 244; *Henssler*, in: Henssler/Prütting, BRAO, § 59j Rn. 1.
667 Siehe hierzu oben Kapitel 4 B. II. 8 b).
668 BGHZ 173, 246, 256; BGHZ 176, 204, 211.

dem Grunde nach eine Existenzvernichtungshaftung. Diese tritt aber nur dann ein, wenn das Gesellschaftsvermögen nicht zur Deckung des Anspruchs aus fehlerhafter Berufsausübung ausreicht und der Gläubiger seinen Schaden auch nicht durch die Leistung des Versicherers kompensieren kann.[669]

F. Haftung der Partner wegen unzureichender Ausstattung des Gesellschaftsvermögens?

Die PartG mbB ist eine Personengesellschaft, die mit einer partiellen Haftungsbeschränkung ausgestattet ist. Doch jede Haftungsbeschränkung hat ihren Preis. Sie kann nur dann erfolgen, wenn zugleich sichergestellt ist, dass die Gläubiger in ihren Interessen hinreichend geschützt sind.[670] Der Gläubigerschutz wird in der PartG mbB durch die Pflicht zum Abschluss einer Berufshaftpflichtversicherung mit einer Mindestdeckungssumme von 2,5 Mio. EUR gewahrt. Doch angesichts der Tatsache, dass der Gesetzgeber bei Schaffung des neuen § 8 Abs. 4 PartGG gerade Großkanzleien vor Augen hatte, die üblicherweise in mehrköpfigen Teams ein Mandat – nicht selten mit einem Gegenstandswert von mehr als 2,5 Mio. EUR – bearbeiten,[671] stellt sich die Frage, ob der Mindestversicherungsschutz in Höhe von 2,5 Mio. EUR überhaupt dem Sicherungsbedürfnis der Gläubiger gerecht werden kann.

Vor diesem Hintergrund ist zu prüfen, ob in der PartG mbB die Pflicht zum Vorhalt eines angemessenen Gesellschaftsvermögens besteht. Bei der PartG mbB ist die Haftung für Berufsfehler auf das Gesellschaftsvermögen beschränkt. Sie weist insoweit eine ähnliche Haftungsbeschränkung wie die GmbH auf, bei welcher die Haftung für sämtliche Verbindlichkeiten auf das Gesellschaftsvermögen beschränkt ist.[672] Die Sicherung des Gesellschaftsvermögens als Haftungsmasse fußt bei beiden Rechtsformen aber auf einem anderen Mechanismus: Die GmbH ist mit einem Mindeststammkapital ausgestattet, welches durch den Grundsatz der realen Kapitalaufbringung und Kapitalerhaltung[673] in seinem Bestand erhalten werden muss. Demgegenüber schreibt das Gesetz für die PartG mbB schon gar kein Mindestkapital vor. Bei der PartG mbB wird der Erhalt der Haftungsmasse durch einen Umweg

669 So im Ergebnis auch *Römermann/Praß*, NZG 2012, 601, 608; *Linardatos*, VersR 2013, 1488, 1495; *Lieder*, NotBZ 2014, 81, 85; *Werner*, StBW 2013, 715, 718; ebenso *Kienzler*, Die Partnerschaftsgesellschaft mit beschränkter Berufshaftung, 165 ff., aber ohne Differenzierung nach Art der Verbindlichkeit; die Existenzvernichtungshaftung in der PartG mbB generell ablehnend *Schüppen*, WpG 2013, 1193, 1202.

670 Siehe nur *Ruppert*, DStR 2013, 1623, 1625; *Grunewald*, GWR 2013, 393; *Uwer/Roeding*, AnwBl. 2013, 309.

671 Vgl. Begr. RegE zur Einf. einer PartG mbB, BT-Drucks. 17/10487, 11.

672 § 11 Abs. 2 GmbHG.

673 Vgl. allgemein zur Kapitalaufbringung bei der GmbH ausführlich *Wiese/Schneider*, in: MAH GmbH-Recht, § 5 Rn. 1 ff.; sowie zur Kapitalerhaltung: *Schröder*, in: MAH GmbH-Recht, § 6 Rn. 1 ff.

sichergestellt: Gem. § 8 Abs. 4 PartGG iVm § 51a BRAO besteht die Pflicht zum Unterhalt einer Berufshaftpflichtversicherung mit einer Mindestdeckungssumme von 2,5 Mio. EUR.

Letztlich stellt sich bei allen Rechtsformen mit beschränkter Haftung dieselbe Frage: Ist der Sicherung der Haftungsmasse hinreichend Rechnung getragen worden, so dass der Zugriff der Gläubiger auf den Haftungsfond auch bei einer umfassend werbend tätigen Gesellschaft angemessen gesichert ist?

I. Pflicht zum Vorhalt eines angemessen Kapitals bei der PartG mbB?

Fraglich ist, ob die Partner einer PartG mbB verpflichtet sind die Gesellschaft mit einem angemessenen Gesellschaftsvermögen auszustatten. Hierzu ist zunächst einmal die bei der GmbH geführte Diskussion[674] über die Pflicht zur angemessenen Kapitalausstattung aufzuwerfen. In einem nächsten Schritt ist sodann zu untersuchen, welche Rückschlüsse sich aus dieser Diskussion für die PartG mbB ziehen lassen.

1. Grundsatz der angemessenen Kapitalausstattung bei der GmbH

Die GmbH muss gem. § 5 Abs. 1 GmbHG mit einem Mindeststammkapital von 25.000 EUR ausgestattet sein. Ob darüber hinaus eine weitergehende Kapitalausstattung, gemessen an der Geschäftstätigkeit der GmbH, erforderlich ist, ist Gegenstand einer kontroversen Diskussion.[675] Die Diskussion wird häufig unter dem Stichwort der Haftung der Gesellschafter wegen „Unterkapitalisierung" geführt.[676] Gemeint ist damit die sog. materielle[677] qualifizierte Unterkapitalisierung.[678] Diese liegt vor, wenn die Gesellschaft im Verhältnis zu ihrer Geschäftstätigkeit und den damit verbundenen Verbindlichkeiten mit völlig unzureichendem Kapital ausgestattet ist und ein wirtschaftlicher Misserfolg zu Lasten der Gläubiger bei normalem Geschäftsverlauf mit hoher Wahrscheinlichkeit zu erwarten ist.[679] Ob eine derartige materielle

---

674 Vgl. Überblick bei *Lutter/Bayer* in,: Lutter/Hommelhoff, GmbHG, § 13 Rn. 20 ff.; *Hueck/Fastrich,* in: Baumbach/Hueck, GmbHG, § 5 Rn. 5 f.

675 *Lutter/Bayer,* in: Lutter/Hommelhoff, GmbHG, § 13 Rn. 20.

676 Vgl. *Raiser,* in: Ulmer/Habersack/Winter, GmbHG, Bd. 1, § 13 Rn. 153; *Bitter,* in: Scholz, GmbHG, § 13 Rn. 138; *Altmeppen* in,: Roth/Altmeppen, GmbHG, § 13 Rn. 139; *Hueck/Fastrich,* in: Baumbach/Hueck, GmbHG, § 5 Rn. 5.

677 *Altmeppen,* in: Roth/Altmeppen, GmbHG, § 13 Rn. 139; *Lutter/Bayer,* in: Lutter/Hommelhoff, GmbHG, § 13 Rn. 20; *Bitter,* in: Scholz, GmbHG, § 13 Rn. 142 f.

678 Im Unterschied dazu liegt eine formelle Unterkapitalisierung vor, wenn das Stammkapital seiner Höhe nach im Verhältnis zum Geschäftsumfang der GmbH nicht ausreichend ist, aber der hierfür fehlende Betrag durch Gesellschafterdarlehen aufgebracht ist, *Raiser,* in: Ulmer/Habersack/Winter, GmbHG, Bd. 1, § 13 Rn. 153.

679 *Grunewald,* Gesellschaftsrecht, § 13 Rn. 158; *Lutter/Bayer* in: Lutter/Hommelhoff, GmbHG, § 13 Rn. 20; *Raiser,* in: Ulmer/Habersack/Winter, GmbHG, Bd. 1, § 13

Unterkapitalisierung zu einer Haftung der Gesellschafter führt, ist umstritten. Die Lösung dieser Frage hängt entscheidend davon ab, ob für die GmbH der Grundsatz der angemessenen Kapitalausstattung aufgestellt wird.

a) Meinungsstand in der Literatur

aa) Befürworter der Pflicht zur angemessenen Kapitalausstattung der GmbH

Weite Teile der Literatur[680] befürworten die Pflicht der Gesellschafter zur Ausstattung ihrer GmbH mit einem Kapital, das im Verhältnis zum Umfang der Geschäftstätigkeit angemessen ist. Zur Begründung wird vorgebracht, die Höhe des Stammkapitals sei nicht frei; ließe man das Mindeststammkapital auch für eine GmbH ausreichen, die einen umfangreichen Geschäftsbetrieb und einen Umsatz von mehreren Millionen pro Jahr aufweise, so liefe der Gläubigerschutz ins Leere.[681] Die unzureichende Kapitalausstattung widerspreche dem objektiven Zweck des § 13 Abs. 2 GmbHG.[682] Einige Stimmen sprechen sogar von einem Missbrauch der Rechtsform der GmbH.[683] Das Kapital diene dazu, ein Finanzpolster zu bilden, das Verluste auffängt und so eine Insolvenz der Gesellschaft vermeidet.[684] Aus diesem Grund müsse die Höhe des Kapitals zumindest in den äußeren Grenzen angemessen zum Verhältnis der Geschäftstätigkeit und dem damit verbundenen wirtschaftlichen Risiko der GmbH stehen.[685]

Bei der Frage, welche Rechtsfolge sich aus der völlig unzureichenden Kapitalausstattung der GmbH ergibt, herrscht wiederum keine Einigkeit.

Der Großteil der Stimmen befürwortet eine Durchgriffshaftung der Gläubiger auf die Gesellschafter.[686] Wie die Außenhaftung konkret ausgestaltet sein soll,

---

Rn. 152 f.; *Pentz,* in: Rowedder/Schmidt-Leithoff, GmbHG, § 13 Rn. 149; vgl. auch *Hölzle,* ZIP 2004, 1729, 1731.

680 *Raiser,* in: Ulmer/Habersack/Winter, GmbHG, Bd. 1, § 13 Rn. 157 ff; *Lutter/Bayer,* in: Lutter/Hommelhoff, GmbHG, § 13 Rn. 20; *Bitter,* in: Scholz, GmbHG, § 13 Rn. 143 ff.; *Blaurock,* in: FS Stimpel, 553, 559 ff.; *Stimpel,* in: FS Goerdeler, 601, 607 ff.; *Lutter/Hommelhoff,* ZGR 1979, 31, 58 ff; *Altmeppen,* in: Roth/Altmeppen, GmbHG, § 13 Rn. 142 ff., insbesondere Rn. 145 ff.; *Wiedemann,* Gesellschaftsrecht, Bd. 1, 570 ff.; *Hölzle,* ZIP 2004, 1729, 1730; *Bitter,* ZIP 2010, 1, 9 f.

681 *Bitter,* in: Scholz, GmbHG, § 13 Rn. 146; *Raiser,* ZGR 1995, 156, 165.

682 *Lutter/Bayer,* in: Lutter/Hommelhoff, GmbHG, § 13 Rn. 20; *Bitter,* in: Scholz, GmbHG, § 13 Rn. 143.

683 *Lutter/Bayer,* in: Lutter/Hommelhoff, GmbHG, § 13 Rn. 20; *Hölzle,* ZIP 2004, 1729, 1733.

684 *Lutter/Bayer,* in: Lutter/Hommelhoff, GmbHG, § 13 Rn. 20; *Bitter,* in: Scholz, GmbHG, § 13 Rn. 143; *Lutter/Hommelhoff,* ZGR 1979, 31, 58 f.

685 *Lutter/Bayer,* in: Lutter/Hommelhoff, GmbHG, § 13 Rn. 20; vgl. auch *Bitter,* ZIP 2010, 1, 9 f.; *Hölzle,* ZIP 2010, 913 f.

686 *Lutter/Bayer,* in: Lutter/Hommelhoff, GmbHG, § 13 Rn. 21; Kübler/Assmann, Gesellschaftsrecht, 296 ff.; *Lutter/Hommelhoff,* ZGR 1979, 31, 58 ff.; *Wiedemann,* ZGR 2003, 283, 295 f.; *Stimpel,* in: FS Goerdeler, 601, 607 ff.; *Wüst,* JZ 1992, 710,

insbesondere welche Voraussetzungen im Einzelnen hierfür erfüllt sein müssen, wird unterschiedlich beantwortet. Teilweise wird die Haftung auf § 128 HGB analog[687] als akzessorische Haftung zur Gesellschaftsschuld gestützt, teilweise auf § 826 BGB, der dann die unzureichende Kapitalausstattung als eigene Fallgruppe umfassen soll.[688]

Weitere wenige Stimmen im Schrifttum[689] verneinen eine Außenhaftung und gehen stattdessen von einer Innenhaftung der Gesellschafter gegenüber der Gesellschaft aus. Die sei begründet, da es nicht ausschließlich um die Verletzung individueller Interessen gehe, sondern um den Verkehrsschutz vor einer nicht hinreichend ausgestatteten Gesellschaft.[690] Ferner stehen die Gesellschafter nur gegenüber ihrer Gesellschaft und nicht zu den Gläubigern der Gesellschaft in einem Sonderrechtsverhältnis, so dass sie nur dieser gegenüber verpflichtet sind.[691]

bb) Gegner der Pflicht zur angemessenen Kapitalausstattung der GmbH

Andere Vertreter in der Literatur[692] treten einer allgemeinen Haftung der Gesellschafter für eine unzureichende Kapitalausstattung entgegen.

Dieser Auffassung ist auch der BGH,[693] der in seiner Entscheidung 2008 für Klärung gesorgt hat, indem er eine eigene allgemeine Haftungsgrundlage der Gesellschafter wegen materieller Unterkapitalisierung ablehnte.[694] Eine Haftung der Gesellschafter wegen unzureichender Kapitalausstattung ihrer GmbH komme nur unter den Voraussetzungen des § 826 BGB in Betracht.[695] Ein selbständiger Anspruch

---

712 ff.; *Bitter,* in: Scholz, GmbHG, § 13 Rn. 147; *Raiser,* in: Ulmer/Habersack/Winter, GmbHG, Bd. 1, § 13 Rn. 160 ff.; *Hölzle,* ZIP 2004, 1729, 1734 ff.; vgl. auch *Hölzle,* ZIP 2010, 913, 914 ff.

687 *Bitter,* in: Scholz, GmbHG, § 13 Rn. 143; *Lutter/Bayer,* in: Lutter/Hommelhoff, GmbHG, § 13 Rn. 21; *Hölzle,* ZIP 2004, 1729, 1736.

688 *Raiser,* in: Ulmer/Habersack/Winter, GmbHG, Bd. 1, § 13 Rn. 160 ff.; *Altmeppen,* in: Roth/Altmeppen, GmbHG, § 13 Rn. 142 ff., der über die mangelnde Kapitalausstattung hinaus ein einseitiges Handeln zu Gunsten der Gesellschaft und zum Nachteil der Gläubiger fordert.

689 *Pentz,* in: Rowedder/Schmidt-Leithoff, GmbHG, § 13 Rn. 154; *Schmidt,* Gesellschaftsrecht, 243; *Eckhold,* Materielle Unterkapitalisierung, 621 ff.; *Roth,* ZGR 1993, 170, 206 f.

690 *Pentz,* in: Rowedder/Schmidt-Leithoff, GmbHG, § 13 Rn. 154; *Schmidt,* Gesellschaftsrecht, 243.

691 *Schmidt,* Gesellschaftsrecht, 243 f.

692 *Flume,* Die juristische Person, 84; *Vonnemann,* GmbHR 1992, 77 ff.; *Weitbrecht,* Haftung der Gesellschafter bei materieller Unterkapitalisierung der GmbH, 66 ff.

693 BGHZ 176, 204, 205.

694 Ihm folgend *Schmidt-Leithoff,* in: Rowedder/Schmidt-Leithoff, GmbHG, § 5 Rn. 8; *Hueck-Fastrich,* in: Baumbach/Hueck, GmbHG, § 5 Rn. 6; *Veil,* in: Scholz, GmbHG, § 5 Rn. 16; *Roth,* in: Roth/Altmeppen, GmbHG, § 5 Rn. 12a ff.; *Zeidler,* in: Michalski, GmbHG, Bd. 1, § 5 Rn. 19; *Märtens,* in: MünchKomm GmbHG, § 5 Rn. 38.

695 BGHZ 176, 204, 216.

gegen die Gesellschafter wegen materieller Unterkapitalisierung der Gesellschaft könne nicht im Wege höchstrichterlicher Rechtsfortbildung statuiert werden, da es bereits an einer Gesetzeslücke fehle.[696] Trotz der im Schrifttum geforderten eigenständigen Haftungsgrundlage der GmbH-Gesellschafter habe der Gesetzgeber sowohl bei der GmbH Novelle 1980 als auch bei der Einführung des MoMIG bewusst davon abgesehen, eine am konkreten Bedarf der GmbH orientierte Mindestkapitalausstattung vorzuschreiben.[697]

Das GmbHG kenne eine Pflicht zur Aufbringung und Erhaltung des vorgeschriebenen Mindeststammkapitals von 25.000 EUR, eine darüber hinausgehende „Finanzausstattung" sei systemwidrig und würde die Gesellschaftsform der GmbH in Frage stellen.[698] Ziel des GmbHG sei es, den Gläubigern einen gewissen Mindestschutz zu gewähren, es will aber gerade nicht die Lebensfähigkeit der Gesellschaft sicherstellen.[699] Die Interessen der Gläubiger seien durch die §§ 19, 30, 31, 64 GmbHG sowie durch die richterrechtlich entwickelte Innenhaftung der Gesellschafter wegen existenzvernichtenden Eingriffs gem. § 826 BGB hinreichend geschützt.[700] Weiter sei eine Haftung der Gesellschafter wegen Unterkapitalisierung aufgrund der Unbestimmtheit eines derartigen Tatbestandes keine sachgerechte Grundlage für eine Haftung der Gesellschafter.[701] Das Handeln der Gesellschafter finde daher seine Grenze nur im allgemeinen Deliktsrecht.[702] Zusammengefasst bedeutet dies, dass allein die im Verhältnis zum Geschäftsumfang unangemessene Kapitalausstattung der GmbH nicht zu einer eigenständigen Haftung der Gesellschafter führt.[703] Eine Haftung der Gesellschafter kommt vielmehr nur dann in Betracht, wenn darüber hinaus die Voraussetzungen des § 826 BGB erfüllt sind, d. h. die Unterkapitalisierung eine vorsätzliche sittenwidrige Schädigung zu Lasten der Gläubiger darstellt.[704]

b) Stellungnahme

Die Entscheidung des BGH verdient Zuspruch. Sie entspricht dem Willen des Gesetzgebers und dem eindeutigen Wortlaut des Gesetzes. Das Gesetz normiert in § 5 Abs. 1 GmbHG ein Mindestkapital, welches den Gläubigern als Haftungsmasse zur Verfügung steht und in seinem Bestand nach den §§ 30 ff. GmbHG geschützt wird. Die Interessen der Gläubiger werden zudem durch das Deliktsrecht abgesichert. Es besteht demnach ein geschlossenes System des Gläubigerschutzes. Eine Erweiterung ist nicht angebracht. Es ist nicht Aufgabe des Gesellschaftsrechts,

---

696 BGHZ 176, 204, 216.
697 BGHZ 176, 204, 213.
698 BGHZ 176, 204, 215.
699 BGHZ 176, 204, 215.
700 BGHZ 176, 204, 215.
701 BGHZ 176, 204, 216.
702 BGHZ 176, 204, 216.
703 BGHZ 176, 204, 205.
704 Vgl. BGHZ 176, 204, 216.

jedwedes Risiko zu minimieren. Selbst bei einer persönlichen Haftung des Gesellschafters besteht die Gefahr, dass er vermögenslos ist und der Gläubiger seinen Anspruch nicht vollstrecken kann. Ein derartiges Risiko ist jedem rechtsgeschäftlichen Handeln immanent.

2. Rückschlüsse von der GmbH auf die PartG mbB

a) Gläubigerschutz in der GmbH und der PartG mbB

Fraglich ist, ob aus der bei der GmbH geführten Diskussion ein Rückschluss auf die PartG mbB gezogen werden kann. Nach der zutreffenden Entscheidung des BGH[705] ist bei der GmbH die Ausstattung mit einem angemessenen Stammkapital nicht erforderlich, da die Gläubiger hinreichend durch das bestehende Gläubigerschutzsystem gesichert sind. Das PartGG kennt, anders als das GmbHG, keine Pflicht eines Mindeststammkapitals. Von den Partnern einer PartG mbB kann daher nur im Wege der Rechtsfortbildung verlangt werden, dass sie die PartG mbB mit einem angemessenen Gesellschaftsvermögen ausstatten. Dies kommt von vornherein aber nur dann in Betracht, wenn im PartGG eine Lücke im Hinblick auf den Gläubigerschutz besteht.[706]

Zu prüfen ist daher, ob der Gläubigerschutz in der PartG mbB ausreichend ist. Dies ist im Einklang mit der Rechtsprechung des BGH jedenfalls dann zu bejahen, wenn der Gläubigerschutz in der PartG mbB nicht hinter dem Gläubigerschutz der GmbH zurücksteht.

aa) Gläubigerschutz bei allgemeinen Verbindlichkeiten der Gesellschaft

Die GmbH hat nach § 5 Abs. 1 GmbHG ein Mindeststammkapital von 25.000 EUR vorzuhalten, welches durch Kapitalaufbringungs- und Kapitalerhaltungsvorschriften in seinem Bestand geschützt ist.[707] Das Mindestkapital dient den Gläubigern als Haftungsfond und wird oftmals als Preis verstanden, den die Gesellschafter für die beschränkte Haftung tragen müssen.[708] Wie festgestellt, besteht keine darüber hinaus gehende Pflicht zur angemessenen Kapitalausstattung.[709] Eine Anwalts-GmbH hat gleichzeitig gem. § 59j BRAO eine Berufshaftpflichtversicherung mit einer Mindestdeckungssumme von 2,5 Mio. EUR pro Versicherungsfall zu unterhalten.

Charakteristikum der GmbH ist die Haftungsbeschränkung nach § 13 Abs. 2 GmbHG, die für sämtliche Verbindlichkeiten unabhängig ihres Entstehungsgrundes gilt. Demgegenüber besteht bei der PartG mbB keine gesetzliche Pflicht eines Mindestkapitals. Ebenso wie die Anwalts-GmbH muss die PartG mbB eine Berufshaftpflichtversicherung mit einer Mindestversicherungssumme von 2,5 Mio. EUR

705 BGHZ 176, 204, 215.
706 Vgl. BGHZ 176, 204, 216.
707 Vgl. ausführlich *Roth*, in: Roth/Altmeppen, GmbHG, § 5 Rn. 6 ff.
708 *Veil*, in: Scholz, GmbHG, § 5 Rn. 8.
709 Siehe Kapitel 4 F. I. 1.

pro Versicherungsfall unterhalten.[710] Die Berufshaftpflicht der PartG mbB dient dem Schutz der Gläubiger, da als Haftungsmasse bei der PartG mbB für Verbindlichkeiten aus beruflichen Fehlern nur das Gesellschaftsvermögen zur Verfügung steht. Im Unterschied zur GmbH ist die Pflicht zum Abschluss dieser Berufshaftpflichtversicherung aber nicht rein berufsrechtlicher, sondern gesellschaftsrechtlicher Natur. Dies ergibt sich bereits aus der Stellung im Gesetz: § 8 Abs. 4 S. 1 PartGG stellt die Pflicht zum Abschluss der Berufshaftpflichtversicherung auf. Allein im Hinblick auf die nähere Ausgestaltung dieser Versicherung verweist § 8 Abs. 4 S. 1 PartGG auf die berufsrechtlichen Vorschriften. Ebenso unterschiedlich sind auch die Rechtsfolgen, die sich ergeben, wenn die Berufshaftpflichtversicherung nicht ordnungsgemäß abgeschlossen oder unterhalten wird. Verstößt eine Anwalts-GmbH gegen die Versicherungspflicht, so führt dies zu berufsrechtlichen Konsequenzen: gem. § 59h Abs. 3 S. 1 BRAO ist der Rechtsanwaltsgesellschaft die Zulassung zu entziehen.[711] Zudem haften gem. § 59j Abs. 4 BRAO die Geschäftsführer und Gesellschafter persönlich in Höhe des fehlenden Versicherungsschutzes.

Ganz anders ist dies bei der PartG mbB. Hält diese die Vorschriften über die Berufshaftpflicht nicht ein, hat dies keine berufsrechtlichen Folgen. Vielmehr lebt dann die unbeschränkte persönliche Haftung der Partner nach § 8 Abs. 1 PartGG wieder auf.[712] Die PartG mbB wandelt sich dann also in eine herkömmliche PartG. Kurz gesagt bedeutet dies: Bei der GmbH bleibt trotz Nichtbeachtung der Vorschriften über die Berufshaftpflichtversicherung die Haftungsbeschränkung im Grundsatz erhalten, bei der PartG mbB entfällt sie und zwar in dem Sinne, dass eine PartG mbB dann gar nicht existiert,[713] sondern nur eine herkömmliche PartG.

Stellt man nun die Haftungsverfassung beider Rechtsformen gegenüber, ist festzuhalten, dass beide Gesellschaftstypen eine Haftungsbeschränkung aufweisen. Bei der GmbH sind von der Haftungsbeschränkung alle Verbindlichkeiten[714] betroffen, bei der PartG mbB nur die aus beruflichen Fehlern.[715] Das Korrelat zu dieser Haftungsbeschränkung ist aber ein unterschiedliches: Die GmbH wartet mit einem durch die Vorschriften des GmbHG geschützten Mindeststammkapital auf. Verbindlichkeiten aus Berufsfehlern werden bei der Rechtsanwalts-GmbH zusätzlich durch die Pflicht zur Berufshaftpflichtversicherung gem. § 59j BRAO mit einer Deckungssumme von 2,5 Mio. EUR pro Versicherungsfall abgesichert. Der Preis für die Haftungsbeschränkung bei der PartG mbB ist die Pflicht zum Abschluss der speziellen Berufshaftpflichtversicherung mit ebenfalls einer Versicherungssumme von 2,5 Mio. EUR pro Versicherungsfall.[716]

---

710 Zur Berufshaftpflichtversicherung der PartG mbB siehe Kapitel 4 B. II.

711 *Henssler,* in: Henssler/Prütting, BRAO, § 59j Rn. 1.

712 *Römermann,* in: Michalski/Römermann, PartGG, § 8 Rn. 103; *Ring,* WM 2014, 237, 241; Posegga, DStR 2012, 611, 613.

713 *Römermann,* in: Michalski/Römermann, PartGG, § 8 Rn. 103.

714 § 13 Abs. 2 GmbHG.

715 § 8 Abs. 4 PartGG.

716 Siehe hierzu oben Kapitel 4 B. II.

Auf den ersten Blick könnte man demzufolge annehmen, dass die Gläubiger der GmbH einen höheren Schutz genießen, da sie neben dem Schutz durch die Berufshaftpflichtversicherung noch das Mindeststammkapital als gesicherte Haftungsmasse in Anspruch nehmen können. Bei genauerer Betrachtung muss man aber feststellen, dass dieser doppelte Schutz nur denjenigen Gläubigern zugute kommt, die eine Verbindlichkeit aus einem beruflichen Fehler geltend machen können, denn nur diese Verbindlichkeiten sind durch die Berufshaftpflichtversicherung der GmbH abgedeckt. Die übrigen Gläubiger sind auf das Kapital der GmbH angewiesen. Demgegenüber kommen Gläubiger der PartG mbB, die eine sonstige Forderung haben, die nicht auf einem beruflichen Fehler beruht, in den Genuss der unbeschränkten persönlichen Haftung der Gesellschafter neben der Gesellschaft.[717] Insoweit sind die Gläubiger der PartG mbB besser gestellt als die der GmbH.

bb) Gläubigerschutz bei Verbindlichkeiten aus beruflichen Fehlern

Betrachtet man den Gläubigerschutz bei Verbindlichkeiten aus beruflichen Fehlern, besteht bei der PartG mbB keine doppelte Absicherung wie sie die GmbH aufweist. Unterhält die PartG mbB vorschriftsmäßig die Berufshaftpflichtversicherung, greift die Haftungsbeschränkung des § 8 Abs. 4 PartGG ein mit der Folge, dass der Gläubiger nur auf das Gesellschaftsvermögen zugreifen kann. In Höhe von 2,5 Mio. EUR kommt ihm aber der Schutz durch die Berufshaftpflichtversicherung zugute. Problematisch sind daher nur die Fälle, in denen der Schaden die Versicherungssumme übersteigt. Der Gläubiger ist dann auf das Gesellschaftsvermögen angewiesen. Reicht dieses zur Deckung seines verbleibenden Schadens nicht aus, geht er leer aus.

Bei der GmbH besteht der Vorteil für den Gläubiger, dass zumindest das Mindeststammkapital von 25.000 EUR als gesicherte Haftungsmasse zur Verfügung steht. Daraus folgt, dass bei ordnungsgemäß unterhaltener Berufshaftpflichtversicherung der Schutz der GmbH-Gläubiger etwas weitreichender ist als der Schutz der Gläubiger der PartG mbB.

Wird der Versicherungsschutz nicht vorschriftsmäßig unterhalten, bleibt bei der GmbH die Haftungsbeschränkung erhalten. Hinzu tritt gem. § 59j Abs. 4 BRAO die persönliche Haftung der Geschäftsführer und der Gesellschafter und zwar in Höhe des fehlenden Versicherungsschutzes. Die Rechtsfolgen eines fehlenden oder nicht den gesetzlichen Vorgaben entsprechenden Versicherungsschutzes sind bei der GmbH rein berufsrechtlicher Natur.

Bei der PartG mbB hat ein nicht ordnungsgemäßer Versicherungsschutz keine berufsrechtlichen Konsequenzen, sondern gesellschaftsrechtliche Folgen: Es kommt zum Verlust der Haftungsbeschränkung und zum Wiederaufleben der persönlichen Haftung der Partner neben der Gesellschaft nach § 8 Abs. 1, Abs. 2 PartGG.[718] Dies bringt für den Gläubiger einen wesentlichen Vorteil mit sich, da die persönliche

---

717 Siehe Kapitel 4 B. I. 3.

718 So auch *Römermann*, in: Michalski/Römermann, PartGG, § 8 Rn. 103; *Ring*, WM 2014, 237, 241.

Haftung der Partner nach § 8 Abs. 1, Abs. 2 PartGG der Höhe nach unbeschränkt ist. Der Gläubiger kann damit auch Ersatz eines Schadens verlangen, der einen Betrag von 2,5 Mio. EUR übersteigt. In einer derartigen Konstellation ist der Gläubigerschutz bei der PartG mbB somit weiter als derjenige der GmbH.

b) Fazit

Folglich ist der Gläubigerschutz in der PartG mbB bei zwei von drei Fallgruppen weitreichender. Bedenkt man zusätzlich, dass auch in der Konstellation, in der den Gläubigern bei ordnungsgemäß unterhaltener Berufshaftpflichtversicherung gem. § 8 Abs. 4 PartGG das Gesellschaftsvermögen als Haftungsmasse zur Verfügung steht und der Versicherungsschutz der PartG mbB in Höhe von 2,5 Mio. EUR eingreift, so sind auch diese Gläubiger keinesfalls schutzlos gestellt.

Wie vom BGH[719] bereits zur GmbH bezüglich des Mindeststammkapitals betont, dient auch die Berufshaftpflichtversicherung nur zur Absicherung eines gewissen Mindestschutzes des Gläubigers und nicht der Lebensfähigkeit der Gesellschaft. Folglich besteht beim Gläubigerschutz in der PartG mbB keine Lücke.

3. Intention des Gesetzgebers bei Schaffung der PartG mbB

Nicht nur der ausreichende Gläubigerschutz in der PartG mbB spricht gegen eine Pflicht zur angemessenen Ausstattung des Gesellschaftsvermögens, sondern darüber hinaus auch die eindeutige Intention des Gesetzgebers. Der Gesetzgeber wollte mit der PartG mbB gerade eine Personengesellschaft schaffen und keine Kapitalgesellschaft.[720] Charakteristisch für eine Personengesellschaft ist, dass die Höhe des Gesellschaftsvermögens nicht zwingend durch das Gesetz vorgeschrieben wird.[721] Die Verknüpfung von Personengesellschaft mit der beschränkten Haftung war Wille des Gesetzgebers.[722] In der neuartigen Kombination einer Personengesellschaft mit Haftungsprivileg und entsprechender Versicherungspflicht als Korrelat zeigt sich abermals, dass der Gesetzgeber mit der PartG mbB einen neuen Rechtsformtypus schaffen wollte und geschaffen hat. Die Intention des Gesetzgebers darf dann aber nicht durch die Hintertür unterlaufen werden, indem man über eine Haftung der Partner wegen unzureichender Ausstattung des Gesellschaftsvermögens dann doch wieder eine kapitalbildende Funktion des Gesellschaftsvermögens einführt.

---

719 BGHZ 176, 204, 215.

720 Vgl. Begr. RegE PartG mbB, BT-Drucks. 17/10487, 13 f.

721 Vgl. *Eisenhardt/Wackerbarth,* Gesellschaftsrecht I, § 2 Rn. 33; *Eisenhardt,* Gesellschaftsrecht, § 2 Rn. 22.

722 Vgl. Begr. RegE zur Einf. einer PartG mbB, BT-Drucks. 17/10487, 13 f.

II. Ergebnis

Folglich lässt sich für die Partner der PartG mbB keine Pflicht zum Vorhalt eines angemessenen Gesellschaftsvermögens begründen.

G. Haftung der Partner wegen risikoinadäquater Versicherungssumme?

Bei der PartG mbB stellt sich die Frage, ob aufgrund der Verknüpfung von Haftungsbeschränkung und Versicherungspflicht eine Haftung der Partner besteht, wenn diese eine Berufshaftpflichtversicherung abschließen, die im Hinblick auf das durchschnittliche Auftragsvolumen der PartG mbB risikounangemessen ist. Die verschiedenen Berufsgesetze[723] stellen nur die untere Grenze in Form einer Mindestversicherungssumme auf, die für Rechtsanwälte nach § 51a BRAO bei 2,5 Mio. EUR liegt. Die Fragestellung erlangt daher in praktischer Hinsicht nur Relevanz für Zusammenschlüsse, die regelmäßig Mandate mit einem Gegenstandswert über diesem Betrag bearbeiten.

Die Frage nach einer Haftung der Partner wegen einer schuldhaft zu niedrig abgeschlossenen Versicherung wurde schon während des Gesetzgebungsverfahrens aufgeworfen,[724] bislang haben sich in der Literatur aber nur wenige Stimmen[725] dazu geäußert. Eine Haftung wegen risikoinadäquater Versicherung käme rechtsdogmatisch nur in Form einer Außenhaftung nach § 826 BGB oder einer Innenhaftung wegen Verletzung einer Gesellschaftspflicht in Betracht.

I. Haftung nach § 826 BGB

1. Risikounangemessene Versicherungssumme als vorsätzliche sittenwidrige Schädigung?

Die Haftung nach § 826 BGB setzt voraus, dass die Partner durch den Abschluss der Versicherung mit verhältnismäßig zu geringer Deckungssumme eine sittenwidrige vorsätzliche Schädigung begehen. Neben der objektiven Sittenwidrigkeit der Handlung verlangt § 826 BGB auf der subjektiven Seite doppelten Vorsatz und zwar einmal bezüglich der Tatsachen, die der Sittenwidrigkeit zugrunde liegen und einmal bezüglich der Schadenszufügung.[726]

---

723 § 67 Abs. 2 StBerG; § 54 Abs. 1 WPO; § 45a Abs. 2 PAO.

724 *Salger,* DB 2012, 1794, 1796.

725 Namentlich *Römermann/Praß,* NZG 2012, 601, 604; *Lieder,* NotBZ 2014, 81, 85; *Tröger/Pfaffinger,* JZ 2013, 812, 818.

726 Vgl. hierzu *Wagner,* in: MünchKomm BGB, Bd. 5, § 826 Rn. 7 ff.; *Sprau,* in: Palandt, BGB, § 826 Rn. 10 ff.

Eine Haftung der Partner kommt danach nur in Betracht, wenn schon die risikounangemessene Deckungssumme der Berufshaftpflichtversicherung eine sittenwidrige Handlung darstellt.

a) *Wertentscheidung des Gesetzgebers*

Nach der Rechtsprechung ist eine Handlung sittenwidrig, wenn sie nach ihrer Gesamtwürdigung anhand des Inhalts, Beweggrundes und Zwecks gegen das Anstandsgefühl aller billig und gerecht Denkenden verstößt und damit mit den grundlegenden Wertungen der Rechtsordnung nicht vereinbar ist.[727]

In diese Wertung fließen insbesondere die Wertentscheidungen des Gesetzgebers, die dieser durch ein entsprechendes Gesetz aufgestellt hat, mit ein.[728] Der Gesetzgeber hat für Rechtsanwälte in § 51a BRAO eine Mindestversicherungssumme von 2,5 Mio. EUR pro Versicherungsfall festgelegt. Die Mindestversicherungssumme orientiert sich dabei gerade nicht am Geschäftsumfang der PartG mbB, sondern ist eine starre Größe,[729] die unabhängig von der Anzahl der Partner in der PartG mbB sowie dem Gegenstandswert der bearbeiteten Mandate gilt. Im Gesetzgebungsverfahren war für Steuerberater – im Gegensatz zu Rechtsanwälten – keine fixe Mindestversicherungssumme vorgesehen, vielmehr wurde eine im Hinblick auf die konkrete Geschäftstätigkeit der PartG mbB angemessene Versicherungssumme gefordert.[730] Ausweislich der Gesetzesbegründung[731] sollte damit sichergestellt werden, dass eine PartG mbB aus Steuerberatern, die Mandate mit erhöhtem Haftungsrisiko bearbeitet, über einen am konkreten Einzelfall gemessenen ausreichenden Versicherungsschutz verfügt, so dass Ersatzansprüche des geschädigten Gläubigers in jedem Fall erfüllt werden können. Auf Beschlussempfehlung des Rechtsausschusses[732] wurde für Steuerberater ebenfalls eine starre Mindestversicherungssumme in dem Sinne aufgenommen, dass die Haftungsbeschränkung auch dann bestehen bleibt, wenn sich im Nachhinein herausstellen sollte, dass die Versicherungssumme unangemessen war.

Der Gesetzgeber hat sich damit einheitlich für alle Berufe, denen die PartG mbB offen steht für eine feste Mindestversicherungssumme entschieden. Diese legislatorische Entscheidung muss bei der Frage, ob eine – gemessen an der Geschäftstätigkeit der PartG mbB – bestehende Unterversicherung sittenwidrig ist, berücksichtigt werden.[733] Dies gilt umso mehr, als sich der Gesetzgeber des Problems einer unangemessen niedrigen Versicherung bewusst war – wie sich bei der Festlegung

---

727 *Sprau*, in: Palandt, BGB, § 826 Rn. 4.

728 *Wagner*, in FS Canaris II, 473, 495; *Lieder*, NotBZ 2014, 81, 85.

729 *Lieder*, NotBZ 2014, 81, 85.

730 Begr. RegE zur Einf. einer PartG mbB, BT-Drucks. 17/10487, 11.

731 Begr. RegE zur Einf. einer PartG mbB, BT-Drucks. 17/10487, 11.

732 Beschlussempfehlung und Bericht des RA zur RegE zur Einf. einer PartG mbB, BT-Drucks. 17/13944, 16.

733 Zutreffend *Lieder*, NotBZ 2014, 81, 85.

der Mindestversicherungssumme für Steuerberater zeigte –, sich aber dennoch für eine einheitliche und rechtsklare Regelung mit einer festen Mindestversicherung entschieden hat.

b) Sinn und Zweck der Rechtsformvariante der PartG mbB

Sinn und Zweck der Einführung der PartG mbB war es gerade, eine effiziente und praxistaugliche Rechtsform zu schaffen, die Unsicherheiten im Hinblick auf die Haftungsbeschränkung ausschließt.[734] Würde man nun durch die Hintertüre doch eine an der konkreten Tätigkeit der PartG mbB ausgerichtete Versicherungssumme fordern, würde der Gesetzeszweck unterlaufen werden.[735] Die Partner einer PartG mbB wären stets dem Risiko ausgesetzt, dass die abgeschlossene Versicherungssumme nicht angemessen ist und sie infolgedessen doch Gefahr laufen, persönlich für die Verbindlichkeiten der PartG mbB einstehen zu müssen.[736] Die Pflicht, die PartG mbB mit einer risikoangemessenen Versicherungssumme auszustatten, würde damit zu nicht kalkulierbaren Risiken führen, die diese Rechtsformvariante für den Praktiker völlig unattraktiv machen würde.

c) Praktische Schwierigkeiten bei der Bewertung der Angemessenheit

Die Forderung nach einer angemessenen Versicherungssumme würde in der Praxis schon allein bei der Bewertung der Angemessenheit auf tatsächliche Schwierigkeiten stoßen. Wie beispielsweise ist mit einer PartG mbB zu verfahren, die in ihrem Alltagsgeschäft nur Kleinmandate betreut, aber in seltenen Fällen hin und wieder einen Großauftrag bearbeitet? Ist die Angemessenheit der Versicherungssumme dann an der durchschnittlichen Tätigkeit zu messen oder ist das Risiko bei dieser PartG mbB gerade wegen der seltenen Ausführung von großen Mandaten besonders hoch?

2. Fazit

Der Gesetzgeber zeigt mit seiner Entscheidung für die feste Mindestversicherungssumme für nunmehr alle Berufsgruppen gerade, dass er die praktischen Schwierigkeiten und Unsicherheiten gesehen hat und diese von vornherein vermeiden will. Für die Partner und für die Gläubiger besteht damit eine klare Regelung, auf die sie sich einstellen können.

Nicht zuletzt muss bedacht werden, dass jede Haftung irgendwo ihre Grenze findet. Auch bei der persönlichen Inanspruchnahme eines Partners ist der Gläubiger nicht davor gefeit, seine Forderung tatsächlich durchsetzen zu können.

Das Zusammenspiel aus Rechtsklarheit der Regelung sowie der dahinter stehenden Wertung des Gesetzgebers schließen damit die Sittenwidrigkeit einer im

---

734 Vgl. Begr. RegE zur Einf. einer PartG mbB, BT-Drucks. 17/10487, 11.

735 So auch *Lieder,* NotBZ 2014, 81, 85.

736 *Lieder,* NotBZ 2014, 81, 85.

Einzelfall zu niedrig angesetzten Versicherungssumme aus. Eine Haftung nach § 826 BGB wegen risikoinadäquater Versicherung ist damit abzulehnen.

II. Haftung nach § 280 Abs. 1 BGB iVm dem Partnerschaftsvertrag wegen Verletzung der gesellschaftsrechtlichen Treuepflicht

1. *Treuepflicht gegenüber der Gesellschaft*

Die gesellschaftsrechtliche Treuepflicht findet ihre Grundlage im Gesellschaftsvertrag.[737] Danach sind die Gesellschafter allgemein verpflichtet, den Zweck der Gesellschaft zu fördern.[738] Diese Zweckförderungspflicht gebietet den Gesellschaftern, aktiv an der Verwirklichung der Gesellschaftsziele mitzuwirken und umgekehrt, alles zu unterlassen, was die Zweckerreichung gefährden könnte.[739] Aus der Treuepflicht als solcher lässt sich aber grundsätzlich keine Pflicht der Gesellschafter zur angemessenen finanziellen Ausstattung der Gesellschaft statuieren.[740] Nach § 707 BGB iVm § 1 Abs. 4 PartGG sind die Gesellschafter nicht zu Nachschüssen verpflichtet, die nicht durch den Gesellschaftsvertrag vereinbart sind. Das gilt auch, wenn der Gesellschaftszweck dann nicht mehr erreicht werden kann und die Gesellschaft nach § 726 BGB aufgelöst werden muss.[741]

Dieser Rechtsgedanke ist auf die Frage zu übertragen, ob die Partner einer PartG mbB verpflichtet sind die Versicherungssumme der Berufshaftpflichtversicherung über das gesetzliche Mindestmaß hinaus auf eine höhere Deckungssumme zu erhöhen, wenn die PartG mbB nunmehr Mandate mit einem höheren Gegenstandswert und damit einem betragsmäßig höheren Schadensrisiko annimmt, als dies ursprünglich der Fall war. Die Gesellschafter haben nach § 707 BGB iVm § 1 Abs. 4 PartGG keine Pflicht, die Gesellschaft durch nachträgliche Beiträge am Leben zu erhalten. Damit haben sie auch keine Pflicht, durch die Erhöhung der Versicherungssumme im Schadensfall den Zugriff auf das Gesellschaftsvermögen zu vermeiden um so letztlich der Gefahr der Liquidation der PartG mbB zu entgehen. Die Gesellschaft als solche hat kein Eigeninteresse an ihrem Fortbestand welches zu schützen wäre.[742]

Damit besteht keine aus der Treuepflicht der Partner gegenüber ihrer Gesellschaft ableitbare Verpflichtung der Partner der PartG mbB, die Versicherungsleistung dem zwischenzeitlich veränderten Auftragsvolumen der PartG mbB anzupassen.

Ebenso wenig haben die Partner von vornherein die Pflicht, eine risikoangemessene Deckungssumme, die über das gesetzlich geforderte Mindestmaß hinausgeht,

---

737 *Ulmer,* in: MünchKomm BGB, Bd. 5, § 705 Rn. 222.
738 *Weipert,* in: MünchHdb. GesR, Bd. 1, § 6 Rn. 32.
739 Vgl. allgemein zur Treuepflicht *Schmidt,* Gesellschaftsrecht, 587 ff.
740 *Weipert,* in: MünchHdb. GesR, Bd. 1, § 6 Rn. 47.
741 BGH WM 1961, 32.
742 *Tröger/Pfaffinger,* JZ 2013, 812, 819.

abzuschließen.[743] Auch insoweit endet die Treuepflicht der Gesellschafter dort, wo das Eigeninteresse der Gesellschaft selbst endet.[744]

2. *Treuepflicht gegenüber den Gesellschaftsgläubigern*

Die Pflicht zum Abschluss einer Berufshaftpflichtversicherung mit risikoangemessener Deckungssumme ergibt sich zudem auch nicht aus Gläubigerschutzgesichtspunkten.[745] Auch bei der PartG mbB besteht kein Grundsatz der angemessenen Ausstattung des Gesellschaftsvermögens.[746] Damit korrespondierend ist auch die Pflicht zu einer risikoangemessenen Versicherung abzulehnen. Der Gesetzgeber hat mit der Festlegung einer starren Mindestversicherungssumme deutlich gemacht, dass eine darüber hinaus gehende Pflicht nicht besteht.[747] Die Gläubiger der PartG mbB sind durch das tatsächlich vorhandene Gesellschaftsvermögen sowie durch den Mindestversicherungsschutz ausreichend geschützt. Vor einem bewussten Entzug des Gesellschaftsvermögens sind die Gläubiger durch die entsprechend anwendbaren Grundsätze zur Existenzvernichtungshaftung geschützt.[748] Damit besteht ein funktionierender Gläubigerschutz, über den hinaus keine weiteren Schutzpflichten der Partner begründet werden können.

Eine Pflicht zur risikoangemessenen Versicherung lässt sich damit auch nicht aus Treuepflichtsgesichtspunkten begründen.

3. *Fazit*

Die Partner einer PartG mbB haben keine Pflicht, ihre Gesellschaft mit einer dem Geschäftsumfang entsprechenden Versicherungssumme auszustatten. Die Entscheidung des Gesetzgebers für die feste Mindestversicherungssumme verdient Zuspruch. Durch sie wird eine klare Regelung geschaffen, die das Ausfallrisiko für die Gläubiger kalkulierbar macht.

H. Insolvenzverschleppungshaftung der Partner

I. Zivilrechtliche Haftung der Partner wegen Insolvenzverschleppung

Für die Partner einer PartG mbB ist es von enormer Bedeutung, ob sie in der Insolvenz der Gesellschaft verpflichtet sind, einen Insolvenzantrag gem. § 15a Abs. 1 S. 2

743 So auch *Tröger/Pfaffinger*, JZ 2013, 812, 819; a.A. *Römermann/Praß*, NZG 2012, 601, 604.

744 Vgl. *Tröger/Pfaffinger*, JZ 2013, 812, 819.

745 So auch *Tröger/Pfaffinger*, JZ 2013, 812, 819.

746 Siehe Kapitel 4 F. I.

747 Siehe Kapitel 4 G. I. 1. a).

748 Siehe Kapitel 4 E.

InsO zu stellen. Bei § 15a Abs. 1 S. 2 InsO handelt es sich um ein Schutzgesetz,[749] so dass die Partner bei versäumter oder verspäteter Insolvenzantragstellung eine persönliche Haftung nach § 823 Abs. 2 BGB treffen würde.

1. Insolvenzantragspflicht nach § 15a Abs. 1 S. 1 InsO

Nach § 15a Abs. 1 S. 1 InsO trifft bei Zahlungsunfähigkeit oder Überschuldung einer juristischen Person deren Vertretungsorgan grundsätzlich die Pflicht, ohne schuldhaftes Zögern, jedenfalls innerhalb drei Wochen nach Eintritt der Zahlungsunfähigkeit oder Überschuldung, einen Antrag auf Eröffnung des Insolvenzverfahrens zu stellen. Ausweislich des Wortlautes ist Satz 1 der Vorschrift nur auf juristische Personen anwendbar. Die PartG mbB stellt aber eine rechtsfähige Personengesellschaft dar, die gerade nicht mit einer juristischen Person gleichzusetzen ist.[750]

2. Insolvenzantragspflicht nach § 15a Abs. 1 S. 2 InsO

a) Direkte Anwendbarkeit des § 15a Abs. 1 S. 2 InsO

Die Pflicht der Partner einer PartG mbB zur Stellung eines Insolvenzantrages kann sich daher nur aus § 15a Abs. 1 S. 2 InsO ergeben. Nach dieser Vorschrift besteht eine entsprechende Pflicht für Vertreter einer Gesellschaft ohne Rechtspersönlichkeit, bei der kein persönlich haftender Gesellschafter eine natürliche Person ist. Die PartG mbB als rechtsfähige Personengesellschaft ist somit grundsätzlich von der Insolvenzantragspflicht umfasst,[751] da sie keine eigene Rechtspersönlichkeit besitzt.

Diese Pflicht wird in § 15a Abs. 1 S. 2 Hs. 2 InsO aufgehoben, wenn unter den persönlich haftenden Gesellschaftern wiederum eine Gesellschaft ist, bei der eine natürliche Person unbeschränkt haftet. Letztere Ausnahme ist bei einer PartG mbB nicht gegeben.

Problematisch ist aber, dass § 15a Abs. 1 S. 2 InsO voraussetzt, dass keiner der Gesellschafter persönlich haftet. Ob dieses Erfordernis für die PartG mbB erfüllt ist, ist in der Literatur umstritten.

Einige Vertreter in der Literatur lehnen eine Antragspflicht der Partner nach § 15a Abs. 1 S. 2 InsO ab.[752] Ihrer Auffassung nach greife der Wortlaut der Vorschrift

---

749 Vgl. nur *Schmidt/Herchen*, in: Schmidt, InsO, §15a Rn. 33; *Bußhardt*, in: Braun, InsO, § 15a Rn. 22; *Klöhn*, in: MünchKomm Inso, § 15a Rn. 140.

750 Siehe Kapitel 2 A. II. 3.

751 *Schmidt/Herchen*, in: Schmidt, InsO, § 15a Rn. 12; vgl. auch *Kleindiek*, in: HK-InsO, § 15a Rn. 4; *Klöhn*, in: MünchKomm InsO, § 15a Rn. 49.

752 *Leuering*, NZG 2013, 1001, 1004; *Seibert*, DB 2013, 1710, 1711, *Schüppen*, WPg 2013, 1192, 1201; *Wälzholz*, DStR 2013, 2637, 2638; im Ergebnis ebenfalls ablehnend, aber an den Gesetzgeber appellierend den Wortlaut des §15a Abs. 1 S. 2 InsO zu ändern *Römermann/Praß*, NZG 2012, 601, 608; ihnen folgend *Werner*, StBW 2013, 715, 718.

von vornherein nicht ein, da die Haftungsbeschränkung auf das Gesellschaftsvermögen nach § 8 Abs. 4 PartGG nur für berufliche Fehler gelte, im Übrigen aber eine persönliche Haftung aller Partner nach § 8 Abs. 1 S. 1 bestehe.[753]

Diese Argumentation ist aber im Hinblick auf den Charakter der PartG mbB zu vorschnell gefasst.[754] Die PartG mbB ist eine hybride Gesellschaftsform, die auf der einen Seite für Verbindlichkeiten aus beruflichen Fehlern eine Haftungsbeschränkung auf das Gesellschaftsvermögen einräumt, aber auf der anderen Seite eine persönliche Haftung aller Partner für sonstige Verbindlichkeiten vorsieht. Es besteht daher einerseits die Situation, dass für berufliche Fehler keiner der Partner persönlich haftet, aber andererseits für sonstige Verbindlichkeiten alle Partner gesamtschuldnerisch persönlich haften. Eine derartige Mischform ist im deutschen Gesellschaftsrecht ein Novum. Diese Konzeption einer nach Art der Verbindlichkeit gespaltenen Haftung konnte der Gesetzgeber bei der Schaffung des § 15a Abs. 1 S. 2 InsO nicht vorhersehen.[755] Die Insolvenzantragspflicht nach § 15a InsO wurde durch das Gesetz zur Modernisierung des GmbH-Rechts und zur Bekämpfung von Missbräuchen (MoMiG) vom 23.10.2008 eingeführt.[756] Hintergrund war insbesondere eine rechtsformneutrale Insolvenzantragspflicht zu etablieren, die auch im Inland ansässige Auslandsgesellschaften erfasst.[757] Zu diesem Zeitpunkt war das Gesetzesvorhaben zur Schaffung der PartG mbB noch nicht in der Diskussion. Der Wortlaut des § 15a Abs. 1 S. 2 InsO passt insoweit nicht auf das besondere Haftungsregime der PartG mbB.

Auch aus der Gesetzesbegründung zur Einführung der PartG mbB ergibt sich keine Klarheit. Die Gesetzesbegründung beschränkt sich auf den Hinweis, dass aufgrund der persönlichen Haftung der Partner für Verbindlichkeiten, die nicht aus einem beruflichen Fehler herrühren, eine Insolvenzantragspflicht wegen der insoweit bestehenden persönlichen Haftung der Partner nicht bestehe.[758] Offen bleibt aber, ob der Gesetzgeber eine Insolvenzantragspflicht der Partner damit insgesamt ablehnt oder ob er die Pflicht zur Stellung eines Insolvenzantrages nur für die Fälle verneint, in denen aufgrund des Vorliegens einer Verbindlichkeit, die nicht aus einem beruflichen Fehler herrührt, die persönliche Haftung der Partner gegeben ist.[759]

---

753 *Römermann/Praß,* NZG 2012, 601, 608; *Werner,* StBW 2013, 715, 718; *Leuering,* NZG 2013, 1001, 1004; *Schüppen,* Wpg 2013, 1193, 1201; *Seibert,* DB 2013, 1710, 1711.

754 Vgl. auch *Lieder,* NotBZ 2014, 81, 86.

755 *Klose,* GmbHR 2013, 1191, 1192.

756 BGBl. 2008 Teil I Nr. 48, 2026.

757 Begr. RegE MoMIG, BT-Drucks. 16/6140, 55.

758 Begr. RegE zur Einf. einer PartG mbB, BT-Drucks. 17/10487, 14.

759 Vgl. *Klose,* GmbHR 2013, 1191.

b) *Teleologische Reduktion des § 15a Abs. 1 S. 2 InsO*

Dies wirft die Frage auf, ob § 15a Abs. 1 S. 2 InsO durch eine teleologische Reduktion an die Haftungssituation in der PartG mbB angepasst werden kann.[760] Der Wortlaut des §15a Abs. 1 S. 2 InsO kann dahingehend teleologisch reduziert werden, dass sich die fehlende persönliche Haftung einer natürlichen Person nicht auf das Haftungsregime der Gesellschaft im Ganzen bezieht, sondern im Hinblick auf das differenzierende Haftungssystem der PartG mbB danach unterschieden werden muss, welche Art von Verbindlichkeit die Zahlungsunfähigkeit bzw. Überschuldung ausgelöst hat.

Dies hätte zur Folge, dass § 15a Abs. 1 S. 2 InsO bei der PartG mbB partiell Anwendung finden würde, nämlich immer dann, wenn Verbindlichkeiten aus beruflichen Fehlern zur Zahlungsunfähigkeit oder Überschuldung der Gesellschaft geführt haben. Bei diesen Verbindlichkeiten greift die Haftungsbeschränkung des § 8 Abs. 4 S. 1 PartGG, so dass keine natürliche Person iSd § 15a Abs. 1 S. 2 InsO haftet.

Bei sonstigen Verbindlichkeiten, die zu einer persönlichen Haftung der Partner nach § 8 Abs. 1 PartGG führen, ist § 15a Abs. 1 S. 2 InsO von vornherein nicht anwendbar. Die Pflicht der Partner einer PartG mbB zur Stellung eines Insolvenzantrags würde sich daher danach richten, ob Verbindlichkeiten aus beruflichen Fehlern zu einem Insolvenzgrund geführt haben.

Eine teleologische Reduktion des § 15a Abs. 1 S. 2 InsO stößt aber bei weiterer Betrachtung auf Bedenken. Nicht vergessen werden darf, dass die Haftungsbeschränkung für berufliche Fehler nach § 8 Abs. 4 S. 1 PartGG – im Gegensatz zur Haftungsbeschränkung der GmbH – nicht absolut ist. Liegen die Voraussetzungen des § 8 Abs. 4 S. 1 PartGG nicht allesamt vor, lebt die persönliche Haftung der Partner nach § 8 Abs. 1, 2 PartGG wieder auf.[761]

Konsequenterweise müsste § 15a Abs. 1 S. 2 InsO dann in einem weiteren Schritt erneut eingeschränkt werden: Nach dem oben dargestellten Grundsatz besteht für Verbindlichkeiten aus beruflichen Fehlern keine persönliche Haftung und damit greift die Insolvenzantragspflicht der Partner ein, wenn diese Verbindlichkeiten zur Zahlungsunfähigkeit oder Überschuldung der Gesellschaft führen. Hierfür besteht aber sodann wieder eine Ausnahme, wenn die Haftungsbeschränkung des § 8 Abs. 4 S. 1 PartGG wegen Nichteinhaltung der Anforderungen im Einzelfall nicht eingreift, da dann wieder eine persönliche Haftung der Partner nach § 8 Abs. 1, 2 PartGG besteht.

Eine derartige teleologische Reduktion der Vorschrift würde sich aber zu weit vom Wortlaut des § 15a Abs. 1 S. 2 InsO entfernen. Mithin muss beachtet werden, dass sich so keine praxistaugliche Lösung finden lässt. Die Frage, ob die Partner einen Insolvenzantrag stellen müssen, wäre im Einzelfall unter Umständen nur

760 Im Ergebnis bejahend *Kienzler*, Die Partnerschaftsgesellschaft mit beschränkter Berufshaftung, 180 ff. und 191.

761 Siehe Kapitel 4 B.

mir großen Schwierigkeiten zu beantworten. Eine teleologische Reduktion des § 15a Abs. 1 S. 2 PartGG ist somit abzulehnen.

Die direkte Anwendung des § 15a Abs. 1 S. 2 PartGG vermag damit keine Insolvenzantragspflicht der Partner einer PartG mbB zu begründen.

c) Analoge Anwendbarkeit des § 15a Abs. 1 S. 2 InsO

Die für eine analoge Anwendung des § 15a Abs. 1 S. 2 PartGG notwendige planwidrige Gesetzeslücke liegt vor. Die Einführung einer Gesellschaftsform, die für das Eingreifen der persönlichen Gesellschafterhaftung bzw. der Haftungsbeschränkung nach Art der Verbindlichkeit differenziert, ist im deutschen Gesellschaftsrecht neuartig und konnte vom Gesetzgeber bei der Schaffung der Insolvenzantragspflicht nach § 15a InsO nicht vorhergesehen werden. Die Regelungslücke, die bei Gesellschaften mit derart spezifischem Haftungsregime entsteht, ist somit planwidrig.[762]

Die Vorschrift ist aber nur dann auf die PartG mbB analog anwendbar, wenn zugleich eine vergleichbare Interessenlage vorliegt. Sinn und Zweck des § 15a Abs. 1 S. 2 InsO ist es zum einen, durch die rechtzeitige Einleitung des Insolvenzverfahrens die Altgläubiger einer nur beschränkt haftenden Gesellschaft vor einer weiteren Verringerung der Haftungsmasse zu schützen,[763] zum anderen soll die Vorschrift auch Neugläubiger vor Schädigungen schützen, die durch einen Vertragsschluss mit einer notleidenden haftungsbeschränkten Gesellschaft entstehen können.[764] Schutzzweck ist daher letztlich, die Gläubiger vor einer Aushöhlung des Gesellschaftsvermögens und damit der einzigen Haftungsmasse zu bewahren.[765]

Die Interessenlage bei der PartG mbB ist nach dem Sinn und Zweck des § 15a Abs. 1 S. 2 InsO mit der Situation einer insgesamt haftungsbeschränkten Gesellschaft vergleichbar.[766] Bei der PartG mbB haftet den Gläubigern einer Verbindlichkeit, die aus einem beruflichen Fehler herrührt, nur das Gesellschaftsvermögen als einzige Haftungsmasse. Ist die Berufshaftpflichtversicherungssumme im maßgeblichen Versicherungsjahr bereits ausgeschöpft, wurde sie aber im Übrigen ordnungsgemäß unterhalten, besteht kein pfändbarer Anspruch der PartG mbB gegen ihren Versicherungsgeber, obgleich die Haftungsbeschränkung auf das Gesellschaftsvermögen weiter eingreift.[767] Die Gläubiger einer Verbindlichkeit aus einem beruflichen Fehler sind dann auf das Gesellschaftsvermögen als einzige Haftungsmasse angewiesen.

---

762 Vgl. *Klose,* GmbHR 2013, 1191, 1192.

763 *Klöhn,* in: MünchKomm InsO, § 15a Rn. 21.

764 Vgl. *Preuß,* in: Kübler/Prütting/Bork, InsO, § 15a Rn. 3.

765 *Klose,* GmbHR 2013, 1191, 1192; *Mönning,* in: Nerlich/Römermann, InsO, § 15a Rn. 3 ff.

766 So auch *Klose,* GmbHR 2013, 1191, 1192; *Linardatos,* VersR 2013, 1488, 1494; *Lieder,* NotBZ 2014, 81, 86.

767 Siehe Kapitel 4 B. II. 8.

Bei einer insolventen Gesellschaft ist ihre Lage aber weitaus kritischer zu beurteilen als dies beispielsweise bei der GmbH, AG und GmbH & Co. KG der Fall ist.[768] Der GmbH-Geschäftsführer ist gem. § 64 GmbHG, der Vorstand einer AG gem. § 92 Abs. 2 AktG und der Geschäftsführer der Komplementärin der GmbH & Co. KG gem. § 64 GmbHG zum Ersatz von Zahlungen verpflichtet, die an Dritte oder Gesellschafter nach Eintritt der Zahlungsunfähigkeit oder Überschuldung geleistet werden, sofern diese Zahlungen nicht der Sorgfalt eines ordentlichen Geschäftsmannes entsprechen.[769] Eine entsprechende Vorschrift fehlt aber für die PartG mbB. Die Partner sind daher nicht daran gehindert, nach Eintritt der Zahlungsunfähigkeit bzw. Verschuldung der PartG mbB weiter Gesellschaftsverbindlichkeiten zu begleichen.[770] Das gilt auch für jene Verbindlichkeiten, die nicht aus einem beruflichen Fehler herrühren und für die daher die Partner neben der PartG mbB nach § 8 Abs. 1 S. 1 PartGG persönlich haften. Werden derartige Verbindlichkeiten vorrangig aus dem Gesellschaftsvermögen befriedigt, geht das letztlich zu Lasten der Gläubiger, die einen Schadensersatzanspruch aus einem beruflichen Fehler gegen die Gesellschaft haben.[771] Durch die Zahlung von Verbindlichkeiten, für die neben der Haftung der PartG mbB auch eine persönliche Haftung der Partner besteht, sowie durch laufende Entnahmen der Partner wird das Gesellschaftsvermögen gemindert, mit der Folge, dass sich dadurch in rechtlich zulässiger Weise auch die Haftungsmasse derjenigen Gläubiger mindert, die aufgrund eines Anspruches wegen eines beruflichen Fehlers nur auf das Gesellschaftsvermögen zurückgreifen können.[772]

Nicht vergessen werden darf zudem, dass bei der GmbH bzw. AG ein Verbot von Zahlungen an die Gesellschafter[773] bzw. Rückgewähr von Einlagen an Aktionäre besteht,[774] wenn hierdurch der Betrag des Stamm- bzw. Grundkapitals unterschritten werden würde.[775] Eine unzulässige Auszahlung zieht dann eine Erstattungspflicht gegenüber der Gesellschafter nach sich.[776] Bei der GmbH & Co. KG führt die Rückgewähr bereits geleisteter Einlagen an die Kommanditisten zum Wiederaufleben ihrer beschränkten persönlichen Haftung.[777]

Demgegenüber bestehen bei der PartG mbB keinerlei Entnahmesperren, im Gegensatz ist es sogar üblich, dass erwirtschaftete Beträge der PartG mbB entnommen und an die Partner ausgezahlt werden.[778] Bei der PartG mbB besteht im

768 *Klose*, GmbHR 2013, 1191, 1192.
769 *Klose*, GmbHR 2013, 1191, 1192.
770 *Klose*, GmbHR 2013, 1191, 1192.
771 *Klose*, GmbHR 2013, 1191, 1192.
772 *Klose*, GmbHR 2013, 1191, 1192.
773 § 30 GmbHG.
774 § 57 AktG.
775 *Klose*, GmbHR 2013, 1191, 1192.
776 Für die GmbH ergibt sich dies aus § 31 GmbHG, für die AG aus § 62 AktG.
777 *Klose*, GmbHR 2013, 1191, 1192.
778 *Klose*, GmbHR 2013, 1191, 1192.

Gegenzug auch keine Pflicht zur angemessenen Ausstattung des Gesellschaftsvermögens.[779]

Der Schutz der Gläubiger vor einer Aushöhlung des Gesellschaftsvermögens ist daher deutlich weitreichender als der Schutz der Gläubiger, die einen Anspruch gegen die PartG mbB aus einem beruflichen Fehler haben.[780]

Der gefürchtete Wettlauf der Gesellschaftsgläubiger um das verbleibende Gesellschaftsvermögen, der durch die Pflicht zur rechtzeitigen Stellung eines Insolvenzantrages vermieden werden soll, ist damit auch bei der zahlungsunfähigen bzw. überschuldeten PartG mbB zu erwarten.[781] Die Gefahr eines „Windhundrennens"[782] besteht aber nur für Gläubiger, die eine Forderung aus einem beruflichen Fehler gegen die PartG mbB haben, da nur insoweit die Haftungsbeschränkung auf das Gesellschaftsvermögen als einzige Haftungsmasse besteht.

Legt man daher den von § 15a Abs. 1 S. 2 InsO verfolgten Zweck zugrunde, ist die PartG mbB mit einer Gesellschaft gleichzustellen, bei der keiner der Gesellschafter eine unbeschränkt haftende natürliche Person ist.[783] Dies gilt aber nur insoweit, als die Zahlungsunfähigkeit bzw. Überschuldung der PartG mbB durch Verbindlichkeiten, die aus beruflichen Fehlern herrühren, verursacht wurde.[784]

Folglich haben die Partner einer PartG mbB analog § 15a Abs. 1 S. 2 PartGG die Pflicht zur rechtzeitigen Stellung eines Insolvenzantrages, wenn die PartG mbB aufgrund von geltend gemachten Schadensersatzansprüchen wegen beruflicher Fehler in die Zahlungsunfähigkeit bzw. Überschuldung gerät.[785] Verletzen die Partner diese Pflicht, haften sie persönlich gem. § 823 Abs. 2 PartGG iVm § 15a Abs. 1 S. 2 PartGG.

II. Strafrechtliche Haftung wegen Insolvenzverschleppung

Die Verletzung der Insolvenzantragspflicht kann zu einer strafrechtlichen Verantwortung nach § 15a Abs. 4 und 5 InsO führen. Aufgrund des strafrechtlichen

---

779 Siehe hierzu oben Kapitel 4 F. I.

780 *Klose,* GmbHR 2013, 1191, 1192.

781 *Lieder,* NotBZ 2014, 81, 86; *Linardatos,* VersR 2013, 1488, 1494; *Werner,* StBW 2013, 715, 718.

782 *Linardatos,* VersR 2013, 1488, 1494.

783 Vgl. *Linardatos,* VersR 2013, 1488, 1494; *Lieder,* NotBZ 2014, 81, 86; *Klose,* GmbHR 2013, 1191, 1193.

784 Zutreffend *Klose,* GmbHR 2013, 1191, 1192; *Lieder,* NotBZ 2014, 81, 86.

785 Zutreffend *Klose,* GmbHR 2013, 1191, 1193; *Lieder,* NotBZ 2014, 81, 86; befürwortend zu einer Insolvenzantragspflicht, aber ohne analoge Anwendung des § 15a Abs. 1 S. 2 InsO *Linardatos,* VersR 2013, 1488, 1494; befürwortend im Grundsatz, aber im Ergebnis die Anwendbarkeit des § 15a Abs. 1 S. 2 InsO ablehnend *Römermann/Praß,* NZG 2012, 601, 608; *Werner,* StBW 2013, 715, 718; *Schüppen,* WpG 2013, 1193, 1201.

Analogieverbotes scheidet aber die entsprechende Anwendung der Vorschriften auf die Partner der PartG mbB aus.[786]

I. Vertragliche Haftungsbeschränkungsvereinbarungen

I. Vertragliche Haftungsbeschränkungsmöglichkeiten

Die Haftung bei der PartG mbB kann in derselben Weise wie bei der herkömmlichen PartG beschränkt werden.[787] Die Beschränkung der Haftung orientiert sich gem. § 52 Abs. 1 BRAO an der Mindestversicherungssumme. Einzelvertraglich kann die Haftung bei der PartG mbB auch für grob fahrlässig verursachte berufliche Fehler auf die Mindestversicherungssumme von 2,5 Mio. EUR beschränkt werden. Durch vorformulierte Vertragsbedingungen ist die Haftungsbeschränkung nur für einfache Fahrlässigkeit möglich und zwar auf den vierfachen Betrag der Mindestversicherungssumme, d.h. 10 Mio. EUR, sofern insoweit Versicherungsschutz besteht, § 52 Abs. 1 S. 1 Nr. 2, 2 BRAO.

II. Geltung bestehender Haftungsbeschränkungsvereinbarungen nach Wechsel in die PartG mbB

Beim Wechsel von einer GbR bzw. einer herkömmlichen PartG in das Haftungsregime der PartG mbB stellt sich die Frage, ob die ursprünglich vereinbarten Haftungsbeschränkungen ohne weiteres auch in der PartG mbB Geltung beanspruchen.[788] In Anbetracht der Tatsache, dass für GbR und herkömmliche PartG nach § 52 BRAO eine betragsmäßig weiterreichende Haftungsbeschränkung als in der PartG mbB möglich ist, muss danach differenziert werden, wann die Verbindlichkeit begründet wurde.

1. Begründung der Verbindlichkeit vor Wechsel in die PartG mbB

Für Altmandate besteht eine fünfjährige Nachhaftung im alten Haftungsregime, wenn die Verbindlichkeit bereits vor dem Wechsel in die PartG mbB begründet wurde.[789] Innerhalb der fünfjährigen Nachhaftungsphase können sich die Partner der (jetzigen) PartG mbB nicht auf die Haftungsbeschränkung des § 8 Abs. 4 PartGG berufen. Grundsätzlich bemisst sich die Wirksamkeit einer haftungsbeschränkenden Vereinbarung an der Rechtslage, die im Zeitpunkt des beruflichen Fehlers und damit

786 Allgemein *Klöhn*, in: MünchKomm InsO, §15a Rn. 328; für die PartG mbB *Lieder*, NotBZ 2014, 81, 87; *Klose*, GmbHR 2013, 1191, 1195.

787 Siehe Kapitel 3 E.

788 Ohne Begründung verneinend *Wollweber*, DStR 2014, 1926, 1931.

789 Siehe Kapitel 4 D. II. 1.

des Pflichtverstoßes besteht.[790] Dies ist auch sachgerecht, da sich im Zeitpunkt des Verstoßes das Haftungsrisiko verwirklicht.

Wurde der Pflichtverstoß daher noch vor vollendetem Wechsel in das Haftungsregime der PartG mbB begangen, führt dies dazu, dass die alten Haftungsvereinbarungen mit der niedrigeren Haftungshöchstsumme nach wie vor wirksam sind und zwar auch dann, wenn der Wechsel in die PartG mbB zwischenzeitlich vollständig vollzogen ist.[791] Es besteht kein Bedürfnis die bestehende Haftungsbeschränkungsvereinbarung entsprechend den Vorgaben für die PartG mbB betragsmäßig anzupassen,[792] da sich auch die Haftung der Partner nach der alten Haftungsverfassung richtet. Für diese Verbindlichkeiten existiert damit ein geschlossenes Haftungssystem. Würde man die Haftungsbeschränkungsvereinbarung an den nunmehr für die PartG mbB geltenden zulässigen Höchstsummen messen und ihre Wirksamkeit verneinen, wären die Gläubiger durch den Wechsel in die PartG mbB ohne notwendigen Grund besser gestellt.[793]

2. Begründung der Verbindlichkeit nach Wechsel in die PartG mbB

a) Wirksamkeit der Haftungsbeschränkungsvereinbarung

Anders verhält sich die Situation, wenn der berufliche Fehler und damit die Verbindlichkeit erst nach vollendetem Wechsel in die PartG mbB begründet wurde bzw. die Nachhaftungsfrist abgelaufen ist. Die Haftung der Partner bestimmt sich dann ausschließlich nach dem Haftungskonzept der PartG mbB, so dass die Haftungsbeschränkung des § 8 Abs. 4 S. 1 PartGG eingreift.[794] Die vertraglichen Haftungsbeschränkungsvereinbarungen sind dann an den Anforderungen für die PartG mbB zu messen,[795] so dass die Haftung durch vorformulierte Vertragsbedingungen nur auf 10 Mio. EUR begrenzt werden darf und nicht auf 2,5 Mio. EUR wie bei der GbR und der herkömmlichen PartG. Nur durch die erhöhte Mindestversicherungssumme wird ein im Hinblick auf die Haftungsbeschränkung sachgerechter Gläubigerschutz erreicht.[796] Die Haftungsbeschränkungsvereinbarung, die die für die PartG mbB geltende Mindesthaftungssumme unterschreitet, ist unwirksam.[797]

---

790 So auch *Sommer/Treptow,* NJW 2013, 3269, 3273; *Zimmermann,* NJW 2014, 1142, 1146.

791 So wohl auch *Sommer/Treptow,* NJW 2013, 3269, 3273 f.

792 So auch *Sommer/Treptow,* NJW 2013, 3269, 3274.

793 Im Ergebnis ebenfalls bejahend *Sommer/Treptow,* NJW 2013, 3269, 3274; *Zimmermann,* NJW 2014, 1142, 1146.

794 Siehe Kapitel 4 D. I.

795 So auch *Sommer/Treptow,* NJW 2013, 3269, 3274; *Zimmermann,* NJW 2014, 1142, 1146.

796 *Sommer/Treptow,* NJW 2013, 3269, 3274.

797 *Sommer/Treptow,* NJW 2013, 3269, 3273 mwN.

b) Geltungserhaltende Reduktion

In diesem Zusammenhang wird die Frage aufgeworfen, ob die Haftungsbeschränkungsvereinbarung nicht durch eine geltungserhaltende Reduktion an die neue Haftungssumme der PartG mbB aufrechterhalten werden könne, sofern die PartG mbB den Versicherungsschutz in entsprechender Höhe vorhält.[798] Hierfür könnte der Wille der Vertragsparteien sprechen: Wenn sie bereits im Haftungsregime der PartG oder der GbR eine Haftungsbeschränkung mit der zulässigen Höchsthaftungssumme vereinbart haben, dann kann man davon ausgehen, dass eine Haftungsbeschränkung mit entsprechend angepasster Haftungshöchstsumme auch nach dem Wechsel in die PartG mbB gelten soll. *Zimmermann*[799] hält eine solche geltungserhaltende Reduktion der Haftungsbeschränkungsvereinbarung zumindest aus dem Aspekt des Gläubigerschutzes für angebracht: Der Mandant sei Gläubiger des potenziellen Haftpflichtanspruches und durch die erhöhte Haftungsobergrenze besser gestellt.

Diese Auffassung muss sich aber zunächst entgegenhalten lassen, dass der Mandant im Gegenzug für die Erhöhung der Haftungsobergrenze eine auf das Gesellschaftsvermögen begrenzte Haftung für berufliche Fehler nach § 8 Abs. 4 S. 1 PartGG in Kauf nehmen muss. Sein Anspruchsgegner ist grundsätzlich nur die PartG mbB mit ihrem Gesellschaftsvermögen als Haftungsmasse. Allerdings muss hier berücksichtigt werden, dass der Mandant den Anspruch der PartG mbB gegen ihren Versicherungsgeber pfänden kann und sich so wegen seiner Forderung befriedigen kann. Das verbleibende Risiko scheint für den Mandanten gering, ist die Haftungsbeschränkung zutreffenderweise nur dann wirksam, wenn für den konkreten Schadensfall auch tatsächlich Versicherungsdeckung besteht.[800] Allein aus diesem Gesichtspunkt dürfte eine geltungserhaltende Reduktion der Haftungsbeschränkungsvereinbarung für den Mandanten sogar von Vorteil sein.[801]

Fraglich bleibt allein, ob eine geltungserhaltende Reduktion überhaupt wirksam möglich ist. Vorformulierte Haftungsbeschränkungsvereinbarungen unterliegen der AGB-Kontrolle nach §§ 305 ff. BGB. Der Wirksamkeit einer automatischen Anpassung an die nunmehr in der PartG mbB geltenden erhöhten vereinbaren Mindesthaftungssumme könnte das Bestimmtheitsgebot des § 307 Abs. 1 S. 2 BGB entgegenstehen, da der nunmehr geltende Höchstbetrag nicht ausdrücklich aus der vertraglichen Haftungsbeschränkungsvereinbarung ersichtlich ist.[802] Der Mandant weiß daher im Einzelfall gar nicht, welche Haftungsobergrenze nun gilt. Diese Unsicherheit ist aber nicht mit dem Bestimmtheitsgebot des § 307 Abs. 1 S. 2 BGB

798 *Zimmermann,* NJW 2014, 1142, 1146.
799 *Zimmermann,* NJW 2014, 1142, 1146.
800 *Diller,* in: Henssler/Prütting, BRAO, § 52 Rn. 62.
801 So auch *Zimmermann,* NJW 2014, 1142, 1146.
802 *Zimmermann,* NJW 2014, 1142, 1146.

vereinbar. Eine geltungserhaltende Reduktion der vertraglichen Haftungsbeschränkungsvereinbarung scheidet damit aus.[803]

J. Innenhaftung der Partner

Für den Partner einer PartG mbB ist es nicht nur von Bedeutung, wie sich seine Haftung im Außenverhältnis gestaltet, sondern auch die möglichen Haftungsverpflichtungen, die ihn im Verhältnis zu seiner Gesellschaft treffen. Über diese sog. Innenhaftung kann der Partner bei Vorliegen einer Anspruchsgrundlage aus den verschiedensten Gründen von seiner Gesellschaft in Anspruch genommen werden und sich so ebenfalls einer beträchtlichen Haftung ausgesetzt sehen. Bei der PartG mbB besteht die Gefahr, dass die Haftungsbeschränkung für berufliche Fehler durch einen Umweg über die Innenhaftung letztlich wieder eingeschränkt oder gar unterlaufen wird. Im Folgenden werden die Haftungsrisiken dargestellt, die sich für den Partner einer PartG mbB im Innenverhältnis ergeben und Wege aufgezeigt, um diese zu minimieren.

I. Nachschusspflicht der Partner bei Liquidation der PartG mbB

1. *Anspruchsvoraussetzungen und Auswirkungen*

Wird die PartG mbB liquidiert und reicht das Gesellschaftsvermögen nicht zur Berichtigung der Schulden der PartG mbB und zur Rückzahlung der Einlagen aus, haben die Partner gem. § 735 S. 1 BGB iVm § 7 Abs. 4 PartGG die Pflicht, für den Fehlbetrag aufzukommen. Der Anteil des einzelnen Partners an der Verlustbeteiligung richtet sich grundsätzlich nach dem im Partnerschaftsvertrag vereinbarten Verteilungsschlüssel.[804] Fehlt eine Regelung im Partnerschaftsvertrag, hat jeder Partner gem. § 722 Abs. 1 BGB iVm § 1 Abs. 4 PartGG den gleichen Anteil zu tragen.

Diesen Anspruch der Gesellschaft gegen ihren Partner kann sich ein Gläubiger, der wegen seiner Verbindlichkeit nicht befriedigt wurde, im Wege der Zwangsvollstreckung nach § 829 ZPO pfänden und zur Überweisung nach § 835 ZPO einziehen lassen.[805] Insbesondere Gläubiger, die ihre Forderung wegen eines beruflichen Fehlers nicht durchsetzen konnten, weil die Berufshaftpflichtversicherung der PartG mbB nicht zur Leistung bzw. nicht zur vollen Leistung verpflichtet war und

803 So auch *Blattner,* AnwBl. 2013, 300, 306; *Vollkommer/Greger/Heinemann,* Anwaltshaftungsrecht, § 23 Rn. 29; *Zimmermann,* NJW 2014, 1142, 1146.

804 Vgl. *Schäfer,* in: MünchKomm BGB, Bd. 5, § 735 Rn. 4; *Hadding/Kießling,* in: Soergel BGB, Bd. 11/1, § 735 Rn. 5.

805 *Lieder,* NotBZ 2014, 81, 84; *Tröger/Pfaffinger,* JZ 2013, 812, 820 f.; vgl auch *Wälzlholz,* DStR 2013, 2637, 2638.

das Gesellschaftsvermögen nicht ausreichte, um den Schaden vollständig zu decken, können sich so mittelbar Zugriff auf das Privatvermögen der Partner verschaffen.[806]

2. Ausschluss der Nachschusspflicht im Partnerschaftsvertrag

a) Ausdrücklicher Ausschluss im Partnerschaftsvertrag

Die Nachschusspflicht der Partner für Verluste im Falle der Liquidation der Gesellschaft nach § 735 BGB ist dispositiver Natur,[807] so dass die Partner die Geltung der Norm im Partnerschaftsvertrag ausdrücklich abbedingen können.

b) Konkludenter Ausschluss im Partnerschaftsvertrag

Haben die Partner keine ausdrückliche Regelung im Partnerschaftsvertrag getroffen, stellt sich die Frage, ob eine konkludente Abbedingung[808] der Vorschrift vorliegt, was durch Auslegung des Partnerschaftsvertrages gem. §§ 133, 157 BGB[809] zu ermitteln ist. Für die Auslegung ist zwischen Verbindlichkeiten aus beruflichen Fehlern, für die nach § 8 Abs. 4 PartGG die Haftungsbeschränkung eingreift und sonstigen Verbindlichkeiten, für die die Partner gem. § 8 Abs. 1 S. 1 PartGG neben der PartG mbB persönlich haften, zu unterscheiden.

aa) Konkludenter Ausschluss für berufsbedingte Gesellschaftsschulden

Für Verbindlichkeiten aus beruflichen Fehlern, die nicht bzw. nicht ausreichend von der Berufshaftpflichtversicherung gedeckt sind und daher zu einem Verlust der PartG mbB führen, wollen die Partner regelmäßig nicht durch eine anteilige Innenhaftung nach § 735 BGB iVm § 1 Abs. 4 PartGG aufkommen.[810] Dieser Wille der Partner folgt bereits aus der Wahl der Rechtsform der PartG mbB: Indem sich die Partner für die Ausübung ihres Berufes in einer PartG mbB entscheiden, zeigen sie, dass sie für berufliche Fehler keine persönliche Haftung eingehen wollen.[811] Dies gilt umso mehr im Hinblick auf die quasi absolute Haftungsbeschränkung des § 8 Abs. 4 S. 1 PartGG, die auch diejenigen Verbindlichkeiten umfasst, die der Gläubiger seinerseits nicht erfüllt bekommt, weil die Berufshaftpflichtversicherung ordnungsgemäß unterhalten wurde, aber wegen Ausschöpfung der

---

806 *Tröger/Paffinger,* JZ 2013, 812, 821.

807 *Hadding/Kießling,* in: Soergel, BGB, Bd. 11/1, § 735 Rn. 2; *Schäfer,* in: MünchKomm BGB, Bd. 5, § 735 Rn. 2; *Westermann,* in: Ermann, BGB, Bd. 1, § 735 Rn. 2.

808 Zum Problem vgl. *Wertenbruch,* NZG 2013, 1006 f.; *Lieder,* NotBZ 2014, 81, 83 f.; *Wälzlholz,* DStR 2013, 2637, 2638; *Schüppen,* WpG 2013, 1193, 1200 f.; *Seibert,* DB 2013, 1710, 1713.

809 Vgl. zur Auslegung von Gesellschaftsverträgen *Fleischer,* DB 2013, 1466.

810 *Wertenbruch,* NZG 2013, 1006, 1007; *Henssler,* AnwBl. 2014, 96, 101.

811 So auch die h.M. *Wertenbruch,* NZG 2013, 1006, 1007; *Lieder,* NotBZ 2014, 81, 84; *Henssler,* AnwBl. 2014, 96, 101; *Wälzholz,* DstR 2013, 2637; kritisch *Schüppen,* WpG 2013, 1192, 1202.

Versicherungssumme im betreffenden Versicherungsjahr keine volle Deckung mehr übernimmt.[812] Reicht dann das Gesellschaftsvermögen nicht zur Befriedigung des Gläubigers aus, ist es nicht Sinn und Zweck der Rechtsform der PartG mbB, dass bei Liquidation der Gesellschaft der Gläubiger letztlich doch über den Umweg der Pfändung des Nachschussanspruches aus § 735 BGB iVm § 1 Abs. 4 PartGG noch auf das Privatvermögen der Partner zugreifen könnte.

Man mag zwar einwenden, dass der Gesetzgeber bei Einführung der PartG mbB die Anwendbarkeit des § 735 BGB gerade nicht für die PartG mbB ausgeschlossen hat und daher von ihrer grundsätzlichen Geltung ausgeht, jedoch hat er andererseits die Dispositivität der Vorschrift nicht angetastet.[813] Daher kommt es für die Auslegung einer konkludenten Abbedingung der Vorschrift gerade auf den Zweck an, den die Partner mit der Entscheidung für die PartG mbB verfolgen. Maßgebliches Kriterium für die Wahl der Rechtsform der PartG mbB ist es, eine möglichst weitreichende und effektive Haftungsbeschränkung für berufliche Fehler herbeizuführen. Hätten die Partner sich einer persönlichen Haftung aussetzen wollen, hätten sie auf den spezifischen Berufshaftpflichtschutz nach § 8 Abs. 4 S. 1 PartGG iVm § 51a PartGG und die damit verbundene finanzielle Mehrbelastung verzichtet und stattdessen das Haftungsregime der herkömmlichen PartG oder der GbR gewählt.

Ein mittelbarer Zugriff auf das Privatvermögen der einzelnen Partner würde die Haftungsbeschränkung des § 8 Abs. 4 PartGG aushöhlen[814] und damit letztlich den Sinn und Zweck dieser neuen Rechtsformvariante in Frage stellen.

Folglich ergibt die Auslegung des Partnerschaftsvertrages regelmäßig eine konkludente Abbedingung der Nachschusspflicht nach § 735 BGB iVm § 1 Abs. 4 PartGG, wenn der Verlust der PartG mbB bei Liquidation durch Gesellschaftsverbindlichkeiten aufgrund beruflicher Fehler verursacht wurde.[815]

bb) Konkludenter Ausschluss für Verluste durch sonstige Verbindlichkeiten

Haben sonstige Verbindlichkeiten der Gesellschaft, die nicht aus einem beruflichen Fehler herrühren, den Verlust der PartG mbB herbeigeführt, ergibt sich durch Auslegung des Partnerschaftsvertrages hingegen regelmäßig kein konkludenter Ausschluss der Nachschusspflicht des § 735 BGB iVm § 1 Abs. 4 PartGG.[816] Anders als bei Verbindlichkeiten wegen beruflicher Fehler besteht für sonstige Verbindlichkeiten eine persönliche unbeschränkte Haftung der Partner neben der PartG mbB nach § 8 Abs. 1 S. 1 PartGG. Mit der Wahl der Rechtsformvariante der PartG mbB können die Partner diese persönliche Haftung nicht ausschließen. Hat der Gesellschaftsgläubiger einen Titel gegen die Gesellschaft erstritten, kann er im Falle der Liquidation der PartG mbB die Nachschussansprüche der Gesellschaft gegen ihre Partner nach

812 Siehe Kapitel 4 B. II. 8. b).
813 *Wertenbruch,* NZG 2013, 1006, 1007.
814 *Wertenbruch,* NZG 2013, 1006, 1007.
815 So auch *Wertenbruch,* NZG 2013, 1006, 1007; *Henssler,* AnwBl. 2014, 96, 101.
816 Zutreffend *Wertenbruch,* NZG 2013, 1006, 1007.

§ 735 BGB iVm § 1 Abs. 4 PartGG pfänden und sich zur Einziehung überweisen lassen, §§ 829, 835 ZPO. Der so erfolgte mittelbare Zugriff auf das Privatvermögen führt – anders als bei Verlusten, die auf berufsbedingten Gesellschaftsverbindlichkeiten beruhen – nicht zu einer Aushöhlung des Haftungsregimes der PartG mbB. Ob der Gesellschaftsgläubiger wegen seiner Verbindlichkeit sogleich die Partner nach § 8 Abs. 1 S. 1 PartGG persönlich in Anspruch nimmt oder im Falle der Liquidation der PartG mbB mittelbar auf ihr Privatvermögen zugreift, stellt für die Partner aus haftungsrechtlicher Sicht keinen Unterschied dar, da sie bei sonstigen Verbindlichkeiten stets mit einer persönlichen Inanspruchnahme rechnen müssen.

Enthält der Partnerschaftsvertrag keine ausdrückliche Regelung, dass § 735 BGB iVm. § 1 Abs. 4 PartGG abbedungen wird, ist ein konkludenter Ausschluss der Nachschusspflicht ohne weitere Anhaltspunkte im Partnerschaftsvertrag für Verluste durch Gesellschaftsverbindlichkeiten außerhalb der Berufshaftung nicht anzunehmen.[817]

II. Haftung der Partner gegenüber der PartG mbB wegen Verletzung des Partnerschaftsvertrages

1. *Pflichtverletzung des Partnerschaftsvertrages durch pflichtwidriges Handeln im Außenverhältnis*

Eine Haftung des Partners gegenüber der PartG mbB kann sich auch aus der Verletzung einer Pflicht aus dem Partnerschaftsvertrag ergeben. Besonders relevant ist die Haftung des Partners wegen pflichtwidrigen berufsrechtlichen Handelns. Begeht der Partner gegenüber dem Mandanten der PartG mbB einen beruflichen Fehler und kommt es dadurch zu einem Haftungsfall für die PartG mbB, so stellt dieses Verhalten nicht nur eine Verletzung des Anwaltsvertrages gegenüber dem Auftraggeber im Außenverhältnis dar, sondern ist zugleich eine Pflichtverletzung des Partnerschaftsvertrages im Innenverhältnis.[818] Die Partner sind nach dem Partnerschaftsvertrag zur ordnungsgemäßen Erbringung ihrer Dienste verpflichtet. Sie haben die Bearbeitung der Aufträge unter Berücksichtigung der berufsrechtlichen Anforderungen[819] so auszuführen, dass sie die PartG mbB keiner Haftung wegen eines beruflichen Fehlers aussetzen.[820]

Verletzt ein Partner diese Pflicht, kann die PartG mbB gem. § 280 Abs. 1 S. 1 BGB iVm dem Partnerschaftsvertrag Regress nehmen, sollte sie vom Gläubiger im Außenverhältnis in Anspruch genommen werden.

---

817 Im Ergebnis ebenfalls zustimmend *Wertenbruch,* NZG 2013, 1006, 1007; *Henssler,* AnwBl. 2014, 96, 101.

818 *Wertenbruch,* NZG 2013, 1006, 1007.

819 § 6 Abs. 1 PartGG.

820 *Wertenbruch,* NZG 2013, 1006, 1007.

2. *Verschulden*

a) *Eigenübliche Sorgfalt*

Der Schadensersatzanspruch der PartG mbB gegen ihren Partner kann aber nur realisiert werden, wenn dieser die Pflichtverletzung zu vertreten hat, § 280 Abs. 1 S. 1 BGB. Das Verschulden des Partners bestimmt sich grundsätzlich nach § 276 BGB und liegt bei Vorsatz oder Fahrlässigkeit vor. In diesem Zusammenhang stellt sich die Frage, ob der Verschuldensmaßstab nicht objektiv, sondern entsprechend § 708 BGB iVm § 1 Abs. 4 PartGG an der eigenüblichen Sorgfalt des Partners, der sog. *diligentia quam in suis,* zu messen ist. Nach § 708 BGB hat der Partner bei der Erfüllung seiner ihm obliegenden gesellschaftsvertraglichen Pflichten nur für diejenige Sorgfalt einzustehen, die er in eigenen Angelegenheiten anzuwenden pflegt. Hintergrund der Vorschrift ist der Gedanke, dass Personen, die miteinander eine Gesellschaft eingehen, „sich gegenseitig so nehmen wollten, wie sie einmal seien".[821] Dementsprechend werde unter Anerkennung der Individualität des Einzelnen in Angelegenheiten der Gesellschaft diejenige Sorgfalt erwartet, die der Einzelne auch in eigenen Angelegenheiten anzuwenden pflegt.[822]

aa) Anwendbarkeit der *diligentia quam in suis* in der Berufsausübungsgesellschaft

aaa) Meinungsstand in der Literatur

Die Anwendbarkeit der *diligentia quam in suis* stößt bei Berufsausübungsgesellschaften teilweise auf Kritik.[823] Gerade der Beruf des Rechtsanwaltes erfordert eine gewissenhafte Ausübung der zu erfüllenden Aufgaben, so dass es fraglich erscheint, ob es sachgerecht ist, im Innenverhältnis einen geringeren Sorgfaltsmaßstab anzulegen.[824]

Gegen die Anwendbarkeit des § 708 BGB iVm § 1 Abs. 4 PartGG auch in der Rechtsanwalts PartG mbB wird vorgebracht, dass sich der Sorgfaltsmaßstab an den berufsrechtlichen Regelungen orientiere und daher das erforderliche Maß an anzuwendender Sorgfalt objektiv zu beurteilen sei.[825] Die Übereinstimmung der geschuldeten Sorgfalt im Innenverhältnis und im Außenverhältnis sei erforderlich um Haftungsfälle zu vermeiden.[826]

---

821 *Mugdan,* Protokolle, Bd. 2, 985.

822 *Schäfer,* in: MünchKomm BGB, Bd. 5, § 708 Rn. 1; vgl. zur Entstehungsgeschichte *Ballerstedt,* JuS 1963, 253 ff., insbes. 258.

823 *Hadding/Kießling,* in: Soergel, BGB, Bd. 11/1, § 708 Rn. 1; *Schmidt,* Gesellschaftsrecht, 1743 ff.

824 *Schäfer,* in: MünchKomm BGB, Bd. 5, § 708 Rn. 2.

825 *Schüppen,* WpG 2014, 1193, 1201; *Wertenbruch,* Wpg 2014, 1193, 1201.

826 *Wertenbruch,* NZG 2013, 1006, 1007.

Die Gegenauffassung bejaht die grundsätzliche Anwendbarkeit der *diligentia quam in suis* auch für Rechtsanwälte in der PartG mbB.[827] Andernfalls werden das Innen- und das Außenverhältnis unzulässiger Weise vermischt.[828] Im Innenverhältnis sollen die Partner gerade von der Haftungsprivilegierung profitieren.[829]

bbb) Stellungnahme

Die Anwendung des verminderten Sorgfaltsmaßstabes auf Berufsausübungsgesellschaften stößt insoweit auf Bedenken, dass gerade der Rechtsanwalt bei Ausübung seiner Tätigkeit ein besonderes Vertrauen genießt. Mit der Mandatserteilung verlässt sich der Mandant darauf, dass der bearbeitende Rechtsanwalt seinen Auftrag entsprechend einem objektiv strengen Sorgfaltsmaßstab erfüllt. Im Außenverhältnis kann dieser strenge Maßstab nicht durch eine Vereinbarung im Partnerschaftsvertrag vermindert werden.[830] Im Innenverhältnis ist die Anwendung der eigenüblichen Sorgfalt nach § 708 BGB iVm § 1 Abs. 4 PartGG dennoch möglich.

Der verminderte Sorgfaltsmaßstab im Innenverhältnis wirkt sich aber mittelbar im Außenverhältnis aus. Verletzt ein Partner gegenüber dem Gesellschaftsgläubiger eine Pflicht, hält er aber dabei die Sorgfalt ein, die er üblicherweise in eigenen Angelegenheiten anzuwenden pflegt, kann die Gesellschaft für den entstandenen Haftungsfall bei Anwendung des § 708 BGB keinen Regress beim betreffenden Partner nehmen. Bei Vermögenslosigkeit der Gesellschaft hat der Gläubiger nicht die Möglichkeit, mittelbar auf das Privatvermögen des Partners zuzugreifen, da kein Anspruch der Gesellschaft gegen den Partner besteht, den der Gläubiger pfänden und sich dann überweisen lassen könnte. Insoweit kann die Anwendung des § 708 BGB im Innenverhältnis zu negativen Auswirkungen auf den Gesellschaftsgläubiger führen.

Andererseits hat der Gesetzgeber sowohl bei Einführung der herkömmlichen PartG als auch bei Schaffung der PartG mbB durch § 1 Abs. 4 PartGG ausdrücklich die Anwendung der Vorschriften über die GbR und damit auch diejenige des § 708 BGB angeordnet bzw. beibehalten. Er war sich damit der Diskrepanz zwischen den Sorgfaltsmaßstäben im Außen- und im Innenverhältnis und den hieraus entstehenden Folgen bewusst.

---

827 *Lieder,* NotBZ 2014, 81, 84; *Römermann/Praß,* NZG 2012, 601, 604; *Seibert,* DB 2013, 1710, 1713; *Tröger/Pfaffinger,* JZ 2013, 812, 821; *Wälzlholz,* DStR 2013, 2637, 2638; *Schäfer,* in: MünchKomm BGB, Bd. 5, § 1 PartGG Rn. 88; *Römermann,* in: Michalski/Römermann, PartGG, § 8 Rn. 114; *Henssler,* AnwBl. 2014, 96, 102.

828 *Lieder,* NotBZ 2014, 81, 84.

829 *Lieder,* NotBZ 2014, 81, 84.

830 Vgl. *Lieder,* NotBZ 2014, 81, 84; vgl allgemein *Grundmann,* in: MünchKomm, § 276 Rn. 54; *Westermann,* in: Ermann, BGB, Bd. 1, § 276 Rn. 10; *Löwisch/Caspers,* in: Staudinger, BGB, Leistungsstörungsrecht 1, § 276 Rn. 29.

Der Einwand,[831] dass durch einen Partner, dessen eigene Sorgfalt regelmäßig das objektive Maß unterschreitet, fortdauernd Haftungsfälle verursacht werden und daher auch intern die Einhaltung der objektiven Sorgfalt zu fordern sei, vermag in der Praxis nicht zu überzeugen. Es ist wohl davon auszugehen, dass es sich um Einzelfälle handelt, in denen der jeweilige Partner ausnahmsweise in eigenen Angelegenheiten eine geringere Sorgfalt anzuwenden pflegt, als objektiv zu erwarten ist. Der Partner hat aufgrund seiner Beteiligung an der PartG mbB selbst ein Interesse daran Haftungsfälle zu vermeiden und den Ruf der Kanzlei nicht zu gefährden.

Die grundsätzliche Anwendbarkeit der *diligentia quam in suis* ist daher auch für die PartG mbB zu bejahen.

bb) Kein konkludenter Ausschluss der *diligentia quam in suis*

Die Partner der PartG mbB sollen grundsätzlich von der Möglichkeit der Reduzierung des Verschuldensmaßstabes im Innenverhältnis profitieren können. Die Vorschrift des § 708 BGB ist aber dispositiv, so dass die Partner im Partnerschaftsvertrag eine andere Regelung treffen können.[832] Haben die Partner im Partnerschaftsvertrag keine ausdrückliche Regelung getroffen, ist § 708 BGB iVm § 1 Abs. 4 PartGG anwendbar.[833] Von einem konkludenten Ausschluss der Norm und damit von der Vereinbarung eines objektiven Sorgfaltsmaßstabes auch im Innenverhältnis auszugehen,[834] ist systematisch nicht haltbar.[835] Die Partner werden sich diesbezüglich regelmäßig beim Abschluss des Partnerschaftsvertrags keine Gedanken machen,[836] so dass es bei der Geltung des § 708 BGB iVm § 1 Abs. 4 PartGG verbleibt.

b) Haftungsausschluss für fahrlässiges Handeln im Partnerschaftsvertrag

Wollen die Partner sicher gehen, dass ein die Versicherungssumme übersteigender Schaden nicht zugleich in einen Regressanspruch der PartG mbB gegen den berufswidrig handelnden Partner führt, bleibt es ihnen unbenommen, durch eine vertragliche Vereinbarung im Partnerschaftsvertrag die Innenhaftung auszuschließen.[837] Dies ist nach § 276 Abs. 3 BGB für einfaches und grob fahrlässiges Handeln, nicht aber für vorsätzlich begangene berufliche Fehler möglich.[838]

---

831 So *Wertenbruch,* NZG 2013, 1006, 1007 f.

832 *Hadding/Kießling,* in: Soergel, BGB, Bd. 11/1, § 708 Rn. 2; *Schäfer,* in: MünchKomm BGB, Bd. 5, § 708 Rn. 3.

833 *Schäfer,* in: MünchKomm BGB, Bd. 5, § 708 Rn. 4.

834 *Wertenbruch,* NZG 2013, 1006, 1008.

835 So auch *Schäfer,* in: MünchKomm BGB, Bd. 5, § 708 Rn. 4; *Hadding/Kießling,* in: Soergel, BGB, Bd. 11/1, § 708 Rn. 2.

836 *Hadding/Kießling,* in: Soergel, BGB, Bd. 11/1, § 708 Rn. 3.

837 *Wertenbruch,* NZG 2013, 1006, 1008; *Lieder,* NotBZ 2014, 81, 84; *Wälzlholz,* DStR 2013, 2637, 2639; *Schüppen,* Wpg 2013, 1193, 1201.

838 *Wertenbruch,* NZG 2013, 1006, 1008; *Lieder,* NotBZ 81, 84; *Schüppen,* Wpg 2013, 1193, 1201.

Der Haftungsausschluss kann grundsätzlich auch stillschweigend erfolgen.[839] Dies gilt aber nur für die einfache Fahrlässigkeit, während für die grobe Fahrlässigkeit stets eine ausdrückliche Vereinbarung erforderlich ist.[840] Jedenfalls muss sich für die Annahme eines konkludenten Haftungsausschlusses der Wille der Partner erkennbar aus den Umständen ergeben.[841] Für die PartG mbB wird zu Recht davon ausgegangen, dass in der Wahl dieser Rechtsform der Wille der Partner deutlich wird, die persönliche Haftung für einfach fahrlässige Berufsfehler auszuschließen, die auch einem sonst sorgfältig arbeitenden Partner unterlaufen können.[842] Mit der Entscheidung für die Rechtsform der PartG mbB haben die Partner bewusst eine absolute Haftungsbeschränkung für berufliche Fehler gewollt und dafür im Gegenzug die erhöhten Anforderungen an die Berufshaftpflichtversicherung in Kauf genommen. Es kann daher nicht in ihrem Interesse sein, dass sie dennoch für berufliche Fehler persönlich einstehen müssen, wenn auch nur gegenüber ihrer Gesellschaft. Bedenkt man darüber hinaus, dass dieser Innenanspruch vom Gesellschaftsgläubiger gepfändet werden kann, wodurch dieser letztlich doch auf das Vermögen des Partners zugreifen kann, so wäre der Sinn und Zweck der Haftungsbeschränkung des § 8 Abs. 4 S. 1 PartGG im Endeffekt mehr als fraglich.[843] Es ist daher stets von einem konkludenten Haftungsausschluss für einfache Fahrlässigkeit auszugehen.[844]

III. Haftung der Partner gegenüber der PartG mbB aus deliktischem Handeln

1. Innenregress der PartG mbB gegen den deliktisch handelnden Partner aus § 280 Abs. 1 BGB

Handelt ein Partner bei Ausführung eines Auftrags der PartG mbB deliktisch, so wird der PartG mbB dieses Verhalten über § 31 BGB analog zugerechnet. Durch das deliktische Verhalten des Partners wird eine Gesellschafsverbindlichkeit begründet, für die die Gesellschaft nach § 8 Abs. 1 S. 1 PartGG haften muss und zugleich der deliktisch handelnde Partner persönlich einstehen muss.[845] Nimmt der Gläubiger die PartG mbB in Anspruch und übersteigt der entstandene Schaden die Versicherungssumme, muss die Verbindlichkeit aus dem Gesellschaftsvermögen beglichen werden,

---

839 *Grüneberg*, in: Palandt, BGB, § 276 Rn. 37.

840 OLG Hamm, NJW-RR 2006, 104; *Grüneberg*, in Palandt, BGB, § 276 Rn. 37; *Grundmann*, in: MünchKomm BGB, Bd. 2, § 276 Rn. 88; *Löwisch/Caspers*, in: Staudinger, § 276 Rn. 124; *Henssler*, AnwBl. 2014, 96, 103.

841 *Grüneberg*, in: Palandt, BGB, § 276 Rn. 37.

842 *Wertenbruch*, NZG 2013, 1006, 1008; *Lieder*, NotBZ 2014, 81, 84; *Henssler*, AnwBl. 2013, 96, 103; a.A. *Schüppen*, Wpg 2013 1193, 1201.

843 Vgl. auch *Lieder*, NotBZ 2014, 81, 84.

844 So auch *Wertenbruch*, NZG 2013, 1006, 1008; *Lieder*, NotBZ 2014, 81, 84; a.A. *Schüppen*, WpG 2013, 1193, 1201.

845 *Wertenbruch*, NZG 2013, 1006, 1008.

ohne dass die PartG mbB ihrerseits eine Deckung von der Versicherung erhält.[846] Der PartG mbB entsteht somit ein Schaden, den sie über einen Innenregressanspruch nach § 280 Abs. 1 BGB gegen den deliktisch handelnden Partner geltend machen kann.[847] Ist im Partnerschaftsvertrag ein Haftungsausschluss vereinbart worden, bezieht sich dieser auch auf einen Regressanspruch der PartG mbB wegen eines deliktischen Anspruchs. Das gleiche gilt für die Annahme eines konkludenten Haftungsausschlusses für einfache Fahrlässigkeit.[848] Ein Innenregressanspruch der PartG mbB besteht insoweit daher nicht.

2. *Innenregress der PartG mbB gegen den deliktisch handelnden Partner aus § 426 Abs. 1 S. 1 BGB*

Darüber hinaus kommt aber ein Anspruch der PartG mbB gegen den deliktisch handelnden Partner im Wege des Gesamtschuldnerausgleichs nach § 426 Abs. 1 S. 1 BGB in Betracht.[849] Zwischen der PartG mbB, die über § 31 BGB analog für das deliktische Handeln ihres Partners einzustehen hat und dem persönlich haftenden Partner besteht eine Gesamtschuld.[850] Nach § 426 Abs. 1 BGB sind die Gesamtschuldner zu gleichen Teilen verpflichtet, soweit nicht ein anderes bestimmt ist. Soweit die PartG mbB den Gläubiger befriedigt, geht die Forderung des Gläubigers kraft Legalzession gem. § 426 Abs. 2 S. 2 BGB auf sie über.[851] Die PartG mbB kann daher im Innenverhältnis grundsätzlich vom betreffenden Partner Regress nehmen. Etwas anderes gilt aber, wenn zugunsten des Partners ein ausdrücklicher oder konkludenter Haftungsausschluss gegenüber der PartG mbB eingreift. Der konkludente Haftungsausschluss für einfache Fahrlässigkeit umfasst dabei auch die deliktische Haftung wegen eines beruflichen Fehlers.[852] Die ausdrückliche oder konkludente Haftungsbeschränkung stellt insoweit eine anderweitige Bestimmung iSd § 426 Abs. 1 S. 1 BGB dar.[853]

Nimmt der geschädigte Gläubiger nicht die PartG mbB, sondern direkt den Partner persönlich in Anspruch, ist fraglich, ob der Partner umgekehrt über § 426 Abs. 1 S. 1 iVm Abs. 2 BGB Freistellung von seiner Gesellschaft verlangen kann.[854] Dies würde gelten, wenn zwischen PartG mbB und dem Partner eine andere Bestimmung iSd § 426 Abs. 1 S. 1 BGB mit der Vereinbarung vorläge, dass im Verhältnis zum

846 *Wertenbruch,* NZG 2013, 1006, 1008.
847 *Wertenbruch,* NZG 2013, 1006, 1008.
848 *Wertenbruch,* NZG 2013, 1006, 1008.
849 Zum Gesamtschuldnerausgleich vgl. allgemein *Gebauer,* in: Soergel BGB, Bd. 5/3, § 426 Rn. 14 ff.; *Bydlinski,* in: MünchKomm BGB, Bd. 2, § 426 Rn. 12 ff.
850 *Wertenbruch,* NZG 2013, 1006, 1008.
851 *Böttcher,* in: Ermann, BGB, Bd. 1, § 426 Rn. 46; *Gebauer,* in: Soergel, BGB, Bd. 5/3, § 426 Rn. 48; *Bydlinski,* in: MünchKomm BGB, Bd. 2, § 426 Rn. 38.
852 Vgl. *Wertenbruch,* NZG 2013, 1006, 1008.
853 *Wertenbruch,* NZG 2013, 1006, 1008.
854 *Wertenbruch,* NZG 2013, 1006, 1008; *Henssler,* AnwBl. 2014, 96, 104.

deliktisch handelnden Partner die PartG mbB insoweit den Anspruch zu tragen hat, wie der Haftungsausschluss greift.

Ob dies der Fall ist, muss durch Auslegung des Haftungsausschlusses gem. §§ 133, 157 BGB ermittelt werden. Sinn und Zweck des Haftungsausschlusses ist es, den Partner im Innenverhältnis von der Haftung freizustellen, um so die Haftungsbeschränkung des § 8 Abs. 4 S. 1 BGB nicht im Ergebnis über Umwege auszuhöhlen.[855] Es kann daher keinen Unterschied machen, ob der Gläubiger wegen der deliktischen Handlung des Partners die PartG mbB in Anspruch nimmt oder direkt auf den handelnden Partner zugreift.[856] Sofern im Partnerschaftsvertrag ausdrücklich die Haftung des Partners gegenüber der PartG mbB auf Vorsatz bzw. grobe Fahrlässigkeit beschränkt wurde, erstreckt sich der Haftungsausschluss nach dem Willen der Vertragsparteien auch auf eine deliktische Haftung, die durch einen beruflichen Fehler des Partners begründet wurde.

Entsprechendes gilt auch für einen konkludenten Haftungsausschluss für einfache Fahrlässigkeit,[857] der bei der PartG mbB wie festgestellt durch die Wahl der Rechtsform anzunehmen ist.

Es liegt damit eine andere Bestimmung iSd § 426 Abs. 1 S. 1 BGB vor. Folglich kann der Partner, der wegen eines beruflichen Fehlers gegenüber dem Gesellschaftsgläubiger aus Delikt in Anspruch genommen wird, von der PartG mbB nach § 426 Abs. 2 S. 1 iVm Abs. 1 S. 1 BGB Freistellung verlangen, wenn ihm im Innenverhältnis zur PartG mbB ein Haftungsausschluss zugute kommt.[858]

IV. Ergebnis

Den Partnern kommt im Innenverhältnis zur PartG mbB in weiten Teilen ein Haftungsausschluss zugute. Für die Nachschusspflicht nach § 735 BGB iVm § 1 Abs. 4 PartGG sowie die Haftung gegenüber der Gesellschaft wegen pflichtwidrigen Handelns nach § 280 Abs. 1 BGB iVm dem Partnerschaftsvertrag gilt ein konkludenter Haftungsausschluss für einfache Fahrlässigkeit. Wollen die Partner sicherstellen, dass der Haftungsausschluss in jedem Fall zum Tragen kommt, ist ihnen zu raten, eine ausdrückliche Regelung[859] hinsichtlich der umfassten Ansprüche sowie des Umfangs des Haftungsausschlusses zu treffen, insbesondere wenn die Partner die Innenhaftung für grob fahrlässig verursachte Pflichtverletzungen ausschließen wollen.

Grundsätzlich ist die Haftung der Partner nach § 708 BGB iVm § 1 Abs. 4 PartGG auf die eigenübliche Sorgfalt beschränkt. Wegen des zumindest konkludenten

855 Vgl. *Wertenbruch,* NZG 2013, 1006, 1009.

856 Zutreffend *Wertenbruch,* NZG 2013, 1006, 1009.

857 Zutreffend *Wertenbruch,* NZG 2013, 1006, 1009; *Henssler,* AnwBl. 2014, 96, 104.

858 Im Ergebnis so auch *Wertenbruch,* NZG 2013, 1006, 1009; *Henssler,* AnwBl. 2014, 96, 104.

859 So auch *Wälzlholz,* DStR 2013, 2637, 2639.

Haftungsausschlusses für einfache Fahrlässigkeit wird wohl der Anwendungsbereich der *diligentia quam in suis* in der Praxis kaum zum Tragen kommen.[860]

Lediglich die Haftung für vorsätzliches Verschulden, kann nach § 276 Abs. 3 BGB auch nicht ausdrücklich ausgeschlossen werden. Dadurch kann der Fall eintreten, dass der Partner bezüglich der Pflichtverletzung vorsätzlich handelt, aber nicht bezüglich des Schadenseintritts, weil er darauf vertraut, dass durch die Verletzung der Pflicht kein Schaden entsteht.[861] Ein Anspruch nach den §§ 823 ff. BGB gegen den betreffenden Partner steht dem Gläubiger dann nicht zu, da dieser nur besteht, wenn auch der Schaden vom Vorsatz umfasst ist. Im Übrigen greift der Versicherungsschutz aber auch bei vorsätzlichem Handeln ein,[862] so dass der Gläubiger bis zur Höhe der Versicherungssumme ausreichend geschützt ist. Übersteigt der Schaden die Versicherungssumme und reicht das Gesellschaftsvermögen zur Deckung nicht aus, kann der Gläubiger den Innenanspruch der PartG mbB pfänden und sich überweisen lassen.[863] Der Gläubiger kann daher mittelbar auf das Privatvermögen des Partners zurückgreifen, obwohl er keinen direkten Anspruch gegen diesen hat.[864]

Im Ergebnis haben es die Partner daher in der Hand durch eine ausdrückliche Regelung im Partnerschaftsvertrag ihre Haftung auch im Innenverhältnis weitestgehend zu beschränken. Im Falle vorsätzlichen Handelns ist es – wie aufgezeigt – theoretisch denkbar und nicht durch den Partnerschaftsvertrag ausschließbar, dass im Außenverhältnis die Haftungsbeschränkung auf das Gesellschaftsvermögen eingreift, der Partner aber hierfür im Innenverhältnis einzustehen hat. Dieses Restrisiko erscheint aber in Anbetracht der vorsätzlichen Pflichtverletzung durch den Partner gerechtfertigt. Jedenfalls ist es nicht geeignet, den Sinn und Zweck der Haftungsbeschränkung nach § 8 Abs. 4 S. 1 PartGG zu unterlaufen.

K. Zusammenfassung der wesentlichen Ergebnisse

Die Haftungsbeschränkung des § 8 Abs. 4 PartGG umfasst alle Schäden, die durch einen beruflichen Fehler entstanden sind.

Die Berufshaftpflichtversicherung der PartG mbB ist neben der persönlichen Berufshaftpflichtversicherung des einzelnen Rechtsanwaltes zu unterhalten.

Die Versicherungssumme kann pro Versicherungsjahr vervielfacht mit der Anzahl der Partner begrenzt werden. Partner ist, wer durch den Partnerschaftsvertrag als Partner in die PartG mbB aufgenommen wurde. Scheinpartner sind bei der Vervielfachung zu berücksichtigen.

860 So auch *Henssler,* AnwBl. 2014, 96, 103.
861 *Henssler,* AnwBl. 2014, 96, 103.
862 Siehe Kapitel 4 B. II. 8. a).
863 *Henssler,* AnwBl. 2014, 96, 103.
864 *Henssler,* AnwBl. 2014, 96, 103.

Die Versicherungsleistung entfällt nur bei bereits ausgeschöpfter Versicherungssumme. Sie bleibt sowohl bei einer Obliegenheitsverletzung als auch bei einer wissentlichen Pflichtverletzung bestehen.

Wird der die Haftungsbeschränkung anzeigende Rechtsformzusatz im Geschäftsverkehr durch einen Partner nicht ordnungsgemäß geführt, kann es zu einer persönlichen Haftung des betreffenden Partners aus § 823 Abs. 2 BGB iVm § 7 Abs. 5 PartGG bzw. aus c.i.c. gem. §§ 280 Abs. 1, 241 Abs. 1, 311 Abs. 3 BGB kommen.

Wird von einer anderen Rechtsform in die PartG mbB gewechselt, greift die Haftungsbeschränkung des § 8 Abs. 4 PartGG ein, wenn der zum Schaden führende Pflichtverstoß nach vollständigem Wechsel in die PartG mbB begangen wurde. Andernfalls besteht eine fünfjährige Nachhaftung im ursprünglichen Haftungsregime.

Das Gesellschaftsvermögen der PartG mbB ist im Hinblick auf Verbindlichkeiten aus beruflichen Fehlern zur vorrangigen Befriedigung von Gläubigerinteressen zweckgebunden. Eine Existenzvernichtungshaftung der Partner kommt bei einem vorsätzlichen Entzug von Gesellschaftsvermögen in Betracht, wenn das Vermögen der Gesellschaft nicht zur Deckung der Verbindlichkeit aus einem beruflichen Fehler ausreicht und der Gläubiger seinen Schaden nicht durch Pfändung des Anspruchs der PartG mbB gegen den Versicherungsgeber kompensieren kann.

Es besteht keine Pflicht zur Ausstattung der PartG mbB mit einem angemessenen Gesellschaftsvermögen. Die Partner trifft daher keine Haftung wegen unzureichender Ausstattung des Gesellschaftsvermögens.

Darüber hinaus besteht keine Pflicht zum Abschluss einer Berufshaftpflichtversicherung mit risikoangemessener Versicherungssumme.

Die Partner einer PartG mbB haben analog § 15a Abs. 1 S. 2 PartGG die Pflicht zur rechtzeitigen Stellung eines Insolvenzantrages, wenn die PartG mbB aufgrund von geltend gemachten Schadensersatzansprüchen wegen beruflicher Fehler in die Zahlungsunfähigkeit bzw. Überschuldung gerät. Verletzen die Partner diese Pflicht, haften sie persönlich gem. § 823 Abs. 2 PartGG iVm § 15a Abs. 1 S. 2 PartGG analog wegen Insolvenzverschleppung.

Eine vertragliche Haftungsbeschränkungsvereinbarung, die vor einem Wechsel von einer GbR oder einer herkömmlichen PartG vereinbart wurde, bleibt wirksam, wenn die Verbindlichkeit, aus der gehaftet wird, noch vor vollendetem Wechsel in die PartG mbB entstanden ist bzw. innerhalb des fünfjährigen Nachhaftungszeitraums entsteht. Die ursprüngliche vertragliche Haftungsbeschränkungsvereinbarung ist hingegen unwirksam, wenn die Verbindlichkeit erst nach vollendetem Wechsel in die PartG mbB entsteht.

Die Nachschusspflicht der Partner gegenüber der PartG mbB sowie die Haftung der Partner wegen Verletzung des Partnerschaftsvertrages ist konkludent für Fälle der einfachen Fahrlässigkeit ausgeschlossen. Durch eine ausdrückliche Vereinbarung im Partnerschaftsvertrag kann die Innenhaftung auch für grob fahrlässig verursachte Schäden ausgeschlossen werden.

Kapitel 5: Die Haftungsverfassung der englischen Limited Liability Partnership mit Verwaltungssitz in Deutschland

A. Ausgangspunkt der Untersuchung

In den letzten Jahren konnte der Trend beobachtet werden, dass zunehmend deutsche Kanzleien die englische Rechtsform der Limited Liability Partnership (LLP) wählten.[865] Die Besonderheit liegt darin, dass die Berufsausübungsgesellschaften in England gegründet werden und dort ihren Satzungssitz haben, ihren Verwaltungssitz aber abweichend hiervon nach Deutschland verlegen.[866] Eine Tätigkeit der Gesellschaft im Ausland ist regelmäßig von vornherein nicht geplant, stattdessen nimmt die Gesellschaft nur bzw. hauptsächlich in Deutschland ihre Geschäftstätigkeit auf. Aus diesem Grund spricht man in diesem Zusammenhang auch von „Briefkastengesellschaften“[867] bzw. „Scheinauslandsgesellschaften“[868]. Diese Konstellation ist davon zu unterscheiden, dass die LLP ihre Hauptniederlassung in England hat und zugleich eine Zweigniederlassung in Deutschland betreibt. Gegenstand der folgenden Untersuchung bildet nur erstgenannte Variante, d.h. nur Gesellschaften, die ihre Haupttätigkeit in Deutschland entfalten.

B. Rechtsverhältnisse der englischen LLP mit Verwaltungssitz in Deutschland

I. Zulässigkeit der Sitzverlegung nach englischem Recht

Eine Abweichung des Satzungssitzes einer Gesellschaft von ihrem Verwaltungssitz ist zunächst einmal faktisch ohne weiteres möglich. Satzungssitz ist derjenige Sitz der Gesellschaft, der in den Gründungsprotokollen als Sitz der Gesellschaft angegeben ist.[869] Der Verwaltungssitz hingegen ist an dem Ort, an welchem alle grundlegenden Entscheidungen der Unternehmensführung getroffen werden und

865 RegE zur Einf. einer PartG mbB, BT-Drucks. 17/10487, 1.

866 *Grunewald/Müller*, NJW 2005, 465; *Becker*, AnwBl. 2011, 860; *Bank*, Die britische LLP, 338.

867 *Bank*, Die britische LLP, 338.

868 *Weller/Kienle*, DStR 2005, 1060, 1064.

869 *Schnittker*, Gesellschafts- und steuerrechtliche Behandlung einer englischen LLP mit Verwaltungssitz in Deutschland, 90 f.; *Wiedemann*, Gesellschaftsrecht, Bd. 1, 387.

die Willensbildung stattfindet.[870] Nach englischem Recht ist die Abweichung von Satzungssitz und Verwaltungssitz unproblematisch zulässig, wenn nur der Verwaltungssitz ins Ausland verlegt wird, der Satzungssitz aber in England beibehalten wird.[871] Am Bestand der Gesellschaft ändert sich hierdurch nichts. Dies folgt aus der Gründungstheorie, die in England seit jeher Anwendung findet.[872] Nach der Gründungstheorie ist stets die Rechtsordnung des Gründungsstaates für die Beurteilung der Verhältnisse der Gesellschaft maßgeblich und zwar auch dann, wenn der Verwaltungssitz in einen anderen Staat verlegt wird.[873] Nach englischem Recht bestehen daher für Kanzleien, die in England gegründet wurden, ihre hauptsächliche Tätigkeit aber in Deutschland entfalten, keine rechtlichen Bedenken.

II. Rechtliche Behandlung der LLP im Inland

Es stellt sich aber die Frage, wie diese Gesellschaften im Inland rechtlich zu behandeln sind. Zum einen ist zu klären, ob die so gegründete LLP in Deutschland als Gesellschaft in ihrer Rechtsform anerkannt werden kann, zum anderen stellt sich das Problem, welche Rechtsordnung Anwendung findet.

1. Rechtliche Anerkennung der LLP vor dem Hintergrund der Rechtsprechung des EuGH

a) Anknüpfungspunkt Gesellschaftsstatut: Sitz- und Gründungstheorie

Die Anerkennung und gesellschaftsrechtliche Behandlung einer im Ausland gegründeten Gesellschaft, die ihren Verwaltungssitz nach Deutschland verlegt hat, richtet sich nach dem nationalen Kollisionsrecht.[874] Maßgeblich ist das anwendbare Gesellschaftsstatut.[875] Das Gesellschaftsstatut regelt die Frage, welche Rechtsordnung auf die gesellschaftsrechtlichen Verhältnisse einer ausländischen Gesellschaft mit Sitz im Inland anzuwenden ist.[876] Man spricht insoweit auch von den „sachrechtlichen" Regelungen.[877] In Deutschland ist die Anknüpfung des Gesellschaftsstatuts nicht

870 BGH NJW 1986, 2194, 2195.

871 *Bank,* Die britische LLP, 339.

872 *Kindler,* in: MünchKomm BGB, Bd. 10, Rn. 369; *Wiedemann,* Gesellschaftsrecht, Bd. 2, 47; *Höfling,* Das englische internationale Gesellschaftsrecht, 114 ff.

873 *Wiedemann,* Gesellschaftsrecht, Bd. 2, 47 f.

874 *Bank,* Die britische LLP, 339.

875 Vgl. *von Bernstorff,* RIW 2004, 498; *Schnittker,* Gesellschafts- und steuerrechtliche Behandlung einer englischen LLP mit Verwaltungssitz in Deutschland, 92; *Bank,* Die britische LLP, 339 f.

876 *Von Bernstorff,* RIW 2004, 498 Fn. 1; *Bank,* Die britische LLP, 340; *Wiedemann,* Gesellschaftsrecht, Bd. 1, 776.

877 Vgl. *Schnittker,* Gesellschafts- und steuerrechtliche Behandlung einer englischen LLP mit Verwaltungssitz in Deutschland, 92.

gesetzlich geregelt,[878] so dass in der Wissenschaft und Rechtsprechung die Frage des Anknüpfungspunktes diskutiert wird.

Hierzu werden zwei Ansätze vertreten: die sog. Sitztheorie und die bereits angesprochene Gründungstheorie.[879] Nach der Sitztheorie ist Anknüpfungspunkt für das Gesellschaftsstatut der tatsächliche Verwaltungssitz.[880] Die Gründungstheorie knüpft hingegen an den Ort der Gründung der Gesellschaft an.[881] Das Gesellschaftsstatut beurteilt sich danach stets nach dem Errichtungsort der Gesellschaft und zwar unabhängig davon, ob der Satzungssitz nach der Gründung in einen anderen Staat verlegt wird. Folglich hat es nur dann Auswirkungen auf das Gesellschaftsstatut der englischen LLP mit Verwaltungssitz in Deutschland, wenn hierzulande der Sitztheorie der Vorzug gegeben wird.

b) Rechtsprechung des EuGH

In Deutschland war jahrzehntelang die Sitztheorie vorherrschend.[882] Dies hatte zur Folge, dass eine in England gegründete Personengesellschaft bei Verlegung ihres Verwaltungssitzes nach Deutschland im Inland nicht anerkannt wurde, da die deutschen Rechtsvorschriften über die Gründung der Gesellschaft nicht beachtet wurden.[883] In seiner Entscheidung aus dem Jahr 2003 änderte der BGH[884] seine Rechtsprechung und kehrte von der Anwendung der Sitztheorie ab. Hintergrund dieser Rechtsprechungsänderung waren die Entscheidungen des EuGH zur Niederlassungsfreiheit.

Sowohl in der *Centros*-Entscheidung,[885] der *Überseering*-Entscheidung[886] als auch der *Inspire-Art*-Entscheidung[887] setzte sich der EuGH in Zusammenhang mit der Niederlassungsfreiheit mit der Anerkennung einer im Ausland gegründeten Gesellschaft mit Verwaltungssitz im Inland auseinander. In der *Centros*-Entscheidung ging es hauptsächlich um die Frage, ob vor dem Hintergrund der Niederlassungsfreiheit

---

878 *Von Bernstorff,* RIW 2004, 498.

879 *Bank,* Die britische LLP, 92; *Wiedemann,* Gesellschaftsrecht, Bd. 2, 776 f.; *Höfling,* Das englische internationale Gesellschaftsrecht, 2 u. 4 f.

880 *Kindler,* in: MünchKomm BGB, Bd. 11, Rn. 455 ff.; *von Bernstorff,* RIW 2004, 498; *Haratsch/Koenig/Pechstein,* Europarecht, Rn. 912; *Wiedemann,* Gesellschaftsrecht, Bd. 1, 783.

881 *Wiedemann,* Gesellschaftsrecht, Bd. 1, 783; *Haratsch/Koenig/Pechstein,* Europarecht, Rn. 912; *Schnittker,* Gesellschafts- und steuerrechtliche Behandlung einer englischen LLP mit Verwaltungssitz in Deutschland, 93; *Bank,* Die britische LLP, 340.

882 *Von Bernstorff,* RIW 498; vgl. auch *Kindler,* in: MünchKomm BGB, Bd. 11, Rn. 420 ff.

883 *Schnittker,* Gesellschafts- und steuerrechtliche Behandlung einer englischen LLP mit Verwaltungssitz in Deutschland, 93 f. mwN.

884 BGHZ 154, 185, 188 ff.

885 EuGH EuZW 1999, 216 ff.

886 EuGH EuZW 2002, 754 ff.

887 EuGH EuZW 2003, 687 ff.

eine Gesellschaft, für die im Gründungsstaat kein Mindestkapitalerfordernis gilt, im Inland anzuerkennen ist, obwohl die nationalen Vorschriften ein Mindestkapital vorsehen.[888] In der *Überseering*-Entscheidung entwickelte der EuGH seine Rechtsprechung fort und sprach sich für die Anwendung der Gründungstheorie aus, soweit es um die Anerkennung der Rechts- und Parteifähigkeit der Gesellschaft geht.[889] Mit der Entscheidung *Inspire-Art* ging der EuGH den vorerst letzten Schritt und bekannte sich zumindest faktisch[890] zur Geltung der Gründungstheorie.[891]

In Konsequenz dieser europarechtlichen Rechtsprechung ist in Deutschland nun die Gründungstheorie anzuwenden, so dass das Gesellschaftsstatut an den Gründungsort der Gesellschaft anknüpft. Dies hat zur Folge, dass Gesellschaften, die wirksam im europäischen Ausland gegründet wurden, auch im Inland in ihrer jeweiligen Rechtsform anzuerkennen sind.[892]

Die in England gegründete LLP kann somit im Inland in ihrer englischen Rechtsform auftreten und am Rechtsverkehr teilnehmen.

2. *Anwendbare Rechtsordnung im Inland*

Von der Anerkennung der Gesellschaft in ihrer gegründeten Rechtsform ist die Frage zu unterscheiden, welche Rechtsordnung im Inland auf die Verhältnisse der Gesellschaft anzuwenden ist.

a) *Gesellschaftsrechtliche Haftung*

Von Bedeutung ist es insbesondere, nach welcher nationalen Rechtsordnung sich die gesellschaftsrechtliche Haftung der in England gegründeten, aber in Deutschland tätigen LLP richtet. In Betracht kommt dabei zum einen die Haftung nach dem englischen Recht der LLP. Zum anderen könnte sich das Haftungsregime einer in Deutschland tätigen LLP aber auch nach dem deutschen Gesellschaftsrecht richten.

---

888 Vgl. nur *Höfling*, Das englische internationale Gesellschaftsrecht, 60 ff.; *von Bernstorff*, RIW 2004, 498, 499.

889 Vgl. hierzu *von Bernstorff*, RIW 498, 499 f.; *Schnittker*, Gesellschafts- und steuerrechtliche Behandlung einer englischen LLP mit Verwaltungssitz in Deutschland, 94 ff.

890 So zutreffend *Bank*, Die britische LLP, 343 f.

891 Nach der h.M. ist die Anwendbarkeit der Gründungstheorie das Resultat der Rechtsprechung des EuGH, so *von Bernstorff*, RIW 2004, 498, 500; *Triebel/Otte/Kimpel*, BB 2005, 1233; *Heidinger*, DNotZ 2005, 97, 99; *Thorn*, in: Palandt, BGB, Anh. zu Art. 12 EGBGB, Rn. 1 und 6; *Sandrock*, BB 2003, 2588, 2589; *Behrens*, IPrax 2003, 193, 206; die a.A. will aus der Rechtsprechung des EuGH keine vollständige Aufgabe der Gründungstheorie herleiten, sondern die Geltung der Sitztheorie von der jeweiligen Vereinbarkeit mit der Niederlassungsfreiheit abhängig machen *Kindler*, NJW 2003, 1073, 1077; *Altmeppen/Wilhelm*, DB 2004, 1083, 1086 u. 1089; *Altmeppen*, NJW 2004, 97, 100.

892 *Von Bernstorff*, RIW 2004, 498, 500.

Die Gründungstheorie besagt dabei nur, dass das Gesellschaftsstatut an die Rechtsordnung des Gründungslandes anknüpft. Welche Rechtsverhältnisse im Einzelnen vom Gesellschaftsstatut umfasst sind, ist weiter zu konkretisieren. Nach der in Deutschland geltenden Definition regelt das Gesellschafsstatut alle Fragen, die das Leben der Gesellschaft betreffen,[893] d.h. sich auf den Bestand der Gesellschaft, ihre Organisation und die Haftungsverfassung auswirken.[894] Hieraus ergibt sich nach der zutreffenden Entscheidung des BGH[895] und der h.M. in der Literatur,[896] dass sich die gesellschaftsrechtliche Haftungsverfassung einer in Deutschland tätigen LLP allein nach dem englischen Gesellschaftsrecht richtet. In einem weiteren Schritt bleibt dann zu klären, welche Anspruchsgrundlagen konkret der gesellschaftsrechtlichen Haftung zuzurechnen sind. Auf diese Frage wird unten an der entsprechenden Stelle einzugehen sein.

b) Haftung nach dem allgemeinen Verkehrsrecht

aa) Anwendbares Vertragsrecht

Von der gesellschaftsrechtlichen Haftung zu unterscheiden ist die Haftung der Gesellschaft und der Gesellschafter nach dem allgemeinen Verkehrsrecht, d.h. nach dem Vertrags- und Deliktsrecht.[897] Das Vertrags- und Deliktsrecht gehört nicht zum Gesellschaftsstatut, so dass es nach der Gründungstheorie nicht zu einer Anknüpfung an das Recht des Gründungsstaates kommt.[898] Wird eine in England gegründete LLP mit Verwaltungssitz in Deutschland tätig, so richtet sich das anwendbare Vertragsrecht nach dem deutschen Internationalen Privatrecht.[899] Nach Art. 3 Rom I-VO haben die Vertragsparteien die Möglichkeit, die Anwendbarkeit des deutschen Vertragsrechts selbst zu wählen. Erklären die Vertragsparteien keine Rechtsordnung für anwendbar, bestimmt sich das anzuwendende nationale Vertragsrecht gem. Art. 4 ff. Rom I-VO grundsätzlich nach dem Recht des Ortes, mit

---

893 *Bank*, Die britische LLP, 340; *Wiedemann*, Gesellschaftsrecht, Bd. 2, 777.

894 *Von Bernstorff*, RIW 2004, 498.

895 BGH DNotZ 2005, 712 ff.

896 *Henssler/Mansler*, NJW 2007, 1393, 1395; *Wiedemann*, Gesellschaftsrecht, Bd. 2, 50; *Thorn*, in: Palandt, BGB, Anh. zu Art. 12 EGBGB Rn. 14 *Behrens*, IPrax 2003, 193, 205; *Eidenmüller*, NJW 2005, 1618, 1619 u. 1621; *Schnittker*, Gesellschafts- und steuerrechtliche Behandlung einer englischen LLP mit Verwaltungssitz in Deutschland, 107 f.; *Grunewald/Müller*, NJW 2005, 465, 466 f.; *Weller/Kienle*, DStR 2005, 1102, 1105 u. 1107; *Kersting*, NZG 2003, 9 f.; für ein Festhalten an der Sitztheorie *Altmeppen*, NJW 2004, 97, 99 f.; *Kindler*, NJW 2003, 1073, 1077 ff.

897 Vgl. *Henssler/Mansel*, NJW 2007, 1393, 1395; *Schnittker*, Gesellschaftsrechtliche- und steuerrechtliche Behandlung einer englischen LLP mit Verwaltungssitz in Deutschland, 110.

898 Vgl. *Schnittker*, Gesellschaftsrechtliche- und steuerrechtliche Behandlung einer englischen LLP mit Verwaltungssitz in Deutschland, 110; im Ergebnis *Riegger*, ZGR 2004, 510, 525.

899 *Henssler/ Mansel*, NJW 2007, 1393, 1395.

welchem das Schuldverhältnis am engsten verbunden ist.[900] Die engste Verbindung wird regelmäßig zum deutschen Vertragsrecht bestehen, wie sich für Dienstverträge aus Art. 4 Abs. 1 b) Rom I-VO ergibt bzw. für Verbraucherverträgen aus Art. 6 Rom I-VO bzw. aus Art. 4 Abs. 2 Rom I-VO, wonach der Niederlassungsort der Kanzlei maßgeblich ist.[901]

bb) Anwendbares Deliktsrecht

Für die Haftung des Gesellschafters ist weiterhin relevant, welches Deliktsrecht Anwendung findet. Die deliktsrechtlichen Haftungstatbestände des englischen und des deutschen Rechts unterscheiden sich weitgehend.[902]

Die deliktische Haftung nach deutschem Recht stützt sich vorwiegend auf § 823 Abs. 1 BGB. In der Beratungspraxis von Rechtsanwälten wird es aber kaum zu Schäden an Eigentum, Besitz oder sonstigen absoluten Rechten kommen, die in den Schutzbereich des § 823 Abs. 1 BGB fallen. Im Rahmen der anwaltlichen Mandatsbearbeitung werden Beratungsfehler praktisch am häufigsten zu Vermögensschäden führen. Das deutsche Deliktsrecht hat sehr hohe Anforderungen für den Ersatz eines Vermögensschadens aus unerlaubter Handlung.[903] Eine Ersatzpflicht des Rechtsanwaltes für Vermögensschäden aus Delikt tritt nur unter den engen Voraussetzungen der vorsätzlichen sittenwidrigen Schädigung nach § 826 BGB bzw. bei Verletzung eines Schutzgesetzes gem. § 823 Abs. 2 BGB[904] ein. Unterhalb dieser Schwelle wird das Vermögen als solches nicht deliktisch geschützt.

Das englische Deliktsrecht hingegen kennt eine Ersatzpflicht des Rechtsanwaltes auch für fahrlässige Vermögensschäden.[905] Resultiert der Vermögensschaden aus einer fehlerhaften Beratung oder Auskunft des Rechtsanwaltes, so kommt ein Anspruch des Mandanten aus dem sog. *tort of negligence* in Betracht.[906] Die Voraussetzungen hierfür liegen weit unter den Erfordernissen eines Anspruches auf Schadensersatz nach § 826 BGB oder § 823 Abs. 2 BGB.[907] Nach dem *tort of negligence* haften Rechtsanwälte auch für fahrlässig falsch erteilten Rechtsrat.[908]

---

900 *Thorn,* in: Palandt, BGB, Art. 4 Rom I-VO Rn. 2.

901 Vgl. *Martiny,* in: MünchKomm BGB, Bd. 10, Art. 4 Rom I-VO Rn. 51.

902 Vgl. *Schnittker,* Gesellschafts- und steuerrechtliche Behandlung einer englischen LLP mit Verwaltungssitz in Deutschland, 112.

903 Vgl. *Katzenmeier,* in: NK-BGB, Bd. 2/2, § 826 Rn. 1.

904 Vgl. *Schaub,* in: PWW, BGB, § 823 Rn. 223; *ders,* in: PWW, BGB, § 826 Rn. 1; *Katzenmeier,* in: NK-BGB, Bd. 2/2, § 823 Rn. 525.

905 Vgl. *Schnittker/Bank,* Die LLP in der Praxis, 46 f.

906 Ausführlich hierzu *Bank,* Die britische LLP, 100 ff; siehe auch: *Whittaker/Machell,* The Law of LLP, 174 ff.; *Schnittker/Bank,* Die LLP in der Praxis, 46 f.; *Triebel/Silny,* NJW 2008, 1034 f.

907 *Schnittker,* Gesellschafts- und steuerrechtliche Behandlung einer englischen LLP mit Verwaltungssitz in Deutschland, 112.

908 *Triebel/Silny,* NJW 2008, 1034; *Schnittker/Bank,* Die LLP in der Praxis, 46 f.

Aufgrund der Unterschiede im deutschen und englischen Recht bei der Haftung aus unerlaubter Handlung spielt es für die in einer LLP mit Verwaltungssitz in Deutschland organisierten Rechtsanwälte eine tragende Rolle, welche Rechtsordnung für die deliktische Haftung Anwendung findet.

Die Antwort ergibt sich nicht aus dem Gesellschaftsstatut, sondern abermals aus dem deutschen Internationalen Privatrecht. Nach der allgemeinen Kollisionsnorm des Art. 4 Abs. 1 Rom II-VO ist deutsches Deliktsrecht anwendbar, wenn der Schaden in Deutschland eintritt und zwar unabhängig davon, an welchem Ort die schädigende Handlung begangen wurde.[909] Für reine Vermögensschäden ist die Bestimmung des Erfolgsortes nicht unproblematisch, so dass es ausnahmsweise auf die Belegenheit des betroffenen Vermögensgegenstandes ankommt.[910] Lässt sich nicht eindeutig bestimmen, welcher Vermögensgegenstand betroffen ist – dies wird beim Anwaltsvertrag der Regelfall sein, da eine Schlechtleistung nur ausnahmsweise einen bestimmten Vermögensgegenstand betreffen wird – ist hilfsweise auf die Belegenheit des Hauptvermögens abzustellen.[911]

Hat der Mandant den Großteil seines Vermögens nicht in Deutschland, sondern im Ausland, so würde sich daraus die Nichtanwendbarkeit des deutschen Deliktsrechts ergeben. Eine Ausnahme besteht jedoch gem. Art. 4 Abs. 2 Rom II-VO, wenn die betreffenden Parteien einen gemeinsamen gewöhnlichen Aufenthalt in einem anderen Staat haben.[912] Sofern die in Deutschland ansässige LLP mit Vertragspartnern kontrahiert, die sich für gewöhnlich im Inland aufhalten, käme man über Art. 4 Abs. 2 Rom II-VO zur vorrangigen Anwendung des deutschen Deliktsrechts.

Eine Abweichung von der Grundregel des Art. 4 Abs. 1 Rom II-VO besteht nach Art. 4 Abs. 3 Rom II-VO auch dann, wenn eine offensichtlich engere Verbindung zu einem anderen Staat existiert. Besteht zwischen den Parteien bereits ein Vertragsverhältnis, spricht dies gem. Art. 4 Abs. 3 S. 2 Rom II-VO für eine engere Verbindung zu dem Staat welchem das Vertragsverhältnis unterworfen ist.[913] Eine in Deutschland tätige LLP wird ihre Vertragsverhältnisse regelmäßig dem deutschen Recht unterwerfen.

Folglich wird in den meisten Fällen, in denen eine im Inland ansässige LLP tätig wird, das deutsche Deliktsrecht Anwendung finden. Im Ergebnis besteht daher eine deliktische Haftung der Gesellschafter einer in Deutschland ansässigen LLP nach englischem Recht nur in Ausnahmefällen. Die Gesellschafter sind damit regelmäßig

909 *Junker*, in: MünchKomm BGB, Bd. 10, Art. 4 Rom II-VO Rn. 11; *Thorn*, in: Palandt, BGB, Art. 4 Rom II-VO Rn. 6 f.

910 *Junker*, in: MünchKomm BGB, Bd. 10, Art. 4 Rom II-VO Rn. 21; *Lehmann*, in NK BGB, Bd. 6, Art. 4 Rom II Rn. 115.

911 *Thorn*, in: Palandt, BGB, Art. 4 Rom II-VO Rn. 9; *Junker*, in: MünchKomm BGB, Bd. 10, Art. 4 Rom II-VO Rn. 21.

912 Zu Art. 4 Abs. 2 Rom II-VO vgl. *Lehmann*, in NK-BGB, Bd. 6, Art. 4 Rom II-VO Rn. 118 ff.

913 Zu Art. 4 Abs. 3 Rom II-VO vgl. *Lehmann*, in NK-BGB, Bd. 6, Art. 4 Rom II Rn. 139 ff.

der deutschen deliktsrechtlichen Haftung ausgesetzt, sofern die Tatbestandsmerkmale der jeweiligen Anspruchsgrundlage verwirklicht sind.[914]

C. Haftung der Gesellschaft

I. Haftung der LLP für allgemeine Verbindlichkeiten

Die LLP ist – anders als ihr Name erwarten lässt – gem. *section 1 (2) Limited Liability Act 2000* (LLPA) eine juristische Person und besitzt damit eine eigene Rechtspersönlichkeit.[915] Die LLP kann daher selbst Trägerin von Rechten und Pflichten sein.[916] Aufgrund der Anerkennung der eigenen Rechtspersönlichkeit der englischen LLP im Inland, kann die LLP somit Vertragspartnerin für sämtliche Arten von Verträgen sein. Nicht anders als bei den deutschen Rechtsformen schließt der Mandant den Vertrag mit der LLP selbst und grundsätzlich nicht mit dem bearbeitenden Rechtsanwalt.[917]

Daher haftet die LLP mit ihrem Vermögen für alle vertraglichen Verbindlichkeiten, die für sie eingegangen werden. Voraussetzung für die Begründung von Verbindlichkeiten ist eine wirksame Stellvertretung der LLP. Dies richtet sich nach den Grundsätzen der *agency*.[918] Danach ist jeder Gesellschafter der LLP zur Vertretung befugt, es sei denn, er handelt im Innenverhältnis ohne entsprechende Vollmacht und der Vertragspartner hat hiervon Kenntnis.[919]

II. Haftung der LLP wegen Pflichtverletzung des Anwaltsvertrages

Die LLP haftet für die durch ihre organschaftlichen Stellvertreter verursachte Nicht- oder Schlechterfüllung ihrer Verbindlichkeiten.[920] Dazu zählt insbesondere die Schlechterfüllung der abgeschlossenen Anwaltsverträge durch die Gesellschafter der LLP.

Entsprechend haftet sie auch für eine Pflichtverletzung des abgeschlossenen Vertrages durch ihre rechtsgeschäftlich bestellten Stellvertreter sowie durch

---

914 So auch die h.M. *Riegger,* ZGR 2004, 511, 525; *Henssler/Mansel,* NJW 2007, 1393, 1395; *Triebel/Silny,* NJW 2008, 1034 f.; *Triebel/Otte/Kimpel,* BB 2005, 1233, 1235 f.; *Schlinker,* NJW 2011, 2091, 2093.

915 *Young,* LLP Handbook, 9; *Whittaker/Machell,* The Law of LLP, 34; *Morse,* Partnership Law, 296; *Rumberg/Schneider,* RIW 2012, 272.

916 *Schlinker,* NJW 2011, 2091, 2093; *Kilian,* NZG 2000, 1008, 1010.

917 Vgl. *Triebel/Karsten,* RIW 2001, 1, 3.

918 Ausführlich zur agency *Reynolds,* Bowsted on Agency, 1 ff.

919 *Triebel/Otte/Kimpel,* BB 2005, 1233, 1235.

920 Vgl. *Bank,* Die britische LLP, 100.

Erfüllungsgehilfen.[921] Die Haftung ergibt sich aus dem deutschen Vertragsstatut und den damit anwendbaren Vorschriften der §§ 164 ff. BGB und § 278 BGB.[922]

Davon zu unterscheiden ist die Frage, ob der LLP das deliktische Verhalten ihrer Gesellschafter zugerechnet wird. Das Deliktsrecht richtet sich – wie oben festgestellt – grundsätzlich nach dem deutschen Recht. Eine Zurechnung kommt damit unter den Voraussetzungen des § 31 BGB analog in Betracht, sofern der Gesellschafter bei der schädigenden Handlung in Ausübung einer Verrichtung für die Gesellschaft tätig war.[923] Begeht der Gesellschafter der LLP bei Ausführung des Anwaltsvertrages neben einer vertraglichen Pflichtverletzung zugleich eine deliktische Handlung, so wird diese ebenfalls der LLP zugerechnet.

D. Haftung der Gesellschafter

I. Gesellschaftsrechtliche Haftung der Gesellschafter

1. Keine persönliche Haftung für Gesellschaftsschulden

Die LLP besitzt eine eigene Rechtspersönlichkeit.[924] Als juristische Person tritt sie somit selbständig im Rechtsverkehr auf. Damit einher geht das Trennungsprinzip.[925] Folglich haftet für die Verbindlichkeiten der LLP nur die Gesellschaft selbst mit ihrem Gesellschaftsvermögen. Eine persönliche Haftung der Gesellschafter für die Verbindlichkeiten der LLP ist ausgeschlossen.[926]

2. Haftungsdurchgriff

a) Haftungsdurchgriff nach englischem Gesellschaftsrecht

Das englische Recht kennt einen Haftungsdurchgriff auf die hinter der Gesellschaft stehenden Gesellschafter unter den Voraussetzungen der *„lifting the corporate veil“.*[927] Die Haftungsgrundsätze wurden für die *company* entwickelt, aufgrund der körperschaftlichen Struktur der LLP als juristischer Person mit eigener Rechtspersönlichkeit können die Grundsätze auch auf die LLP übertragen werden.[928] Die nach dem englischen Recht entwickelte Durchgriffshaftung ist aufgrund ihres

921 Vgl. *Bank*, BB-Special 3. 2010, 4, 7.
922 *Bank*, BB- Special 3. 2010, 4, 7.
923 Siehe Kapitel 3 A. II. 1.
924 Siehe Kapitel 5 C. I.
925 *Schnittker/Bank*, Die LLP in der Praxis, 43.
926 *Tribel/Otte/Kimpel*, BB 2005, 1233, 1235; *Becker*, AnwBl. 2011, 860, 861.
927 Vgl. *Rehm*, in: Eidenmüller, Ausländische Kapitalgesellschaften, § 10 Rn. 66; *Bank*, Die britische LLP, 144 ff.
928 *Triebel/Otte/Kimpel*, BB 2005, 1233, 1236.

gesellschaftsrechtlichen Charakters dem Gesellschaftsstatut zuzurechnen,[929] so dass sie auch für die hier interessierende Konstellation einer in England gegründeten LLP mit Verwaltungssitz in Deutschland anwendbar ist. Bei der Beurteilung des Haftungsrisikos der Gesellschafter ist aber zu beachten, dass der Haftungsdurchgriff im englischen Recht kaum Bedeutung erlangt,[930] so dass im Folgenden die relevanten Fallgruppen eines Haftungsdurchgriffes auf die Gesellschafter nur kurz erwähnt werden sollen.

aa) *Single economic unit*

Eine Konstellation, in welcher ein Haftungsdurchgriff möglich ist, wird unter dem Stichwort *„single economic unit"* diskutiert. Der Durchgriff setzt das Bestehen eines Konzerns voraus, in welchem zwischen den verbundenen Gesellschaften eine wirtschaftliche Einheit besteht.[931]

bb) *Facade*

Die Gesellschafter können ferner einem Haftungsdurchgriff ausgesetzt sein, wenn die LLP als bloße Fassade *(facade)* fungiert, um geschäftsfremde Ziele zu verfolgen, so dass letztlich ein Institutsmissbrauch vorliegt.[932]

cc) *Agency*

Vereinzelt wurde der Durchgriff auf die Gesellschafter auch dann bejaht, wenn nach der Gesamtwürdigung der Umstände davon ausgegangen werden muss, dass die Gesellschaft als Vertreterin der Gesellschafter agiert, so dass die Gesellschafter für die hierdurch entstandenen Verbindlichkeiten persönlich einstehen müssen.[933]

b) Haftungsdurchgriff nach deutschem Gesellschaftsrecht

Ein Haftungsdurchgriff nach deutschem Gesellschaftsrecht findet aufgrund der Anknüpfung an das Gesellschaftsstatut des englischen Rechts keine Anwendung. Zu den gesellschaftsrechtlichen Haftungstatbeständen zählt auch die von der Rechtsprechung entwickelte Durchgriffshaftung aus existenzvernichtendem Eingriff.[934]

---

929 So die h.M.: *Eidenmüller,* NJW 2005, 1618, 1620; *Ebert/Levedag,* GmbHR 2003, 1337, 1340; *Triebel/Otte/Kimpel,* BB 2005, 1233, 1236.

930 Vgl. *Fleischer,* DStR 2000, 1015, 1017; *Davies,* Principles of modern company law, 189 f.; *Triebel/Otte/Kimpel,* BB 2005, 1233, 1236.

931 *Triebel/Otte/Kimpel,* BB 2005, 1233, 1236; *Bank,* Die britische LLP, 145.

932 *Schnittker/Bank,* Die LLP in der Praxis, 50 mwN.

933 *Bank,* Die britische LLP, 147.

934 H.M. *Schnitter/Bank,* Die LLP in der Praxis, 64; *Ulmer,* NJW 2004, 1201, 1207 f.; *Schön,* ZHR 168 (2004), 268, 291 ff.; *Eidenmüller,* in: Eidenmüller, Ausländische Kapitalgesellschaften, § 4 Rn. 20 f.; *Altmeppen,* NJW 2004, 97, 101 f.; *Altmeppen/Wilhelm,* DB 2004, 1083, 1088; *Schuhmann,* DB 2004, 743, 748 f.; offen lassend

Aufgrund der gesellschaftsrechtlichen Qualifikation dieses Haftungstatbestandes scheidet damit eine Haftung der Gesellschafter einer LLP nach diesen Grundsätzen von vornherein aus.

II. Deliktische Haftung der Gesellschafter

1. *Deliktische Haftung nach englischem Deliktsrecht*

Eine deliktische Haftung des Gesellschafters der LLP bei der Bearbeitung des Mandats kann sich – wie festgestellt – in wenigen Ausnahmefällen aus dem englischen Deliktsrecht ergeben. Besonders relevant ist dabei die Haftung nach dem *tort of negligence.*[935] Aufgrund der bereits genannten Besonderheit einer Fahrlässigkeitshaftung auch für Vermögensschäden ist der Haftungsgrund im Folgenden kurz darzustellen.

Nach dem englischen Recht kommt nach dem sog. *tort of negligence* eine Haftung für fahrlässiges Handeln des Rechtsanwaltes bei der Bearbeitung des Mandats in Betracht und zwar auch für reine Vermögensschäden, die durch die Fahrlässigkeit entstanden sind.[936] Voraussetzung der Haftung ist eine bestehende Sorgfaltspflicht *(duty of care)*, die zwischen dem handelnden Mitglied der LLP und dem Leistungsempfänger bestehen muss.[937] Die *duty of care* wird im englischen Recht mittels dreier Tests geprüft, die alternativ eine Sorgfaltspflicht begründen können.[938] Diese Sorgfaltspflicht muss der betreffende Rechtsanwalt verletzt haben *(breach)*, wodurch es dann zu einem Schaden kommt *(damage)*.[939] Die Voraussetzungen der Sorgfaltspflicht werden durch das Richterrecht näher konkretisiert.[940] Die Sorgfaltspflicht ist jedenfalls dann zu bejahen, wenn das Mitglied der LLP die persönliche Verantwortung für die Durchführung des Vertrages übernommen hat *(assumption of personal responsibility)*, der Leistungsempfänger sich auf die Übernahme der Verantwortung verlassen hat und dies vernünftigerweise auch durfte.[941] Die englische Rechtsprechung nimmt bei Rechtsanwälten an, dass zum Leistungsempfänger eine besondere persönliche Beziehung besteht, der ein gegenseitiges Vertrauen zugrunde liegt, so

---

Zimmer, NJW 2003, 3585, 3588 f.; *Müller*, DB 2006, 824, 829; a.A. wohl *Schulz*, NJW 2003, 2705, 2707; *Werner*, GmbHR 2005, 288, 292 f.; *Lieder*, DZWIR 2005, 399, 406.

935 Ausführlich hierzu *Bank*, Die britische LLP, 100 ff.

936 *Triebel/Otte/Kimpel*, BB 2005, 1233, 1235; *Schnittker/Bank*, Die LLP in der Praxis, 46 f.

937 *Schnittker/Bank*, Die LLP in der Praxis, 47.

938 Zur historischen Entwicklung der Tests vgl. *Baus*, ZVglRWiss (103) 2004, 219, 222 ff.; kritisch zu diesem Test *Mitchell/Mitchell*, (2005) L.Q.R. 121, 194 ff.

939 Ausführlich zu den einzelnen Voraussetzungen *Bank*, Die britische LLP, 110 ff.

940 Maßgebliche Entscheidungen, die den von der Rechtsprechung entwickelten Grundsätzen zugrunde liegen *Hedley Byrne and Co Ltd v Heller & Partners Ltd.* und *Williams v Natural Life Health Foods Ltd;* vgl. hierzu *Bank*, Die britische LLP, 111 ff.

941 *Bank*, Die britische LLP, 102 f.

dass der Freiberufler seinem Mandanten gegenüber eine persönliche Verantwortung übernimmt *(assumption of responsibility)*[942] und damit eine Sorgfaltspflicht *(duty of care)* im oben genannten Sinne entstehen lässt. Begeht der handelnde Rechtsanwalt fahrlässig einen Fehler bei der Mandatsbearbeitung, so haftet er nach dem *tort of negligence* auch für Vermögensschäden.

2. Deliktische Haftung nach deutschem Deliktsrecht

Nach dem internationalen Privatrecht wird eine deliktische Haftung einer in Deutschland ansässigen und tätigen LLP in den meisten Fällen nur nach dem deutschen Deliktsrecht in Betracht kommen.

Das deutsche Recht kennt keine deliktische Haftung für fahrlässig verursachte Vermögensschäden wie es nach dem englischen *tort of negligence* der Fall ist. Das Vermögen als solches wird nicht von § 823 Abs. 1 BGB geschützt.[943] Eine Ersatzpflicht für einen Vermögensschaden, der aus einer fehlerhaften Bearbeitung des Mandats folgt, kann sich nur unter den engen Voraussetzungen des § 826 BGB[944] oder § 823 Abs. 2 BGB[945] ergeben. Nach § 826 BGB ist eine vorsätzliche sittenwidrige Schädigung erforderlich. Neben einem Schädigungsvorsatz muss das Verhalten als solches sittenwidrig sein, d.h. gegen das Anstandsgefühl aller billig und gerecht Denkenden verstoßen.[946] Bei einer fehlerhaften Bearbeitung des Auftrags wird regelmäßig nur ein fahrlässiges Verhalten des Rechtsanwaltes vorliegen. Selbst wenn dieses einmal grob fahrlässig sein sollte, kann sich der Mandant bei einem beruflichen Bearbeitungsfehler ohne sittenwidrige Komponente nicht auf eine Haftung nach § 826 BGB berufen.

Eine Haftung nach § 823 Abs. 2 BGB wird regelmäßig mangels Verletzung eines Schutzgesetzes ausscheiden.

E. Korrektur der Haftungssituation?

Für eine LLP mit Verwaltungssitz in Deutschland ergeben sich Besonderheiten gegenüber einer LLP mit Verwaltungssitz in England. Während auf eine in England gegründete und dort auch ansässige LLP ohne weiteres das gesamte englische Recht anwendbar ist, stellt sich die Situation einer LLP mit Verwaltungssitz in Deutschland anders dar. Wie aufgezeigt richtet sich die gesellschaftsrechtliche Haftung nach der englischen Rechtsordnung, mit der Folge, dass für vertragliche Verbindlichkeiten

---

942 Allgemein hierzu *Whittaker/Machell*, The Law of LLP, 176 ff.; zur *assumption of responsibility* von Rechtsanwälten vgl. *Whittaker/Machell*, The Law of LLP, 180 ff.

943 Vgl. nur *Spindler*, in: Bamberger/Roth, BGB, Bd. 2, § 823 Rn. 0.5; *Spickhoff*, in: Soergel, BGB, Bd. 12, § 823 Rn. 87; *Schiemann*, in: Ermann, BGB, Bd. 2, vor § 823 Rn. 2.

944 Vgl. *Teichmann*, in: Jauernig, BGB, § 826 Rn. 1.

945 Vgl. *Schiemann*, in: Ermann, BGB, Bd. 2, § 823 Rn. 153.

946 *Sprau*, in: Palandt, BGB, § 826 Rn. 4; *Spindler*, in: Bamberger/Roth, BGB, Bd. 2, § 826 Rn. 3; *Hönn*, in: Soergel, BGB, Bd. 12, § 826 Rn. 10.

nur die Gesellschaft, aber nicht die Gesellschafter haften.[947] Das Vertragsrecht sowie das Deliktsrecht hingegen beurteilen sich regelmäßig nach dem deutschen Recht. Das hiesige Deliktsrecht kennt aber im Gegensatz zur englischen Haftung nach dem *tort of negligence* keine Haftung für fahrlässig verursachte Vermögensschäden. Dies führt zu der eigenartigen Konsequenz, dass Gesellschafter einer LLP mit Verwaltungssitz in Deutschland haftungstechnisch besser gestellt sind als Gesellschafter einer LLP mit Verwaltungssitz in England.[948] In der Literatur kam es deshalb in der Vergangenheit zu einer kontroversen Diskussion, ob diese Haftungssituation einer Korrektur bedarf.

I. Meinungsstand in der Literatur

1. Befürworter einer Korrektur der Haftungssituation

Die deutsche Rechtsprechung hat sich bislang noch nicht zu dieser Problematik geäußert. In der Literatur gibt es jedoch Stimmen,[949] die die Besserstellung der Gesellschafter einer LLP mit Verwaltungssitz in Deutschland korrigieren wollen:

Vorwiegend *Henssler/Mansel*[950] versuchen den vermeintlichen Widerspruch durch das im Internationalen Privatrecht konstituierte Rechtsinstitut der Anpassung aufzulösen. Die erforderliche Anpassungslage sei gegeben.[951] Diese liege nach der allgemeinen Definition vor, wenn die kollisionsrechtliche Verweisung zu einer Rechtslage führe, die in keiner der beiden zur Frage stehenden Rechtsordnungen bei jeweils alleiniger Anwendung entstehen würde, sondern die betreffenden Rechtsordnungen für sich genommen beide zu einer miteinander vergleichbaren rechtlichen Lage kämen.[952]

Eine derartige Anpassungslage bestünde bei einer englischen LLP mit Verwaltungssitz in Deutschland zwischen dem deutschen und dem englischen Recht: Die LLP entspreche ihrem Wesen nach am ehesten der deutschen PartG.[953] Die Partner der PartG haften gem. § 8 Abs. 1 S. 1 PartGG gesamtschuldnerisch persönlich für Verbindlichkeiten der Gesellschaft. Nach § 8 Abs. 2 PartGG tritt bei beruflichen Fehlern eine Haftungskonzentration auf den handelnden Partner ein. In jedem Fall

947 Siehe Kapitel 5 B. II. 2. a) sowie Kapitel 5 D. I 1.

948 So auch *Becker*, AnwBl. 2011, 860, 861; *Henssler/Mansel*, NJW 2007, 1393, 1395; *Schnittker*, Gesellschaftsrechtliche- und steuerrechtliche Behandlung einer englischen LLP mit Verwaltungssitz in Deutschland, 117.

949 *Henssler/Mansel*, NJW 2007, 1393, 1396 ff.; *dies*, in: FS Horn, 403, 413 ff.; ihnen folgend *Becker*, AnwBl. 2011, 860, 862; *Bettinger*, Englische LLP und Anwaltshaftung in Deutschland, 403 ff.; *Kilian*, in: Henssler/Streck, Handbuch Sozietätsrecht, G Rn. 115.

950 *Henssler/Mansel*, NJW 2007, 1393, 1396 f.; *dies.*, in: FS Horn, 403, 413 ff.

951 *Henssler/Mansel*, NJW 2007, 1393, 1396; *dies.*, in: FS Horn, 403, 415 ff.

952 *Henssler/Mansel*, NJW 2007, 1393, 1396; *dies.*, in: FS Horn, 403, 415; *Bettinger*, Englische LLP und Anwaltshaftung in Deutschland, 377.

953 *Henssler/Mansel*, NJW 2007, 1393, 1396; *dies.*, in: FS Horn, 403, 416 f.

ist daher eine persönliche Haftung zumindest eines Partners auch für fahrlässig verursachte Berufsfehler gegeben.[954] Demgegenüber besteht nach dem englischen Recht eine deliktische Haftung der Gesellschafter nach dem *tort of negligence*[955] für fahrlässig verursachte Vermögensschäden. Demzufolge führt die jeweils isolierte Anwendung beider Rechtsordnungen zu einer persönlichen Haftung für fahrlässig verursachte berufliche Fehler zumindest eines Partners. Folglich widerspreche die Rechtslage, die sich aufgrund der Kollisionsnormen ergibt, den Wertungen der englischen und der deutschen Rechtsordnungen.[956]

Daher sei eine Anpassung durchzuführen, die durch eine Umqualifizierung der englischen deliktischen Haftung nach dem *tort of negligence* in eine gesellschaftsrechtliche Haftung erfolgen soll.[957] Dies führe nicht zu einem Verstoß gegen die Niederlassungsfreiheit, da durch die Umqualifizierung der deliktischen Haftung in eine gesellschaftsrechtliche Haftung keine Verpflichtung auferlegt werde, die über die des Gründungsrechtes hinausgehe.[958] Ein Eingriff in die Grundfreiheit käme daher von vornherein nicht in Betracht.[959]

2. Gegner einer Korrektur der Haftungssituation

Diese Ansicht ist nur vereinzelt auf Zustimmung gestoßen. Die h.M. in der Literatur[960] lehnt die Anwendung des englischen Deliktsrechts auf eine englische LLP mit Verwaltungssitz in Deutschland ab. Es fehle bereits an einer Anpassungslage, da kein Normenmangel bestehe.[961] Die Haftung nach dem *tort of negligence* gehöre nach dem englischen Recht zum Deliktsrecht und damit gerade nicht zur spezifischen Haftungsverfassung der LLP.[962] Somit müsse die Haftung nach dem *tort of negligence* beim Vergleich der Haftungsverfassungen beider Rechtsordnungen außer Betracht bleiben.[963]

---

954 *Henssler/Mansel,* NJW 2007, 1393, 1396; *dies.*, in: FS Horn, 403, 418.
955 Siehe Kapitel 5 D. II. 1.
956 *Henssler/Mansel,* NJW 2007, 1393, 1396; *dies.*, in: FS Horn, 403, 418.
957 *Henssler/Mansel,* NJW 2007, 1393, 1397; *dies.*, in: FS Horn, 403, 419.
958 *Henssler/Mansel,* NJW 2007, 1393, 1397; *dies.*, in: FS Horn, 403, 419.
959 *Henssler/Mansel,* NJW 2007, 1393, 1397; *dies.*, in: FS Horn, 403, 419.
960 *Bank,* Die britische LLP, 407 ff.; *ders.,* BB-Special 3.2010, 4, 9; *Rehm,* BB-Special 3. 2010, 10, 13 f.; *Pleister,* AnwBl. 2012, 801; *Triebel/Silny,* NJW 2008, 1034, 1035 f.; *Schnittker,* Gesellschaftsrechtliche und steuerrechtliche Behandlung einer englischen LLP mit Verwaltungssitz in Deutschland, 117 ff.; *Schnittker/Bank,* Die LLP in der Praxis, 66 f.; ohne Begründung auch *Triebel/Otte/Kimpel* BB 2005, 1233, 1235; *Triebel/Silny,* NJW 2008, 1034, 1035 f.; *von der Linden,* Die Zulassung kapitalistisch strukturierter Anwaltsgesellschaften des europäischen Auslands am deutschen Rechtsberatungsmarkt, 295 ff.
961 *Triebel/Silny,* NJW 2008, 1034, 1035; *Schnittker,* Gesellschafts- und steuerrechtliche Behandlung einer englischen LLP mit Verwaltungssitz in Deutschland, 117 ff.
962 *Triebel/Silny,* NJW 2008, 1034, 1036.
963 *Triebel/Silny,* NJW 2008, 1034, 1036.

Die Umqualifizierung der deliktischen Haftung des *tort of negligence* verstoße gegen die Niederlassungsfreiheit.[964] Da die Umqualifizierung nur für englische Gesellschaften mit Verwaltungssitz in Deutschland gelte, liege eine direkte Diskriminierung vor, die an den Satzungssitz der Gesellschaft anknüpft und LLPs mit Sitz in Deutschland schlechter behandele als vergleichbare nationale Gesellschaftsformen.[965]

Darüber hinaus müssen die Wertungsentscheidungen des deutschen Gesetzgebers berücksichtigt werden.[966] Dieser habe zum einen die Rechtsform der LLP nicht in das deutsche Recht rezipiert und zum anderen sehe er keine deliktische Haftung für fahrlässig verursachte Berufsfehler vor.[967] Stattdessen komme nach dem deutschen Delikts- und Vertragsrecht eine Haftung für fahrlässige berufliche Fehler nur unter den Voraussetzungen der culpa in contrahendo gem. §§ 280 Abs. 1, 241 Abs. 2, 311 Abs. 3 S. 2 BGB in Betracht.[968] Diese setze aber eine besondere Vertrauensstellung des Rechtsanwaltes voraus.[969] Die unterschiedlichen Wertungen des deutschen und des englischen Gesetzgebers müssen akzeptiert werden und dürfen nicht durch das Instrument der Anpassung ausgehebelt werden.[970]

Weiterhin greife der Einwand der widersprüchlichen Besserstellung einer nach Deutschland zugezogenen LLP nicht durch.[971] Eine widersprüchliche Bevorteilung der in Deutschland ansässigen LLP liege gerade nicht vor, da die Besserstellung auf der gefestigten Rechtsprechung des EuGH beruhe.[972] Von den Grundfreiheiten werden nur Gesellschaften umfasst, die einen Auslandsbezug aufweisen.[973] Rein inländische Sachverhalte fallen von vornherein nicht in den Schutzbereich der Niederlassungsfreiheit.[974] Daher sei die haftungsrechtliche Besserstellung der Gesellschafter einer LLP mit Verwaltungssitz in Deutschland im Vergleich zu Gesellschaftern einer LLP ohne grenzüberschreitenden Bezug durch das Gemeinschaftsrecht gerechtfertigt.[975] Ein Widerspruch zum Unionsrecht könne von vornherein nicht vorliegen, da reine Inlandssachverhalte nicht vom Schutzbereich der Grundfreiheiten umfasst seien.[976]

---

964 *Bank,* BB-Special 3. 2010, 4, 9; *Triebel/Silny,* NJW 2008, 1034, 1036; *Pleister,* AnwBl. 2012, 801.
965 *Bank,* Die britische LLP, 410; *Triebel/Silny,* NJW 2008, 1034, 1036; *Schnittker/Bank,* Die LLP in der Praxis, 67.
966 *Triebel/Silny,* NJW 2008, 1034, 1036.
967 *Triebel/Silny,* NJW 2008, 1034, 1036.
968 *Triebel/Silny,* NJW 2008, 1034, 1036.
969 *Triebel/Silny,* NJW 2008, 1034, 1036.
970 *Triebel/Silny,* NJW 2008, 1034, 1036.
971 *Schnittker/Bank,* Die LLP in der Praxis, 67.
972 *Schnittker/Bank,* Die LLP in der Praxis, 68.
973 *Schnittker/Bank,* Die LLP in der Praxis, 68.
974 *Schnittker/Bank,* Die LLP in der Praxis, 68.
975 *Schnittker/Bank,* Die LLP in der Praxis, 68.
976 *Schnittker/Bank,* Die LLP in der Praxis, 68.

II. Stellungnahme

Der h.M. ist zu folgen. Die haftungsrechtliche Besserstellung einer LLP mit Verwaltungssitz in Deutschland gegenüber einer LLP ohne grenzüberschreitenden Bezug sowie gegenüber einer rein deutschen Rechtsform ist die notwendige Konsequenz der geltenden Rechtslage. Nach der Rechtsprechung des EuGH[977] ist die englische LLP im Inland in ihrer Rechtsform anzuerkennen. Eine andere Frage ist die nach dem anwendbaren Delikts- und Vertragsstatut. Dieses richtet sich nach den deutschen Kollisionsnormen, die für den Regelfall der in Deutschland ansässigen und tätigen LLPs das deutsche Recht für anwendbar erklären.[978] Die sich hieraus ergebende Kombination aus englischem Gesellschaftsrecht und deutschem Delikts- und Vertragsrecht ist als Besonderheit einer grenzüberschreitenden LLP anzuerkennen.[979] Sie beruht auf dem ihr ureigentümlichen Wesen, das sich gerade aus der Kombination der englischen Rechtsform einerseits und dem Verwaltungssitz in Deutschland andererseits ergibt. Aufgrund dieser Besonderheit ist sie wesensfremd zu den rein englischen bzw. rein deutschen Rechtsformen und daher allein aus sich zu bewerten.

Zudem muss bei der Frage der Anpassung stets nach dem dahinter stehenden Sinn und Zweck gefragt werden. Die Befürworter der Anpassung stützen ihre Auffassung maßgeblich darauf, dass bei jeweils isolierter Geltung der Rechtsordnungen, im englischen Recht für die LLP eine persönliche Haftung der Partner wegen fahrlässig verursachten Berufsfehler besteht und im deutschen Recht für die herkömmliche PartG ebenfalls aus § 8 Abs. 2 PartGG die persönliche Haftung des bearbeitenden Partners für berufliche Fehler gegeben ist. Die Folge davon ist, dass nach beiden Rechtsordnungen eine persönliche Haftung zumindest eines Partners wegen fahrlässiger Pflichtverletzung des Anwaltsvertrags besteht.

Dieser Ansatz hat durch die Einführung der PartG mbB aber eine entscheidende Wendung erfahren.[980] Nach deutschem Recht ist nun auch eine Haftungsbeschränkung für berufliche Fehler bei Personengesellschaften aus Freiberuflern möglich.[981] Damit bringt der Gesetzgeber zum Ausdruck, dass er die persönliche Haftung des Gesellschafters für Berufsfehler nicht mehr als uneingeschränkten Grundsatz des Personengesellschaftsrechts versteht. Die beschränkte Berufshaftung ist nun auch im deutschen Personengesellschaftsrecht angekommen, ohne dass dies einen Systembruch darstellt.[982]

Die Einführung der PartG mbB führt dazu, dass die Frage nach der Anpassungslage nicht mehr zwischen LLP und der herkömmlichen PartG diskutiert werden muss, sondern zwischen LLP und PartG mbB. Die PartG mbB ist aufgrund der

977 Siehe Kapitel 5 B. II. 1. b).
978 Siehe Kapitel 5 B. II. 2. b).
979 Vgl. auch *Triebel/Silny*, NJW 2008, 1034, 1036.
980 Vgl. auch *Henssler*, NJW 2014, 1761, 1765.
981 *Henssler*, NJW 2014, 1761, 1765.
982 Siehe Kapitel 2 B. II.

Haftungsbeschränkung für berufliche Fehler nunmehr die deutsche Gesellschaft, die ihrem Wesen nach der englischen LLP am nächsten steht. Nach dem deutschen Recht besteht somit bei der PartG mbB keine persönliche Haftung der Partner für fahrlässig begangene berufliche Fehler, da die Verbindlichkeiten aus beruflichen Fehlern von der Haftungsbeschränkung umfasst sind und eine deliktische Haftung für fahrlässig falsche Berufsausübung nach deutschem Recht praktisch ausscheidet.

Aus der Gesetzesbegründung zur Einführung der PartG mbB[983] lässt sich zudem die Intention des Gesetzgebers entnehmen, dass dieser nicht von einer Anpassungslage ausgeht. Der Gesetzgeber erklärt sich zwar nicht ausdrücklich zu einer Anpassung, nennt jedoch eindeutig das Ziel mit der PartG mbB eine Rechtsform schaffen zu wollen, die nach ihrem Haftungsmodell konkurrenzfähig zur Haftungsbeschränkung der LLP ist.[984] Im Gegenzug hat der Gesetzgeber die persönliche Haftung der Partner für berufliche Fehler in der PartG mbB ausgeschlossen. Folglich scheint auch der Gesetzgeber davon auszugehen, dass die neu geschaffene Rechtsformvariante der PartG mbB nur dann der Konkurrenz der englischen LLP mit Verwaltungssitz in Deutschland stand hält, wenn zumindest für Verbindlichkeiten aus Berufsfehlern eine persönliche Haftung des Partners nicht besteht.[985] Damit zeigt er wiederum, dass er sich der haftungsrechtlichen Privilegierung der Partner einer in Deutschland ansässigen LLP bewusst ist. Mit der PartG mbB novellierte der deutsche Gesetzgeber damit das Gesellschaftsrecht. Die Beschränkung der persönlichen Haftung der Freiberufler hat sich folglich mit der PartG mbB vom einstigen Tabu zu einem neuen Grundsatz gewandelt.

Die kombinierte Anwendung von englischem Gesellschaftsrecht und deutschem Deliktsrecht bei der im Inland ansässigen LLP führt damit zu keiner für das deutsche Gesellschaftsrecht ungewohnten Situation. Eine Anpassungslage ist somit aus deutscher Sicht nicht gegeben.

F. Insolvenzverschleppungshaftung der Gesellschafter

I. Anwendbare Rechtsordnung

Gerät die LLP in Insolvenz, stellt sich die Frage, ob das englische oder das deutsche Insolvenzrecht Anwendung findet. Von der anwendbaren Rechtsordnung hängt es ab, ob und unter welchen Voraussetzungen die Gesellschafter eine Insolvenzantragspflicht und eine hieraus resultierende Insolvenzverschleppungshaftung treffen kann.[986]

Nach der deutschen Rechtsordnung besteht in § 15a InsO eine von der Gesellschaftsform abhängige Insolvenzantragspflicht. Die Verletzung dieser Pflicht kann

983 Vgl. Begr. RegE zur Einf. einer PartG mbB, BT-Drucks. 17/10487, 13 f.

984 Begr. RegE zur Einf. einer PartG mbB, BT-Drucks. 17/10487, 13 f.; *Henssler,* NJW 2014, 1761, 1765.

985 Vgl. *Henssler,* NJW 2014, 1761, 1765.

986 *Schnittker/Bank,* Die LLP in der Praxis, 87.

zur sog. Insolvenzverschleppungshaftung gem. § 823 Abs. 2 BGB iVm § 15a InsO führen.[987]

Das englische Insolvenzrecht hingegen kennt keine derart strenge Insolvenzantragspflicht. Stattdessen können in der Insolvenz der Gesellschaft folgende Haftungstatbestände für die Gesellschafter relevant werden: *fraudulent trading* (Haftung wegen betrügerischer Geschäftsfortführung),[988] *wrongful trading* (Haftung wegen pflichtwidriger Geschäftsfortführung),[989] *adjustment of withdrawals* (Haftung wegen pflichtwidriger Vermögensentnahmen)[990] oder *misfeasance* (Haftung wegen Treuepflichtverletzung.[991]

Die Frage, ob eine Insolvenzantragspflicht nach deutschem Recht und eine davon abhängige Insolvenzverschleppungshaftung besteht, ergibt sich nicht aus Art. 4 Abs. 2 EuInsVO.[992] Danach regelt das Insolvenzstatut nur, unter welchen Voraussetzungen das Insolvenzverfahren zu eröffnen ist.[993] Die Insolvenzantragspflicht ist aber nicht unabdingbare Voraussetzung für die Eröffnung des Insolvenzverfahrens und damit kein Eröffnungsgrund.[994] Art. 4 Abs. 2 EuInsVO gibt daher keinen Aufschluss über die Anwendbarkeit der Insolvenzantragspflicht auf eine im Inland tätige LLP.

Welche Rechtsordnung anwendbar ist, hängt somit davon ab, ob die Insolvenzverschleppungshaftung gesellschaftsrechtlicher oder insolvenzrechtlicher Natur ist. Handelt es sich um eine gesellschaftsrechtliche Vorschrift, so findet das Recht des Gründungsstaates und damit englisches Recht Anwendung.[995] Andernfalls richtet sich die Insolvenzverschleppungshaftung nach dem deutschen Recht. Die Qualifikation der Insolvenzverschleppungshaftung ist umstritten.

---

987 Siehe Kapitel 4 H. I.

988 Vgl. hierzu *Schnittker/Bank*, Die LLP in der Praxis, 52 f.

989 Ausführlich hierzu *Bank*, Die britische LLP, 178 ff. sowie *Habersack/Verse*, ZHR 168 (2004), 174, 182 ff.; vgl. auch *Schnittker/Bank*, Die LLP in der Praxis, 53 f.; *Höfling*, Das englische internationale Gesellschaftsrecht, 225 ff.

990 Ausführlich hierzu *Bank*, Die britische LLP, 202 ff.; vgl. auch *Schnittker/Bank*, Die LLP in der Praxis, 56 ff.

991 Ausführlich hierzu *Bank*, Die britische LLP, 213 ff.; vgl. auch *Schnittker/Bank*, Die LLP in der Praxis, 58 ff.

992 *Hirte/Bücker*, Grenzüberschreitende Gesellschaften, § 17 Rn. 67; *Schnittker/Bank*, Die LLP in der Praxis, 87; *Haas*, in: BK-InsO, § 15a Rn. 8.

993 *Hirte/Bücker*, Grenzüberschreitende Gesellschaften, § 17 Rn. 67; *Schnittker/Bank*, Die LLP in der Praxis, 87.

994 *Hirte/Bücker*, Grenzüberschreitende Gesellschaften, § 17 Rn. 67; *Schnittker/Bank*, Die LLP in der Praxis, 87; *Haas*, in: BK-InsO, §15a Rn. 8.

995 Siehe Kapitel 5 B. II. 2. a).

1. Meinungsstand in der Literatur

Nach einer Ansicht ist die Insolvenzantragspflicht und die damit verbundene Insolvenzverschleppungshaftung dem Gesellschaftsrecht zuzuordnen.[996] Begründet wird dies damit, dass die Insolvenzantragspflicht, anders als das Insolvenzantragsrecht, von der Organisation der Gesellschaft abhänge und damit gesellschaftsrechtlich zu qualifizieren sei.[997] Für die gesellschaftsrechtliche Zuordnung spreche ferner, dass die Insolvenzantragspflicht untrennbar mit der betreffenden Organstellung in der Gesellschaft verbunden sei und daher die Pflicht zur rechtzeitigen Stellung des Insolvenzantrages unmittelbar aus dieser Position folge.[998] Zudem bestehe ein Zusammenhang der Kapitalausstattung der Gesellschaft mit der Insolvenzantragspflicht, da das Entstehen der Pflicht letztlich aus einer unzureichenden Vermögensausstattung herrühre.[999]

Nach der wohl überwiegenden Gegenansicht ist die Insolvenzantragspflicht und damit die Insolvenzverschleppungshaftung insolvenzrechtlich zu qualifizieren.[1000] Abzustellen sei auf den Sinn und Zweck der Insolvenzantragspflicht, die der Insolvenzverschleppungshaftung zugrunde liegt.[1001] Die Antragspflicht sei darauf gerichtet, dass beschränkt haftende Gesellschaften bei Zahlungsunfähigkeit oder Überschuldung rechtzeitig ein Insolvenzverfahren einleiten um so die Haftungsmasse vor weiterer Reduzierung zu schützen und das verbleibende Vermögen

996 *Ringe/Willemer*, EuZW 2006, 621, 623 f.; *dies.*, NZG 2010, 56 f; *von Hase*, BB 2006, 2141, 2146 f.; *Schmidt*, ZInsO 2006, 737, 740; *Mock/Schildt*, ZInsO 2003, 396, 400; *dies.* NZI 2003, 442, 445; *Spindler/Berner*, RIW 2004, 7, 11 f.; wohl auch *Riegger*, ZGR 2004, 510, 527; für Mehfachanknüpfung *Kindler*, NZG 2003, 1086, 1090; *Hirte/Bücker*, Grenzüberschreitende Gesellschaften, § 17 Rn. 68 ff., 79; *Bittmann/Gruber*, GmbHR 2008, 867, 871; Gross/Schork, NZI 2006, 10, 14; *Kiethe*, RIW 2005, 649, 655; *Müller*, DB 2006, 824, 827; *Schumann*, DB 2004, 743, 746.

997 *Hirte/Bücker*, Grenzüberschreitende Gesellschaften, § 17 Rn. 68 ff.

998 *Ringe/Willemer*, NZG 2010, 56, 57; *von Hase*, BB 2006, 2141, 2147; *Schumann*, DB 2004, 743, 746; *Müller*, DB 2006, 824, 827; *Riegger*, ZGR 2004, 510, 527; *Spinfler/Berner*, RIW 2004, 7, 12.

999 *Hirte/Bücker*, Grenzübeschreitende Gesellschaften, § 17 Rn. 69; *von Hase*, BB 2006, 2141, 2147.

1000 LG Kiel BB 2006, 1468 ff.; *Eidenmüller*, in: Eidenmüller, Ausländische Kapitalgesellschaften, § 9 Rn. 32; *ders.*, NJW 2005, 1619, 1620 f.; *Spahlinger/Wegen*, Internationales Gesellschaftsrecht, Rn. 346; *Habersack/Vierse*, ZHR 168 (2004), 174, 207; *Müller*, NZG 2003, 414, 416 f.; *Wachter*, GmbHR 2004, 88, 101; *Goette*, DStR 2005, 197, 200; *ders.*, ZInsO 2005, 1, 5; *Röhricht*, ZIP 2005, 505, 507 f.; *Riedemann*, GmbHR 2004, 345, 348; *Kuntz*, NZI 2005, 424, 428 f.; *Römermann*, GmbHR 2006, R 181, R 182; Leutner/Langner, ZInsO 2005, 575, 576 f.; *Lieder*, DZWIR 2005, 399, 405; *Zimmer*, NJW 2003, 3585, 3589 f.; *Zerres*, DZWIR 2006, 356, 358 f.; vgl. auch *Paulus*, ZIP 2002, 729, 734; *Wachter*, BB 2006, 1463, 1465.

1001 *Zerres*, DZWIR 2006, 356, 359; *Wachter*, BB 2006, 1463, 1465; *Leutner/Langener*, ZInsO 2005, 575, 576 f.

anschließend im Insolvenzverfahren noch verteilen zu können.[1002] Ziel sei damit der Schutz von Neugläubigern vor dem Abschluss von Verträgen mit einer insolventen Gesellschaft und der Schutz von Altgläubigern in Bezug auf die ordnungsgemäße Verteilung der Insolvenzmasse.[1003] Der Schutz des Rechtsverkehrs stehe aber nicht im Bezug zum Gesellschaftsrecht, sondern sei dem Insolvenzrecht zuzuordnen.[1004] Auch die Begründung des Gesetzesentwurfs zum MoMiG deute auf diese Einordung der Insolvenzverschleppungshaftung hin: Durch die Streichung des § 64 Abs. 1 GmbHG und der Neuschaffung des § 15a InsO habe der Gesetzgeber die Insolvenzantragspflicht insolvenzrechtlich eingeordnet.[1005]

2. *Stellungnahme*

Aus den dargestellten Gründen ist die letztgenannte Ansicht vorzugswürdig. Durch die Streichung der §§ 64 Abs. 1 GmbHG, 92 Abs. 2 AktG, 99 Abs. 1 GenG und der rechtsformübergreifenden Zusammenfassung der Insolvenzantragspflicht in § 15a InsO räumt der Gesetzgeber Zweifel aus[1006] und macht deutlich, dass die Insolvenzantragspflicht und damit korrespondierend auch die Insolvenzverschleppungshaftung insolvenzrechtlich zu qualifizieren sind. Sinn und Zweck der Schaffung des neuen § 15a InsO war es gerade, eine allgemeine Antragspflicht zu konzipieren, von der nicht nur deutsche, sondern auch ausländische Gesellschaften umfasst sind.

Folglich findet auf die englische LLP mit Verwaltungssitz in Deutschland das deutsche Insolvenzrecht Anwendung.

II. Insolvenzverschleppungshaftung nach deutschem Recht

1. *Insolvenzantragspflicht*

Die Frage, ob die Gesellschafter einer LLP wegen Insolvenzverschleppung haftbar gemacht werden können, ist somit nach deutschem Recht zu klären. Die Haftung hängt davon ab, ob die Gesellschafter eine Insolvenzantragspflicht nach § 15a Abs. 1 InsO trifft. Nach § 15a Abs. 1 S. 1 InsO haben die Mitglieder des Vertretungsorgans einer juristischen Person bei Zahlungsunfähigkeit oder Überschuldung der Gesellschaft ohne schuldhaftes Zögern, spätestens aber drei Wochen nach Eintritt der Zahlungsunfähigkeit oder Überschuldung, einen Antrag auf Eröffnung des Insolvenzverfahrens zu stellen.

1002 LG Kiel BB 2006, 1468, 1469; *Eidenmüller*, in: Eidenmüller, Ausländische Kapitalgesellschaften, § 9 Rn. 26; *Müller*, NZG 2003, 414, 416; *Leutner/Langer*, ZInsO 2005, 575, 576.

1003 *Wachter*, BB 2006, 1463, 1464 f.

1004 LG Kiel BB 2006, 1468, 1469.

1005 *Bettinger*, Englische LLP und Anwaltshaftung in Deutschland, 311; *Wachter*, BB 2006, 1463, 1465.

1006 Vgl. Begr. RegE MoMIG, BR-Drucks. 354/07, 126 f.

Die LLP ist nach englischem Recht eine juristische Person.[1007] Der gesellschaftsrechtliche Status der englischen LLP mit Verwaltungssitz ist nach der Gründungstheorie auch im Inland anzuerkennen, so dass die vertretungsberechtigten Gesellschafter nach § 15a Abs. 1 S. 1 InsO verpflichtet, sind in der Insolvenz der LLP rechtzeitig einen Insolvenzantrag zu stellen. Vertretungsberechtigt sind nach den Grundsätzen der *agency* regelmäßig alle Gesellschafter.[1008] Sofern im Gesellschaftsvertrag keine anderweitigen Regelungen getroffen wurden, sind daher alle Gesellschafter zur Vertretung der LLP berufen, mit der Folge, dass jeder Gesellschafter die Pflicht hat den Insolvenzantrag nach § 15a Abs. 1 S. 1 InsO rechtzeitig zu stellen.

2. Versäumen oder Verzögern der rechtzeitigen Stellung des Insolvenzantrages

Bei § 15a Abs. 1 InsO handelt es sich um ein Schutzgesetz,[1009] so dass die Gesellschafter bei versäumter oder verspäteter Insolvenzantragstellung einer persönlichen Haftung aus § 823 Abs. 2 BGB unterliegen.

Bei Eintritt der Zahlungsunfähigkeit oder Überschuldung einer juristischen Person haben die Mitglieder des Vertretungsorgans gem. § 15a Abs. 1 S. 1 InsO die Pflicht, ohne schuldhaftes Zögern, spätestens aber binnen drei Wochen, einen Antrag auf Eröffnung des Insolvenzverfahrens zu stellen. Versäumen die Gesellschafter diese Pflicht bzw. kommen sie ihr nicht rechtzeitig nach, besteht eine persönliche Haftung der Gesellschafter aus § 823 Abs. 2 BGB iVm § 15a Abs. 1 S. 1 InsO.

G. Haftungsbeschränkungsmöglichkeiten

Im Hinblick auf die Haftungsbeschränkungsmöglichkeiten der LLP ergeben sich keine Besonderheiten zu den deutschen Rechtsformen. Das Vertragsrecht einer in Deutschland ansässigen und tätigen LLP richtet sich grundsätzlich nach der deutschen Rechtsordnung.[1010] Danach ist eine vertragliche Haftungsbeschränkung in den Grenzen des § 52 Abs. 2 BRAO zulässig.[1011]

H. Zusammenfassung der wesentlichen Ergebnisse

Die LLP mit Verwaltungssitz in Deutschland ist in ihrer Rechtsform anzuerkennen. Als Gesellschaft mit eigener Rechtspersönlichkeit haftet nur sie für die von ihr eingegangenen Verbindlichkeiten.

1007 Siehe Kapitel 5 C. I.
1008 Siehe Kapitel 5 C. I.
1009 Vgl. nur *Hirte,* in: Uhlenbruck, InsO, § 15a Rn. 39; *Bußhardt,* in: Braun, InsO, § 15a Rn. 22; *Klöhn,* in: MünchKomm InsO, Bd.1, § 15a Rn. 140.
1010 Siehe Kapitel 5 B. II. 2. b).
1011 Siehe Kapitel 3 E.

Die gesellschaftsrechtliche Haftung der Gesellschafter richtet sich nach der Rechtsordnung des Gründungsstaates. Nach dem englischen Recht der LLP besteht keine persönliche Haftung der Gesellschafter für Verbindlichkeiten der Gesellschaft, unabhängig ihres Entstehungsgrundes.

Nach den kollisionsrechtlichen Vorschriften wird im Regelfall das deutsche Vertrags- und Deliktsrecht anwendbar sein. Insoweit ergeben sich keine Unterschiede zur Haftung von Gesellschaftern einer deutschen Rechtsform.

Die Insolvenzantragspflicht ist insolvenzrechtlich zu qualifizieren. Die Gesellschafter der LLP trifft eine Insolvenzantragspflicht nach deutschem Recht. Bei Verstoß haften sie wegen Insolvenzverschleppung gem. § 823 Abs. 2 BGB iVm § 15a Abs. 1 S. 1 InsO.

Die durch die kombinierte Anwendung von englischem Gesellschaftsrecht und deutschem Vertrags- und Deliktsrecht entstehenden Privilegierungen beruhen auf dem ureigentümlichen Wesen der englischen Rechtsform mit Sitz in Deutschland. Durch die Einführung der PartG mbB ist eine Personengesellschaft mit beschränkter Haftung nach hiesiger Rechtsordnung anerkannt, so dass es keiner Korrektur der Haftung bedarf.

Kapitel 6: Vergleich der Rechtsformen

A. PartG versus PartG mbB

I. Haftungsverfassung

Mit der Einführung der neuen PartG mbB steht den Angehörigen Freier Berufe eine weitere Rechtsformvariante der PartG zur Verfügung. Sowohl die herkömmliche PartG als auch die PartG mbB beruhen auf derselben Grundkonzeption. Auf den ersten Blick scheinen die Unterschiede der beiden Rechtsformvarianten daher gering. Auch die PartG mbB ist als rechtsfähige Personengesellschaft ausgestaltet, die im Rechtsverkehr unter eigenem Namen auftritt. Dass die PartG mbB dabei einen spezifischen Rechtsformzusatz tragen muss, der die Haftungsbeschränkung kenntlich macht, mag zunächst nur als notwendige Konsequenz zur Unterscheidung der Rechtsformvarianten dienen. Doch hinter diesem Rechtsformzusatz verbirgt sich der beträchtliche Wesensunterschied der PartG mbB zur herkömmlichen PartG.

Die PartG mbB beruht im Vergleich zur PartG auf einer Haftungskonzeption, die im deutschen Gesellschaftsrecht ein absolutes Novum darstellt. Das Haftungsregime der PartG mbB ist zweigleisig aufgebaut: Für berufliche Fehler besteht eine umfassende Haftungsbeschränkung auf das Gesellschaftsvermögen, wohingegen für alle sonstigen Verbindlichkeiten die Partner persönlich neben der Gesellschaft haften müssen.

Auch bei der herkömmlichen PartG ist bezüglich der Haftung danach zu unterscheiden, ob es sich um eine Verbindlichkeit aus beruflichem Fehler oder eine sonstige Verbindlichkeit handelt. Während bei beruflichen Fehlern neben der Gesellschaft immer nur diejenigen Partner persönlich haften, die mit der Bearbeitung des Beitrags befasst waren, haften im Übrigen für alle sonstigen Verbindlichkeiten die Partner persönlich und gesamtschuldnerisch neben der Gesellschaft. Im Hinblick auf die sonstigen Verbindlichkeiten besteht demnach ein Gleichlauf der Haftung beider Rechtsformvarianten.

Bei der Haftung aus beruflichen Fehlern zeigt sich aber im Detail der Unterschied beider Systeme. Bei der herkömmlichen PartG sieht sich die Bestimmung des bearbeitenden Partners – wie aufgezeigt –[1012] zahlreichen Einzelproblematiken gegenüber. Dies führt zur Unsicherheit bei den Partnern. Gerade bei der Bearbeitung eines Mandates durch mehrere Partner ist es für diese oftmals im Vorhinein nicht absehbar, ob ihr geleisteter Beitrag ausreichend ist, um die persönliche Handelndenhaftung auch auf sie zu erstrecken.[1013] Das unvorhersehbare Haftungsrisiko wird durch die Rechtsprechung des BGH noch weiter verschärft, in dem ein an der Bearbeitung beteiligter Partner auch für berufliche Fehler haftet, die vor seinem

1012 Siehe Kapitel 3 C. II.
1013 Siehe Kapitel 3 C. II. 3.

Eintritt in die PartG begangen wurde. Dieser Rechtsprechung ist aus den dargelegten Gründen vehement entgegenzutreten.[1014]

Sobald der Partner einer herkömmlichen PartG in irgendeiner Weise an der Bearbeitung eines Auftrags beteiligt ist, sieht er sich somit stets der Gefahr einer persönlichen Inanspruchnahme ausgesetzt.

Demgegenüber weist die PartG mbB das wesentlich einfachere und rechtssichere Haftungssystem auf. Wurde ein beruflicher Fehler begangen, greift die Haftungsbeschränkung auf das Gesellschaftsvermögen ein. Einzige Voraussetzung ist, dass die Berufshaftpflichtversicherung ordnungsgemäß im Zeitpunkt des Pflichtverstoßes unterhalten wird. Welcher Partner in welchem Umfang und in welcher Weise an der Bearbeitung des Auftrags beteiligt war, spielt keine Rolle. Die Haftungsbeschränkung greift selbst dann ein, wenn die Pflichtverletzung wissentlich begangen wurde oder die Versicherungssumme im betreffenden Versicherungsjahr bereits ausgeschöpft ist.[1015] Sofern die Partner die Berufshaftpflichtversicherung entsprechend den gesetzlichen Vorgaben unterhalten, besteht für sie im Hinblick auf berufliche Fehler kein Risiko der persönlichen Inanspruchnahme.

Die Gefahr, dass sich durch Führen eines falschen Rechtsformzusatzes im Rechtsverkehr eine persönliche Haftung ergibt,[1016] lässt sich durch konsequente Einhaltung der firmenrechtlichen Vorschriften einfach vermeiden.

Über einen ausdrücklichen Haftungsausschluss im Partnerschaftsvertrag sind sie auch bei grober Fahrlässigkeit vor einer mittelbaren Inanspruchnahme des Gläubigers durch die Pfändung eines Innenhaftungsanspruches geschützt.

Die Frage, ob ein neu hinzutretender Partner, der mit der Bearbeitung eines bereits in Ausführung befindlichen Auftrags betraut wird, auch für die vor seinem Eintritt begangenen Berufsfehler persönlich haftet, stellt sich bei der PartG mbB erst gar nicht.

Die Partner einer PartG mbB trifft, im Gegensatz zu den Partnern einer herkömmlichen PartG, eine Insolvenzantragspflicht, wenn die Gesellschaft wegen Verbindlichkeiten aus beruflichen Fehlern in die Insolvenz gerät.[1017] Ferner sind die Partner der PartG mbB – anders als die Partner einer herkömmlichen PartG – der Existenzvernichtungshaftung ausgesetzt, wenn sie der PartG mbB vorsätzlich Vermögen entziehen, welches zur Deckung einer Verbindlichkeit aus einem beruflichen Fehler benötigt wird.[1018] Insofern können die Partner der PartG mbB aus mehr Haftungstatbeständen in Anspruch genommen werden als die Partner einer herkömmlichen PartG. Beide Haftungstatbestände können zu einer persönlichen Haftung der Partner führen. Die Verwirklichung der Haftungstatbestände setzt jedoch weitere Umstände bzw. im Falle der Existenzvernichtungshaftung, Vorsatz

1014 Siehe Kapitel 3 D. I. 2. a) bb).
1015 Siehe Kapitel 4 B. II. 8.
1016 Siehe Kapitel 4 C. II. 2. a) ee).
1017 Siehe Kapitel 4 H. I.
1018 Siehe Kapitel 4 E.

voraus. Bei Einhaltung der Sorgfalt eines ordentlichen Geschäftsmannes sind sie vermeidbar, so dass sie für den Vergleich der beiden Rechtsformvarianten kein tragendes Gewicht erlangen.

Das wesentliche Manko, welches bei der PartG mbB besteht, ist die erhöhte Versicherungsprämie, die für den Unterhalt der spezifischen Berufshaftpflichtversicherung der PartG mbB in Kauf genommen werden muss. Geht man aber davon aus, dass viele Kanzleien auch unter dem Haftungsregime der herkömmlichen PartG bereits ähnlich hohe Versicherungen abgeschlossen haben, so wird dies in der Praxis im Regelfall kaum ins Gewicht fallen.

Zusammengefasst bietet die neue Rechtsformvariante der PartG mbB den Partnern für berufliche Fehler eine praktikable und umfassende Haftungsbeschränkung. Bei ordnungsgemäßem Unterhalt der Berufshaftpflichtversicherung sowie den entsprechenden Vereinbarungen im Partnerschaftsvertrag lässt sich die persönliche Haftung aus Verbindlichkeiten wegen eines Berufsfehlers umfassend und zuverlässig ausschließen. Im Gegensatz dazu bietet die herkömmliche PartG für die Partner die wesentlich unsichere Haftungsvariante. Die persönliche Haftung zumindest eines Partners ist stets gegeben.

Bedenkt man die Unsicherheiten und offenen Rechtsfragen, die mit der Haftungskonzentration auf den handelnden Partner einhergehen, stellt die herkömmliche PartG im Gegensatz zur PartG mbB für die Partner die deutlich riskantere Rechtsformvariante dar. Sofern die Kosten für die Berufshaftpflichtversicherung nicht gescheut werden, bietet damit die PartG mbB im Vergleich zur herkömmlichen PartG den Freiberuflern die attraktivere Haftungsverfassung.

II. Gläubigerschutz

Der Gläubigerschutz ist, korrespondierend zur Haftungsverfassung, danach zu unterscheiden, ob eine Verbindlichkeit aus beruflichen Fehlern oder eine sonstige Verbindlichkeit vorliegt.

Bei beiden Rechtsformvarianten wird bezüglich der Haftung aus sonstigen Verbindlichkeiten ein ausreichender Gläubigerschutz dadurch gewährleistet, dass neben der Gesellschaft sämtliche Partner gesamtschuldnerisch und persönlich haften. Insoweit ergibt sich zwischen beiden Rechtsformalternativen kein Unterschied.

Der unterschiedlich konstruierte Gläubigerschutz zeigt sich aber bei der Haftung aus beruflichen Fehlern. In der herkömmlichen PartG wird der Gläubigerschutz dadurch bewirkt, dass bei beruflichen Fehlern mindestens ein Partner persönlich mit seinem Privatvermögen haftet. Diese Haftung tritt neben die Haftung der Gesellschaft. Der Gläubiger hat damit die Wahl, ob er den Partner oder die Gesellschaft in Anspruch nimmt. Ihm stehen beide Vermögensmassen zur Befriedigung seiner Verbindlichkeit zur Verfügung.

Im Gegensatz zur herkömmlichen PartG ist der Gläubiger bei Ansprüchen wegen eines beruflichen Fehlers bei der PartG mbB auf das Gesellschaftsvermögen als einzige Haftungsmasse verwiesen. Diese ist in ihrem Bestand nicht geschützt. Entziehen die Partner der Gesellschaft Vermögen, ohne dass die Voraussetzungen der Existenzvernichtungshaftung gegeben sind, trifft sie keine persönliche Haftung. Der Gläubiger ist aber auch in diesem Fall nicht schutzlos gestellt. Kann er sich nicht an dem Gesellschaftsvermögen schadlos halten, hat er die Möglichkeit, den Anspruch der Gesellschaft gegen ihre Berufshaftpflichtversicherung zu pfänden. Die Gefahr des Ausfalls der Haftung besteht nur in dem Falle, in dem das Gesellschaftsvermögen nicht zur Deckung des Schadens ausreicht und die Versicherungssumme im betreffenden Versicherungsjahr bereits ausgeschöpft ist oder der Schaden die Versicherungssumme übersteigt.[1019] Angesichts der Höhe der Mindestversicherungssumme ist dies auch bei zulässiger Begrenzung des Mindestversicherungsschutzes nur in Ausnahmefällen zu erwarten.

Vergleicht man diese Konzeption mit derjenigen der herkömmlichen PartG, so ergibt sich aus der persönlichen Haftung des handelnden Partners neben der Haftung der Gesellschaft mit dem Gesellschaftsvermögen nicht zwangsläufig ein besserer Schutz für den Gläubiger. Der Gläubiger kann zwar neben dem Gesellschaftsvermögen auch auf das Privatvermögen des persönlich haftenden Partners zugreifen.[1020] Da das Gesellschaftsvermögen aber keinen gesicherten Mindestbestand hat, kann dies jedoch auf einen marginalen Betrag reduziert sein. Im Gegensatz zur PartG mbB besteht keine Pflicht der herkömmlichen PartG zum Unterhalt einer Berufshaftpflichtversicherung, so dass der Gläubiger keinen Innenanspruch der Gesellschaft gegen den Versicherer nicht pfänden kann. Ebenso bedeutet die an sich unbeschränkte persönliche Haftung eines Partners nicht zwangsläufig, dass die Forderung des Gläubigers vollständig befriedigt werden kann. Auch hier trägt der Gläubiger das Insolvenzrisiko des Partners. Dieses ist nur durch die einfache Berufshaftpflichtversicherung des Rechtsanwaltes abgesichert, welche im Vergleich zur erhöhten Berufshaftpflichtversicherung der PartG mbB nur ein Zehntel hiervon betragen muss.[1021]

Bei der PartG mbB hingegen hat der Gläubiger das Ausfallrisiko der Versicherung bei Ausschöpfung der Versicherungssumme oder Übersteigen der Schadenssumme über die Versicherungssumme zu tragen. Übersteigt der Schaden die Höhe der abgeschlossenen Versicherungssumme, kann der Gläubiger bei der PartG mbB seinen Schadensersatzanspruch in jedem Fall nur teilweise realisieren soweit das Gesellschaftsvermögen ausreicht.

Eine Ausschöpfung der Versicherungssumme im betreffenden Versicherungsjahr bei der PartG mbB würde nach den Maximierungsregeln die Verursachung mehrerer Schadensfälle erfordern und wird daher nur in Ausnahmefällen relevant werden.[1022] Hält sich der Schadensersatzanspruch im Rahmen der Versicherungsdeckung, steht dem Gläubiger somit regelmäßig ein zuverlässiger Schutz zur Verfügung.

1019 Siehe Kapitel 4 B. II. 8.
1020 Siehe Kapitel 3 B. I. und Kapitel 3 C.
1021 Siehe Kapitel 4 B. II. 3.
1022 Siehe Kapitel 4 B. II. 6.

Keine der beiden Rechtsformvarianten bietet daher per se den besseren Gläubigerschutz. In beiden Konstellationen wird sich die Gefahr für den Gläubiger in der Praxis wohl nur bei hohen Schadenssummen verwirklichen. Welche Gläubigerschutzkonzeption dann effektiver ist, hängt von den Umständen des Einzelfalls ab.

Folglich lässt sich für den Gläubigerschutz zusammenfassend feststellen:

Welche der beiden Rechtsformvarianten für den Gläubiger zur Realisierung seiner Verbindlichkeit vorteilhafter ist, hängt im Ergebnis vom Einzelfall ab. Unterschiede zeigen sich nur bei der Haftung aus beruflichen Fehlern. Für Verbindlichkeiten aus beruflichen Fehlern mit einer Schadenssumme unterhalb der Mindestversicherungssumme der PartG mbB von 2,5 Mio. EUR bietet die PartG mbB dem Gläubiger einen zuverlässigen Schutz. Bei der PartG hängt dies maßgeblich vom Bestand des Gesellschaftsvermögens und von den Vermögensverhältnissen des haftenden Partners ab.

Ist die Schadenssumme größer als die Versicherungsdeckung der Berufshaftpflichtversicherung der PartG mbB, kann der Gläubiger seine Forderung zumindest teilweise nicht durchsetzen. Bei der herkömmlichen PartG hängt dies wiederum von der Zahlungsfähigkeit des in Anspruch genommenen Partners ab.

III. Ergebnis

Der Gesamtvergleich der herkömmlichen PartG zu der neuen PartG mbB zeigt, dass aus Sicht der Partner, die PartG mbB das deutlich attraktivere Haftungsregime zur Verfügung stellt. Für die Haftung aus beruflichen Fehlern bietet die PartG mbB den Partnern eine effektive Beschränkung der Haftung. Wird die Berufshaftpflichtversicherung ordnungsgemäß unterhalten, ist die Haftung für berufliche Fehler in jedem Fall auf das Gesellschaftsvermögen beschränkt. Ein persönliches Haftungsrisiko wie bei der herkömmlichen PartG besteht damit nicht. Die Haftungsbeschränkung der PartG mbB für berufliche Fehler wird damit auch den Bedürfnissen derjenigen Kanzleien gerecht, die hauptsächlich in größeren Zusammenschlüssen arbeitsteilig ein Mandat bearbeiten.

Im Hinblick auf den Gläubigerschutz stellen beide Rechtsformalternativen einen ausreichenden Schutz zur Sicherung der Gläubigerinteressen zur Verfügung. Ein qualitativer Unterschied zwischen beiden Konzeptionen besteht nicht.

Insgesamt ist damit bei einer Gesamtabwägung der PartG mbB der Vorzug zu geben. Nimmt man die erhöhten Versicherungsprämien in Kauf, erhält man im Gegenzug eine zuverlässige und rechtssichere Haftungsverfassung.

B. PartG versus LLP

I. Haftungsverfassung

Sowohl die PartG als auch die englische LLP sind als Personengesellschaften ausgestaltet und stehen Angehörigen Freier Berufe zur Verfügung. Die Haftungsverfassung der deutschen Rechtsform und der englischen Rechtsform gehen aber in völlig unterschiedliche Richtungen. Bei der englischen LLP besteht eine vollumfängliche

Haftungsbeschränkung, die sowohl Verbindlichkeiten aus beruflichen Fehlern als auch sonstige Verbindlichkeiten umfasst. Die Gesellschafter der LLP trifft damit keine persönliche akzessorische Haftung.[1023]

Die nach englischem Deliktsrecht bestehende Haftung für fahrlässig verursachte Berufsfehler ist auf eine in Deutschland ansässige LLP aufgrund der einschlägigen Kollisionsvorschriften regelmäßig nicht anwendbar und nach der hier vertretenen Ansicht nicht zu korrigieren.[1024] Durch die Anwendung verschiedener Rechtsordnungen stellt sich die Haftungslage einer LLP mit Verwaltungssitz in Deutschland gegenüber einer in England ansässigen LLP damit vorteilhafter dar. Die Anerkennung dieses Vorteils ist nicht unumstritten, so dass in der Vergangenheit die Haftungssituation einer solchen LLP als unsicher reklamiert wurde.[1025] Durch die Einführung der PartG mbB gewinnt die fragliche Haftungslage einer derartigen LLP aber an Sicherheit: Der Gesetzgeber hat in seiner Gesetzesbegründung zur Einführung der PartG mbB[1026] selbst den Trend zur LLP mit der dargestellten vorteilhaften Haftungssituation der in Deutschland ansässigen LLP begründet und zugleich auf die PartG mbB als deutsches Konkurrenzmodell verwiesen. Dadurch zeigt er, dass er die durch die Kombination der englischen und der deutschen Rechtsordnung entstehende Haftungsverfassung der LLP zumindest für eine mögliche, im Inland anerkennenswerte Konsequenz des Nebeneinanders beider Rechtsordnungen hält.

Nichtsdestotrotz darf aber beim Vergleich der Haftungsverfassungen der LLP und der deutschen PartG nicht vergessen werden, dass eine Anerkennung der Haftungssituation einer in Deutschland ansässigen LLP vom Gesetzgeber ausdrücklich offen gelassen wurde.[1027] Solange daher weder eine gesetzliche Regelung noch eine höchstrichterliche Entscheidung existiert, ist nicht von einer Klärung der Haftungssituation[1028] auszugehen, sondern allenfalls von einer Festigung. Diese Restunsicherheit muss bei einem Vergleich der englischen LLP mit der deutschen PartG mitberücksichtigt werden.

Im Gegensatz dazu ist die gesetzliche Lage der herkömmlichen PartG klar. Die Partner einer PartG haften stets für sonstige Verbindlichkeiten persönlich und gesamtschuldnerisch. Bei beruflichen Fehlern konzentriert sich die persönliche Haftung auf den handelnden Partner. Diese Regelung kann in der Praxis aber bei der Bestimmung des handelnden Partners sowie der Feststellung, ob ein Ausschluss der Haftungskonzentration wegen der fehlenden Bedeutung des Bearbeitungsbeitrages vorliegt, Unsicherheiten über die gegebene Haftungslage herbeiführen.[1029] Anders als bei der LLP besteht bei der herkömmlichen PartG daher stets die persönliche Haftung zumindest eines Partners. Aus diesem Gesichtspunkt liegt daher klar auf

1023 Siehe Kapitel 5 D. I. 1.
1024 Siehe Kapitel 5 E. II.
1025 *Salger,* DB 2012, 1794, 1796; *Becker,* AnwBl. 2011, 860, 862.
1026 Begr. RegE zur Einf. einer PartG mbB, BT-Drucks. 17/10487, 13 f.
1027 Vgl. Begr. RegE zur Einf. einer PartG mbB, BT-Drucks. 17/10487, 13 f.
1028 So aber *Henssler,* NJW 2014, 1761, 1765.
1029 Siehe Kapitel 3 C. II.

der Hand, dass die herkömmliche PartG keine vergleichbare Attraktivität für Angehörige Freier Berufe aufweist.

Dieser Vorteil der LLP kann bei einer Gesamtbetrachtung auch nicht durch die nach wie vor verbleibende Unsicherheit über die Anerkennung der haftungsrechtlichen Lage der LLP im Inland entkräftet werden, da sich die Haftungslage der LLP durch die Einführung der PartG mbB gerade weiter etabliert hat. Verbleibende Zweifel sind daher im Vergleich zu den Unwägbarkeiten, die die Haftungskonzentration des § 8 Abs. 2 PartGG bei der herkömmlichen PartG mit sich bringt, entsprechend geringer einzustufen.

Weiter zu berücksichtigen ist, dass die Gesellschafter der LLP, anders als die Partner der PartG, der Insolvenzantragspflicht unterliegen.[1030] Dieser Umstand allein mag zwar für die Entscheidung der Rechtsform der PartG sprechen. Bedenkt man aber, dass es zu einer Insolvenz der Gesellschaft nur in seltenen Fällen kommt und das Erfüllen der Antragspflicht dann in der Hand der Gesellschafter liegt, so vermag auch dieser Gesichtspunkt bei einer Gesamtbetrachtung die Attraktivität der LLP nicht schmälern.

II. Gläubigerschutz

In Sachen Gläubigerschutz kann jedoch die PartG mit einer besseren Sicherung der Gläubigerinteressen aufwarten. Wie dargelegt steht dem Gläubiger stets der Rückgriff auf das Gesellschaftsvermögen sowie die persönliche Inanspruchnahme zumindest eines Partners zur Verfügung.[1031]

Die LLP bietet allein das Gesellschaftsvermögen als Haftungsmasse. Aufgrund der personenrechtlichen Ausgestaltung der LLP ist dieses nicht in seinem Bestand geschützt. Das Recht der LLP kennt keine Vorschriften zur Kapitalerhaltung.[1032] Der Schutz der Gläubiger wird nach englischem Recht durch die deliktische Haftung des fahrlässig handelnden Partners ergänzt. Dem Gläubiger einer in Deutschland ansässigen LLP wird aber aufgrund der Nichtanwendbarkeit englischen Deliktsrechtes regelmäßig der Zugriff auf das Privatvermögen des betreffenden Gesellschafters verwehrt sein. Nur in Extremfällen kann er durch die anerkannten Institute des gesellschaftsrechtlichen Haftungsdurchgriffes nach englischem Recht den Gesellschafter einer LLP persönlich in Anspruch nehmen.[1033] Der Gläubiger einer LLP mit Verwaltungssitz in Deutschland bleibt demnach auf das ungesicherte Gesellschaftsvermögen als einzige Haftungsmasse verwiesen.

Erschwerend kommt hinzu, dass die in Deutschland ansässige LLP nach aktueller Rechtslage nicht verpflichtet ist eine Berufshaftpflichtversicherung abzuschließen.[1034]

1030 Siehe Kapitel 5 F.

1031 Siehe Kapitel 3 B. 1. sowie Kapitel 3 C.

1032 *Siems,* ZVglRWiss (107) 2008, 60, 74.

1033 Siehe Kapitel 5 D I. 2. a).

1034 *Henssler,* NJW 2014, 1761, 1765; *Seibert,* DB 2013, 1710, 1714.

Hier bleibt der Gesetzgeber dazu aufgerufen, den Missstand durch Einführung einer Regelung für die LLP zu beheben.[1035]

III. Ergebnis

Im Vergleich zur herkömmlichen PartG bietet die englische LLP mit Verwaltungssitz in Deutschland den Angehörigen Freier Berufe eine umfängliche Haftungsbeschränkung, die mit der Rechtsform der herkömmlichen PartG nicht annähernd erreicht werden kann. Trotz der bestehenden Unsicherheiten über die Anerkennung der Haftungssituation einer in Deutschland ansässigen LLP bleibt sie bei einer Gesamtabwägung für Angehörige Freier Berufe die attraktivere Rechtsform.

In Sachen Gläubigerschutz steht die LLP – wie aufgezeigt – der PartG nach. Hier bleibt der Gesetzgeber aufgefordert, diesen Missstand durch die Einführung einer zwingenden Berufshaftpflichtversicherung auch für die LLP auszuräumen.

C. PartG mbB versus LLP

I. Haftungsverfassung

Mit der Einführung der PartG mbB hat der deutsche Gesetzgeber eine Rechtsformvariante geschaffen, die für Berufsfehler eine effektive Haftungsbeschränkung auf das Gesellschaftsvermögen bietet. Sofern die erforderliche Berufshaftpflichtversicherung ordnungsgemäß unterhalten wird und die Partner im Rechtsverkehr den haftungsbeschränkenden Zusatz verwenden, sind sie umfassend vor der persönlichen Haftung wegen beruflicher Fehler geschützt.

Eine persönliche Inanspruchnahme der Partner bleibt aber neben der Gesellschaft für all diejenigen Verbindlichkeiten bestehen, die nicht aus einem beruflichen Fehler herrühren. Hierunter fallen insbesondere alle Verbindlichkeiten aus laufenden Geschäften, die zur Unterhaltung der Büroorganisation erforderlich sind. Die Partner kann daher insbesondere eine persönliche Haftung für Mietschulden oder Verbindlichkeiten aus Kauf- oder Leasingverträgen treffen. Nicht zu vergessen sind ferner die Verbindlichkeiten, die aus Arbeitsverträgen mit der PartG mbB herrühren. Angestellte der PartG mbB können ihre Gehaltsforderungen auch unmittelbar gegen die Partner der PartG mbB geltend machen. Gerade bei großen Kanzleien, die nicht nur Büropersonal, sondern teils oft auch eine nicht zu unterschätzende Anzahl an angestellten Rechtsanwälten beschäftigen, können die Verbindlichkeiten aus den Arbeitsverträgen in immense Höhen steigen. Reicht das Gesellschaftsvermögen der PartG mbB dann nicht aus, um die Verbindlichkeiten zu befriedigen, sehen sich die Partner der PartG mbB der persönlichen Inanspruchnahme ausgesetzt.

Hier liegt der entscheidende Vorteil der LLP. Die LLP bietet im Gegensatz zur PartG mbB eine vollständige Haftungsbeschränkung. Diese umfasst gerade nicht nur Verbindlichkeiten aus einem beruflichen Fehler, sondern sämtliche

1035 So im Ergebnis auch *Henssler*, NJW 2014, 1761, 1766.

Verbindlichkeiten, unabhängig davon, auf welchem Rechtsgrund sie beruhen.[1036] Zwar muss man bedenken, dass in Bezug auf die Rechtssicherheit der Haftungslage einer in Deutschland ansässigen LLP weiterhin noch Zweifel bestehen, diese reichen angesichts der nunmehr eingetretenen Verfestigung aber nicht über die Vorteile der LLP hinweg.[1037]

II. Gläubigerschutz

Vergleicht man hingegen den Gläubigerschutzmechanismus der beiden Rechtsformen, so verfügt die PartG mbB über einen besseren Gläubigerschutz. In Bezug auf Verbindlichkeiten aus beruflichen Fehlern können die Gläubiger auf das Gesellschaftsvermögen zugreifen. Dieses ist mittelbar durch die obligatorische Berufshaftpflichtversicherung der PartG mbB gesichert. Nur in wenigen Ausnahmefällen kann es für die Gläubiger zu einem Ausfall der Schadensdeckung kommen.[1038] Im Hinblick auf die Geltendmachung sonstiger Verbindlichkeiten sehen sich die Gläubiger hingegen einem umfassenden Schutz gegenüber: Sie können neben dem Gesellschaftsvermögen auch auf das Privatvermögen sämtlicher Partner zur Befriedigung ihrer Forderung zugreifen.

Im Gegensatz dazu besteht bei der LLP unabhängig von der Art der Verbindlichkeit nur die Möglichkeit der Gläubiger, sich aus dem Gesellschaftsvermögen schadlos zu halten. Aufgrund der Ausgestaltung als Personengesellschaft ist das Gesellschaftsvermögen der LLP nicht durch Kapitalerhaltungsvorschriften in seinem Bestand gesichert. Der Schutz der Gläubiger basiert bei der LLP größtenteils auf den Publizitätsvorschriften.[1039] Mangels der Pflicht zur Berufshaftpflichtversicherung einer LLP mit Verwaltungssitz in Deutschland besteht auch kein mittelbarer Schutz, auf den die Gläubiger zurückgreifen könnten.

III. Ergebnis

Der Vergleich der Rechtsform der LLP einerseits und der PartG mbB andererseits zeigt, dass beiden Gesellschaften auf einem unterschiedlichen Konzept basieren. Der umfassenden Haftungsbeschränkung der LLP kann die PartG mbB nicht aufwarten. Zwar bietet die PartG mbB im Ergebnis eine sichere Haftungsbeschränkung für Verbindlichkeiten aus beruflichen Fehlern, die persönliche Haftung der Partner bleibt aber für alle sonstigen Verbindlichkeiten bestehen. Gerade dies stellt – wie aufgezeigt – einen entscheidenden Nachteil der PartG mbB dar. Der Gläubigerschutz der LLP mit Verwaltungssitz in Deutschland bleibt hinter dem der PartG mbB zurück. Künftig kann dieser zumindest teilweise durch die Einführung einer Pflicht zum Unterhalt einer Berufshaftpflichtversicherung der Gesellschaft verbessert werden.

1036 Siehe Kapitel 5 D. I. 1.
1037 Siehe Kapitel 6 B. I.
1038 Siehe Kapitel 6 A. I.
1039 *Siems*, ZVglRWiss (107) 2008, 60, 77 f.

Zusammenfassende Betrachtung

Den Ruf der Freiberufler nach einer Neukonzeption der Haftungsverfassung der PartG hat der Gesetzgeber mit der Einführung der PartG mbB erhört. Mit der PartG mbB hat der Gesetzgeber eine neue Rechtsformvariante geschaffen, die eine Haftungsbeschränkung für berufliche Fehler bietet, zugleich aber als Personengesellschaft ausgestaltet ist und nicht als juristische Person zu qualifizieren ist. Der Wunsch der Freiberufler nach einer haftungsbeschränkten Gesellschaft, die gerade nicht als Kapitalgesellschaft konzipiert ist und damit nicht gewerbe- und körperschaftssteuerpflichtig ist, wurde mit der PartG mbB erfüllt. Zugleich ist es dem Gesetzgeber gelungen das Gesellschaftsrecht entscheidend fortzuentwickeln. Mit der PartG mbB wurde ein neuer Gesellschaftstypus geschaffen – die Personengesellschaft mit beschränkter Haftung –, ohne dass hiermit ein Bruch des herkömmlichen Systems erfolgte.

Das Haftungsregime der PartG mbB bietet partiell nur für berufliche Fehler die Haftungsbeschränkung auf das Gesellschaftsvermögen. Nach der momentanen Rechtslage bestehen im Zusammenhang mit der Haftungslage aber noch folgende Unsicherheiten, die die Rechtsanwälte bei der Wahl der PartG mbB als Rechtsform für ihren Zusammenschluss bedenken müssen:

Die Haftungsbeschränkung greift nur dann ein, wenn die Berufshaftpflichtversicherung der PartG mbB ordnungsgemäß unterhalten wird, § 8 Abs. 4 PartGG. In der Praxis wird für die Rechtsanwälte die größte Gefahr darin bestehen, den berufsrechtlichen Anforderungen zur Berufshaftpflichtversicherung nach § 51a BRAO gerecht zu werden. Unsicherheit existiert insbesondere noch bei der Regelung der Begrenzung der Mindestversicherungssumme, vervielfacht um die Zahl der Partner in § 51a Abs. 2 PartGG. Wonach sich die Anzahl der Partner bestimmt, ergibt sich nicht aus der Vorschrift. Nach der hier vertretenen Ansicht richtet sich die maßgebliche Anzahl der Partner nach der tatsächlich in der PartG mbB durch den Partnerschaftsvertrag aufgenommenen Partner inklusive der Scheinpartner. Solange der Gesetzgeber die Vorschrift nicht nachbessert und eine höchstrichterliche Klärung nicht besteht, ist den Partnern anzuraten, jeden neu in die PartG mbB aufgenommenen Partner bei der Begrenzung der Mindestversicherungssumme miteinzubeziehen. Gleiches sollte auch für Scheinpartner geschehen, sofern sich hier der Schein der Partnerstellung nicht zweifelsfrei von vornherein beseitigen lässt.

Offen gelassen hat der Gesetzgeber ferner die Frage, wie der Übergang von Altmandaten beim Wechsel von einer GbR oder herkömmlichen PartG in die PartG mbB zu behandeln ist. Sachgerechterweise können sich die Rechtsanwälte auf das Eingreifen der Haftungsbeschränkung immer dann verlassen, wenn der berufliche Pflichtverstoß nach Vollendung des Wechsels in die PartG mbB erfolgt ist. Erfolgte die Pflichtverletzung vor dem vollendeten Wechsel, besteht eine fünfjährige Nachhaftung im alten Haftungsregime. Durch eine individualvertragliche Vereinbarung mit dem Mandanten können die Partner den Übergang in die Haftungsverfassung der PartG mbB auch schon für diesen Zeitraum herbeiführen.

Umstritten ist, ob die richterrechtlich zur GmbH entwickelte Existenzvernichtungshaftung Partner der PartG mbB treffen kann. Dies ist richtigerweise im Grundsatz zu bejahen, soweit es um die Haftung wegen Verbindlichkeiten aus beruflichen Fehlern geht. Ob die Rechtsprechung dem hier vertretenen Standpunkt zustimmt, bleibt abzuwarten. Die Haftung wegen eines existenzvernichtenden Eingriffs wird die Partner jedenfalls nur dann treffen, wenn das Gesellschaftsvermögen und die Leistung des Versicherers nicht zur Befriedigung des Gläubigers ausreichen und der Gesellschaft in missbräuchlicher Weise Vermögen entzogen und dadurch die Insolvenz der Gesellschaft herbeigeführt oder vertieft wird.[1040] Insofern handelt es sich um ein überschaubares Haftungsrisiko.

Gesetzlich nicht eindeutig festgeschrieben ist weiterhin die Frage, ob die Partner zur Stellung eines Insolvenzantrags verpflichtet sind. Die Regelung des § 15a InsO muss richtigerweise so verstanden werden, dass eine Pflicht zur Stellung des Insolvenzantrages besteht, wenn Verbindlichkeiten aus beruflichen Fehlern die Insolvenz verursachen. Indem die Partner rechtzeitig einen Insolvenzantrag stellen, können sie die Haftung wegen Insolvenzverschleppung aber vermeiden.

Die aufgeworfenen offenen Rechtsfragen zeigen, dass der Gesetzgeber mit Änderung des PartGG nicht alle Gesichtspunkte abschließend geregelt hat. Die Unsicherheiten lassen sich aber durch die entsprechenden Vorkehrungen seitens der Partner minimieren bzw. teilweise vollständig vermeiden. In diesem Fall kann die PartG mbB die Erwartungen der Rechtsanwälte nach einer effizienten Haftungsbeschränkung zumindest für die Haftung wegen Verbindlichkeiten aus beruflichen Fehlern erfüllen. Durch entsprechende Regelungen im Partnerschaftsvertrag können die Partner zudem einen mittelbaren Rückgriff auf ihr Privatvermögen durch die Gläubiger weitgehend verhindern.

Wie die Untersuchung gezeigt hat, stellt die herkömmliche PartG aufgrund der mit der Haftungskonzentration verbundenen Unsicherheiten für größere Zusammenschlüsse tatsächlich keine praktikable Haftungsbeschränkung zur Verfügung. Das gesetzgeberische Ziel, mit der PartG mbB auch großen Zusammenschlüssen mit arbeitsteiliger Organisation eine effektive Haftungsbeschränkung für berufliche Fehler zu geben, ist insoweit erreicht. Diesem Bedürfnis konnte die herkömmliche PartG aufgrund der Unsicherheiten, die mit dem Eingreifen der Haftungskonzentration nach § 8 Abs. 2 PartGG einhergehen, – wie untersucht – in der Tat nicht gerecht werden.[1041] Im Vergleich zur herkömmlichen PartG bietet die PartG mbB gerade für große Sozietäten, die die höheren Versicherungsprämien nicht scheuen, eine zuverlässige und rechtssichere Haftungsbeschränkung für berufliche Fehler.[1042]

1040 Siehe Kapitel 4 E.
1041 Siehe Kapitel 3 C. II.
1042 Siehe Kapitel 6 A. I.

Nichtsdestotrotz bleibt es das große Manko der PartG mbB, dass im Übrigen für sonstige Verbindlichkeiten die persönliche Haftung der Partner besteht. Hier ist die LLP klar im Vorzug. Nicht vergessen werden darf aber, dass die rechtliche Behandlung der LLP hierzulande nicht abschließend geklärt ist. Offen bleibt, ob die LLP mit Verwaltungssitz in Deutschland zum Abschluss und Unterhalt einer Berufshaftpflichtversicherung verpflichtet ist. Weiterhin besteht die Unsicherheit, ob die in Deutschland ansässige LLP eine Haftungskorrektur erfahren muss. Mit Einführung der PartG mbB ist zumindest ein weiteres Argument gefunden, das gegen eine Korrektur der Haftungslage spricht.[1043] Dennoch müssen die Rechtsanwälte bei der Wahl der Rechtsform das Risiko einer anderslautenden gesetzgeberischen oder richterlichen Entscheidung mitberücksichtigen.

Die Resonanz auf die Einführung der PartG mbB zeigt, dass sich die neue Rechtsformvariante großer Beliebtheit erfreut.[1044] Die rechtstatsächlichen Entwicklungen bestätigen, dass die PartG mbB durchaus attraktiv für Freiberufler ist. Eine umfassende Haftungsbeschränkung wie die LLP bietet sie aber nicht. Eine Umwandlung einer LLP in eine PartG mbB ist bisher nicht zu verzeichnen.[1045] Der Gesetzgeber konnte mit der PartG mbB daher nur in Bezug auf die Verbindlichkeiten aus beruflichen Fehlern eine echte Konkurrenz zur LLP schaffen. Im Übrigen bleibt das Haftungskonzept trotz der nach wie vor nicht endgültig geklärten Rechtslage der LLP hinter dieser zurück.

Die Erwartungen an eine praktikable und effiziente Haftungsbeschränkung gerade für große, standortübergreifende Zusammenschlüsse von Rechtsanwälten sind daher nur teilweise erfüllt. In Anbetracht der Vielzahl der Angestellten mit den damit verbundenen Lohnansprüchen und der nicht zu unterschätzenden Mietkosten für die Büroräumlichkeiten, besteht weiterhin ein hohes Haftungsrisiko für den einzelnen Partner. Die PartG mbB stellt im Vergleich zur englischen LLP für derartige Großbetriebe keine echte Alternative dar. Der Gesetzgeber hat damit sein Ziel, eine echte Konkurrenzrechtsform „made in Germany“[1046] zu schaffen verfehlt.

1043 Vgl. *Henssler*, NJW 2014, 1761, 1765.

1044 Zur Anzahl der eingetragenen PartG mbB siehe Einleitung.

1045 *Henssler*, NJW 2014, 1761.

1046 Vgl. zur Initiative „Law – Made in Germany“ *Hellwig*, NJW 2011, 1557, 1558.

Literaturverzeichnis

Ahlers, Dieter, Die GmbH als Zusammenschluss Angehöriger Freier Berufe zur gemeinsamen Berufsausübung, in: Festschrift für Heinz Rowedder zum 75. Geburtstag, hrsg. von *Pfeiffer, Gerd / Wiese, Günther / Zimmermann, Klaus,* München 1994, S. 1 ff. (zitiert: *Ahlers,* in: FS Rowedder).

Altmeppen, Holger, Abschied vom „Durchgriff" im Kapitalgesellschaftsrecht, NJW 2007, S. 2657 ff.

Altmeppen, Holger, Geschäftsleiterhaftung für Weglassen des Rechtsformzusatzes aus deutsch-europäischer Sicht, ZIP 2007, S. 889 ff.

Altmeppen, Holger, Irrungen und Wirrungen um den täuschenden Rechtsformzusatz und seine Haftungsfolgen, NJW 2012, S. 2833 ff.

Altmeppen, Holger, Schutz vor „europäischen" Kapitalgesellschaften, NJW 2004, S. 97 ff.

Altmeppen, Holger / Wilhelm, Jan, Gegen die Hysterie um die Niederlassungsfreiheit der Scheinauslandsgesellschaften, DB 2004, S. 1083 ff.

Bachmann, Peter / Schaloske, Henning, Die neue Partnerschaftsgesellschaft mit beschränkter Berufshaftung, PHi 2013, S. 202 ff.

Bälz, Ulrich, Organisationsvertrag und Gesamthand, Zur Abgrenzung von Außen- und Innengesellschaften, in: Festschrift für Wolfgang Zöllner zum 70. Geburtstag, Band I, hrsg. von *Lieb, Manfred / Noack, Ulrich / Westermann, Harm,* Köln u. a. 1998, S. 35 ff. (zitiert: *Bälz,* in: FS Zöllner).

Ballerstedt, Kurt, Der gemeinsame Zweck als Grundbegriff des Rechts der Personengesellschaften, JuS 1963, S. 253 ff.

Bamberger, Georg / Roth, Herbert, Kommentar zum Bürgerlichen Gesetzbuch, Band 1, §§ 1–610, 3. Auflage, München 2012 (zitiert: *Bearbeiter,* in: Bamberger/Roth, BGB, Bd. 1).

Bamberger, Georg / Roth, Herbert, Kommentar zum Bürgerlichen Gesetzbuch, Band 2, §§ 611–1296, AGG, ErbbauRG, WEG, 3. Auflage, München 2012 (zitiert: *Bearbeiter,* in Bamberger/Roth, BGB, Bd. 2).

Bank, Stephan, Die britische Limited Liability Partnership, Berlin 2006 (zitiert: *Bank,* Die britische LLP).

Bank, Stephan, Die LLP – eine attraktive Alternative für deutsche Anwaltssozietäten?, BB-Special 3. 2010, S. 4 ff.

Bauer, Eva Melina, Partnerschaftsgesellschaft mit beschränkter Berufshaftung – Auf die Plätze, Fertig, Los!, BRAK-Mitt. 2013, S. 202 ff.

Baumbach, Adolf / Hopt, Klaus, Handelsgesetzbuch, 36. Auflage, München 2014 (zitiert: *Bearbeiter,* in: Baumbach/Hopt, HGB).

Baumbach, Adolf / Hueck, Alfred, GmbHG, 20. Auflage, München 2013 (zitiert: *Bearbeiter*, in: Baumbach/Hueck, GmbHG).

Baus, Christoph, Die Dritthaftung der Wirtschaftsprüfer zwischen Vertrag und Delikt – Eine rechtsvergleichende Untersuchung des deutschen und englischen Rechts, ZVglRWiss, Band 103, 2004, S. 219 ff. (zitiert: *Baus*, ZVglRWiss (103) 2004).

Beck, Lukas, Der Referentenentwurf und der Regierungsentwurf zur Einführung einer Partnerschaftsgesellschaft mit beschränkter Berufshaftung, DZWIR 2012, S. 447 ff.

Beck, Lukas, Zwei Jahre PartG mbB: Offene Fragen des Gesetzgebungsverfahrens, Besonderheiten der PartG mbB – erste Bilanz und Diskussionsbedarf, AnwBl. 2015, S. 380 ff.

Becker, Georg, Haftung und Deckung bei der englischen Anwalts-LLP in Deutschland, AnwBl. 2011, S. 860 f.

Beckmann, Klaus, Für eine Partnerschaft Freier Berufe, in: Recht und Pflicht, Beiträge zu 20 Jahren Rechtspolitik, Festschrift für Detlef Kleinert zum 60. Geburtstag, hrsg. von *Diekwisch, Stefan / Wolfgramm, Torsten*, Ronnenberg 1992, S. 210 ff. (zitiert: *Beckmann*, in: FS Kleinert).

Beckmann, Klaus, Ringen um das Partnerschaftsgesetz für freie Berufe, Der freie Beruf 1992, S. 4 ff.

Beck'scher Online-Kommentar Bürgerliches Gesetzbuch, hrsg. von *Bamberger, Heinz-Georg / Roth, Herbert*, Stand 1.8.2014, Edition 32 (zitiert: *Bearbeiter*, in: BeckOK-BGB).

Behrens, Peter, Das Internationale Gesellschaftsrecht nach dem Überseering-Urteil des EuGH und den Schlussanträgen zu Inspire Art, IPrax 2003, S. 193 ff.

Bernstorff, Christoph von, Das Betreiben einer englischen Limited in Deutsch. land, RIW 2004, S. 498 ff.

Bettinger, Nicole, Englische LLP und Anwaltshaftung in Deutschland, Baden-Baden 2009.

Beuthien, Volker, Rechtsanwälte mit beschränkter Haftung?, ZRP 2012, S. 127.

Beuthien, Volker, Zur Begriffsverwirrung im deutschen Gesellschaftsrecht, JZ 2003 S. 715 ff.

Beuthien, Volker, Zur Grundlagenungewissheit des deutschen Gesellschaftsrechts, NJW 2005, S. 855 ff.

Binnewies, Burkhard / Wollweber, Markus, Der Rechtsformwechsel von der Sozietät (GbR) in die PartGmbB, AnwBl. 2014, S. 9 ff.

Bitter, Georg, Die Nutzungsüberlassung in der Insolvenz nach dem MoMIG (§ 135 Abs. 3 InsO), ZIP 2010, S. 1 ff.

Bitter, Georg, Gesellschaftsrecht, 2. Auflage, München 2013.

Bittmann, Folker / Gruber, Urs, Limited – Insolvenzantragspflicht nach § 15a InsO – Europarechtlich unwirksam?, GmbHR 2008, S. 867 ff.

Blattner, Jessica, Risikomanagement durch Haftungsvereinbarungen im Anwaltsvertrag, AnwBl. 2013, S. 300 ff.

Blaurock, Uwe, Einfluss im Unternehmen und die gesellschaftsrechtliche Haftungsstruktur, in: Festschrift für Walter Stimpel zum 68. Geburtstag am 29. November 1985, hrsg. von *Lutter, Marcus / Mertens, Hans-Joachim / Ulmer, Peter*, Berlin u. a. 1985, S. 553 ff. (zitiert: *Blaurock*, in: FS Stimpel).

Blaurock, Uwe, Haftung des Scheinsozius, in: Festschrift für Achim Krämer zum 70. Geburtstag am 19. September 2009, hrsg. von *Blaurock, Uwe / Bornkamm, Joachim / Kirchberg, Christian*, Berlin 2009 (zitiert: *Blaurock*, in: FS Krämer).

Blersch, Jürgen / Goetsch, Hans-W. / Haas, Ulrich, Berliner Kommentar, Insolvenzrecht, Köln 2012 (zitiert: *Bearbeiter*, in: BK-InsO).

Bockelberg, Helmut von, Die Partnerschaft – Eine Gesellschaftsform für freie Berufe, StB 1971, S. 65 f.

Bösert, Bernd, Der Regierungsentwurf eines Gesetzes zur Schaffung von Partnerschaftsgesellschaften (Partnerschaftsgesellschaftsgesetz – PartGG), DStR 1993, S. 1332 ff.

Bösert, Bernd, Das Gesetz über Partnerschaftsgesellschaften Angehöriger Freier Berufe, ZAP 1994, Fach 15, S. 137 ff.

Borgmann, Brigitte / Jungk, Antje / Grams, Holger, Anwaltshaftung, 4. Auflage, München 2005.

Braun, Eberhard, Insolvenzordnung, Kommentar, 5. Auflage, München 2012 (zitiert: *Bearbeiter*, in: Braun, InsO).

Canaris, Claus-Wilhelm, Handelsrecht, 24. Auflage, München 2006.

Carl, Dieter, Die Partnerschaftsgesellschaft – eine neue Rechtsform für die Freien Berufe, StB 1995, S. 173 ff.

Castan, Björn, Die Partnerschaftsgesellschaft, 2. Auflage, Münster 1998.

Chab, Bertin, Haftung des neu eintretenden Partners einer Partnerschaftsgesellschaft, zugleich Besprechung von BGH Urteil vom 19.11.2009 – IX ZR 12/09, ZAP 2010 Fach 23, S. 889 ff.

Dahns, Christian, Die neue Partnerschaftsgesellschaft mit beschränkter Berufshaftung, NJW-Spezial 2013, S. 446 ff.

Dahns, Christian, Partnerschaftsgesellschaft mit beschränkter Berufshaftung, NJW-Spezial 2012, S. 190 ff.

Dauner-Lieb, Barbara / Heidel, Thomas / Ring, Gerhard (Herausgeber), Nomos Kommentar BGB Allgemeiner Teil, EGBGB, Band 1, 2. Auflage, Baden-Baden 2012 (zitiert: *Bearbeiter*, in: NK-BGB, Bd. 1).

Dauner-Lieb, Barbara / Langen, Werner (Herausgeber), Nomos Kommentar BGB Schuldrecht, Band 2/2, 2. Auflage, Baden-Baden 2012 (zitiert: *Bearbeiter*, in: NK-BGB, Bd. 2/2).

Davies, Paul, Gower and Davies' Principles of modern company law, 7. Auflage, London 2003 (zitiert: *Davies*, Principles of modern company law).

Degen, Thomas / Diem, Frank / Grams, Holger / Hauffe, Ingo / Rothenbacher, Carmen, Anwaltsrecht I, Examensschwerpunkte; Berufsrecht, Haftung und Kanzleimanagement, 5. Auflage, Stuttgart u.a. 2011 (zitiert: *Degen/Diems/Grams/Hauffe/ Rothenbacher*, Anwaltsrecht I).

Deutscher Richterbund, Stellungnahme des Deutschen Richterbundes zum Referentenentwurf eines Gesetzes zur Einführung einer Partnerschaftsgesellschaft mit beschränkter Berufshaftung und zur Änderung des Berufsrechts der Rechtsanwälte, Patentanwälte und Steuerberater, http://www.drb.de/cms/fileadmin/docs/ Stellungnahmen/DRB_120313_Stn_Nr_11_RefE_Partnerschaftsgesellschaft.pdf, zuletzt aufgerufen am 30.10.2014 (zitiert: *Deutscher Richterbund*, Stellungnahme zu RefE zur Einf. einer PartG mbB).

Ebenroth, Thomas / Boujoung, Karlheinz / Joost, Detlev / Strohn, Lutz, Handelsgesetzbuch, Band 1, 2. Auflage, München 2008 (zitiert: *Bearbeiter*, in: Ebenroth/ Boujong/Joost/Strohn, HGB).

Ebert, Sabine / Levedag, Christian, Die zugezogene "private company limites by shares (ltd.)" nach dem Recht von England und Wales als Rechtsformalternative für in- und ausländische Investoren in Deutschland, GmbHR 2003, S. 1337 ff.

Eckhold, Thomas, Materielle Unterkapitalisierung, Köln 2002.

Eidenmüller, Horst (Herausgeber), Ausländische Kapitalgesellschaften im deutschen Recht, München 2004 (zitiert: *Bearbeiter*, in: Eidenmüller, Ausländische Kapitalgesellschaften).

Eidenmüller, Horst, Geschäftsleiter- und Gesellschafterhaftung bei europäischen Auslandsgesellschaften mit tatsächlichem Inlandssitz, NJW 2005, S. 1618 ff.

Eigner, Michael, Die Beschränkung der persönlichen Gesellschafterhaftung bei Gesellschaft bürgerlichen Rechts und Partnerschaft, Köln 2003 (zitiert: *Eigner*, Beschränkung der persönlichen Gesellschafterhaftung).

Eisenhardt, Ulrich, Gesellschaftsrecht, 14. Auflage, München 2009.

Erman, Walter (Begründer), Kommentar zum Bürgerlichen Gesetzbuch, Band 1, §§ 1–758, AGG, EGBGB (Auszug), ErbbauRG, LPartG, ProdHaftG, VBVG, VersAusglG und WEG, 14. Auflage, Köln 2014 (zitiert: *Bearbeiter*, in: Ermann, BGB, Bd. 1).

Erman, Walter (Begründer), Kommentar zum Bürgerlichen Gesetzbuch, Band 2, §§ 759–2385, ProdHaftG, ErbbauRG, VersAusglG, VBVG, LPartG, WEG, EGBGB, 14. Auflage, Köln 2014 (zitiert: *Bearbeiter*, in: Ermann, BGB, Bd. 2).

Esch, Günter, Das Dogma der Einheitlichkeit der Personengesellschaftsbeteiligung, BB 1996, S. 1621 ff.

Esch, Günter, Einheitlichkeit der Personengesellschaftsbeteiligung, BB 1993, S. 664 ff.

Ewer, Wolfgang, Die Antwort auf die Flucht in die Anwalts-LLP: Passen wir unser Recht an, AnwBl. 2010, S. 857.

Fahrendorf, Klaus / Mennemeyer, Siegfried / Terbille, Michael, Die Haftung des Rechtsanwalts, 8. Auflage, Köln 2010.

Falkenhausen, Joachim von, Brauchen die Rechtsanwälte ein Partnerschaftsgesetz, AnwBl. 1993, S. 479 ff.

Feuchtwanger, Sigbert, Die freien Berufe, Im Besonderen: Die Anwaltschaft, München u. a. 1922 (zitiert: *Feuchtwanger,* Die freien Berufe).

Feuerich, Wilhelm / Weyland, Dag, Bundesrechtsanwaltsordnung, Kommentar, 8. Auflage, München 2012 (zitiert: *Bearbeiter,* in: Feuerich/Weyland, BRAO).

Fikentscher, Wolfgang / Heinemann, Andreas, Schuldrecht, 10. Auflage, Berlin 2006.

Fleischer, Holger, Gläubigerschutz in der kleinen Kapitalgesellschaft: Deutsche GmbH versus englische private limited company, DStR 2000, S. 1015 ff.

Fleischer, Holger, Zur Auslegung von Gesellschaftsverträgen und Satzungen, DB 2013, S. 1466 ff.

Flume, Werner, Allgemeiner Teil des Bürgerlichen Rechts, 1. Band, 1. Teil, Die Personengesellschaft, Berlin u. a.1977 (zitiert: *Flume,* Die Personengesellschaft).

Flume, Werner, Allgemeiner Teil des Bürgerlichen Rechts, 1. Band, 2. Teil, Die juristische Person, Berlin u. a. 1983 (zitiert: *Flume,* Die juristische Person).

Funke, Rainer, Der Regierungsentwurf zur Rechtsanwalts-GmbH, AnwBl. 1998, S. 6 ff.

Gaier, Reinhard / Wolf, Christian / Göcken, Stephan, Anwaltliches Berufsrecht, BORA, BRAO, EMRK, EuRAG, FAO, GG, RDG, RDGEG, Anwaltshaftung, Kommentar, 2. Auflage, Köln 2014 (zitiert: *Bearbeiter,* in: Gaier/Wolf/Göcken, Anwaltliches Berufsrecht).

Gerlt, Uwe Carsten, Der Gesetzentwurf zur Anwalts-GmbH – Ein Abschreckungsversuch?, MDR 1998, S. 259 ff.

Gladys, Paul-Franz, Die Partnerschaftsgesellschaft mit beschränkter Berufshaftung, Anmerkungen zum Regierungsentwurf aus Sicht der Berufshaftpflichtversicherung, DStR 2012, S. 2249 ff.

Gladys, Paul-Franz, Die Partnerschaftsgesellschaft mit beschränkter Berufshaftung, Offene Fragen und Widersprüche aus Sicht der Berufshaftpflichtversicherung, DStR 2013, S. 2416 ff.

Goette, Wulf, Wo steht der BGH nach „Centros“ und „Inspire Art“?, DStR 2005, S. 197 ff.

Goette, Wulf, Zur systematischen Einordnung des § 64 Abs. 2 GmbHG, ZinsO 2005, S. 1 ff.

Goette, Wulf / Habersack, Mathias, Das MoMiG in Wissenschaft und Praxis, Köln 2009.

Gräfe, Jürgen / Brügge, Michael, Vermögensschaden-Haftpflichtversicherung, 2. Auflage, München 2013 (zitiert: *Bearbeiter*, in: Gräfe/Brügge, Vermögensschaden-Haftpflichtversicherung).

Gross, Bernd / Schork, Alexander, Strafbarkeit des directors einer Private Company Limites by Shares wegen verspäteter Insolvenzantragstellung, NZI 2006, S. 10 ff.

Grunewald, Barbara, Anwaltshaftung bei gemeinschaftlicher Berufsausübung, ZAP 2001, Fach 23, S. 551 ff.

Grunewald, Barbara, Die Partnerschaftsgesellschaft mit beschränkter Berufshaftung, GWR 2013, S. 393 ff.

Grunewald, Barbara, Die Partnerschaftsgesellschaft mit beschränkter Berufshaftung – sinnvolle Ergänzung des PartGG oder systemwidrige Privilegierung einiger Weniger?, ZIP 2012, S. 1115 ff.

Grunewald, Barbara, Die Rechtsprechung des BGH zum Anwaltshaftungsrecht bis April 2010, NJW 2010, S. 1924 ff.

Grunewald, Barbara, Gesellschaftsrecht, 9. Auflage, Tübingen 2013.

Grunewald, Barbara / Müller, Hans-Friedrich, Ausländische Rechtsberatungsgesellschaften in Deutschland, NJW 2005, S. 465 ff.

Haas, Ulrich, Die Vertreterhaftung bei Weglassen des Rechtsformzusatzes nach § 4 II GmbHG, NJW 1997, S. 2854 ff.

Habersack, Mathias / Vierse, Dirk, Wrongful Trading – Grundlage einer europäischen Insolvenzverschleppungshaftung?, ZHR 168 (2004) S. 174 ff.

Hadding, Walther, Zum Erlangen von Rechtsfähigkeit nach deutschem Recht, in: Festschrift für Alfons Kraft zum 70. Geburtstag, hrsg. von *Hönn, Günther / Konzen, Horst / Kreutz, Peter*, Neuwied u.a. 1998, S. 137 ff. (zitiert: *Hadding*, in: FS Kraft).

Hahn, Christopher / Naumann, Daniel, Rechts- und Auslegungsfragen der Haftungskonzentration nach § 8 Abs. 2 PartGG, WM 2012, S. 1756 ff.

Haratsch, Andreas / Keonig, Christian / Pechstein, Matthias, Europarecht, 7. Auflage, Tübingen 2010.

Hartung, Wolfgang / Römermann, Volker, Berufs- und Fachanwaltsordnung, 4. Auflage, München 2008 (zitiert: *Bearbeiter*, in: Hartung/Römermann, Berufs- und Fachanwaltsordnung).

Hase, Karl von, Insolvenzantragspflicht von directors einer Limited in Deutschland?, BB 2006, S. 2141 ff.

Heidel, Thomas / Schall, Alexander (Herausgeber), Nomos Kommentar, Handelsgesetzbuch, Handkommentar, Baden-Baden 2011 (zitiert: *Bearbeiter*, in: NK-HGB).

Heidelberger Kommentar zur Insolvenzordnung, hrsg. von: *Kreft, Gerhard*, 7. Auflage, Heidelberg u.a. 2014 (zitiert: *Bearbeiter*, in: HK-InsO).

Heidinger, Andreas, Der Kapitalschutz der GmbH auf dem Prüfstand, DNotZ 2005, S. 97 ff.

Hellwig, Hans-Jürgen, Haftpflichtversicherung statt Handelndenhaftung bei der Partnerschaftsgesellschaft, NJW 2011, S. 1557 ff.

Hellwig, Hans-Jürgen, PartG mbB: Sinnvolle Modernisierung, Endlich eine Alternative zur englischen Limited Liability Partnership (LLP), AnwBl. 2012, S. 345 ff.

Henssler, Martin, Der Gesetzesentwurf zur Regelung der Rechtsanwalts-GmbH, ZIP 1997, S. 1481 ff.

Henssler, Martin, Die gesetzliche Regelung der Rechtsanwalts-GmbH, NJW 1999, S. 241 ff.

Henssler, Martin, Die Haftung der Partnerschaft und ihrer Gesellschafter, in: Festschrift für Ralf Vieregge zum 70. Geburtstag, hrsg. von *Baur, Jürgen / Jacobs, Rainer / Lieb, Manfred / Müller-Graff, Peter-Christian*, Berlin u.a., 1995, S. 361 ff. (zitiert: *Henssler*, in: FS Vieregge).

Henssler, Martin, Die „Limited Liability Partnership" des US-amerikanischen Rechts, Denkanstöße zur Fortentwicklung des Rechts der Partnerschaftsgesellschaft und der OHG, in: Festschrift für Herbert Wiedemann zum 70. Geburtstag, hrsg. von *Wank, Rolf / Hirte, Heribert / Frey, Kaspar / Fleischer, Holger / Thüsing, Gregor*, München 2002, S. 907 ff. (zitiert: *Henssler*, in: FS Wiedemann).

Henssler, Martin, Die LLP die bessere Alternative zur PartG mbB?, NJW 2014, S. 1761 ff.

Henssler, Martin, Die PartGmbB – großer Wurf oder (zu) kleine Lösung?, AnwBl. 2014, S. 96 ff.

Henssler, Martin, Die Rechtsanwalts-GmbH, JZ 1992, S. 697 ff.

Henssler, Martin, Partnerschaftsgesellschaftsgesetz, 2. Auflage, München 2008.

Henssler, Martin / Deckenbrock, Christian, Anmerkung zu BGH, Urteil v. 19.11.2009 – IX ZR 12/09, EWiR 2010, S. 89 f.

Henssler, Martin / Mansel, Heinz-Peter, Die Limited Liability Partnership als Organisationsform anwaltlicher Berufsausübung, NJW 2007, S. 1393 ff.

Henssler, Martin/ Mansel, Heinz-Peter, Internationalrechtliche Haftungsfragen beim Auftreten einer anwaltlich tätigen Limited Liability Partnership (LLP) englischen Rechts in Deutschland, in: Zivil- und Wirtschaftsrecht im Europäischen und Globalen Kontext, Private and Commerical Law in a European and Global Context, Festschrift für Norbert Horn zum 70. Geburtstag, hrsg. von *Berger, Klaus Peter / Borges, Georg / Herrmann, Harald / Schlüter, Andreas / Wackerbarth, Ulrich*, Berlin 2006, S. 403 ff. (zitiert: *Henssler/Mansel*, in: FS Horn).

Henssler, Martin / Prütting, Hanns, Bundesrechtsanwaltsordnung, 3. Auflage, München 2014 (zitiert: *Bearbeiter*, in Henssler/Prütting, BRAO).

Henssler, Martin / Streck, Michael (Herausgeber), Handbuch Sozietätsrecht, 2. Auflage, Köln 2011 (zitiert: *Bearbeiter*, in: Henssler/Streck, Handbuch Sozietätsrecht).

Henssler, Martin / Strohn, Lutz, Gesellschaftsrecht, 2. Auflage, München 2014 (zitiert: *Bearbeiter*, in: Henssler/Strohn, Gesellschaftsrecht).

Heyers, Johannes, Scheinsozietät und Scheinsozii, Gesellschafts-, steuer- und wettbewerbsrechtliche Fragen am Beispiel der Anwalts- bzw. Steuerberatersozietät, DStR 2013, S. 813 ff.

Hilger, Norbert, Zur Haftung des falsus procurator, NJW 1986, S. 2237 ff.

Hirte, Heribert / Bücker, Thomas (Herausgeber), Grenzüberschreitende Gesellschaften-Praxishandbuch für ausländische Kapitalgesellschaften mit Sitz im Inland, 2. Auflage, Köln u. a. 2006 (zitiert: *Hirte/Bücker*, Grenzüberschreitende Gesellschaften).

Höfling, Barbara Sabine, Das englische internationale Gesellschaftsrecht, Heidelberg 2002.

Hölzle, Gerrit, Die Legitimation des Gesellschaftersonderopfers in der insolvenzrechtlichen Finanzierungsverstrickung, ZIP 2010, S. 913 ff.

Hölzle, Gerrit, Materielle Unterkapitalisierung und Existenzvernichtungshaftung – Das Phantom als Fallgruppe der Durchgriffshaftung, ZIP 2004, S. 1729 ff.

Hüßtege, Rainer / Mansel, Hans-Peter (Herausgeber), Nomos Kommentar BGB, Rom Verordnungen zum Internationalen Privatrecht, Band 6, Baden-Baden 2014 (zitiert: *Bearbeiter*, in: NK-BGB, Bd. 6).

Jauernig, Othmar (Begründer), Kommentar zum Bürgerlichen Gesetzbuch, 15. Auflage, München 2014 (zitiert: *Bearbeiter*, in: Jauernig, BGB).

Jawansky, Martin, Haftung und Haftungskonzentration bei der Partnerschaftsgesellschaft, Aachen 1997 (zitiert: *Jawansky*, Haftung und Haftungskonzentration bei der PartG).

Jawansky, Martin, Haftung und Vertrauensschutz bei Berufsausübung in der Partnerschaftsgesellschaft, DB 2001, S. 2281 ff.

Jawansky, Martin, Wohin geht die Haftung bei der Partnerschaftsgesellschaft, DNotZ 1997, S. 938 ff.

Joussen, Edgar, Die einheitliche Mitgliedschaft in Personengesellschaften, DB 1992, S. 1173 ff.

Jungk, Brigitte, Die Haftung des Rechtsanwalts in der Partnerschaftsgesellschaft, AnwBl. 2005, S. 283 ff.

Kersting, Christian, Rechtswahlfreiheit im Europäischen Gesellschaftsrecht nach Überseering, Ein Richtlinienvorschlag, NZG 2003, S. 9 ff.

Kiethe, Kurt, Abwehrfunktion des nationalen Deliktsrechts im internationalen Gesellschaftsrechts, RIW 2005, S. 649 ff.

Kilian, Matthias, Die limited liability partnership, Eine neue Gesellschaftsform nach britschem Recht, NZG 2000, S. 1008 ff.

Kilian, Matthias, Die Partnerschaftsgesellschaft mit beschränkter Berufshaftung, AnwBl. 2013, S. 14 ff.

Kilian, Matthias, Die Partnerschaftsgesellschaft mit beschränkter Berufshaftung, MDR 2013, S. 1137 ff.

Kindler, Peter, Auf dem Weg zur Europäischen Briefkastenfirma?, Die „Überseering"-Entscheidung des EuGH und das internationale Privatrecht, NJW 2003, S. 1073 ff.

Kindler, Peter, „Inspire Art" – Aus Luxemburg nichts Neues zum internationalen Gesellschaftsrecht, NZG 2003, S. 1086 ff.

Kleine-Cosack, Michael, Bundesrechtsanwaltsordnung mit Berufs- und Fachanwaltsordnung, Kommentar, 5. Auflage, München 2008 (zitiert: *Kleine-Cosack,* BRAO).

Klose, Andreas, Insolvenzantragspflicht bei der PartG mbB?, GmbHR 2013, S. 1191 ff.

Knoll, Christian / Schüppen, Matthias, Die Partnerschaftsgesellschaft – Handlungszwang, Handlungsalternative oder Schubladenmodell? (Teil I), DStR 1995, S. 608 ff.

Koch, Ludwig / Kilian, Matthias, Anwaltliches Berufsrecht, München 2007.

Kölbl, Angela, Die Haftung wegen existenzvernichtenden Eingriffs: gesicherte Erkenntnisse und Entwicklungen seit Trihotel, BB 2009, S. 1194 ff.

Koller, Ingo / Roth, Wulf-Henning / Morck, Winfried, Handelsgesetzbuch, Kommentar, 7. Auflage, München 2011 (zitiert: *Bearbeiter,* in: Koller/Roth/Morck, HGB).

Kreße, Bernhard, Die neue Partnerschaftsgesellschaft mit beschränkter Berufshaftung im Kontext der Rechtsanwaltshaftung, NJ 2013, S. 45 ff.

Kübler, Bruno / Prütting, Hanns / Bork, Reinhard, Kommentar zur Insolvenzordnung, Band 1, Köln, Stand: April 2014 (zitiert: *Bearbeiter,* in: Kübler/Prütting/Bork, InsO).

Kübler Friedrich / Assmann, Heinz-Dieter, Gesellschaftsrecht, 6. Auflage, München 2006.

Kuntz, Thilo, Die Insolvenz der Limited mit deutschem Verwaltungssitz – EU-Kapitalgesellschaften in Deutschland nach „Inspire Art", NZI 2005, S. 424 ff.

Kurzwelly, Jens-Peter, Die Existenzvernichtungshaftung – Entwicklungen und Abschluss einer höchstrichterlichen Rechtsfortbildung, in: Festschrift für Wulff Goette zum 65. Geburtstag, hrsg. von *Habersack, Mathias / Hommelhoff, Peter,* München 2011, S. 277 ff. (zitiert: *Kurzwelly,* in: FS Goette).

Langenkamp, Karsten / Jaeger, Carsten, Die Haftung für Fehler von Scheinpartnern in Rechtsanwalts- und Steuerberater-Partnerschaftsgesellschaften, Bedeutung der Kanzlei-Außendarstellung für Haftungsfragen, NJW 2005, S. 3238 ff.

Leitzen, Mario, Die Partnerschaftsgesellschaft mit beschränkter Berufshaftung, DNotZ 2013, S. 596 ff.

Lenz, Tobias, Die Partnerschaft – alternative Gesellschaftsform für Freiberufler?, MDR 1994, S. 741 ff.

Leuernig, Dieter, Auf dem Weg zur Partnerschaftsgesellschaft mit beschränkter Berufshaftung, ZIP 2012, S. 1112 ff.

Leutheusser- Schnarrenberger, Sabine, Ein wichtiger Tag für die Freien Berufe, AnwBl. 1994, S. 334 f.

Leutner, Gerd / Langer, Olaf, Durchgriffshaftung bei Scheinauslandsgesellschaften, zugleich Anmerkung zu AG Bad Seeberg, Urt. v. 23.5.2005 – 17 C 289/04, ZInsO 2005, S. 575 ff.

Lewinski, Kai von, Grundriss des Anwaltlichen Berufsrechts, 3. Auflage, Baden-Baden 2012.

Lieder, Jan, Die Haftung der Geschäftsführer und Gesellschafter von EU-Auslandsgesellschaften mit tatsächlichem Verwaltungssitz in Deutschland, DZWIR 2005, S. 399 ff.

Lieder, Jan, Die Partnerschaftsgesellschaft mit beschränkter Berufshaftung – Teil 1, NotBZ 2014, S. 81 ff.

Lieder, Jan, Die Partnerschaftsgesellschaft mit beschränkter Berufshaftung – Teil 2, NotBZ 2014, S. 128 ff.

Lieder, Jan / Hoffmann, Thomas, Rechtstatsachen zur PartG mbB und zur LLP, NZG 2014, S. 127 ff.

Lieder, Jan / Hoffmann Thomasl, Die PartG mbB – Rechtstatsachen und Rechtsprobleme, NJW 2015, S. 897 ff.

Linardatos, Dimitrios, Die Partnerschaftsgesellschaft mit beschränkter Berufshaftung – eine echte Alternative zur Limited Liability Partnership oder eine systemwidrige Implementierung in das Partnerschaftsgesellschaftsgesetz, VersR 2013, S. 1488 ff.

Linden, Kristina von der, Die Zulassung von kapitalistisch strukturierten Anwaltsgesellschaften des europäischen Auslands am deutschen Rechtsberatungsmarkt, Bonn 2008.

Lingenberg, Joachim / Hummel, Fritz / Zuck, Rüdiger / Eich, Alexander, Kommentar zu den Grundsätzen des anwaltlichen Standesrechts, 2. Auflage, Köln 1988 (zitiert: *Bearbeiter,* in: Lingenberg/Hummel/Zuck/Eich, Anwaltliches Standesrecht).

Luther, Christoph, Die juristische Analogie, Jura 2013, S. 449 ff.

Lutter, Marcus / Hommelhoff, Peter, GmbH-Gesetz, 18. Auflage, Köln 2012 (zitiert: *Bearbeiter,* in: Lutter/Hommelhoff, GmbHG).

Lutter, Marcus / Hommelhoff, Peter, Nachrangiges Haftkapital und Unterkapitalisierung, ZGR 1979, S. 31 ff.

Meckbach, Anne, Haftungsfolgen unrechtmäßiger Firmierung einer UG (haftungsbeschränkt)?, NZG 2011, S. 968 ff.

Medicus, Dieter, Allgemeiner Teil des BGB, 10. Auflage, Heidelberg 2010 (zitiert: *Medicus,* Allg. Teil des BGB).

Meilicke, Wienand / Westphalen, Friedrich von / Hoffmann, Jürgen / Lenz, Tobias, Partnerschaftsgesellschaftsgesetz, 2. Auflage, München 2006 (zitiert: *Bearbeiter,* in: Meilicke/Westphalen/Hoffmann/Lenz, PartGG).

Meixner, Rafael / Schröder, Uwe, Anmerkung zu BGH, Urt. v. 19.11.2009, IX ZR 12/09, DStR 2012, S. 463 f.

Michalski, Lutz, Kommentar zum Gesetz betreffend die Gesellschaften mit beschränkter Haftung, Band 1, §§ 1–34, 2. Auflage, München 2010 (zitiert: *Bearbeiter,* in: Michalski, GmbHG).

Michalski, Lutz, Zum Regierungsentwurf eines Partnerschaftsgesellschaftsgesetzes, ZIP 1993, S. 1210 ff.

Michalski, Lutz / Römermann, Volker, Kommentar zum Partnerschaftsgesellschaftsgesetz, 4. Auflage, Köln 2014 (zitiert: *Bearbeiter,* in: Michalski/Römermann, PartGG).

Mitchell, Paul / Mitchell, Charles, Negligence Liability for Pure Economic Loss, The Law quarterly review, Band 121, 2005, S. 194 ff. (zitiert: *Mitchell/Mitchell,* 2005 L.Q.R. 121, 194).

Mock, Sebastian/ Schildt, Charlotte, Anmerkung zu AG Hamburg, Beschluss v. 14.5.2003 – 67g IN 358/02, NZI 2003, S. 442 ff.

Mock, Sebastian / Schildt, Charlotte, Insolvenz ausländischer Kapitalgesellschaften mit Sitz in Deutschland, ZInsO, 2003, S. 396 ff.

Morse, Geoffrey, Partnership Law, 6. Auflage, Oxford 2006.

Müller, Hans-Friedrich, Insolvenz ausländischer Kapitalgesellschaften mit inländischem Verwaltungssitz, NZG 2003, S. 414 ff.

Müller, Klaus, Die Limited in Deutschland: Ein Überblick über das anzuwendende englische Gesellschaftsrecht, DB 2006, S. 824 ff.

Münchener Anwaltshandbuch GmbHR, hrsg. von *Römermann, Volker,* 3. Auflage, München 2014 (zitiert: *Bearbeiter,* in: MAH GmbH-Recht).

Münchener Handbuch des Gesellschaftsrechts, hrsg. von *Gummert, Hans / Weipert, Lutz,* Band 1, BGB-Gesellschaft, Offene Handelsgesellschaft, PartG, EWIV, 4. Auflage, München 2014 (zitiert: *Bearbeiter,* in: Münch. Hdb. GesR, Bd. 1).

Münchener Kommentar zum Bürgerlichen Gesetzbuch, hrsg. von *Säcker, Franz / Rixecker, Roland,* Band 1, Allgemeiner Teil, §§ 1–240 BGB, ProstG, AGG, 6. Auflage, München 2012 (zitiert: *Bearbeiter,* in: MünchKomm BGB, Bd.1).

Münchener Kommentar zum Bürgerlichen Gesetzbuch, hrsg. von *Säcker, Franz / Rixecker, Roland / Oetker, Hartmut,* Band 2, Schuldrecht Allgemeiner Teil, §§ 241–432 BGB, 6. Auflage, München 2012 (zitiert: *Bearbeiter,* in: MünchKomm BGB, Bd. 2).

Münchener Kommentar zum Bürgerlichen Gesetzbuch, hrsg. von *Säcker, Franz / Riexecker, Roland / Oetker, Hartmut,* Band 5, Schuldrecht Besonderer

Teil III, §§ 705–853 BGB, Partnerschaftsgesellschaftsgesetz, Produkthaftungsgesetz, 6. Auflage, München 2013 (zitiert: *Bearbeiter*, in: MünchKomm BGB, Bd. 5).

Münchener Kommentar zum Bürgerlichen Gesetzbuch, hrsg. von *Säcker, Jürgen / Rixecker, Roland*, Band 10, Internationales Privatrecht, Rom I-Verordnung, Rom II-Verordnung, Einführungsgesetz zum Bürgerlichen Gesetzbuch (Art. 1–24), 5. Auflage, München 2010 (zitiert: *Bearbeiter*, in: MünchKomm BGB, Bd. 10).

Münchener Kommentar zum Bürgerlichen Gesetzbuch, hrsg. von *Rixecker, Roland / Säcker, Jürgen*, Band 11, Internationales Privatrecht, Internationales Wirtschaftsrecht, Einführungsgesetz zum Bürgerlichen Gesetzbuch (Art. 25–248), 5. Auflage, München 2010 (zitiert: *Bearbeiter*, in: MünchKomm BGB, Bd. 11).

Münchener Kommentar zum Gesetz betreffend die Gesellschaften mit beschränkter Haftung, hrsg. von *Fleischer, Holger / Goette, Wulf*, Band 1, §§ 1–34, München 2010 (zitiert: *Bearbeiter*, in: MünchKomm GmbHG).

Münchener Kommentar zum Handelsgesetzbuch, hrsg. von *Schmidt, Karsten*, Band 1, Handelsstand, §§ 1–104a, 3. Auflage, München 2010 (zitiert: *Bearbeiter*, in: MünchKomm HGB, Bd. 1).

Münchener Kommentar zum Handelsgesetzbuch, hrsg. von *Schmidt, Karsten*, Band 2, Handelsgesellschaften und stille Gesellschaft, §§ 105–160, 3. Auflage, München 2011 (zitiert: *Bearbeiter*, in: MünchKomm HGB, Bd. 2).

Münchener Kommentar zur Insolvenzordnung, hrsg. von *Kirchhof, Peter / Lwowski, Hans-Jürgen / Stürner, Rolf*, Band 1, §§ 1–102 InsO, InsVV, 2. Auflage, München 2007 (zitiert: *Bearbeiter*, in: MünchKomm InsO).

Münchener Kommentar zur Zivilprozessordnung, hrsg. von *Lüke, Gerhard / Wax, Peter*, Band 1, §§ 1–354, 2. Auflage München 2000 (zitiert: *Bearbeiter*, in: MünchKomm ZPO).

Mugdan, Benno, Die gesamten Materialien zum Bürgerlichen Gesetzbuch für das Deutsche Reich, 2. Band, Recht der Schuldverhältnisse, Berlin 1899 (zitiert: *Mugdan*, Protokolle, Bd. 2).

Nerlich, Jörg / Römermann, Volker, Insolvenzordnung Kommentar, München, Stand: Juli 2013 (zitiert: *Bearbeiter*, in: Nerlich/Römermann, InsO).

Offermann-Burckhart, Susanne, Anwaltliches Gesellschaftsrecht – das kleine Einmaleins der PartG, AnwBl. 2014, S. 194 ff.

Oppenhoff, Walter, Anwaltsgemeinschaften, ihr Sinn und Zweck, AnwBl. 1967, S. 267 ff.

Palandt, Otto (Begründer), Bürgerliches Gesetzbuch, Kommentar, 74. Auflage, München 2015 (zitiert: *Bearbeiter*, in: Palandt, BGB).

Paulus, Christoph, Änderungen des deutschen Insolvenzrechts durch die Europäische Insolvenzordnung, ZIP 2002, S. 729 ff.

Peres, Holger / Depping, André, Scheinsozietät und Scheinsozius – Gesellschafts-, berufs- und steuerrechtliche Fragen, DStR 2006, S. 2261 ff.

Peitscher, Stefan, Anwaltsrecht, Baden-Baden 2013.

Posegga, Volker, Anmerkung zu OLG München, Urt. v. 18.1.2001, 29 U 2962/00, EWiR 2002, S. 129 f.

Posegga, Volker, Die Partnerschaftsgesellschaft mit beschränkter Berufshaftung als neue Organisationsform, DStR 2012, S. 611 ff.

Priester, Hans-Joachim, Die zwingende Einheitlichkeit des Personengesellschaftsanteils – ein überholtes Prinzip, DB 1998, S. 55 ff.

Prölls, Jürgen / Martin, Anton, Versicherungsvertragsgesetz, Kommentar zu VVG, EGVVG mit Rom I-VO, VVG-InfoV und Vermittlerrecht sowie Kommentierung wichtiger Versicherungsbedingungen, 28. Auflage, München 2010 (zitiert: *Bearbeiter*, in: Prölls/Martin, VVG).

Prütting, Hanns / Gehrlein, Markus, ZPO Kommentar, 6. Auflage, Köln 2014 (zitiert: *Bearbeiter*, in: Prütting/Gehrlein, ZPO).

Prütting, Hanns / Wegen, Gerhard / Weinreich, Gerd, BGB Kommentar, 9. Auflage, Köln 2014 (zitiert: *Bearbeiter*, in: PWW, BGB).

Raiser, Thomas, Gesamthand und juristische Person im Licht des neuen Umwandlungsrechts, Archiv für die civilistische Praxis, Band 194, 1994, S. 495 ff. (zitiert: *Raiser*, AcP (194) 1994).

Raiser, Thomas, Gesamthandsgesellschaft oder juristische Person, Eine Geschichte ohne Ende?, in: Festschrift für Wolfgang Zöllner zum 70. Geburtstag, Band I, hrsg. von *Lieb, Manfred / Noack, Ulrich / Westermann, Harm*, Köln u.a. 1998, S. 469 ff. (zitiert: *Raiser*, in: FS Zöllner).

Raiser, Thomas, Konzernhaftung und Unterkapitalisierungshaftung, ZGR 1995, S. 156 ff.

Redeker, Konrad, Freiheit der Advokatur-heute, NJW 1987, S. 2610 ff.

Reynolds, F.M.B., Bowsted on Agency, 15. Auflage, London 1985.

Riechert, Stefan, Die Berufshaftpflichtversicherung der PartG mbB- Grundlagen, AnwBl. 2014, S. 266 ff.

Riedemann, Susanne, Das Auseinanderfallen von Gesellschafts- und Insolvenzstatut, GmbHR 2004, S. 345 ff.

Riegger, Bodo, Centros-Überseering-Inspire Art: Folgen für die Praxis, ZGR 2004, S. 511 ff.

Ring, Gerhard, Die Partnerschaftsgesellschaft mit beschränkter Berufshaftung für Angehörige freier Berufe (insbesondere Rechtsanwälte), WM 2014, S. 237 ff.

Ringe, Wolf-Georg / Willemer, Charlotte, Die „deutsche" Limited in der Insolvenz, zugleich Anmerkung zu LG Kiel, Urt. v. 20.4.2006 – 10 S. 44/05 EuZW 2006, 478, EuZW 2006, S. 621 ff.

Ringe, Wolf-Georg / Willemer, Charlotte, Zur Anwendung von § 64 GmbHG auf eine englische Limited, NZG 2010, S. 56 ff.

Röhricht, Volker, Insolvenzrechtliche Aspekt im Gesellschaftsrecht, ZIP 2005, S. 505 ff.

Römer, Wolfgang / Langheid, Theo, Versicherungsvertragsgesetz, Kommentar, 4. Auflage, 2014 (zitiert: *Bearbeiter*, in: Römer/Langheid, VVG).

Römermann, Volker, Anwalts-GmbH als „theoretische Variante" zur Partnerschaft?, GmbHR 1997, S. 530 ff.

Römermann, Volker, Der neue Regierungsentwurf zum AnwaltsGmbH-Gesetz 1998, S. 81 ff.

Römermann, Volker, Die PartG mbB – eine neue attraktive Rechtsform für Freiberufler, NJW 2013, S. 2305 ff.

Römermann, Volker, Limited meistbietend zu ersteigern, GmbHR 2006, R 181 f.

Römermann, Volker, Neues im Recht der Partnerschaftsgesellschaft, NZG 1998, S. 675 ff.

Römermann, Volker, PartG mbB – die anwaltliche Rechtsform der Zukunft?!, AnwBl. 2012, S. 288 ff.

Römermann, Volker / Dibbelt, Monika, Die Partnerschaftsgesellschaft mit beschränkter Berufshaftung, HFR 2013, S. 38 ff.

Römermann, Volker / Dibbelt, Monika, PartG und PartG mbB- was bringt die neue Rechtsformvariante?, Nürnberg 2013 (zitiert: *Römermann/Dibbelt*, PartG und PartG mbB).

Römermann, Volker / Hartung, Wolfgang, Anwaltliches Berufsrecht, 2. Auflage, München 2008.

Römermann, Volker/ Jähne, Ina, PartG und PartG mbB, Endlich Haftungssicherheit für Rechtsanwälte?, Nürnberg 2014 (zitiert: *Römermann/Jähne*, PartG und PartG mbb).

Römermann, Volker / Praß, Jan-Philipp, Die Partnerschaftsgesellschaft mit beschränkter Berufshaftung, NZG 2012, S. 601 ff.

Römermann, Volker / Spönemann, Frank, Gesellschaftsformen für Rechtsanwälte – Berufsrecht, Gesellschaftsrecht, Steuerrecht, NZG 1998 S. 15 ff.

Roth, Günter, Unterkapitalisierung und persönliche Haftung, ZGR 1993, S. 170 ff.

Roth, Günter / Altmeppen, Holger, Kommentar zum GmbHG, 7. Auflage, München 2012 (zitiert: *Bearbeiter*, in: Roth/Altmeppen, GmbHG).

Roth, Henning, Rechtsfragen der Scheinsozietät, in: Festschrift für Karsten Schmidt zum 70. Geburtstag, hrsg. von: *Bitter, Georg / Lutter, Marcus / Priester, Hans-Joachim / Schön, Wolfgang / Ulmer, Peter*, Köln 2009, S. 1375 ff. (zitiert: *Roth*, in: FS Schmidt).

Rowedder, Heinz / Schmidt-Leithoff, GmbHG, 5. Auflage, München 2013 (zitiert: *Bearbeiter*, in: Rowedder/Schmidt-Leithoff, GmbHG).

Rumberg, Carsten / Schneider, Thilo, Die englische Anwalts-LLP in der Praxis, RIW 2012, S. 272 ff.

Ruppert, Stefan, Partnerschaftsgesellschaft mit beschränkter Berufshaftung – Ende gut, alles gut?, DStR 2013, S. 1623 ff.

Saenger, Ingo, Gesellschaftsrecht, 2. Auflage, München 2013.

Sandrock, Otto, BB Forum: Nach Inspire-Art – Was bleibt vom deutschen Sitzrecht übrig?, BB 2003, S. 2588 f.

Schäfer, Carsten, Scheinsozietät und Scheinsozius, Gesellschafts- und wettbewerbsrechtliche Fragen am Beispiel der Anwaltssozietät, DStR 2003, S. 1078 ff.

Scharlach, Heiko / Hoffmann, Uwe, Die Partnerschaftsgesellschaft – auf Umwegen zum Erfolg, WM 2000, S. 2082 ff.

Schlegelberger, Franz, Handelsgesetzbuch, 5. Auflage, Band 3, 1. Halbband, München 1992 (zitiert: *Bearbeiter*, in: Schlegelberger, HGB, Bd. 3).

Schlinker, Steffen, Haftung für Beratungsfehler nach Umwandlung einer Anwalts-GbR in eine LLP, NJW 2011, S. 2091 ff.

Schmidt, Jessica, Insolvenzantragspflicht und Insolvenzverschleppungshaftung bei der „deutschen" Limited – Das LG Kiel auf dem richtigen Weg?, ZInsO 2006, S. 737 ff.

Schmidt, Karsten, Die Freiberufliche Partnerschaft, Zum neuen Gesetz zur Schaffung von Partnerschaftsgesellschaften, NJW 1995, S. 1 ff.

Schmidt, Karsten, Gesellschaftsrecht, 4. Auflage, Köln u. a. 2002.

Schmidt, Karsten, Handelsrecht, Unternehmensrecht I, 6. Auflage, Köln 2014 (zitiert: *Schmidt*, Handelsrecht).

Schmidt, Karsten, Insolvenzordnung, 18. Auflage, München 2013 (zitiert: *Bearbeiter*, in: Schmidt, InsO).

Schmidt, Karsten, Partnerschaftsgesetzgebung zwischen Berufsrecht, Schuldrecht und Gesellschaftsrecht, ZIP 1993, S. 633 ff.

Schmidt, Thorsten, Einmann-Personengesellschaften, Baden-Baden 1998.

Schnittker, Helder, Gesellschafts- und steuerrechtliche Behandlung einer englischen Limited Liability Partnership mit Verwaltungssitz in Deutschland, Köln 2007 (zitiert: *Schnittker*, Gesellschafts- und steuerrechtliche Behandlung einer englischen LLP mit Verwaltungssitz in Deutschland).

Schnittker, Helder / Bank, Stephan, Die LLP in der Praxis, München 2008.

Scholz (Begründer), Kommentar zum GmbH-Gesetz, Band 1, §§ 1–34, 11. Auflage, Köln 2012 (zitiert: *Bearbeiter*, in: Scholz, GmbHG).

Schön, Wolfgang, Zur „Existenzvernichtungshaftung" der juristischen Person, ZHR 168 (2004), S. 268 ff.

Schott, Ekkehart, Von der Freiheit des Advokaten, BRAK-Mitt. 2001, S. 204 ff.

Schüppen, Matthias, Wider der LLP, für rechtspolitische Plausibilität – es bleibt viel zu tun bei der Änderung des PartGG, BB 2012, S. 783 ff.

Schüppen, Matthias, Die Partnerschaftsgesellschaft mit beschränkter Berufshaftung (PartG mbB) – Schubladenmodell oder Handlungszwang?, Wpg 2013, S. 1193 ff.

Schulz, Martin, (Schein-)Auslandsgesellschaften in Europa – Ein Schein-Problem), NJW 2003, S. 2705 ff.

Schulze, Reiner (Schriftleitung), Bürgerliches Gesetzbuch, Handkommentar, 8. Auflage, Baden-Baden 2014 (zitiert: *Bearbeiter*, in: Hk-BGB).

Schumacher, Antje, Zur materiellen Reichweite des partiellen Haftungsausschlusses bei der rechtsanwaltlichen Partnerschaftsgesellschaft mit beschränkter Berufshaftung (§ 8 IV 1 PartGG), NZG 2015, S. 379 ff.

Schumacher, Antje, Die Partnerschaftsgesellschaft mit beschränkter Berufshaftung für Rechtsanwälte, Berlin 2015.

Schumann, Alexander, Die englische Limited mit Verwaltungssitz in Deutschland: Kapitalaufbringung, Kapitalerhaltung und Haftung bei Insolvenz, DB 2004, S. 743 ff.

Schwenter-Lipp, Regine, Die französische Zivilrechtsgesellschaft der Freiberufler, Frankfurt/Main u. a. 1984.

Seibert, Ulrich, Aktuelle Änderungen des Partnerschaftsgesellschaftsgesetzes: Neue Haftungsregelungen für Freiberufler, BRAK-Mitt. 1998, S. 210 ff.

Seibert, Ulrich, Die Partnerschaftsgesellschaft mit beschränkter Berufshaftung – Eine Lücke wird geschlossen, Wpg 2013, Editorial I.

Seibert, Ulrich, Die Partnerschaftsgesellschaft mit beschränkter Berufshaftung (PartGmbB), DB 2013, S. 1710 ff.

Seibert, Ulrich, Ein Jahr Partnerschaftsgesellschafts-Gesetz, GmbHR 1996, R 153.

Seibert, Ulrich, Regierungsentwurf eines Partnerschaftsgesellschaftsgesetzes, ZIP 1993, S. 1197 ff.

Seibert, Ulrich, Zum neuen Partnerschaftsgesellschaftsgesetz, AnwBl. 1993, S. 155 ff.

Siems, Mathias, Deutsche und französische Rechtsanwaltskanzleien als LLPs, ZVglRWiss, Band 107, 2008, S. 60 ff. (zitiert: *Siems*, ZVglRWiss (107) 2008).

Sieveking, Arnold, Keine Mehrfachbeteiligung an Personengesellschaften, in: Festschrift für Helmut Schippel zum 65. Geburtstag, hrsg. von: *Bundesnotarkammer*, München 1996 (zitiert: *Sieveking*, in: FS Schippel).

Soergel, Hans-Theodor (Begründer), Kommentar zum Bürgerlichen Gesetzbuch, Band 2, Allgemeiner Teil 2, §§ 104–240, 13. Auflage, Stuttgart u. a. 1999 (zitiert: *Bearbeiter*, in: Soergel, BGB, Bd. 2).

Soergel, Hans-Theodor (Begründer), Kommentar zum Bürgerlichen Gesetzbuch, Band 5/3, Schuldrecht 3/3, §§ 328–432, 13. Auflage, Stuttgart u. a. 2009 (zitiert: *Bearbeiter*, in: Soergel BGB, Bd. 5/3).

Soergel, Hans-Theodor (Begründer), Kommentar zum Bürgerlichen Gesetzbuch, Band 11/1, Schuldrecht 9/1, §§ 705–758, 13. Auflage, Stuttgart u. a. 2011 (zitiert: *Bearbeiter*, in: Soergel BGB, Bd. 11/1).

Soergel, Hans-Theodor (Begründer), Kommentar zum Bürgerlichen Gesetzbuch, Band 12, Schuldrecht 10, §§ 823–853, 13. Auflage, Stuttgart u. a. 2005 (zitiert: *Bearbeiter*, in: Soergel, BGB, Bd. 12).

Sommer, Michael / Treptow, Oliver, Die „Umwandlung" einer Partnerschaftsgesellschaft in eine PartG mbB und ihre Folgen, NJW 2013, S. 3269 ff.

Sommer, Michael / Treptow, Oliver / Dietlmeier, Stefan, Haftung für Berufsfehler nach Umwandlung einer Freiberufler-GbR in eine Partnerschaftsgesellschaft, NJW 2011, S. 1551 ff.

Sommer, Michael / Treptow, Oliver / Friemel, Kilian, Die Aushebelung der Haftungskonzentration nach § 8 II PartGG durch Scheinpartner, NZG 2012, S. 1249 ff.

Spahlinger, Andreas / Wegen, Gerhard, Internationales Gesellschaftsrecht in der Praxis, München 2005 (zitiert: *Spahlinger/Wegen*, Internationales Gesellschaftsrecht).

Spindler, Gerald / Berner, Olaf, Der Gläubigerschutz im Gesellschaftsrecht nach Inspire Art, RIW 2004, S. 7 ff.

Spindler, Gerald / Stilz, Eberhard, Kommentar zum Aktiengesetz, Band 2, 2. Auflage, München 2010 (zitiert: *Bearbeiter*, in: Spindler/Stilz, AktG).

Staub, Hermann (Begründer), Großkommentar Handelsgesetzbuch, hrsg. von *Canaris, Claus-Wilhelm / Habersack, Mathias / Schäfer, Carsten*, Band 3, §§ 105–160, 5. Auflage, Berlin 2009 (zitiert: *Bearbeiter*, in: Staub, HGB, Bd. 3).

Staudinger, Julius von (Begründer), Kommentar zum Bürgerlichen Gesetzbuch mit Einführungsgesetzen und Nebengesetzen, Buch 1, Allgemeiner Teil, §§ 90–124; 130–133 (Allgemeiner Teil 3), Neubearbeitung 2012, Berlin 2012 (zitiert: *Bearbeiter*, in: Staudinger, BGB, Allg. Teil 3).

Staudinger, Julius von (Begründer), Kommentar zum Bürgerlichen Gesetzbuch mit Einführungsgesetzen und Nebengesetzen, Buch 1, Allgemeiner Teil, §§ 164–240 (Allgemeiner Teil 5), Neubearbeitung 2009, Berlin 2009 (zitiert: *Bearbeiter*, in: Staudinger, BGB, Allg. Teil 5).

Staudinger, Julius von (Begründer), Kommentar zum Bürgerlichen Gesetzbuch mit Einführungsgesetzen und Nebengesetzen, Buch 2, Recht der Schuldverhältnisse, §§ 255–304 (Leistungsstörungsrecht 1), Neubearbeitung 2014, Berlin 2014 (zitiert: *Bearbeiter*, in: Staudinger, BGB, Leistungsstörungsrecht 1).

Staudinger, Julius von (Begründer), Kommentar zum Bürgerlichen Gesetzbuch mit Einführungsgesetzen und Nebengesetzen, Buch 2, Recht der Schuldverhältnisse, §§ 311, 311a, 312, 312a-i (Vertragsschluss), Neubearbeitung 2013, Berlin 2013 (zitiert: *Bearbeiter*, in: Staudinger, BGB, Vertragsschluss).

Stein, Friedrich / Jonas, Martin (Herausgeber), Kommentar zur Zivilprozessordnung, Band 2, §§ 41–127a, 22. Auflage, Tübingen 2004 (zitiert: *Bearbeiter*, in: Stein/ Jonas, ZPO).

Stimpel, Walter, „Durchgriffshaftung" bei der GmbH: Tatbestände, Verlustausgleich, Ausfallhaftung, in: Bilanz-und Konzernrecht, Festschrift für Reinhard Goerdeler zum 65. Geburtstag, hrsg. von *Havermann, Hans*, Düsseldorf 1987, S. 601 ff. (zitiert: *Stimpel*, in: FS Goerdeler).

Taeger, Jürgen, Gesellschaftsrecht, 2. Auflage, Edewecht 2012.

Thümmel, Manfred, Die Partnerschaft – Eine neue Gesellschaftsform für Freiberufler, Wpg 1971, S. 399 f.

Timm, Wolfram, Die Rechtsfähigkeit der Gesellschaft bürgerlichen Rechts und ihre Haftungsverfassung, NJW 2005, S. 3209 ff.

Triebel, Volker / Karsten, Lars, Limited Liability Partnership Act 2000 – maßgeschneiderte Rechtsform für freie Berufe?, RIW 2001, S. 1 ff.

Triebel, Volker / Otte, Sabine/ Kimpel, Bert, Die englische Limited Liability Partnership in Deutschland: Eine attraktive Rechtsform für deutsche Beratungsgesellschaften?, BB 2005, S. 1233 ff.

Triebel, Volker / Silny, Deny, Die persönliche Haftung der Gesellschafter einer in Deutschland tätigen englischen Rechtsanwalts – LLP, NJW 2008, S. 1034 ff.

Tröger, Tobias / Pfaffinger, Lisa, Partnerschaftsgesellschaft mit beschränkter Berufshaftung, JZ 2013, S. 812 ff.

Uhlenbruck, Wilhelm / Hirte, Heribert / Vallender, Heinz (Herausgeber), Insolvenzordnung, Kommentar, 13. Auflage, München 2010 (zitiert: *Bearbeiter*, in: Uhlenbruck, InsO).

Ulmer, Peter, Die Gesamthandsgesellschaft – ein noch unbekanntes Wesen?, Archiv für die civilistische Praxis, Band 198, 1998, S. 113 ff. (zitiert: *Ulmer*, AcP (198) 1998).

Ulmer, Peter, Die höchstrichterlich „enträtselte" Gesellschaft bürgerlichen Rechts, ZIP 2001, S. 585 ff.

Ulmer, Peter, Gläubigerschutz bei Scheinauslandsgesellschaften – Zum Verhältnis zwischen gläubigerschützendem nationalem Gesellschafts-, Delikts- und Insolvenzrecht und der EG-Niederlassungsfreiheit, NJW 2004, S. 1201 ff.

Ulmer, Peter / Habersack, Mathias / Winter, Martin, GmbHG, Band 1, 1. Auflage, Tübingen 2005 (zitiert: *Bearbeiter*, in: Ulmer/Habersack/Winter, GmbHG, Bd. 1).

Ulmer, Peter / Schäfer, Carsten, Gesellschaft bürgerlichen Rechts und Partnerschaftsgesellschaft, Systematischer Kommentar, 6. Auflage, München 2013 (zitiert: *Bearbeiter*, in: Ulmer/Schäfer, GbR und PartG).

Ulmer, Kai Oliver, Von der PartG zur PartGmbB: Auswirkungen auf Dauermandate, Praktische Probleme der beschränkten Berufshaftung einer Rechtsanwalts-PartG, AnwBl. 2014, S. 806 ff.

Uwer, Dirk / Roeding, Manuela, Partnerschaftsgesellschaft mit beschränkter Berufshaftung kommt, AnwBl. 2013, S. 483.

Uwer, Dirk / Roeding, Manuela, Wege in die Partnerschaftsgesellschaft mit beschränkter Berufshaftung, AnwBl. 2013, S. 309 ff.

Vollkommer, Max / Greger, Reinhard / Heinemann, Jörn, Anwaltshaftungsrecht, 4. Auflage, München 2014.

Vonnemann, Wolfgang, Haftung von GmbH Gesellschaftern wegen materieller Unterkapitalisierung, GmbHR 1992, S. 77 ff.

Wachter, Thomas, Auswirkungen des EuGH-Urteils in Sachen Inspire Art Ltd. auf Beratungspraxis und Gesetzgebung, Deutsche GmbH vs. Englische private limited company, GmbHR 2004, S. 88 ff.

Wachter, Thomas, Persönliche Haftung des Gründers einer englischen private limited company, Zugleich Besprechung von LG Kiel, Urteil vom 20.4.2006 – 10 S 44/05, BB 2006, S. 1463 ff.

Wälzholz, Eckhard, Wege in die PartG mbB, Überlegungen zur Gründung und Umwandlung bereits existierender Rechtsträger in eine PartG mbB, DStR 2013, S. 2637 ff.

Wehrheim, Michael / Wirtz, Holger, Die Partnerschaftsgesellschaft, Berlin 2013.

Weitbrecht, Cornelius, Haftung der Gesellschafter bei materieller Unterkapitalisierung der GmbH, Köln 1990.

Weller, Marc, Philippe / Kienle, Florian, Die Anwalts-LLP in Deutschland, Anerkennung – Postulationsfähigkeit – Haftung (Teil I), DStR 2005, S. 1060 ff.

Weller, Marc, Philippe / Kienle, Florian, Die Anwalts-LLP in Deutschland, Anerkennung – Postulationsfähigkeit – Haftung (Teil II), DStR 2005, S. 1102 ff.

Wendt, Philipp, Beliebte PartG mbB: Bessere Haftungssituation als beim Einzelanwalt, AnwBl. 2014, S. 74 f.

Werner, Rüdiger, Die Ltd. & Co. KG – eine Alternative zur GmbH & Co. KG?, GmbHR 2005, S. 288 ff.

Werner, Rüdiger, Die neue Partnerschaftsgesellschaft mit beschränkter Berufshaftung (PartG mbB), StBW 2013, S. 715 ff.

Whittaker, John / Machell, John, The Law of Limited Liability Partnerships, Bristol 2004 (zitiert: *Whittaker/Machell,* The Law of LLP).

Wiedemann, Herbert, Gesellschaftsrecht, Band 1, München 1980 (*Wiedemann,* Gesellschaftsrecht. Bd. 1).

Wiedemann, Herbert, Gesellschaftsrecht, Band 2, München 2004 (zitiert: *Wiedemann,* Gesellschaftsrecht, Bd. 2).

Wiedemann, Herbert, Reflexionen zur Durchgriffshaftung, ZGR 2003, S. 283 ff.

Wischemeyer, Markus / Honisch, Philipp, Gesellschafterhaftung in der Insolvenz von Anwaltssozietäten – Erstreckung auf den (ausgeschiedenen) Scheingesellschafter?, NJW 2014, S. 881 ff.

Wolf, Manfred / Neuner, Jörg, Allgemeiner Teil des Bürgerlichen Rechts, 10. Auflage, München 2012.

Wollweber, Markus, Sieben Stolpersteine beim Weg in die PartG mbB, DStR 2014, S. 1926 ff.

Wüst, Günther, Ausbaubedürfnisse im Gesellschaftsrecht, JZ 1989, S. 270 ff.

Wüst, Günther, Das Problem des Wirtschaftens mit beschränkter Haftung, JZ 1992, S. 710 ff.

Young, Simon, Limited Liability Partnerships Handbook, 2. Auflage, Haywards Heath 2007 (zitiert: *Young*, LLP Handbook).

Zerres, Thomas, Deutsche Insolvenzantragspflicht für die englische Limited mit Inlandssitz, DZWIR 2006, S. 356 ff.

Zimmer, Daniel, Nach „Inspire Art": Grenzenlose Gestaltungsfreiheit für deutsche Unternehmen?, NJW 2003, S. 3585 ff.

Zimmermann, Christian, Verdrängt die PartG mbB Haftungsvereinbarungen?, NJW 2014, S. 1142 ff.

Zuck, Rüdiger, Anwalts-GmbH, Kommentar zu den §§ 59c–59m BRAO, Köln 1999 (zitiert: *Zuck*, Anwalts-GmbH).

Zugehör, Host, Die neue Rechtsprechung des Bundesgerichtshofs zur zivilrechtlichen Haftung der Rechtsanwälte und steuerlichen Berater, WM 2010, Sonderbeilage, S. 2 ff.

Zugehör, Horst / Fischer, Gero / Sieg, Oliver / Schlee, Heinz, Handbuch der Anwaltshaftung, 2. Auflage, Münster 2006 (zitiert: *Bearbeiter*, in: Zugehör/Fischer/Sieg/Schlee, Handbuch Anwaltshaftung).

Zugehör, Horst / Fischer, Gero / Vill, Gerhard / Fischer, Detlev / Rinkler, Axel / Chab, Bertin, Handbuch der Anwaltshaftung, 3. Auflage, Münster 2011 (zitiert: *Bearbeiter*, in: Zugehör/Fischer/Vill/Fischer/Rinkler/Chab, Handbuch Anwaltshaftung).

Schriften zum Gesellschafts-, Bilanz- und Unternehmensteuerrecht

Herausgegeben von Barbara Grunewald und Joachim Hennrichs

Band 1 Moritz Pöschke: Eigenkapital mittelständischer Gesellschaften nach IAS/IFRS. 2009.

Band 2 Ulrike Lehmann: Gesellschaftsrechtliche Gestaltungen im Erbschaft- und Schenkungsteuerrecht. Eine Untersuchung der Erbschaft- und Schenkungsteuersubjektivität der Personengesellschaft sowie der mittelbaren Anteilsschenkung. 2009.

Band 3 Christian Graw: Das Konzept der Anteilseignerbesteuerung nach § 22 UmwStG 2006 – insbesondere im Vergleich zu § 21 UmwStG 1995. 2009.

Band 4 Christopher M. Picot: Die Rechte der Aktionäre beim Delisting börsennotierter Gesellschaften. 2009.

Band 5 Pascal Alexander Salomon: Regelungsaufträge in der Societas Privata Europea. Einführung in eine neue Rechtsform unter besonderer Berücksichtigung des Gesetzgebungsinstruments des Regelungsauftrages. 2010.

Band 6 Anna Sabrina Cryns: Gesellschafterfremdfinanzierung in Frankreich und Zinsschranke – ein Rechtsvergleich. 2011.

Band 7 Björn Karst: Das Marktmanipulationsverbot gem. § 20a WpHG. Unter besonderer Berücksichtigung der „Safe-Harbor"-Regelung. 2011.

Band 8 Ulrike Petig: Verdeckte Sacheinlagen im GmbH- und Aktienrecht. Die Veränderungen durch MoMiG und ARUG. 2012.

Band 9 Jochen Möller: Vorteilsanrechnung bei nützlichen Pflichtverletzungen im Kapitalgesellschafts- und Kartellrecht. 2012.

Band 10 Alexander Kersten: Zinsschranke und IFRS. Rechtssystematische Einordnung einer punktuellen Maßgeblichkeit der IFSR im Steuerrecht am Beispiel der Zinsschranke. 2012.

Band 11 Tobias Strohmeier: Special Purpose Acquisition Companies. SPACs im Spannungsfeld von deutschem Aktien- und Kapitalmarktrecht. 2012.

Band 12 Ruth Winter: Die steuerliche Behandlung von Scheinauslandsgesellschaften. Eine Untersuchung zur doppelansässigen Kapitalgesellschaft. 2013.

Band 13 Daniel Krey: IFRS und Ausschüttungsbemessung. 2013.

Band 14 Gabriel Jakob Litzenberger: Sanierungspflichten in der Krise von AG und GmbH. 2014.

Band 15 Franziska Neumann: Rechtliche Probleme von PIPE-Transaktionen. 2014.

Band 16 Jan Winzen: Vorzugsaktie und KGaA. Instrumente zur Kontrollerhaltung bei der Eigenkapitalfinanzierung. Unter besonderer Berücksichtigung der Vereinheitlichung von Aktiengattungen. 2014.

Band 17 Andreas Gerten: Angemessenheit und Steuern. Verdeckte Einkommensverwendung bei Kapitalgesellschaften im internationalen Vergleich. 2014.

Band 18 Isabel Kristin Fischer: Die Partnerschaftsgesellschaft mit beschränkter Berufshaftung. Rechtliche Einordnung und Haftungsverfassung unter Berücksichtigung der englischen LLP. 2015.

www.peterlang.com

www.ingramcontent.com/pod-product-compliance
Ingram Content Group UK Ltd.
Pitfield, Milton Keynes, MK11 3LW, UK
UKHW041823290926
8980IPUK00002B/27